张化万

中国当代教育家丛书

我的语文人生

张化万／著

高等教育出版社

图书在版编目（CIP）数据

我的语文人生 / 张化万著．—北京：高等教育出版社，
2004.12（2009 重印）
ISBN 978-7-04-016146-5

Ⅰ．我...　Ⅱ．张...　Ⅲ．语文课－教学研究－中小
学　Ⅳ．G633.302

中国版本图书馆CIP数据核字（2004）第128400号

策划编辑　肖彤岭　　**责任编辑**　王冰怿　　**责任印制**　陈伟光

出版发行	高等教育出版社	**购书热线**	010-58582141
社　　址	北京市西城区德外大街 4 号	**网　　址**	http://www.hepsd.cn
邮政编码	100120		http://www.hep.com.cn
总　　机	010-58581000		
印　　刷	涿州市星河印刷有限公司		
开　　本	800×1050　1/16	**版　　次**	2004 年 12 月第 1 版
印　　张	24.25	**印　　次**	2009 年 9 月第 4 次印刷
字　　数	330 000	**定　　价**	36.00 元

物料号 16146-00

编委会名单

编委会名单

《中国当代教育家》丛书编委会

主　任：袁振国

副主任：叶之红

编　委：(按姓氏笔画)

丁　杰　叶之红　刘华蓉　刘　颖　汪　明
肖彤岭　张　华　吴颖惠　罗汉书　贺丽珍
袁振国

教育家向我们走来

当代中国有没有教育家？我们要不要为宣传自己的教育家做些认真严肃的工作？很长时间以来，我们一直为这些问题所困扰。讲起教育家不是古代的就是外国的，这既不符合实际情况，更不利于我国教育的发展。所以我们想做些开创性的工作，组织编写《中国当代教育家》丛书，以宣传教育家的事迹，反映教育家的成长，促进教育的改革发展。

2003年教师节，温家宝总理在人民大会堂接见教师代表时说:“教育工作要坚持面向现代化，面向世界，面向未来。要办一流的学校，就要有一流的教师队伍，有一批出色的教育家。要像宣传劳动模范、宣传科学家那样宣传教育家、宣传优秀教师，在全社会形成尊师重教的良好风尚。”温总理的深情讲话如春风拂面，不仅进一步坚定了我们的信心，而且增强了我们组织编写好这套丛书的光荣感和使命感。

在着手组织编写这套丛书之前，我们向王湛副部长和袁贵仁副部长汇报了这一想法，得到了他们的高度肯定。他们说：中国有近世界五分之一的受教育人口，有一千多万中小学教师；中国教育有悠久的历史文明，有素质教育的当代实践，中国教育理应为人类教育的发展做出贡献，理应有自己的教育家。事实上我们的时代和素质教育的伟大实践也正孕育并产生着这样的教育家。宣传我们的教育家，也是宣传我国改革开放的成就，宣传我国教育改革发展的成就。领导的鼓励进一步坚定了我们做好这一工作的信心。

当今社会发展迅速，社会对教育不断提出新的要求，教育不断面对新问题、新情况、新任务，各种各样的教育思想流派纷繁复杂。在这样的背景下，怎样坚持我国教育的优良传统，又改革创新；怎样坚持本土国情，又面向世界；怎样培养英才，又面向大众；怎样体现我国各个不同地方的共性，又能体现不同层次、不同地域的特点，等等，需要去研究、去回答。产生教育家是时代的要求。

在中国历史上，教育事业从来没有像今天这样受到过如此高度的重视。改革开放以来，党和国家确立了科教兴国的伟大战略，提出了人才资源是第一资源的重要思想，强调教育是国家的核心竞争力。教育的改革实践为我国教育战线出思想、出经验、出人物，创造了非常好的条件。产生教育家也是时代机遇。

我国广大教育工作者在教育实践中以他们的热情、智慧和责任感不断创造性地回答这些问题，不断丰富着世界教育范例的宝库。他们为祖国培养人才呕心沥血，为改革创新殚精竭虑，为教书育人谱写了一首首绮丽的教育诗篇。展现教育家风采，弘扬教育家精神，不仅是社会的责任，也是千百万教育工作者的长期夙愿。

怎样整理和呈现当代教育家的先进教育理念和卓

越教育成就？我们在有关组织工作活动中通过研讨、交流和思考，逐渐明确了编写这套丛书的宗旨：

首先，要展现改革开放以来我国教师的动人风采，反映我国教育改革发展的巨大成就。我国教育在数量上迅猛发展的同时，教育质量也不断提高。教育观念不断更新，教育视野不断拓宽，教育管理水平也不断提高。教育改革催生了一批批教育家，教育家们又推动着教育改革的不断深化。在他们身上既承载着春蚕、红烛的传统美德，又体现了改革创新、与时俱进的时代精神。他们是我国千百万中小学教师的优秀代表，是我国改革开放以来教育改革发展的象征。

其次，要提升教育家的办学思想，推广他们的改革经验。教育家在自己的工作舞台上进行了大胆的、丰富多彩的改革实践，积累了宝贵的办学经验。通过这套丛书的编写，可以促进大家集中进行反思和总结，探讨教育规律，把握教育真谛，把个体经验提升为具有普遍意义的理论认识。

第三，要激发教育工作者的成就感和责任感，激发教育工作者追求卓越的信念。教育是塑造人类灵魂的崇高事业，教育不仅是知识的传播，而且是思想与思想的交流，情感与情感的沟通，生命与生命的对话。教育是造福于他人同时也使自己获得幸福的伟大事业。我们希望呈现在我们面前的每一部作品都是一部教育改革的探索史，都是一部教育发展的奋斗史。使我们每一位教育工作者能够从中感悟到从事教育事业的崇高和幸福，能够看到教育改革创新的新标杆，通过教育家的今天看到自己的明天。

第四，要促进教育家们的共同成长。我们希望把作者们凝结为一个团队，成为一个新型的学习型组织，使这项活动成为交流改革经验、提升教育理念、探索素质教育有效途径的专题活动。使我们非常感动的是，所有作者都是怀着对教育事业的崇敬心情和再做一份贡献的责任感，投入这一工作之中的，为此他们克服了时间、精力、工作、身体等多方面的重重困难，在短短几个月的时间里，绘就了一部部精彩绚丽的教育诗篇。正如有同志所说，这项工作决不仅仅是写一本书，而是一个督促自己再学习、再反思、再提高的过程，如同经过一场“炼狱”，经验与认识进一步提升，理念与追求进一步坚定，精神与境界进一步升华。

什么样的人才称得上教育家？这是我们的工作始终要面对的一个问题。在组织这套丛书撰写的过程中，我们进一步体会到，教育家并不神秘，他们也是平凡的、平常的教育工作者中的一员；他们也会有一些缺点和不足，甚至可能因为大力推进改革创新，某些缺点和不足更容易表现出来。但是，作为广大教育工作者的杰出代表，教育家又是不平凡的，他们为教育改革创新做出了突出的贡献。

首先，教育家要有自己的教育思想，有对教育的独到见解，有对教育理想的不懈追求。思想是否平庸应当就是教书匠和教育家的根本区别。自古以来，每个人对教育的期望、对教育的理解都会有所侧重、有所不同，然而教育家的教育思想应当更深刻、更系统、更自觉、更富有创见，并且更能坚持和实践自己的教育信念。

其次，教育家不仅有深刻的思想更需要有丰富的教育实践，可以说教育家就是有思想的实践家。能否把抽象的理论、先进的理念融会到每一个具体的教育细节之中，这是教育思想家和教育家的明显区别。教育家应当善于在实践中不断深化教育思想，不断丰富教育智慧，不断提高教育艺术；应当善于把知识的传授与人的发展结合起来，将优化学生健康成长环境视为自己的行为准则；应当善于把学生的发展与教师的发展结合起来，能够在教师集体团队中发挥引领作用。

再次，教育家是改革的实践家、创新的实践家，他们能够与时俱进，使自己的教育思想在改革实践中不断创新。善于发现新情况、新问题、新趋势，善于捕捉新机遇，采取新措施，建立新机制，这是当代教育家的明显特征。面对日新月异的社会形势，面对富有时代特点和新鲜体验的生龙活虎的学生们，他们应当能够把握时代脉搏，顺应时代潮流，并且敢于领时代之先，在教育过程中体现和代表先进文化发展的方向；他们应当敢于超越自己，不断更新思想观念，不断确立个人和学校发展的新目标。

第四，教育家是一个先行者、示范者、发动者，是能够提出学校发展愿景目标的设计师，是能够打造精英教师团队的精神领袖，是一个追求卓越办学成就的领跑人。教育家不是孤军奋战，教育家也是在方方面面的支持下成长起来的。教育家的成就与一个学科、一个学校、一个地区教育的发展实践是紧密联系在一起的。

第五，教育家必须是人性丰富、人格完善、人品高尚的人。真正的教育家，留给人们的是思想，更是人格。教育是挚爱，这种爱，越是无私，越是深厚；教育是思想，这种思想越是现实，越有智慧；教育是信仰，这种信仰越是坚定，越有力量；教育是追求，这种追求越执著，越有成果。在追求理想教育的道路上，必然会有思想观念的冲突，会有人际关系的矛盾，会有行动后果的风险……

没有“捧着一颗心来，不带半根草去”的大爱，没有“我不入地狱，谁入地狱”的大义，没有“敢为人先，争创一流”的大志，岂有大教育家？孔夫子“颠沛流离，累累若丧家之犬”而不改其志，陶行知“脱下长衫”穿上草鞋，“与牛大哥做朋友”，皆几十年如一日，始成教育家。苏格拉底、裴斯泰洛齐、苏霍姆林斯基、马卡连柯、蔡元培、黄炎培、晏阳初……当我们提到这些名字的时候，联想到的往往是他们视学生如己出，视学校如家庭，视教育如生命的不朽形象。在我国当代教育的进程中，斯霞、霍懋征、于漪、孙维刚……都是我们熟悉的名字，他们有些已经离我们而去，有些还在关心着教育工作，他们是优秀教师的代表，他们都是当之无愧的教育家。

但任何一项工作都有自己的特定目标，为突现教育家的时代特征和现实感召力，集中反映我国基础教育领域推进素质教育的最新成就，这套丛书的作者仅限定于目前仍然在基础教育第一线工作的同志。他们长期在基础教育第一线工作，所取得的教育成就和业绩，已经得到社会各方面以及教师们的广泛认可……这样的人选还有很多，现在呈现给大家的是第一批，以后还会有第二批、第三批。相信会有更多各具风采的教育家向我们走来。

这套丛书在计划和组织过程中得到了很多方面、很多同志的帮助和支持。对本项工作，顾明远、陶西平、吕型伟、郝克明、叶澜、裴娣娜、朱小蔓等一批专家学者给予了诚挚地关心和指导；教育部基础教育司、人事司、师范教育司、教育发展研究中心等有关部门的同志们给予了有力地支持；北京、上海、浙江、重庆、湖南等省市教育厅暨师范教育处的负责同志，中国教育学会暨所属各有关专业学会以及《人民政协报——教育在线周刊》的同志，在推荐教育家代表人选方面做了大量的工作；《人民教育》杂志社、《中国教育报》、《中国教师报》、中国教育电视台等媒体单位自始至终地关注支持着我们的工作；高等教育出版社的领导及编辑们为本套丛书的出版付出了辛苦的努力……

没有这些支持，这套丛书是无法如期问世的。如果要把这些同志的名字都写出来那将是很长的一列，即使这样也还会挂一漏万。所以就让我们努力出好这套丛书，回报所有参与支持这项工作的同志们，回报上千万在教育一线辛勤工作的教师们，回报数以亿计对教育工作寄予厚望的学生和家长们，回报全社会所有关心和支持教育事业的人们，并以此庆祝我国教师节 20 周年。

袁振国

2004 年 8 月

目录

序　言

第一章　让孩子感受读书的美好 → 1

一、每个孩子都是宝 → 1

只想提高升学率 1

为了孩子开始改革 2

把困难学生看做宝 5

每个孩子都是宝 9

二、关爱是 365 天的阳光 → 11

教我游泳的孩子 11

望着孩子天真的眼睛 13

“我的地位提高了” 15

三、扎实的基础是攀登的台阶 → 18

基础是攀升的台阶 18

培养带得走的素养 20

基于基础的超越 23

四、让孩子成为个性的“我” → 27

保护孩子心中的最爱 27
让课堂挥洒个性 29
包容“催生”个性 32

第二章　孩子都是主人 → 34

一、教育教学要因人而异 → 34

从学的角度思考 34
思路、学路、教路三结合 35
让学生自主作业 37
写自己爱写的作文 40

二、为试卷背后成长的人负责 → 43

该好好反省 43
养成好习惯 44
“请你当回小考官” 47

三、学生不是看戏的观众 → 49

“烧手帕”引发的新思考 49
让学生做实验的小主人 50
学回答更要学提问 52

四、寻找失落的家庭亲情 → 56

缺失的亲情 56
清醒的认识 57
是温馨的家庭培育了她 58
在运用中加强亲情的纽带 60
为亲情添道“菜” 63

第三章　让孩子寻找自己的亮点 → 65

一、让丑小鸭成为白天鹅 → 65

善意制造成功 65
耐心扶持成功 67
独立夺取成功 68

重要的是“在乎” 68
二、把潜能转变为显能 → 70
潜能绽放光华 70
让偶然变成习惯 72
让孩子拥有读者 74
天上掉下个一等奖 75
学生编书的激励 77
最惬意的生活享受 79
三、让孩子学会自己走路 → 81
败也小何,成也小何 82
路在孩子的脚下 85
四、学会与人相处 → 88
首先要发现别人 88
学会与人合作 91

第四章　为孩子搭好成长的阶梯 → 95
一、重要的是学会拉一把 → 95
抓好两个“40” 95
弹性作业与差异发展 98
刻录智慧的闪电 101
愉悦的课堂和灵动的表达 103
二、学会宽容、尊重和引导 → 107
下水才能知深浅 107
宽容就是一种教育 109
剪金鱼尾巴的风波 112
三、教师的责任　朋友的心态 → 113
思辨是教师的责任 113
将“接受”和“探究”结合起来 115
亦师亦友的心态 118
家务事该管还得管 122

第五章　把文化传承给孩子 → 125

一、语文就是浓缩的生活 → 125

语文不只是训练句式 126

记住那个大写的“人” 129

让孩子感受真实的生活 132

二、学语文就是为了生活 → 135

味道好极了！ 136

三点新意 138

“嗨，我收到了红头文件” 140

三、用两种眼光观察世界 → 143

欣赏他人是人品 143

“请你们来当小老师” 145

爱老师不迷信老师 148

四、自找苦吃才算长大 → 149

五、自信是人的脊梁 → 153

六、思考和讨论比说教强 → 156

七、人品远比分数、钱财重要 → 159

八、记实作文不能虚构 → 162

刺痛人的信息 162

我反对记实作文虚构 163

关于虚构问题的采访记录 165

九、生活是最好的老师 → 172

第六章　把玩进行到底 → 177

一、在玩中赢得童年的欢乐 → 178

孩子们追捧旅游组 178

张老师送的圣诞礼物 183

“你真有现代人的气魄” 186

二、在玩中获得乐趣 →188

游戏让学习成为享受 188

快乐的洗手帕比赛 190

在玩中获得珍贵的认识 191
三、在玩中探究奥秘 → 194
猫是左撇子还是右撇子 194
玩是儿童体味文本的手段 196
四、在玩中激活潜能 → 197
玩,创造儿童乐学的境界 197
我们演的小英雄雨来最棒 200
玩出来的发现 202
五、在玩中掌握工具 → 204
用任务点燃学习的热情 204
让学生经历知识的全过程 207

第七章 为了孩子培训教师 → 211
一、让护花使者永远阳光 → 211
培训是最重要的福利和投资 211
追求实效是培训的宗旨 213
潜意识实践的是真理念 214
平等自由的沟通才有效 216
建设健全的培训网络 217
二、教师最靓丽的生命在课堂 → 220
读懂儿童——靓丽生命的前提 221
反思过去——靓丽生命的光源 222
创造课堂——靓丽生命的基石 225
珍惜自己——靓丽生命的纽带 227
克制与调整——靓丽生命的润滑剂 228
感动——靓丽生命的灵魂 230
三、真实的遗憾比虚假的完美动人 → 232
直面挫折大气做人 233
好钢是锤炼出来的 235
跨越困惑 239
四、有个性的学员好 → 243
不是木匠带徒弟 243

相信自己,打造风格 244
碰撞才会有火花 246
借肩膀给学员 248

第八章　为孩子建设语文课程 → 251

一、世纪末的风雨是新课程的助产婆 → 251

山雨欲来风满楼 251
改革永远需要辩证法 255
语文不只是语言文字 256
课程改革托载着教育理想 259

二、扎根中华,尊重多元文化 → 260

站在五千年的基点上设计教材 260
变“举一反三”为“融十为一” 262
学生喜欢是我们第一追求 263
口语领先与拼音滞后 265

三、落实综合实践是核心创造 → 268

语文教材要多层面整体综合 268
努力开拓实践运用的渠道 270
综合实践活动是核心创造 271

四、让孩子们参与课本建设 → 274

让学生点评与批注 275
预留空白走进文本 276
二次呈现创设思维空间 278

五、天上不会掉馅饼 → 280

美味的馅饼是自己做出来的 280
硬着头皮坚持试验 283
坐冷板凳与赶时髦 286

第九章　为孩子用好人生日历 → 291

一、孩子是我的人生读本 → 291

学生催化新的改革 291
“谈天说地”和“玩玩说说”的诞生 293

蹲下来和孩子对话 296
二、从反思超越自己开始 → 300
要教会读书 300
只爱语文课不是成功 303
研究实验要开放 306
三、爱与被爱都是幸福 → 308
和年轻人一起成长 308
在事业和家庭中寻觅 314
永远的感谢 318
四、名师研讨会不是休止符 → 322
成功是相对的 322
教改也要付出代价 326
用好人生的每一张日历 329

附录一　他始终把作文教学放在特定的时代背景之上 → 336

附录二　让教学充满活力,使课堂时闻笑声 → 338

附录三　提升小学作文教学的品质 → 341

附录四　试论张化万先生的作文教学取向 → 355

序言

2004年是值得纪念的一年。

从1月10日到北京参加项目组会议开始，到今天，我进了一回炼狱。回想着41年的语文人生历程，梳理着自己的思绪，咀嚼着岁月留下的感悟，舔吮着并未痊愈的伤口，实实在在经历近七个多月难熬而痛苦的时光。这期间，我爱人两次住院。这五个多月，我也第一次住院开刀。而后86岁高龄瘫痪在床快六年的岳母，又因40.5℃高烧病危送进医院抢救……人生就是这样的真实而无奈。我则是在繁忙的日常工作和无奈的医院之间的穿行中，很努力地想经过蜕变，把41年成功与失败的意义和教训的感悟写出来，和小学语文教育的同行们，和孩子的家长们，一起研究讨论。假如只有我一个人，我肯定已经垮掉，幸好我背后有一个团队——可以信赖的学员们。

这本书其实是2003年11月杭州市西湖博览会名师名校长论坛——《张化万小学阅读与作文教学研讨会》的延续和深入。它是我和学员们集体研讨语文人生的结果，是师徒智慧和心血的结晶。闭上眼睛，一张张亲切可爱、充满青春活力的脸庞就出现在脑际：曹晓红、王莺、虞大明、沈晓红、吕芳萍、陆宏英、陈岚、高军玉、虞冬玥、茅琼华、葛永腾、缪华良、马海燕、吴晓玲。就是这些优秀的年轻人，参加了书稿的讨论、录音、记录和整理。没有他们的投入，就不会有本书的诞生。在这里我深深地感谢他们，感谢所有为本书提供智慧和帮助的领导、朋友和同事们。

我 1963 年进杭州市天长小学当语文教师，做班主任，直到 1990 年 8 月。因为参加浙江省义务教育小学语文教材的编写，才调到杭州市上城区教师进修学校、上城区教育局教研室工作。至今从事小学语文教育已经 41 年。41 年中感觉最有意义的是从 1978 年开始，历经 25 年，寻找中国小学语文教育改革的优化之路。这件事回过头去看，大致分三步走。

一是探索语文教学的优化之路。从 1981 年语文课堂教学最优化的尝试开始，到语文作业的优化研究，小学作文教学最优化、阅读教学的优化等课题的一连串改革研究。

二是探索中青年教师队伍的成长之路。1990 年调到上城区教师进修学校从事教师培训和教学研究工作，特别是 1994 年开始在上城区倡议建立《跨世纪园丁工程》，带学员，举办脱产研修班，开始理论与实践结合的菜单式、互动型、行动研究式的教师培训。

三是探索小学语文教材建设的优化之路。从 1990 年开始参加浙江省义务教育小学语文教材建设，一直到 2000 年开始主编《现代小学语文》，进行《语文课程标准》下的语文教材的编写，跋涉在寻求小学语文课程优化的征程上。

虽然这一路走来非常艰苦，非常累，承受了许多压力，付出了不少心血，但我无怨无悔，乐此不疲。因为我的人生属于语文教育，属于学生。许多探索并不是我寂寞地独行。我的领导、同事、学生和家长都支持着我。我想写的也并不只是叙述自我，而是我的学校，我们杭州市上城区，甚至是浙江省和全中国发生的探索和改革。我仅仅只是其中的一员。我觉得人生就应当是这样跋涉的过程。我做出头鸟，搞新东西不是为了什么，是想改革，是想关注所有的学生，关注学生的所有方面，为他们的今天和今后的发展去做些什么。我在探索实践中、反思中也有些感悟，逐步认识了人生的价值，逐步练就了平和的心态。当开始编写这本书时，我心中涌动着对工作，对学生、同事、领导和亲友说不尽的感激。

工作着是美好的，改革的探索不会停步。我愿把每一步都走得更加坚实，用好人生的每张日历。

我是教师，是实践者，我在字里行间记录着我的生活和对教育的理解。书中或是真实发生过的故事，或是课堂教学的实录片断，或是曾经发表文章的段落，再有的就是我的感悟和反思。读者愿意看下去，我就高兴。

张化万

2004年8月6日

第一章

让孩子感受读书的美好

一、每个孩子都是宝

‖只想提高升学率

不同的学生观可以透视出不同时代、不同文化对人的地位和价值的认识。

1977年我从杭州市天长小学印刷厂又回到教学第一线。十年浩劫带来的损失无法估量。从那个时代走出来，只要是有良心的中国人都迫切地盼望夺回被耽搁的十年。随着高考的恢复，各地的重点中小学纷纷重新挂牌。我们天长小学迅速恢复教育教学的正常秩序，大家为了早出人才、快出人才拼命工作着。

怎么抓学生？当年日本排球教练大松博文的魔鬼式训练给中国人留下难以磨灭的印象。教小学毕业班必须要出好成绩。学生明天要想考大学，今天不进重点中学怎么行？可杭州市重点中学就那么几所，谁家孩子不想上重点？为了让我教的学生在重点中学的升学考试中，不至于落马吃亏，我真的把一颗心都交给了学校。没有休息天，每晚不过12点，不会睡觉。日日夜夜和如山的练习本、考试卷比赛着。那时候好在30多岁，只想把十年浩劫憋着的一股劲释放，把失去的青春年华追回来。那时，哪里有现在这么好的客观条件？书店哪有那么多的学生辅导读物、同步练习和AB卷？全靠老师自己去琢磨。班级的竞争，使人们都不太乐意与人分享教育教学资源。上课时我一个人主宰课堂，生怕没有讲深讲透，怕出纰漏，甚至把诗词的意思、含义深刻句子的理解干脆刻印给全班学生，让他们死记硬背。可以说，那两年我满脑子都是考试、习题和分数。

当老师的谁不想培养更多的人才？培养学生，没有“三老四严”的作风，没有从难从严的要求，没有严格训练，能行吗？当年在学校也大搞运动员般的大运动量训练，把幼稚的、身体心智各方面发育很不成熟的小学生当作身体健康的成熟运动员进行训练。孩子们累了，我告诉他们，“苦不苦，想想长征两万五”，吃得苦中苦，方为人上人。现在咬紧牙，硬着头皮顶住，将来会苦尽甘来。刚恢复重点中学升学考试，我们那样硬干蛮干，倒是绝少有家长投诉的。第一个毕业班33个学生考上了杭州市的重点中学，我缓了口气，力气没有白费。对于那些被淘汰的学生，当时我真的没有什么负债的感觉。总觉得中国十亿人口，少了几个，什么问题都不会发生。不要说几个人，哪怕是我们全班，在中国也真像一粒灰尘，微不足道，谁会在乎？对于那些学习后进的孩子，常常会严厉地斥责：“都是同样的课本，一张试卷，一个老师，为什么别人上去了，你上不去？”觉得学生成绩差，不是学生不行，就是家长的责任；不是父母的遗传有问题，就是后天的言传身教不到位。很少真正反躬自问，寻找自己的责任。

‖为了孩子开始改革

1978年4月22日邓小平在全国教育工作会议上的讲话，促使我开始反思。他讲的第一点，就是提高教育质量。他说：“我们的学校是为社会主义建设培养人才的地方。培养人才有没有质量标准呢？有的。这就是毛泽东同志说的，应该使受教育者在德育、智育、体育几方面都得到发展，成为有社会主义觉悟的、有文化的劳动者……学生负担太重是不好的，今后仍然要采取有效措施来防止和纠正。考试是检查学习情况和教学效果的一种重要方法，如同检验产品质量是保证工厂生产水平的必要制度一样。当然也不能迷信考试，把它当作检查学习效果的惟一方法，并且要认真研究、试验，改进考试的内容和形式，使它的作用完善起来。对于没有考好的学生，要鼓励和帮助他们继续努力，不要因此造成不必要的精神负担。”

紧接着，十年浩劫后的第一部小学语文教学大纲公布了。叶圣陶先生说“语文教学要下决心革命”，“不要给学生灌输知识，要让学生掌握技能……如果有了熟练的技能，是终身受益的事”。“‘讲’，都是为了达到用不着‘讲’，‘教’都是为了达到用不着‘教’”。大纲专设一章讲改进语文教学的问题，谈到废止注入式，采用启发式；谈到处理好知识和技能的关系，谈到要十分重视培养学生的自学能力等等。我开始感到不能再蛮干下去，不能片面地为了知识和重点中学的升学率而忘掉了方针。

1979年，天长小学老校长李承龙（1986年被评为全国劳动模范）提出：天长小学退出升学竞争，“宁丢三分，不丢方针”。这是悲壮的口号，这是对全体学生的承诺。不仅要有优秀生进入重点中学，全体学生都应当无一例外成为合格毕业生。别人在大运动量训练，搞题海战术；可天长的老师要从题海中爬出来，从拼时间拼消耗的战场撤出，要向40分钟、向全班40几个学生要效益，尝试把学习的主动权、课余时间的支配权还给学生。要这么做真的很不容易。不说当时，就是现在许多人看学校质量，一个最外观的、和家长眼前利益关系最密切的就是重点中学的升学率。这事搞好了，理所当然是实验学校应尽的义务；搞砸了，升学考试天长小学真的丢三分，那麻烦大了，实验学校响当当的牌子可就砸了。

要想真正冲击一下应试教育，只靠过去的经验不行，单凭一个人的脑袋更不行。必须加强合作。五年级语文组的老师们认真开始了每周两次的集体备课和课后反思讨论，努力做到集思广益，资源共享。让少数尖子生表演，老师唱独角戏，绝大多数学生耳读的课堂教学是没有出路的。教室不是剧场，不能只让尖子生展现学习结果，必须让学生人人动起来，展现学习过程，这样获得的成果才扎实，效率才高。从那时，我开始试行提问不必举手，补充同伴的发言不必举手，可以自由说话的“抢答制度”。为了开拓学生的视野，我试着要求学生天天读报、听广播、看电视。每周挤出一节语文课进行课外阅读指导，上“谈天说地”课。打破传统的课堂教学“一问一答”的单向教学，让学生人人动脑动口动手，读读、想想、画画、议议、写写。越是重点越让每个学生都动起来，将个体学习、小组讨论、全班评议三种学习形式有机地优化组合，调动多种形式让学生积极参与学习，发挥小伙伴的优势互补作用，又让老师在关键处起好引导作用。当时这样做压力很大，家长怕的是学习时间不够，怕的是学生看闲书，管孩子看电视都来不及。老师竟然还要学生天天看新闻联播，看课外书？真的不可思议！家长怕学生玩野了，作业做少了，到时候重点中学考砸了。家长说得很实际，考试少一分再想进去，就是几千块钱。

但是学习语文光靠课本怎么行？张志公先生说的语文学习三分靠课内，七分靠课外。这种比例划分是否科学我不敢说，但是这精神绝对不错。每个人静心想想，光靠语文课本这点东西，哪怕从第一册到第十册（当时小学五年制），课课书背得滚瓜烂熟，也绝不会是语文高素养的学生。考试碰到灵活一些的阅读、习作题目，照样会抓耳挠腮。我赞成刘国正先生的主张，课内课外比翼齐飞。我当时大胆提倡学生读书阅报，听广播看电视，不仅是为了增加语文词、句、段、佳文的积累，还想开阔孩子们的视野，提高读书的品位，眼睛不光看到自己的家和学校，希望他们站起来读书，关注身边变化的城市、国家和世界，关注未来。这样可能会增加学习的动力，思考的空间会大些，习作表达会多一些灵气。有没有风险？当然有。但是你不改，不还是会有风险？我宁肯为了孩子的未来冒些风险，也不想在无奈的风险中消融。我不相信组织课内外的阅读会失败。我性格中的冒险因子支持了我。开设的“谈天说地”课上，孩子们那兴奋的神情，那高涨的学习热情和良好的口语学习效果鼓舞了我！

分数不应当是枷锁，上重点不该是惟一的评价标准。开弓没有回头箭。为了“宁丢三分，不丢方针”，为了提高教育教学的起点，得改变思维方式和工作方式。我每周一个半天在阅览室读书收集资料，两个半天去杭州市教师进修学院读书提高。在上下班的自行车上，在生炉子炒菜的间隙都会在脑子里过老师上课的电影，在教学实践中消化学到的国内外新理论。

改革中的学生是相对幸福的，但是实验的教师是高度紧张的。心事重重，举轻若重。一年后冲击还是成功了。因为真正有价值的教育改革实验，学生的质量应当不会在大面积的考试中出现大滑坡。升学统考中，真的幸运，我班语文全区第一，均分 90.5 分；最高分 97.5 分，也是我班的学生。四位转入的留级生全部及格，有两位语文成绩在 90 分以上。在重点中学的升学考试中，我班名列前茅，34 个孩子考入重点中学。我执笔的《全面贯彻方针，减轻过重负担，提高质量》的总结在杭州市小学语文研究会上交流，获得了好评。我写的《减轻过重负担，提高教学质量》的文章在《浙江教育》发表，第一篇语文教学论文《千方百计调动学生语文学习的积极性》刊登在《教学月刊》上。但是当时我只是理性地承认：教育要对所有的学生负责。

‖ 把困难学生看做宝

真正从理性到情感，在教育教学操作比较自觉地把每个孩子都当作宝，那是 20 世纪 80 年代中期的事。

两个因素促使我确立最重要的教育理念——每个孩子都是宝，教育就是促进每个人健康自由的发展。

第一，是我在杭州市教师进修学校的培训。近四年的杭州市教师进修学校的学习，让我接触到不少现代教育理论，让我懂得每一个孩子都是宝。赞可夫的《教育与发展》主张让每个人得到发展，巴班斯基希望我们在教学中做到《教学过程最优化》，苏霍姆林斯基倡导把《整个心灵献给孩子》……大师们的论述让我明白教育的本义就是促进学生发展。我们没有权利在小学就淘汰他们。新教师今年教不好，明年可以重教。而九年义务教育中，孩子不能重学。我们的疏忽完全可能给一个孩子造成一生的遗憾。孩子是国家的未来，我们不能忽略每一个学生公平成长、健康发展的机会。

第二，是孩子们教育了我，让我不再只是在理性，更是在情感上越来越强烈地感到每个孩子都是宝，是小家的宝，更是国家的宝。

1982年我第一次接三年级班，班中有一个孩子叫龚雨光。他作业本上常常留下的是“2分”、“钢叉”和“重做”。当时我觉得似乎很正常，毕竟是留级生。但三年级下半学期时他的一篇日记，深深地触动了我的神经，拨动了我的心弦。

那是星期一，我和平时一样，收了班中的自由作文，批了起来。当我翻开龚雨光的作文本时，看到本子上写的是这样一段话：

妈妈哭了

×月×日　星期六

我是一个学习马马虎虎的人，常常为了多玩一会儿，早玩一会儿，把课堂作业做得乱七八糟。我的本子上都是两分三分，一打开本子都是红叉叉，可是我还是无所谓。下了课就像野马一样向乒乓台、操场跑去。回家一边做一边玩儿，常常玩儿得回家比爸爸妈妈下班还要晚。老师说我学习差，我也听不进去。今天我才知道成绩不好，会让爸爸妈妈伤心。

今天是爸爸出差的第二天，吃过晚饭，妈妈问：“今天电视是什么节目？”我说：“是足球赛。”妈妈说：“好吧，给你看足球赛。”我高兴得跳了起来。妈妈看了手表说：“时间还早，先看看你的作业吧。”我说：“好的。”然后我就从书包里把语文、数学、外语、自然作业本都拿出来给妈妈看。妈妈一本一本往下看，越看妈妈的脸色越白，当看到第四本的时候，妈妈抱着书包冲进里屋，扑在床上就大哭起来。啊！妈妈，你真是我的好妈妈！你是为我的那些两分哭啊！听着妈妈的一阵阵悲哭声，就像一根根针扎在我的身上。妈妈平时很关心我，前几天我的白球鞋破了，妈妈马上给我买了一双新的。这几天，天冷了，妈妈又怕我挨冻，用自己的工资和奖金为我买了风雪大衣。而我却只让妈妈生气。我真不该啊！我鼻子一酸，忍不住哭了。我在悲痛中醒了过来，再也不想看电视了。双手拿出日记本，记下了深深刻在我脑海里的教训。我知道妈妈的苦心，要让妈妈不伤心，只有好好学习。

看着，鼻子不知怎么的，酸酸的。以前，觉得50个学生的班有两三个孩子学习成绩差，非常正常。这些孩子学不好，对我们十亿人口的大国，几乎可以略去不计。再说这些孩子学习不行，原因也十分复杂，先天遗传的，后天养成的坏习惯，前面老师教时拉下的基础……除了暗暗怪这些孩子不争气，似乎没有觉得有太多的责任。现在呢？觉得每一个孩子的生命都是非常珍贵的，都是不可替代的。一个孩子就是一个独立的世界。对我们这样一个人口大国来说，一个人真的似乎像一粒尘埃，太轻太轻。可是，每一个孩子的健康成长却都关系到一个家庭的安宁和幸福。真是“一人健康，全家幸福”。没有孩子的成功和健康成长，父母的生命还有多少意义？看不到孩子的希望，一个家庭还有什么高质量的生活？作为教师，本来就承担着国家和社会的重托，为民族培育后代。本该为孩子的幸福成长带来福音，给每个家庭带去祝福和喜悦。可由于教育的问题，把孩子好端端的一个周末和家人其乐融融地看电视的气氛全搅了。真的，当时心头沉甸甸的。不论是英雄、干部，还是囚犯、乞丐，他们都想孩子的明天美好。区别只是在什么是好、怎么样才能好上有分歧。每个孩子是家庭不可或缺的宝贝，也是社会和国家的宝贝。是宝贝，就得呵护他们，尊重他们，促进他们。

回想走过的路，教过的学生中，还没有一个因为老师不断地打红叉叉，给两分，让重做而喜欢语文，喜欢我的。没有小学生会深陷在失败的陷阱里，在人们不断的批评和否定中会猛醒振作，喜欢学习的。

分数是客观的衡量标尺，更应当是推动学生前进的杠杆，是孩子继续前进的支点。无论如何不应当异化为扼杀学生学习自信心和积极性的刀子。批分不注意改革，极可能伤及家长的自尊，给家庭的亲情，给老师和家长的合作带来意想不到的伤害。杭州市天长小学是一流的实验学校，不少家长是能人、是功臣。他们事业干得不错，是书记、局长，是老总、教授，他们对工作全身心投入，却常常疏忽了对孩子学习的关怀。毕竟学习兴趣的建立，知识和能力的获得既不靠遗传，也不能他代。而这些家庭，人来客往特别多。倘若来客老看到孩子本本上的两分、红叉叉和“重做”，家长最轻度的反应就是批评。次数多了，不但会破坏家庭气氛，影响家长和孩子的关系，甚至可能使家长对孩子的恨铁不成钢，转为对学校和教师工作的怀疑，使家长与教师这天生的同盟者，变成对立者。

为了孩子，该在分数上动点脑筋了！苏霍姆林斯基尝试过，当孩子学习还不能达到规范要求的时候，暂不计分，我可以借用。于是在一次家长会上向家长们宣布：从这个学期开始，语文作业本上将不再出现两分。当你的孩子学习成绩不合格时，将以一个“阅”字代替。等作业合格了，再打分。这是为了保护儿童和家长的自尊，那它会不会让孩子产生惰性呢？不会。人心都是肉长的。教师对学生的宽容和关爱，任谁也不会无动于衷或者滥用。再说“阅”不代表成绩，这就会提醒孩子，努力填补这一空白。这个做法很快得到了学生和家长的认可。这是评分改革的第一个阶段。

为了更灵活地发挥分数的杠杆作用，我开始进行了一篇作文两个分数的尝试。一个分数是作文总水平分，另一个分数是作文单项分（按百分制计）。当我向中年级的学生宣布“只要做到题目空四格，每段开始空两格，没有错别字，没有病句，不管文章长短，就是一百分”时，学生惊讶地张大嘴巴。许多作文困难的学生，第一次觉得好分数也可能夺到手，增强了积极性和学习的投入。这时就会出现作文总水平分是“5”分，但是单项分却只有“65”分的现象。作文写得生动具体，文章长了，错字出现的机会多了。一个错字扣五分，一个用错的标点符号扣一分。而有的总水平分是“3-”，但是单项分又可能夺得“95”。这鼓励了平时写作水平不高的学生，激发了他们写作的兴趣，也推动了写作文能力强的学生的继续进步，让他们看到自己的不足。这是评分改革的第二个阶段。

第三个阶段是把评分权还给学生。这不是为了减轻教师的批改负担，而是让学生参与评分，调动学生的学习积极性，培养学生的学习责任感，提升学生的评价能力。学生参与评分，感受到了“主人”般的权力和责任，调动了学生的自主性。在学生的作文评分旁，教师再打上分，并给孩子们的评分做出点评。渐渐地，学生之间的评分变得更规范了，孩子们完成作业的质量也提高了。

20 世纪 80 年代末，90 年代初，我实施了评分上不封顶、下要保底的第四阶段评分改革。A 是优秀，B 为良好，C 表示合格。学生作文特别优秀的，比如六年级学生写了篇《试论小学升初中的最佳途径》，分析现状，批判靠权、靠钱、靠赌运气的分配方法，介绍德国小学分流的做法，有理有据，洋洋洒洒写了近 2 000 字，我打上 AA 表示他的作文已经是高一个年级的优秀。假如获得“AAA”，表示我将立马把作文拿到儿童报刊发表。

假如说第一阶段取消“2 分”是保护了学习暂时困难的学生。那么第四个阶段的评分改革就促进了学有余力孩子的不断进步。评分是教学的手段，它应当是推动学生前进的杠杆，进步的支点，但稍有不慎也可能成为阻碍学生成长的拦路虎，扼杀学生学习生机的刀子。只有在我们老师心中真正觉得每一个孩子都是宝时，我们才会从尊重学生，促进学生发展的角度去思考我们的教育手段，不断激励各类学生发挥各自的潜能，在他们原有的基础上提高、发展。

‖ 每个孩子都是宝

每一个孩子都是宝。健康漂亮的孩子是宝，残疾的孩子也是宝。命运真会捉弄人。优秀善良的女医生偏偏有个残疾的女儿。小女孩因婴儿时的疾病后遗症，四肢畸形，几乎说不清话，面部也严重变形，成了爸爸妈妈心中永远的痛。学校里，调皮的同学们作弄她，奚落她是“阿德”。我让孩子懂得善良，开会帮她拿凳，外出搀扶，作业特殊对待，给她笑脸和温情。家访、谈心、辅导和面批。终于家长和孩子都有信心，说长大做外文笔译，也做社会的有用之材。孩子知道老师对她的心，看着她特别的笑脸，我幸福。

有钱人家孩子是宝，穷孩子也是宝。小深，爸爸是医院的勤杂工，家庭经济困难，妈妈常常在医院拣煤渣卖几个钱，补贴家用。我一得知迅速给他办了免费手续，让他懂得经济条件差，并不等于智力差。“穷人的孩子早当家”。学习上给他多吃偏食，鼓励他参加数学竞赛。数学课上，老师在教简便运算。其他孩子都按照老师简便运算的办法开始了练习。突然，小深举手，说：“老师，不用简便运算，先按式子的计算步骤算下来，行吗？”同学们都诧异地望着他，老师微笑着问：“为什么？”“我想看看不用简便运算答案是不是一样？”老师理解地点点头，认认真真地在黑板上演算了一次。当他看到结果完全一样时，才放了心。后来在考试中，有一道难度比较大的简便运算题，不少程度很好的同学也没有做出，他却做对了。老师问他什么原因，他说“上次课上我提问后，老师的第二次运算我印象特别深，对于为什么要简便运算，怎样简便运算理解更深了”。一次单元练习后，发现他在抄考试卷。怎么？没有做好？俯下身子一看，试卷上是“100”。“你抄考卷干什么？”小深不好意思地说：“我每次考试后，都将卷子抄下来。以后到学期结束，我按这些复习，心里就有数了。”说着，从书桌里拿出一本抄得工工整整的试卷本。嗨！他真有心，将过去考试的错题当作资源，梳理分析，既节约时间，又提高质量。得介绍这个好办法！我们把孩子当作宝，孩子们也真的成了宝。当他考入北京高校后，他父亲见到老师由衷地感谢学校当年给予孩子的温情。

好孩子是宝，“坏”孩子也是宝。老师要对孩子的成长负责。那次下午，孩子急匆匆地到办公室报告，他铅笔盒里的五块钱没有了，被人偷了！进教室一打听，察言观色一调查，我心中有数了。八九不离十，是那个小梁。他心神不安，一直躲避着老师的眼神，上节活动课就是他提前回了教室。我没有搜身检查，也不让孩子们搜身。我耐心地打心理战，讲故事，暗示他我已经知道，保证只要秘密认错改了就行。我不愿意让孩子带着“小偷”的帽子进入中学，在别人歧视的目光中学习生活。三天后他悄悄地认账交了钱。我把钱还给了失主，告诉大家那个犯错的孩子改正了。保了他，谁都不知道，连对他家长都没有明说。现在他已经成了有作为的企业家，时常会怀念小学的时光。

原以为这只是教师对暂时后进学生的爱，其实，让教育灿烂的阳光照耀每一个孩子，让孩子明白世界是美好的，生活是美好的，在学校读书是美好的，让每个孩子真正成为小家的宝，国家的宝，我想这就是以人为本的公平的教育——义务教育的真谛。

二、关爱是365天的阳光

我年轻的时候没有真正搞懂教书为什么，并没有把孩子们当作心中的所爱。我可能爱的还是自己的面子，心中追求的是学生的成绩第一，在升学统考中崭露头角，全区扬名。师范毕业，我是尖子生，没有学习困难生的经历和情感体验，不知道困难生的难处和心理。学生成绩差，我会从心底里嫌他们的遗传密码出了问题，怪他们的父母和学校老师配合不当，关心帮助子女太少，而不是寻找自己的问题和责任。是孩子们的天真和可爱让我猛醒，认识了自己的丑陋。明白了在生命所有的态度中，只有教育爱是理性和久远的爱，也只有教育爱才能真正改变生命。

‖ 教我游泳的孩子

记得有一本书叫《向孩子学习》。的确，在我的教学生涯中，有许多事都使我感受到了“教学相长”，感悟到了“孩子是我的人生读本”。与他们相处，丰富了我的人生阅历，增强了对自己、对教育教学的认识。

1965年我班里有个孩子叫鲁军，山东人，他爸爸是转业军人。这孩子的圆脸上长着亮亮的大眼睛，高鼻梁，一副机灵劲儿。但不久后，我觉得他就是老师们平时说的“聪明脸孔笨肚肠”的学生。他语文、数学成绩都不行，常常迟交或不交作业。同样一个词语，人家都理解了，会用了，可就是他不会，叫过来个别辅导，他点头说懂了，可是交上来的作业还是错的。记得有一回，他连着三天没有完成作业，我气急了。我让同学给他爸爸带一张便条，告诉他他的孩子这三天作业未交，请家长关心教育。到了第二天，同院的孩子告诉我，鲁军昨天被爸爸吊在院子里的大树上用皮带狠狠地抽了一顿。我听了，猛地一惊，但是很快就自我谅解了：不是我打的，而且便条上写得很清楚“请不要打孩子”。就这样，这事渐渐被我淡忘了。

1966年初夏，孩子们快毕业了。我第一次带这批学生到弥陀山游泳池去游泳（那时候每到夏天，天长小学高年级每周都要组织学生游泳一次）。

鲁军是个很调皮的孩子，只要你稍不留神，他就会在你的视线里消失，在浅水池里你就再也找不着他了。我不会游泳，听到同学叫“鲁军到深水池了”，我心往上一提，急匆匆地去喊，好不容易把他拉回来，可不一会儿他又会在我的眼皮子底下溜走。第一次游泳快结束的时候，同学们指着深水池说：“张老师，鲁军在深水池里已经学会游泳了。”看着他在深水池里灵巧的身影，心里不由地想：“嗯，这孩子并不笨，第一次来游泳就学会了，真能干!”

因为知道我不会游泳，所以从第二次游泳开始，每次他都会游到我身边教我游泳，一个小时的游泳时间他有可能要在我身边耗费 15 分钟。要知道，小孩子玩的时间是多么宝贵，特别是鲁军这样爱玩的孩子。可是他却在我身旁耐心地做着示范，他会拉着我的手，拉着我的脚，一遍一遍纠正我错误的姿势。从他的笑容里，我感受到了真诚。他看见我游得像秤砣一样只能上下动，不能前进，笑着说：“张老师不是这样的，脚要这样蹬。”一边说，一边拉着我的脚在水中比划。那一个初夏，他就这样不厌其烦，始终带着真诚的微笑教着我，却从来没有嫌我笨。和我平时对他的态度一对比，我特别难受。我是老师，我有责任教他，但我却把责任推到了他身上——是你自己没学好，我已经教了五遍了。回想把他叫到办公室来的时候，脸色已经很难看，他只看到我那张拉长走样的脸，听到我气冲冲变调的声音，至于我说什么他可能根本没有听进去。这样的辅导对他来说简直是灾难。反思自己，我常常会言行不一。在班级里我会冠冕堂皇地告诉学生，不懂要问，老师喜欢爱问问题的学生。可是，真的下课有学生问，特别是问我在课堂上讲过的问题，我就会不高兴。“你上课在干什么？今天我告诉你，下次你再这样可要挨批评哟。”面对这样的回应，还有哪个孩子会再来提问？我在班里讲的时候，“鲁军”们可能没有仔细听，或者仔细听了但并不理解，更多的时候可能是懂了但是不会。就像我在学游泳时一样，要领是清楚的，就是不会操作。我们都不是完人，自身都有不足之处。这个夏天过后，我学会了游泳。

‖ 望着孩子天真的眼睛

认识了的事，并不立马会变成自觉的教育教学行为，要变成习惯，成为一种潜意识的教育教学，还有很长很长的路要走。教育教学的实践，生活的实践，让我逐渐成熟，知道并努力把阳光送给每个孩子。但我头脑深处潜伏的那种傲气，那种师道尊严，使我平时和孩子们的谈话，经常会从调侃跌落到讽刺挖苦中去。调侃和嘲讽之间本来就没有太远的距离。稍不留神，我便会滑到冷嘲热讽的歧路上去，误伤孩子稚嫩的心。

1982年，我接了三年级的班。从教戴帽子初中和小学高年级到教三年级，落差非常明显，给我的刺激和教育也非常大。高年级的孩子对于夹杂在批评中的讽刺、挖苦能理解，而三年级的学生是非常天真的，他们信任老师，常常会围着老师玩，玩着玩着就会亲热地把我叫成“爸爸”。当时有件事情令我印象非常深刻。

班中有个女孩子叫小奕，学习成绩不佳，有时还要拖欠作业，长得也不好看。有一回，我批作业时，发现她作业又完成得不好，就把她叫进办公室谈话。面对一遍遍耐心地询问，她一直低着头，一句话也不说。我终于按捺不住说：“小奕啊，你这么不爱做作业，这么不喜欢读书，今天你就背上书包回家吧！”满以为她听了会难过地向老师认错。谁知，她转身便离开了办公室，背好自己的书包，收起雨伞，向尾随其进教室的我挥了挥手说：“张老师，再见！”望着孩子天真的眼睛，我愣住了，尴尬地站在那儿说不出话来……

是她特别傻，听不出话里的意思？不，孩子是天真的，在她眼里，老师是不会伤害她的，不会讽刺挖苦她的。老师让她回家，便以为真的放学回家了。学生对老师具有充分的信任和尊重，作为教师该如何回报呢？

记得还是在十年浩劫中，我爱人生病在家，有两个学生来看她。你知道他们拿什么给自己心爱的老师吗？有个孩子从口袋里掏出了一把罗汉豆，另一个孩子从自己的饭盒里拿出了冰冷发硬的刀切馒头。罗汉豆是孩子觉得好吃，才从家里抓了一把珍藏在口袋里特意带来的；馒头是孩子中午在食堂吃饭时觉得好吃，从自己嘴里省下来，留下来给老师吃的。当我看着这一把罗汉豆和一个冰冷发硬的刀切馒头时，感受到的是孩子的真诚和对老师的爱。这些情景常常会在教学中我遇到不愉快时浮现，提醒我教师是神圣的，对学生就要像他们的亲人长辈一样关爱他们，还得比他们的亲人更清醒、理性地爱他们，给予他们教育的爱。我要对得起教师这个职业。

每当我看着学生求知时渴望的眼睛,看着学生的天真可爱，对教师的信任爱戴，都会让我想到要珍视孩子的天真和信任。教第一个三年级后，我对孩子的嘲讽和反语越说越少了，我以孩子们为镜，时时照照自己。自那以后，我对困难学生的辅导就增加了宽容和理解，他们的作文不符合要求一般不要求当时重做。我明白把学生叫来训斥，让他们在痛苦和懊恼的心态下重做，惟一可能的是习作少了几个错别字，其他不会有什么变化。习作有赖于学生的认识和积累。而这些，不可能短时间发生变化。强令孩子们重做，只会使他们心中残存的对作文的一点兴趣滑落，对老师的敬爱变成畏惧。因此，孩子写作困难时，我会向他们口述作文，会和他们面对面讨论并迅速地拿起笔直接在草稿上加词写句子，让他们读通以后抄在本子上。只要他们能把我添加的句子整理好，读通自己写的作品，就是实实在在的感悟体验，实实在在的语言训练。交上来的作文，我会用浪纹线画出好句，在班中表扬，哪怕这句子是我给孩子写的。

对学生的宽容是一种人生态度，也是一种巧妙的教育艺术。对孩子习作的“毛病”采取宽容帮助的态度，将比抓住“小辫子”处罚，更有利于激发学习兴趣，更能帮助学生提高学习能力，引导正确健康的情感价值观。对学习困难生而言，他们更需要教育的阳光。多让他们感受老师的关爱是前进变化的前提。他们“失败”的太多了，身上受伤的翅膀太沉重了，需要我们为他们鼓和呼，真诚地托着他们，帮他们振动翅膀，开始起飞。这需要为他们“制造成功”。“制造成功”只有基于对学生的宽容和理解才有可能实现。因为他们太需要成功了，哪怕是老师帮助他们制造的。徐厉编书的故事给我留下了终身难忘的印象。

‖ “我的地位提高了”

徐厉是一个聪明机灵，但学习拖拉懒散的孩子，语文作业质量不行，考试成绩常常是最后几名。他最怕的是做作文。可就是他让我又一次认识了自己，认识了关爱的重要和艰难。

记得是 1988 年的春天，开学以后，我在电话中和徐厉妈妈约好，在车站见。车晃荡了半天，终于到站。这么远赶来，得好好跟家长聊聊。一下车，满面笑容的徐厉妈妈就迎上来了：“张老师，您能来家访，真是太感谢了……”一边寒暄，一边朝着他们家走去。路上，徐厉妈妈兴奋地告诉我：“徐厉说，这个学期他在班里的地位提高了。”听到这儿，我的心咯噔一下，班里没有改选干部啊？徐厉也不是课代表，甚至连小组收本子都没有请过他。这地位提高从何说起？难道……我的脸色变得凝重了。我不得不支支吾吾地应和着。细心的徐厉妈妈似乎感觉到了什么，笑着说：“张老师，你们开学不是在评最佳图书吗？”我连连点头，猛地想起，这学期开学徐厉送交了自己编的书，书里是什么却一点印象也没有，赶紧“很外交”地接着说：“是啊，是啊，寒假里徐厉很积极，他也编了一本书交了上来，编得还不错。”

说着说着，到了徐厉家里。家长还是不肯放弃这个话题，继续说：“张老师，班里这次是不是评了十本最佳图书？”我点点头，说：“是的。”可转念一想，不对啊，班里十本最佳图书没有评徐厉呀。“张老师，徐厉回家说，班中评十佳图书时，有八个同学举手推选他的书是最佳图书。他觉得这个学期自己在班里的地位提高了……”

说者无意，听者有心，看着徐厉妈妈的笑容，我却像在马路上被人当众打了一个巴掌，脑袋轰的一声，脸上火辣辣的。再下去，徐厉妈妈讲过些什么，我都已经听不进、记不住了。只觉得耳边嗡嗡地叫，脊梁后有人在戳戳指指，如坐针毡，站也不是，坐也不是，不到 20 分钟，我就僵着表情起身告辞了。

徐厉是语文学习有困难的孩子，作文常常迟交，成绩也不理想。放寒假布置编书时，我根本没有把他计算在会交书的行列里。可是开学他交书的情景我还是有印象的。他那天满脸放光，兴冲冲地把书交上来。到了我面前，眨了眨眼睛，迅速把书往其他书中一塞，高高兴兴哼着跑开了。我只知道他交了书，也看过，为什么对这本书却一点印象也没有？说到底我的潜意识是，像徐厉这样的孩子连平时作文也写不好，不按时交，还编什么书？

评上特级教师才两年，平时说落实素质教育，偏爱差生多容易！花不了几秒钟。但是要把这变为自己的潜意识，变为自觉有效的教育教学行为又是多么的艰难！假如中队长小睿编的书，只有八个人投她的票，肯定哭鼻子喊冤枉！而同样八个同学举的手在徐厉的心里却发生了震撼人心的变化，他会高呼“我的地位提高啦”。这不是证明了我平时对这些特别需要成功感觉，特别盼望老师肯定表扬的后进生关注太少，表扬太少吗？不是这样，他怎么会对八个同伴举的手有受宠若惊的感觉？怎么会有久旱逢甘露的心情？怎么会有翻身解放、提高地位的高呼？晚上，我辗转反侧始终不能安睡。

第二天一大早，我赶到学校，翻出了徐厉的书。我看到了画得很有意思的封面：上面是蓝天、白云、红太阳，中间一个小男孩走在一条大路上，大路上写着“我的佳作”。路旁画的路标——“好好学习”。打开第一页，你会看到缩在左上角的目录，只有三篇作文题，都是用铅笔写的。打开第二页，看到了擦边擦沿，无天无地的文章，也是用铅笔写的，仔细看有许多错字，漏字。除了封面淋漓尽致地反映了孩子要好好学习，写出佳作的美好愿望外，我实在看不出价值在哪里。把徐厉叫到身边，真诚地表扬他：“徐厉，寒假正是好吃好玩的时候，天又冷，可是你还是编了，封面画得真美，真的应当表扬你。不过，张老师有点不明白。这次同学们都用钢笔、圆珠笔抄，你为什么要用铅笔呢？是妈妈不给你买吗？”“不是的。”回答深深地感动了我，他说，“张老师，我的字很差，用钢笔、圆珠笔写很容易写错，一擦就是一个洞，一涂就是一个难看的黑团。用铅笔写，写完了读读，不对，用橡皮一擦就擦掉了。”天啊！这次编书我的政策非常宽松，可编可不编，不编的同学一律不批评。可徐厉做了，而且在他做的第一分钟，就已经准备编完修改！这是一种什么作业心态？

我再次在全班表扬徐厉，开始关注他的变化。半年后第二次编书，他依然用铅笔，但是他已经知道用彩色圆珠笔打好横线，让书写工整些；依然还是三篇习作，但会在目录的空白处画上可爱的小男孩补白美化。第三次编书，他取的书名是《"天才"的杰作》，终于自信地写了10篇自己的好文章，第一次用钢笔抄写，还准确地在"天才"上打上引号，自嘲否定。孩子长大了！经过介绍宣传，他的书终于被评为第十本最佳图书。铁树也会开花！

静下心想想，真的很惭愧，我还没有真正把孩子们挂在心上。假如平时的365天，我把对学生的爱，不仅落实在会上，发言中，还落实到每个孩子学习的过程中，让孩子们把平时学习的心理状态都调整到编书时最佳的心理状态，学习质量还会提不高吗？

令人害怕的是时至今日，还有些老师把所教班考试排名第一，当作自己的终极理想和追求。老师们十分在意考试成绩0.5分的差异，精确计较成绩的排名先后，常常为均分比其他老师高出1分而沾沾自喜。长此以往教师的责任心就会异化，对学生的关心也会变味。为了考试时抓住这0.5分，会让孩子们晕头转向一遍又一遍地背诵课文，抄写词语解释，听写生字。就是含义深刻的句子，也会刻印出答案，让学生背诵给家长听。可能考试会有一个好成绩。但折腾的结果是孩子远离了本该兴趣盎然的学习生活，考试一结束就将课本束之高阁，毕业就将所有的课本资料卖作废品。

这样做老师的确也很辛苦。可惜工作责任的基础——教育的价值观发生了问题。不同的教育理想，就有不同的教育责任感。小学不是专业教育，不是培养各种未来的专家，它是要培养未来一代身心健康的公民。基础教育是为儿童涂抹人生底色、奠定发展基础的。归根到底，他们不是为了学科的成绩活着，更不是为了自己和教师的考试排名而学习。说到底，一分、二分的成绩差异，一个词两个字的不理解不会写，一道题的计算差错，尽管需要解决和克服，但它不仅在教育科学研究上没有太多的意义，而且绝对不应该影响到儿童的继续学习和今后的发展。过了吃饭时间，还在让学生饿着肚子补写作业，让爷爷奶奶们挤在校门口，像探监似的，可怜兮兮地等着、盼着孩子们回家吃饭……这种责任心是人民和社会祈盼的吗？换个位置想想，假如上司为了给自己脸上贴金，天天这样折腾老师，你能乐意吗？你能认可这样的责任是高尚的、高明的吗？

为什么许多人明明知道拼体力拼消耗，搞题海战术、疲劳战术，收效不大，害人不浅，学生受罪，自己吃苦，但还是要这样做呢？除了外因，内心深处总以为，这样死抓狠抓，考试不理想还可以自慰“水平不高，工作负责”，比让学生按时回家少做题的要“安心”。家长当然希望孩子成绩好，但是与其成绩不好、身体搞坏、学习兴趣全无，我还是愿意选择成绩不好，负担不重，高高兴兴读书的教育。至少孩子的身心是健康的。

国家、老师和家长都希望孩子好。但我们有没有从儿童的角度去想想，孩子们想怎么好？我们又该怎么帮助他才好？假如我们能把对事业、对学生的爱变成孩子们成长的促进剂，那么爱，才不再仅仅是给孩子早上充饥的牛奶，天冷添上的衣裳，也不再仅仅体现在平时的嘘寒问暖中，它会自然地融入到课堂内外教育教学的分分秒秒。幽默的话语，亲切的神情，精湛的教育艺术，会让学生觉得40分钟过得是那样的快，上课如坐春风，如沐雨露。关爱学生应当是365天的阳光，是课堂学生勃发的生命力，是快乐成功的自主合作探究的实践活动。交织在精湛的教育教学艺术的关爱，会让作文山不再险峻可怕，能使学生扣开数学关顺利通行。

三、扎实的基础是攀登的台阶

‖基础是攀升的台阶

基础教育是为孩子一生的发展打基础。每一个儿童都是鲜活的，每一个生命都是珍贵的。儿童的生命与成长是不可替代的。教师可以一次、两次、三次地试教、慢慢成熟，学生却没有重拾光阴的机会。要孩子向高处攀登，必须从开始就把基础夯实。

新世纪课程改革实验热火朝天，但也出现了不容忽视的问题。近段时间，我们常能看到这样的课：两节作文课学生只要带耳朵，不必写字；低年级第一节写字课，教师讲得兴高采烈，孩子们谈得津津有味，可是一节课学生只写三个字。许多语文课堂上只是让孩子们画画彩虹，买买菜，这怎么行？假如我们的课堂教学不能打好基础，那还奢谈什么教育改革？现在很多中学生文章不会写，错别字连篇，就因为他们缺乏很好的读书习惯、写字习惯。这不能全怪学生，主要是教育出了问题，一种倾向掩盖了另一种倾向。

国门打开，到国外考察学习的，到处逛逛的人越来越多。许多人是走马观花，蜻蜓点水，道听途说。有的报告认为西方资本主义国家的教育高明得不得了，似乎那儿的孩子是不需要做作业的。甚至有人毫无理由地下了这样的论断：就是因为他们不需要做作业，所以很有创造性。中国的教育基础很扎实，所以很死，学生没有什么创造性。是这样吗？不是。

基础知识和创造力是相辅相成的两个方面。创造力的发挥要靠丰厚的基础知识做依托，而基础知识会因创造力的发展而得到升华。1999 年 6 月我到德国的巴伐利亚州进行教育考察，听了一堂给土耳其裔学生上的德语课。课过大半，老师在讲台上放了十叠不同的作业，让学生根据自己的实际情况任意选择。这些孩子自由寻找适合自己的作业，认真地做着。做完，小心翼翼地将作业剪下来，贴到练习本上。一项作业做完了，有的孩子继续做第二类、第三类作业。下课后，我看了德国教师的点名记分册，学生的每次作业教师都有登记，真的不简单。我在学校教书时就做不到每次作业都登记。学生可以差异发展，也应当差异发展，但是必须有吻合自己发展的扎实的基础。如果地基打不好，哪能建高楼？必然是豆腐渣工程。

★在美国小学生的课堂

2002 年 4 月在飞往美国的飞机上，一对美国青年夫妇带着一对儿女上飞机。起飞不久，只见那位女孩子放下身前的小桌板，从书包里取出一张练习卷做起作业来。在空中旅行的几个小时中，这位小女孩一直认认真真地在做练习，她的妈妈在整个过程中过来了三次，抱抱她，亲亲她，鼓励她做下去。我在国内很少看到学生在飞机上做练习。美国的孩子在飞机旅行的过程中都想到做练习，在家学习的情况就可想而知了。

‖培养带得走的素养

20世纪末的教育批评中，许多人一是批评不切实际的理想教育，精神家园"荒芜"。小学生大扫除让爷爷奶奶代劳；疯狂的中学生追星族，为了见偶像们一面，竟然私自拿父母的工资外出；大学生的宿舍枕下和床下的臭袜子脏衣裳，食堂里狼藉的粮食……这些都成为教育的伤痛。二是批评学生学习方法和习惯态度培养的缺失。小学毕业生绝大多数离开老师不知道怎么学习，没有养成作笔记的学习习惯；很多中学生，除了关注课本和练习册资料外，远离经典，没有养成良好的阅读习惯，和名著少有亲密的接触；过半数的学生不敢向老师和书本提问质疑；不少大学生、研究生不会独立确定研究的课题和方向。三是批评松松垮垮的基础知识能力。不要说中小学生，甚至我们有的研究生，不仅无法用普通话流畅地表达自己的思想，有的连消灭错别字和病句都十分困难。许多大学生没有经常向自己的亲人交流、沟通情感的习惯。家信退化为儿女向家长的"催款单"，"留言条"和"电报稿"。不少漂亮的女孩和英俊的男生都羞于当面书写，那是因为他们错误的执笔姿势和难于被人们欣赏认同的字迹……基础不牢，怎么建设大厦？越要建设高耸入云的摩天大厦，越要夯实基础。

如今，任何一个民族都已经深刻地认识到：没有基础就没有发展。我们中国提出的素质教育是依据人的发展和社会发展的需要，以全面提高学生的基本素质为根本目的，以尊重学生主体和主动精神，注重开发人的智慧潜能和形成人的健全个性为根本特征的发展性教育，是立足学生"个性发展"的教育。基础教育，更应变成"才"教育为成"人"教育，要以人的发展为根本，为儿童日后的发展奠定基础，提供发展的充足空间，而不能为了眼前的考试分数，榨干孩子的油，断了他们今后学习的乐趣和后劲。因此，夯实学生基础，培养学生能带得走的基本素养，而不是背不动的书包，才应是我们努力的方向。

什么是我们需要夯实的基础？我们所认同的基础和过去教学大纲所提倡的，人们所说的“双基”是有显著的区别的。所谓双基，指的只是“学科的基本知识和基本训练”。我们所说的基础是指：基本的情感态度价值观，基本的知识和基本的能力，基本的学习方法和习惯。

我们正在设计建设的“现代小学语文”课程要夯实的就是以下三个方面的基础：

一是基本的情感态度价值观。杜威说过，“每一个儿童来到学校的时候，除了怀有获得知识的愿望外，还带来了他自己的情感和感受的世界”。“情感和态度”乃至“价值观”是可以养成的，而且是必须养成的。在小学阶段，要从切实培养学生的对父母、对同伴、对老师的爱做起。爱家，才会爱乡、爱国；善良、正直，才可能会诚信、忠诚；懂得感恩、孝敬、尊重，才会更好地与人合作、交往。学校应当教育孩子成为真正意义上的人，而不是只为他们的就业做准备。只有这时候我们才会真正想办法花气力去打实学生做人的基石——健康的情感态度价值观。

在构建小学语文课程时，倡导披文入情，因情悟文，由文明理；让学生通过体验、理解，感悟人生，实现自我，培养基本的情感态度价值观。

让学生读《家》、《你姓什么》、《祖国山水多美丽》以及“有趣的语文”、“祖国各地”主题单元，用和儿童心智发展水平相吻合的诗歌、故事对孩子进行爱家、爱乡、爱祖国的启蒙；《春种一粒粟》、《信箱里的花束》注重培植学生的善良与同情心；《奶奶笑了》、《平分生命》、韵语《父母教须敬听》等，可产生孝心与爱心的价值引导；《轻一点，再轻一点》、《冰箱里的争吵》教育学生懂得尊重与合作；《选国王》、《猎人海力布》颂扬开拓与诚信；《你我他》和《去同学家》、《司马光》表现的是人与人之间的交往与勇敢精神；《太阳 地球 月亮》、《魔术窗帘》、《找汗》以及“寻找答案”、“环境保护”单元则都自然渗透了科学精神和探索意识的培养。

培养基本的情感态度价值观不容忽视。惟有这样，才能真正教育出大写的“人”。成人、成才，何为重？成人更重要。当然成人、成才并不可能截然分开。我主张先成人后成才，在成人的过程中成才，在成才的过程中成人。试想一个虐待亲生父母的干部，能相信他全心全意为人民服务吗？一个为了钱财连子女和女友都会出卖的，能相信他爱祖国、爱人民，为了党的利益牺牲自己吗？一个不知道感恩和欣赏，文过饰非的人，你愿意与他合作、共事、交朋友吗？我们怎么能不千方百计地从小抓好这基础性的情感态度价值观呢？攻克“哥德巴赫猜想”的大数学家陈景润有一件事曾令人费解。他去买东西，回来后发现售货员少找了他5分钱，于是花一角钱坐车去把这5分钱要了回来。当年我觉得好笑。花了时间和精力，付出了1角钱的成本，才得到了5分钱的收益。真有点认死理。现在我才读懂，陈景润是理性的。在他看来，找回这5分钱代表找回了严谨、认真的精神。许多人都认同情感态度价值观的重要性，可是就缺乏较真儿落实的劲儿。

二是基本的语文知识和基本的语文能力。切实夯实小学生语文可持续发展的基础。语文学科作为一门工具性和人文性统一的学科，它的培养目标正是全面提高学生的听、说、读、写能力，以及由此内化的思维能力和充满人文色彩的个性品质。我们要发挥语文教育目标与未来人才发展规格相契合的优势，奠定学生的基础。一个合格的小学生能正确、熟练地拼读，掌握3 000个常用汉字，积累六七千个词语和成语，能背诵180首（段）古诗、儿歌和范文片断，具备正确查找字典、词典的知识和能力，懂得积累和理解词句的基本知识，会用常用的句式表达意思，能把握阅读短文的主要意思，概括文章的段意和主要内容，对文章含义说出自己的理解和感悟，初步具备利用图书馆、计算机收集和处理信息的能力。

只有全体学生语文基础扎实，字写好，话说明，书读熟，文写通，这样才可能产生“熟读唐诗三百首，不会做诗也会吟”的学生，才会看到儿童朴朴实实叙写的日常生活习作、依然流淌的天真童趣和无忌而令人思考的童言。全体孩子基础实在，才会使人信服地欣赏在这样的群体中产生的出口成章的小演说家，创造力非凡、到处发表习作作品的未来小作家，挥洒自如的小书法家。

三是基本的语文学习方法和习惯。教师应帮助学生逐步养成在阅读过程中思考、提问和批注的学习方法与习惯；重读、跳读、精读、猜读的方法与习惯；针对问题独立阅读和合作讨论、研究的习惯；有选择地主动读书、看报，听广播、看电视的习惯；做资料卡或剪报，积累词句段的习惯；认真读题、审题的习惯；限时作文、快速作文和做素材笔记的习惯；让耳朵做“老师”，自己当堂修改、请别人修改的习惯；保存作文本重读整理的习惯；主动在生活实践中学习与运用语言的习惯等等。学生的发展在很大程度上得益于学会了学习的方法，养成了好的学习习惯。

夯实了这三方面的基础，就会共同构成一个血肉丰满的生命体——语文素养。因此，尽管我们没有“追求语文知识的系统和完整”，但一个隐形的语文知识系统就会存在于学生的血肉之中。

‖ 基于基础的超越

过去我们一说早出人才，快出人才，常常就是只抓尖子，而无情地淘汰中下等学生；一说夯实基础，面向全体，就被理解为平均发展，一律要求。为什么不让两者更好地统一起来呢？义务教育、基础教育当然反对任意地淘汰孩子，寻求的是未来公民的素养。但是，在义务教育实施的过程中，为什么不可以促使一部分孩子更快地成长？在全体孩子健康成长的前提下，让一部分孩子成为天才精英，不是对国家更有利？中国人应该不会反对出现比尔·盖茨这样的天才。

不少人以为义务教育、大众教育是反对精英教育、天才教育的；以为欧美发达的大众教育也是反对天才和精英的。其实不是这样。美国学校都有天才班，他们的考核门槛相当高。但是学生进入这些天才班并不需要另外花钱。美国正规的天才教育从 1918 年开始至今已近百年，是世界上天才教育最普及、研究和从教人员力量最强大的国家。他们的法律规定，天才儿童有权利得到适合自己的教育。几乎所有的公立学校都设有“天才与资优教育计划” (Gifted and Talented Program)。得克萨斯州 1 000 多学区，

★和特级教师考察团的老师们在美国学校考察、留影。

每所公立学校都有天才班。根据1999年到2000年的统计，全州幼儿园到1~12年级注册学生400多万，其中天才班学生33万，占公立学校学生数的8.2%。这些天才学生和我们的界定不同。不是单单看学科成绩，他们不仅智商较高，学业成绩优秀，而且知识面广、创造力强、思维活跃。这些天才孩子不是由老师确认的，他们有专门的鉴定班子，州教育部门出台了相关的法律、规则和条例，有比较完善的选拔机制和程序。他们的学习负担不重，没有做更多的题，而是有着比普通学生更深入、更富有挑战性的课程。语文学习可能要读更多的书，做更多有意思的调查，可以写诗和小说，激发潜能。他们拥有和普通孩子一样的作息时间表。只是天才班的老师显得与众不同，他们必须接受正式的职业培训，了解和掌握天才儿童的性格和需求、天才教育的课程设置等等。他们将受到各学区天才教育办公室对其工作的监督（参见《环球时报》2004年6月2日《美国学校都有天才班》，作者钟翔）。

今天强调夯实学生基础的同时，应该鼓励学生冒尖创新。夯实基础让每个学生都成为未来合格的公民；鼓励冒尖就是让一部分孩子成长为天才、精英。一个人的知识基础、视野、推理能力、思维方法决定着一个人的创新能力。如果我们着眼于学生的可持续发展，注重人的最终发展水平，就必须在打好扎实基础的同时，开发学生的创新潜能，促进学生健康、持续的发展。夯实基础与鼓励冒尖是并行不笃的。让不同的学生完成不同层次的学习任务，下要保底，上不封顶，鼓励学生挖掘潜能，发展创新。

这个理念是这样体现在我们的课程建设中的：

一是实施弹性作业。从《现代小学语文》第一册开始就提供学生可弹性选择的语言实践与思维训练相结合的操作练习。鼓励学生根据实际情况自主选择适宜的作业，促进学生在各自的基础上健康地发展。如课后带

“*”的练习和主题实践活动提供的若干活动课题，都供学生自由选择。

二是进行多元评价。在评价考核上将实行等级评价、多元多次（A、B卷，自主决定的补救性测试）评价，加强操作性、过程性测试，试验学生档案式评价、自主选择各自强项测试等方法。如第10册主题实践活动的评价是综合、多元和创新的。准备过程、实践过程的评价是靠自我评价和伙伴之间的互相评价；活动结果主要依靠成果展示和同伴、老师、家长、社会的评价，并从中获得成功的满足，激励学习实践探究的热情。

夯实基础与鼓励创新在我们设计的小学语文（科学出版社出版）中得到了和谐的统一。不信，看看二年级实验班的小同学抒发的感受。许珏妍小朋友在日记中写道：

“今天，我读了《韵语四则》，有一些感想，让我来说一下吧。它使我知道了米饭和丝线都是人们辛辛苦苦生产出来的，就像《悯农》里说的一样，是很不容易的，所以，我们要珍惜它，从小做到不浪费东西。

另外，谦虚是一种美德，它能使人进步，不能像《骄傲的小马》里的小马一样骄傲自大，结果却成了最后一名。我不能学小马，我有了成绩不骄傲，向更好的人学习，学会谦虚，这样才能有更大的进步。”

我们也可以来看一看一年级小朋友写的诗歌。

这是李雯婷小朋友仿写第一册书中的《瀑布》的诗歌——《流星》：

天上的流星真顽皮，
把蓝天当成滑梯，
唰地一下溜下来，
吓得月亮姐姐直喘气。
太空中的流星啊，
你停一停，
让我好好看看你！

这是蔡长啸小朋友在学习了《风》这首诗歌后原创的一首小诗——《风

儿有一个学校》:

我有一个可爱的学校。
可是风儿没学校,
整天吹来又吹去,
怎么也找不到合适的学校。
打开门,打开窗,
欢迎风儿来我校。
可是淘气的风儿从这儿进来,
又从别处出去。
怎么啦?
难道风儿不爱我的学校?
哗啦啦,哗啦啦,
窗帘飘呀飘,
啊,原来风儿已悄悄地在窗帘上
摆下听课的座位啦!

《现代小学语文》播下的种子,已经在幼小的心田里发芽。真挚的感受,清丽的小诗,不正说明了孩子们正逐步具备了语文素养吗?不正说明了孩子们身心健康地成长着、智力和人格在健全地发展着吗?

基础教育是为孩子们一生的发展打基础。它是人生的奠基教育、升学的基础教育和走向社会的预备教育的统一。其任务不是培养某门学科某一方面的专家,而是为学生的一生的发展打好基础。因此,基础教育阶段我们应该还给学生以人之为人的精神世界,应该以人性、人格、人品作为最基本的底线,应该以培养善良、正直、诚信、同情、宽容、谦逊、合作等关键的品质作为起码的目标;应当教给学生最基础、最通用的知识,这些知识具有最强的稳定性、最广的适应性、最长的时效性、最快的迁移性。这些知识应该是终身难忘、终生受益的东西。基础知识学到手,进而学会学习、学会求知,智力和能力的发展就有了基础,就可以举一反三,融会贯通，学生就能发展得更快更好。

小学语文教师最大的成功，其实不是班级学生语文的平均分如何，而是孩子们离开学校后，对语文学习浓浓的兴趣，对小学语文课堂真实而久长的怀念，保留着对语文、对学习、对童年生活的那份爱。

四、让孩子成为个性的“我”

世界上没有两片一模一样的树叶，人更是各种各样。人不是工厂的统一制品，都有着自己成长的轨迹。教育可以引导、促进和帮助，但不能去限制。丑小鸭可以变成白天鹅，那是因为它原本就是。我们不可能将鸡塑造成鸭。科学可以克隆动植物，但是学生的成长不行。

教育的艺术就在于要善于拨开眼前的迷雾，让阳光射进人们的心房，点燃学生的希望之火。引导每一个孩子按自己的优势发展，成为那一个独特而又成功的自我。过去说三百六十行，行行出状元。现代社会分工更精细，真不知道是六百行，还是三千行。但有一点是肯定的，一个健康发展的社会需要各种各样的人才，人的个性将得到社会更多的理解和尊重。

20世纪中国基础教育一个突出的问题，就是全社会对分数的迷恋。老师、家长常常为了提高学生考试成绩，想出怪招，牺牲儿童的情感需求，限制孩子的个性发展，甚至取消他们童年的快乐。为了分数，我们会主观而残酷地让孩子削足适履，截长补短，以为可以通过人为的“剪枝”，塑造高分娃娃。其实，教育不是为了夺“分”。每一个小学生都是活泼可爱的小生命，都有自己独特的成长轨迹，都应当让其自主地发展成人。各种特长的孩子，只要我们正确、积极地鼓励他们，他们是能够在飞速发展的现代社会生存立足，并在纷繁复杂的各行各业中寻找到属于自己的位置的。

‖保护孩子心中的最爱

我班有个女孩儿章莹，自幼爱好武术。爸爸妈妈为了她的武术培训，投入了大量的精力和时间。每天早出晚归，花在武术上的时间不计其数。

功夫不负有心人。她在武术队的成绩骄人，很早就在省少年武术比赛中获得过棍棒第二名，长拳第四名的好成绩。就在她对中华武术越来越感兴趣，一招一式越来越像样的时候，有一天，她爸爸到学校来找我了。

她爸爸是个忠厚的工人，从他的神色中，我看出了焦虑和无奈，他急切地说："张老师，现在六年级了，马上就要毕业考试了。孩子很信任您，请您帮我做做女儿的工作。让我的女儿不要再去练武术了，把练武术的时间用到语文、数学的补习上去吧。这样她就不会很累，我们家长也会轻松些，放心些……听说，成绩好的有希望推荐去杭州市外国语学校。"

我暗暗感到悲哀。章莹最感兴趣、最有希望有所成就的就是从小开始的武术。为了这，父女俩已经坚持走到了今天。可为了那分数，父亲竟然还是想亲手掐掉女儿心中的最爱。章莹是个好女孩，学习一直认真。但是学科学习，不是光由态度决定的，人的智能不只局限在文学和数理。她的优势在运动智能，而语文、数学成绩几乎一直在70分左右徘徊。即便她把更多时间放到补习中来，想要进入推荐杭州市外国语学校的行列，仍然没有可能。原本她还愉快地生活着、学习着、锻炼着。如果现在硬要她放弃心爱的武术训练，则不仅会浪费她在武术上的天分，拗了孩子的心愿，一旦造成逆反心理，兴趣特长没有了，学习成绩还会下降，父女、师生的感情也会受到严重的伤害。一招不慎，真的有可能毁了章莹即将结束的快乐的童年，甚至影响明天的发展。毕竟，武术已经成了她生活中不可缺少的部分。更何况，这个社会需要的是各方面的人才，我怎么能去扼杀一个孩子心中的希望呢？朱建华是跳高冠军，如果当时家长和老师硬要他也像别的同学一样，停了训练，一门心思去读书抓分数，那么最大的成功可能也就是现在多一个平庸的大学生，而中国却将无可挽回地减少了一个世界冠军，这不可惜吗？

于是，我心平气和地对他说："章莹很喜欢武术，而且有这方面的特长，说不定她长大后会参加全运会，能够在武术方面为国家争光。在那方面获得我们不能给她的本领和素养，今后的人生也许会因此而美丽。孩子的长处你不能扼杀，你要让她找到一块自己的立足之地。现在武术是她的乐趣所在，我劝她不训练来参加补习，也许她会听，但心里憋着气，这对学习没有好处。我会鼓励她像参加武术训练一样，刻苦地学习。我也会多关心她，只要有时间和机会，我会多看看她的作业，多和她谈谈。但我不会、也不能让她放弃她喜欢的最有成绩的武术训练。”

章莹爸爸沮丧地走了。我理解家长“望女成凤”的心思，于是找来了孩子进行个别谈话。我告诉她：“你练武术那么苦，都能坚持下来，说明你很有毅力。你能把这种毅力用在语文、数学的学习上吗？张老师相信你一定会有进步的。”章莹知道她爸爸找过我，很懂事地点了点头。从此，她的学习和训练都抓得更紧了。

这以后，章莹爸爸还找过我两次，但我都没有答应。

一年后，我在马路上遇见章莹，看得出她生活得挺快乐，她告诉我，她现在一切都很好，还在继续练习武术。章莹高二时，她的亲戚欣喜地告诉我：“张老师，真的谢谢你。正是你那时的坚持，章莹现在被上海的一所大学作为体育特招生录取了。”

我非常高兴，一则因为学生的出息，二则因为从章莹的发展中，我更加明确了一个观念：教育要为儿童的幸福、为他一生的发展着想。如果学科分线，学段分割，铁路警察各管一段（我教语文的，数学与我无关；我教小学的，中学发展与我无缘），那么受伤的除了一个个活泼可爱的儿童，还有教师的良心。作为教育工作者，如果站在学科本位的角度，去压抑学生的天性与特长，可能我们会暂时获得几个分数的提高。但丢失的却是孩子的兴趣和理想，是孩子快乐童年和今后得以发展的人生平台。让儿童快乐生活，促进他们一生的发展才是我们教育的目的所在。

‖ 让课堂挥洒个性

人的潜能的开发，还远远没有接近终极！而且似乎人的潜能不同于别的矿藏。矿藏是不可再生的，而人的潜能是在发展着的，它是一个智慧之矿、才华之矿、神秘之矿。自然界之所以生机盎然，就在于自然界存在着千姿百态、千差万别的物种，如果都“标准化”了，生机也就消失了。人类社会也一样，有差异才有进步、有进化。小差异小发展，大差异大发展。说得严重点，扼杀个性就是扼杀社会进步。潜能往往蕴藏在个性里面。所以，教育要重视个性，善于发现、研究和发展个性。在基础教育阶段，我们应该在教学策略上采取灵活的措施，鼓励个性的发展。在教学上，应改变铁板一块的做法，对不同的学生要有不同的要求与教育方法，学习内容可以有多有少，速度可以有快有慢，要求可以有高有低，方式可以多种多样。

1990年我在杭州大学上了调离天长小学前的最后一节观摩课：《奇异的琥珀》。我做了“吃螃蟹”的人：在研究奇异的琥珀生成的必要条件和主要过程中，鼓励孩子用自己熟悉和喜爱的不同方法介入学习。既安排统一的时间让所有的学生读书思考，小组讨论，又允许学生自由选择探究方式，准备汇报。自由读书填表格作业的，朗读感悟体会的，准备要点说理的，还让三位爱画画的学生上台，用简笔画的方式，用线条和图形呈现他们的研究结果。让我们回到那个瞬间，让时光在此停留（见这一段课堂实录）：

……

师：你们知道琥珀是——

生：古代松脂的化石。

师：那么琥珀的形成至少有哪两个阶段？

生：形成松脂，再变成化石，至少两个阶段。

师：要形成松脂球得有哪些必要条件呢？我想第一条，有松脂球，就必须首先有——（生接：松树）还需要哪些必要条件呢？请同学们仔细读第一段，把要点用简单的词语写下来，就像老师一样，第一条只写“松树”两字。（学生按发下来的课内练习纸边读边做，做完后，四人小组交流讨论）（三位爱画画的孩子，老师请他们到讲台前，商量用简笔画表达读书研究的结果）

师：好。我们停一停。现在开始把研究的结果和大家交流一下。（许多学生举手）嗯，这三位爱画画，刚才他们在画画，现在就请他们用画来说说。

生：画上的松树表示要形成那个包裹着苍蝇和蜘蛛的松脂球，一定要有松树。第二要天气炎热，这画着的太阳就表示当时天气炎热，火辣辣的阳光。第三，我们把苍蝇和蜘蛛画在一起，就是当时这两个小东西正巧在一起。第四，我们画了许多滴松脂，就是说，这渗出的松脂刚好落在它们身上，还要不断地落，才形成这强大的松脂球……

师：什么？强大？（众笑）

生：不是强大，是珍奇的松脂球。

生：松脂落下来要巧，前了不行，后了也不好，要正好落在它们身上。

师：那么变成化石需要什么条件？怎么变化成化石。

生：松脂球要深埋在地下，得到高温高压。

师：我们自然课学过，这叫什么？

众：这是地壳变动。

生：要变成化石，时间要好长好长……

师：多少时间？

众：几千年，上万年。

生：还有一个条件，是大海先要淹没松树林，使松树淹死，倒了，那松脂球才会埋在泥沙下。

师：好！这奇异的琥珀形成的必要条件和主要过程清楚了。昨天，同学们对书上的几句话印象很深。现在先请×××读读，再说说为什么这句给你留下深刻的印象。

生：（先情感丰富地朗读书上第5~8自然段）我觉得这几小节写得十分细致，像“小心地划动长长的腿”，把动作写得仔细，很准。还有说小虫“淹没在黄色的泪珠里”，用的是拟人，读起来感到这两个小东西很可怜。

师：说得好。请大家注意写松脂掉下来的动词。这动词用得很好，先是“渗”接着是“滴”，然后是“落”，最后用“包”。这个顺序能换吗？

生：不能换。因为太阳猛，松脂才慢慢渗出来。渗多了才结成一滴，有了一滴才落下来。

生：一滴滴落下来，多了才把它们包在里头。

生：不能换。事情是这样的，一换就不真了，也不可能先包后渗的。

师：对啊！作者考虑得周到，写得严密。

……

在这一段教学中，爱画画的上台用简笔画作示意图，指图讲解琥珀在生成松脂球时的必要条件；擅长朗读的，表情朗读有关小节，说明琥珀生成要很长的时间；有的善于推断说理，概述琥珀形成的阶段和条件，从“渗、滴、落、包”的动词使用中，从拟人句里体会文章的周密生动。

学生个性各异，在阅读教学参与中要扬其所长，才能发挥更好的参与效果。尊重学生各自有效的学习习惯、学习方式和学习速度，让每个孩子都自然地、积极主动地投入学习，课堂才会焕发出生命的活力。不顾及孩子的个性差异，不关注学生的感受，凭老师主观地把40个孩子都变成一个学生怎么可以？有效的学习活动不是工业化的批量生产。学习过程是每一个个体自主发挥作用的过程。因此，鼓励学生用自己熟悉的学习方式学习才是最合理的学习。

‖包容“催生”个性

我听过一位年轻老师执教《数星星的孩子》，当讲到张衡小时候和奶奶在院子里数夜空的星星，书上的句子是“一颗、两颗……一直数到几百颗”。该怎么读？老师认为小张衡在夜空数星星很难，“一颗、两颗”要读得缓慢，然后由慢到快。可教室里，有的孩子却不同意。他们认为一开始，“一颗、两颗”要读得快，因为一开始小张衡看得清，有兴趣，第一、二颗星星是最容易数的。数到后来才眼睛花了，数不清楚了。这由快到慢，读得也很有味道。该怎么处理？让孩子们自己感悟选择吧！个体独特的感受有道理，为什么非要统一呢？大脑是干什么的？它不是稀里糊涂盛装外来物品的容器，它是每一个生命个体思想的火炬。孩子们都是在用自己的头脑思考，讲自己的感受，我很高兴。同样是背诵，《鸬鹚》一课的背诵，课文上要求理解后分层背。可有的孩子习惯唱背，他认为这很有效，有的孩子喜欢在画面旁边加一些关键词，借助这些关键词他就能立刻背诵了。一种新的背诵方法，老师有责任介绍给孩子。让学生知晓和学会更多的学习方法，永远是正确的。至于每个孩子在不同的时候，不同的文本学习时，用什么方法背诵，完全不需要硬性规定。

让学生用自己熟悉有效的方法学习这不是标新立异，而是尊重学生的主体权利，是顺应学生已有的学习资源，进行的最有个性、最有道理的有效学习。我们的教学只有将先进的教育理念变成课堂可以触摸的教学现象，教师可以操作的教学行为才有意义。

余海精巧多样的航海航天模型制作，马振宇和吴昕在全国夺奖的机械手，董琪飘逸的书法作品，何望薇远涉重洋到南斯拉夫的舞蹈表演，徐刚《红花献模范》主题活动时的钢琴独奏，杨晓辉《半块红纱巾》电视剧的热播，那个在电视台、广播电台经常夺冠的浙江省故事大王周自明，那两个成为市场经济成功的弄潮儿的淘气孩子……

几十年的教育生涯，留心许许多多学生离开学校后的发展，我的脑海中形成了这么一句："人人有才，人无全才；扬长避短，人人成才。"只要能扬长避短，人人都可以成为出色的人才。多少对人类做出突出贡献的人，在其他方面并不高明甚至有时是低能的。可这丝毫也无损其伟大。如果在教育上只着力于补其短，则必然没有时间与精力去扬其长。截长补短，人才就会被扼杀。我们应"保住下限，鼓励冒尖"，允许学生在某些学科上落后而不必强求达到什么标准；对于其长处，则应积极鼓励，创造条件，不设极限，使其尽量发展。只有包容才能催生每一个孩子健康的个性。

★小学时的数学迷丁杭缨成了浙江省的特级教师。

第二章

孩子都是主人

一、教育教学要因人而异

‖ 从学的角度思考

十年浩劫结束后，教育百废待兴。为了多出人才，快出人才，老师们都在努力工作，我也憋足一股劲在拼命工作，课堂上特别追求教学设计的完美，希望一切按“既定方针”办，讲究环环相扣，一线贯通。

在我印象里，当时上得最成功的课是《24 小时的分分秒秒——陈景润的故事》。课文写数学家陈景润为了祖国和人民，苛刻地安排自己每一个 24 小时的感人故事。白天，他为了查找资料进入书海，被锁在了图书馆里；夜晚，大楼灿烂的灯火渐渐熄灭，人们纷纷进入梦乡，他还在灯下忘我地不知疲倦地伏案工作，紧追时间的分分秒秒，一步一个脚印地向着科学高峰迈进。

我精心预设课堂教学的 40 分钟，精确到秒！教案上用红笔标明每个环节所允许花费的时间，手表表面上，也用红笔点出了每一个部分运行的时间分配。

课圆满地结束了，听课老师赞不绝口。教育局的领导、教研员都说“这堂课充分反映了教师娴熟的课堂驾驭能力，上得不错。”“教师语言美，分析透彻；学生说得好，读得也好，难得。”我也觉得主题内容讲清楚了，语言分析也到位。上这堂课的方法和经验似乎还能用上三五年，挺高兴的。

但没过多久，我便感觉《24 小时的分分秒秒》的教学模式应该成为历史记录保存下来，以后的教学不能继续再在这条路上走下去了。因为那堂课追求的只是教的完美。直至今天，从当年备课的讲义上，我还能看到在课堂说的每一句话的预设，黑板上所有板书的内容、次序和出示位置。当年是从老师怎么方便教去设计教学，安排教学环节，控制课堂的分分秒秒，抛出一连串问题的，走的是封闭的线性教学之路。它的教学目标虽然明确，但却残缺。为了控制 40 分钟，让预设的教学展现给听课的领导和老师，我有意无意地排斥了课堂上学生多层次的学习需求，只看重了语文学科知识和能力的那个部分。这样的教学设计无论是主观还是客观，会欢迎或者说能允许学生有自主的发问和创新的言行吗？当时我追求的是教学节奏的快速和流畅，讲究的是教学设计的效率和速度。我当年关注的是要考核知识的记忆和理解。教学目标的达成不是靠学生的践行而是靠教师的言说；不是靠主动习得而是靠刺激训练；重的是学科知识，轻的是方法和习惯；重的是预设结果，轻的是动态生成；重班级统一目标，轻个性差异要求……

‖ 思路、学路、教路三结合

寻求最佳的课堂教学效果，仅仅单方面研究老师的教是远远不够的。学生是学习的主体，必须着重研究学生的学习基础、方法和习惯，研究学生的思维过程。实践探索告诉我在备课时不光要研究课文的思路、教的思路，更应当站在学生学的角度，研究学习时的兴趣感受以及可能会有的兴奋点、疲劳处，预设出现差错或问题时可选择的办法和动态生成的可能支点与机会。只有备课的思考更深入、更充分、更灵活、更开放，才可能设计出优化的教学方案。

我开始研究中国式的语文教学最优化，努力使学生成为学习的主人。

努力在课堂教学的过程中，把作者的思路、学生的学路、教师的教路三路整合，服从和服务于学生的学习过程。

我选择中年级的《壁虎》来研究。文章先交待观察的时间、地点，再记叙壁虎外形，最后介绍壁虎捉虫，思路清晰。开始想采用直奔重点的教法，一上课就接触捉虫的两段，一段扶着学，一段放手让学生学。至于壁虎外形一段，想采用最后由学生通过自学完成填空作业的形式来完成。这样行吗？要把学生带到那儿去，首先得研究学生在哪里。对兄弟班学生情况一调查，就发觉课文描写壁虎外形并不是按从头至尾的顺序写的，而是从壁虎最明显的外形特点——脚入手写的。而且课后外形填空作业难度大。例如写壁虎的脚和身体、特点，书上各有二三十个字的长句子，要学生独立用简洁的词语概括填空是困难的。我修改了教案，让学生找到描写外形的语句，再抓住脚的特征用简洁的词语归纳。接着集中力量，通过“默读思考、独立填空、相互议论、集中比较”的步骤，让学生学懂壁虎捉虫两段写法的不同和作用。实践证明，站在学生学的角度去教，学生不仅学得饶有兴趣，而且真正学会了课文。

尊重学生的主体地位，学生的参与应是贯穿“定向——获取——总结”的全过程。我想引导学生参与课堂教学定向，是努力将教路和学路统一起来的重要方法之一。上六年级《将相和》第一课时，一开始就将预习中学生的质疑归并、筛选为七个问题，让学生思考议论：哪些问题应成为本节课的任务？为什么？在学生的参与下，确定本课重点解决三个问题：(1) 一块璧换15座城不是很合算吗？为什么赵王和大臣接到秦王的信反而非常着急呢？ (2) 秦王是个厉害的人，可蔺相如为什么还能斗过他呢？(3) 这篇课文是写人还是写事的？这样的文章该怎么学？由于课堂教学研究的是学生真正需要解决的问题，学生的活动必然会更主动、更活跃，教与学会更趋一致。在参与定向中，学生还学会了质疑问难、确定学习重点的方法。懂得可自己解决“什么是无价之宝”这类可在工具书中找到答案的简单问题；“蔺相如回到住处后是怎样把宝石送回去的”这类在书中可找到明确答案的也不必讨论。课内全班研究的应当是必须解决、而一个人不能解决的重要问题。

‖让学生自主作业

教师不光要让学生积极主动地参与课堂教学，还可以由他们自己选择作业，并且让他们成为作业的设计者。因为教育不是工厂化的批量生产，教育面对的是生动各异的孩子，不能统配，必须满足个性化的要求，必须在每一个孩子的最近发展区内寻找发展的可能。这样我们才算接近完成教育教学的使命。

可是年轻时，看到那些成绩跟不上来，老拖班级后腿的孩子就发急。恨不得十天半个月就想让他们发生“革命性”的变化。我很长时间凭自己的想当然进行教学。你作文差，写得不像样，就重写，就多写；你听写老出错，别人抄 3 遍，你就抄 6 遍，别人听写一次，你得再听写一次；你运用词语的能力弱，别人写一个句子，你写三句……结果孩子们看见我像老鼠见了饿猫，我看见了他们眼睛里的怨恨和害怕，他们看见了我眼睛里的气恼和无奈。这种状况把师生的学习心境搞坏了。直至今天，当我见到那些早已做了爸爸妈妈、并且常常赞颂小学时光的学生们时，心中便泛起一份排遣不掉的愧疚。

人总要长大。经历十年浩劫，淌过语文教育改革的几个潮流，终于觉悟，一个人就是一个世界，每一个人都是不可复制的个体。学生是主体，教师必须努力顾及他们的学习情绪、学习达成的客观可能，必须采用引导而非强制的方式进行教学。菜肴的辛辣酸甜，应当由食客决定；作业的难易多寡，至少需要倾听学生的意见。再也不能由老师一个人说了算，再也不能将一刀切的作业塞给个性各异的学生。要尽可能根据层次的不同来安排教学，设计和实施自主的多层次的作业。

从那以后，开始设计自选作业。抄写生字的遍数由学生自己决定，只要保证听写不错。特别熟悉的字，可以一遍不抄……设计六年级《我的心事》作业时，让学生根据实际情况，自由地在下面的作业中选择一个练习：一是在课文里摘录表现大林心理活动的句子；二是寻找帮助大林卸去心事的办法，给大林或给小姐弟写一封信；三是想像作文《和小姐弟俩的第二次见面》。这样做不仅满足了不同学生的需求，积累了语言，进行了模拟实践和写作训练，发展了想像能力，而且加深了学生对“说话算话”的认识，使有错就改的积极情感变得更巩固。做哪样作业，让孩子选择。老师不要给孩子规定做什么作业，特别是不要明确后进生的作业。否则我们在作业的难度负担上适应学生的同时，却在心理上挫伤了他们。

后来，我又放手请学生自己设计字词的巩固作业。学生一旦成为作业的主人，生字词的巩固练习从单调的抄写、解释，一下子变成十几种：词语接龙、用几个词语写片断、排列生字音序、看图写成语、改错别字等等。上完《金华双龙洞》，每个孩子自行设计的作业均在四项以上。在学《松坊溪的冬天》的时候，有的学生设计画图，画出不同色彩的鹅卵石，画出冬天松坊溪的全景图。在学《小音乐家扬科》的时候，有的学生画了 8 幅连环画，图后还配上了文字，用自己的方式再现了课文内容。

实践提示，在班级教学的前提下，教学的因人而异可能需要注意以下几点：

一是学习参与的要求要有层次性。课堂教学中，教师应当根据大纲、教材和多数学生的实际，确定学习要求的基准线，同时根据学生的客观差异，提供有弹性的学习任务，做到下要保底、上不封顶。有弹性的分层学习参与，要避免时间空耗。默读，有一两个基本题，还应设计超额题；当堂抄写，由各人根据实际，自行确定一定时间里抄写的重点和抄写遍数。此外，四人小组讨论时，人人参与，但有的侧重于输出，有的侧重于输入。同时这种侧重又不是一成不变的。今天你侧重倾听，明天你代表小组发言。

二是学习参与的方式要讲多样性。学生个性各异，在教学参与中应扬其所长，你可以独立学习，也可以和同伴合作，甚至找老师帮忙。可以默读，可以朗读，可以找同伴分角色读。可以列表格反映学习的成果，可以有感情地朗读抒发，可以剖析课文中遣词造句的优劣，可以用自己的绘画表达学习结果……让学生按自己熟悉、喜爱的方式参与课堂学习，能极大地激发学生的学习热情，产生更好的学习效果。

三是学习参与的评价要有鼓励性。同样问题同样的参与结果，应根据学生实际的差异给予不同的评价。在平时的作业评改中甚至可以因人打分(当然必须合理适度)，给中下学生更多理解、体谅、热情和鼓励性评价。学生参与的积极性被调动后，会改善在课堂的存在状况，尤其是后进生的学习热情和效果会有明显好转。他们在有差异的参与中，会寻找到适合自己的任务和方式。只要坚持差异评价，给他们更多的耐心和帮助，班级中的绝对差生和个体差生会不断减少乃至消灭。同时因为参与的差异性策略，中上和优等生也将会得到更多的锻炼，呈跳跃式的前进姿态。

因人而异的教育带来积极有效的分层次教学与训练。一位现在做了语文教师的学生在回忆她对小学语文作业的喜爱时，这样写道："我喜欢张老师布置作业的因人而异，老师设计的作业总会有不同的梯度，我们可以自行选择，学得好的同学还可以学上海版的一套教材……"

阅读作业可以因人而异，学生最挠头的作文学习更需要因人而异，区别对待。这是我 1987 年任教五年级时，在第一学期向学生和家长公开的各层次学生的习作要求：

1. A 组（优秀生）：完成本学期听说训练、习作训练、读写结合训练的 31 次训练任务；每学期至少在"佳作欣赏"、"知识天地"各张贴一份作业；向报刊自由投稿或参加一次习作比赛；编一本个人习作选；参加班级习作选的编选工作。

2. B 组（普通生）：完成所有书面训练内容；"读读演演"课实践一次；在"演讲"课发言三次以上；"谈天说地"课发言至少两次。

3. C 组（学习困难生）：在 31 次书面训练中完成 25 次以上（课本要求的必须完成)，其他 6 次可以改为摘抄优秀习作；"演讲"课发言一次以上；"谈天说地"课至少发言一次。

而至于谁做 A 组、B 组和 C 组作业，教师是没有权利一个人确定的。只有参加"文学社"的学生，可以明确要求他们完成 A 组优秀生的训练要求。其他的让学生自由选择，并可以介于两种层次之间，完成 A、B 组或 B、C 组的任务。

‖写自己爱写的作文

没有所有学生积极主动的参与，作文教学的弹性作业是不可能取得好效果的，当发现作文要求不适合孩子的时候，我就努力作出适当的调整。

1986年天长小学新大楼建成了。我带的三（1）班安排在新大楼的四楼。雪白的墙壁，油亮亮的护墙都能照出孩子们的笑脸。那天我走进教室准备上作文课，突然好几个孩子急匆匆地跑来，“岑开桌子旁的油漆墙坏了！”我走近一看，真的，一组一号岑开书桌旁一块巴掌大的油漆不知怎么的剥落了。我指指这块“显眼”的墙面，问：“岑开，这是怎么回事？”他一听脸色煞白，不住地说：“这不是我干的，不是我……”我严肃地问：“在你这里剥落，不是你又是谁干的呢？”旁边的孩子叽叽喳喳插嘴：“找不到破坏者就是你！要你赔！”他一听，吓怕了，不禁“呜呜”地哭了起来。

上课铃响了。我安抚岑开，“先上课，下课到我办公室再说”。作文指导完了，开始写作文。可小岑开还在哭，怎么办呢？我劝了几句，他还是止不住眼泪，低声地唠叨：“真的不是我，张老师不是我……”听了他的抽泣，我灵机一动，想：何不变一下，顺顺孩子呢？

我走到岑开的身边，轻轻地对他说：“岑开，这油漆真的不是你弄坏的，你就以《张老师你听我说》为题目，把这件事写下来吧。”一听这话，刚才还伏在桌上哭泣的他，迅速抹干眼泪，“刷刷”地写了起来。真怪！平时作文课经常咬笔头的他，今天竟一反常态，居然一气呵成。“张老师您听我说。今天的事真的不是我干的。搬进新大楼，坐在油亮亮的油漆墙边，我很高兴。我知道损坏东西要赔，怎么会把我身边的油漆碰破呢？我的座位旁这块油漆墙，不知是被哪个捣蛋鬼弄坏的，同学们都说是我干的，可真的不是我……”他写出了一篇情感真切、语句通顺的好文章。

油漆墙的风波最终得到了解决，事后我陷入了沉思。如何让学生不再迟迟不能下笔？看来得让孩子写自己想写、能写、爱写的作文。

六年级课文《钓鱼能手》后的习作练习，是让学生写一篇《××能手》。坏了，现在的孩子看到过几个真正的“能手”？死抠教材题目，孩子们就难啦。我想，教材也无非是想要学生抓住人物的特点写一个人。我是老师，有权选择适应学生的教学。我告诉学生，如果身边真的有像张秉贵这样的“一抓一个准”的劳动模范，你就写。如果没有，不妨写《我们班的小××家》，自己《大院的××家》，或者自己熟悉的《我家的能人》。这样一改，作文，成了孩子们看得见、摸得着、熟悉的生活圈子里的人和事。“这样的能手”孩子们好写，交上来的作文非常有意思。方晞写弟弟是《画画能手》，傅寅华写表哥是《捉蟋蟀能手》，戴云霞记的是小院的《捉鼠能手》，《小制作能手》是唐静芬的堂妹，黄灵的新邻居还是个《下棋能手》……学生习作真实而有个性。

我们很多作文总是想当然地要求学生赞扬一种精神、一种品质、一种思想。其实小学生是很感性的，一般不会进行这样的理性思考。再说，真实的生活并不会凸现那么多鲜明的教育性，至少是小学生不容易发现和表达生活里蕴含的教育性。再说，孩子们处在熟悉的环境中，对天天相处的老师、父母，常常会因为太熟悉而失去“距离”。“距离才能发现美”。他们不一定能发现熟悉的老师、家长和伙伴有像课本中人物那样典型的闪光点。我们要把期望降下来，使教学适应学生，让孩子们写真实的、熟悉的、喜欢的，或者是讨厌的人和事，用心记录他们的生活。

在《我爱集邮》的那个单元，安排的作文是让学生写有意义的课余生活和爱好。有孩子问我：“张老师，我想写‘骑马打仗’行不行?”下课不少男孩子正在“酣战”。“行！好好写，就是好文章。”喜爱的和亲身经历的，大脑皮层印记就深；情感浓烈的，喷吐表达的欲望就强。为什么孩子们爱写的咱不让写?学生是学习写作而不是创作。他们的作文没有发表的义务，没有对他人进行教育的责任。儿童是人的一生中天天向上的生命阶段，今天的中国是中国历史上最健康、最向上的年代。那种远离儿童生活的，主观主义让孩子们说空话大话，像小老头一样说话写文章的时代已经过去。《人民日报》都在副刊上刊登作家们嗑瓜子、抹口红胭脂的“小知”作品。得！让作文适应孩子们多彩的生活吧！那个胖墩墩的沈来就这样在下课交上了别具一格的《骑马打仗》。

说起“骑马打仗”，我是个行家。我和赵军配合，真可以算是战无不胜、攻无不克。在小伙伴中素有“天下第一”的美称。

夏天，是“骑马打仗”的好机会。可现在天气已经转冷了。我们的许多对手被“淘汰”了。近来，只有我、赵军与董雄伟、陆扬进行了几次“大规模”的交锋。

近日，董雄伟和陆扬可真有点儿厉害。常常和我们打十几个回合才败下去。因此，我和赵军还真有点着急。

赵军来了，我们立刻重整旗鼓，对方也做好了准备。一场大战开始了。裁判石威一声令下，两队人马就打在一起了。双方打在一起，各抢先手。开始，我还觉得高兴。可打着打着，我突然感觉与中午那仗不同。原来陆扬那小子，出了鬼点子，来了通假戏真演，害得我好苦啊！我暗暗骂着陆扬。可战书已下，战已展开，可不能再反悔了。于是，我就和董雄伟他们展开了苦战。这时，陆扬和董雄伟已经明显地占了上风。裁判石威也数到了第十五回合，我暗暗叫苦。突然，陆扬使出了一招“白鹤亮翅”，我刚做好准备，可陆扬又改了招式，来了个“泰山压顶”。我大叫不好，但回手已经来不及了。于是，我干脆三十六计走为上策，进行了“战略性撤退”。陆扬满以为胜利已经到手，就不紧不慢地追了上来。这正好给了我机会。我把赵军往上一耸，再猛地吸足气，把头一低，两眼一闭，不顾一切地向董雄伟撞了上去。可董雄伟把身子歪了一下，使我撞了个空，差点摔倒。我一转身，又做好准备，再次撞去。这下，董雄伟可躲不开了。正被我撞中心窝。董雄伟不由退了几步。但我毫不给他喘气的时间，连忙追上去，靠近了对方。这时我对赵军喊：“三！三！三！”意思是要赵军用第三种方案：抓陆扬的衣服。赵军得到了我的暗号，连忙腾出一只手去抓陆扬的衣服。抓住后再使出了第三种方案一系列的手段。这几招还真灵，对手被我们打得晕头转向，快支持不住了。这时，我越战越勇，而陆扬却只有招架之力，没有还手之功了。最后，我一招“大力劈华山”把对方打下马，获得了最后的胜利。自始至终共打了二十八个回合。

这场“战斗”的胜利不仅靠体力，更重要的是用了脑子，采取了巧妙的战术。

这八百多字的作文，就在两节课内顺利完成。假如咱们硬要小学生去挖掘微言大义，讲什么他们课余喜欢的游戏中的思想政治意义，不靠胡编乱造，小学生的心智发展水平和他们真实的生活能做到吗？

过去我们的作文教学不是研究作文怎样更好地适应儿童，而是用错误的作文标准和作文训练选择适用于我们的儿童；今天我们推行的新课程标准应更加注意让我们的语文教学适应每一个学生，真正让教育成为促进孩子成长的事业。

二、为试卷背后成长的人负责

‖ 该好好反省

只要有竞争，就一定会有考试。考试本身倒并没有什么错，学校应该教会学生考试。应试教育不对，让学生掌握和提高应试能力却一点也不错。错的是只关注试卷，却忘记了为试卷背后的人的成长和发展负责。

各式各样的考试成了全世界人们认可的选拔人才的重要手段。从公务员到出国留学，从高考到小学，考风一直不减。20 世纪 80 年代中期，教师好不好，学校质量高不高，社会上和圈子里许多人就看你带的学生分数怎样，考进重点中学多不多。好像考试成绩比别人多 0.25 分也是胜利。其实考试平均成绩高一分半分没有任何教育统计上的意义。但我们很在乎，为了考试，让学生演练各种潮水般的“星级题”、“模拟卷”，进行各种应试的训练。为了试卷上那背诵填空的 5 分，我们会让学生将所有要背诵的课文一遍两遍地抄；为了提高试卷上听写的正确率，我们会失去理智地在一个晚上让学生，特别是让那些学习基础和态度不太好的孩子，把全册生字连成词罚抄 50 遍！双休日让孩子们做两份试卷一篇作文！

静下心想真让人后怕！这一张张试卷背后还会有快乐的孩子吗？这夜

里十点、十一点，看着孩子在灯下像机械人一样罚抄生字的家长，他们能和老师成为心心相印的同盟者吗？守着如山的作业和试卷，孩子们到底学到了些什么？他们还会爱这样的学习吗？令人不寒而栗的是一位主管基础教育的领导告诉我们：询问参加这个杯那个杯比赛得奖的一百多位尖子生中，经过训练和得奖，越来越想学那个学科的竟然只举起几只手！连这些天才学生和学习精英都这样，我们是不是该反省这种训练？

只为了考试分数倒腾处罚学生，说不定考试成绩会有一些提高。但可怕的是这样不顾一切地逼孩子，一定会破坏了本来自然亲切的师生感情，会让老师看到中下等学生就眼睛出血，使孩子见了老师就像老鼠见了饿猫簌簌打抖；一定会影响家庭的温馨，阻碍父母和孩子的亲情传递；一定会造成一部分学校和家庭的隔阂与不满，将教师和家长这对天然的同盟军变成对手。更可怕的是会让一部分学生由短时的害怕作业、讨厌老师，发展成相对固定而永久的厌学。

孩子一旦厌学，灾难就将降临！他会远离课堂、书本、作业和老师，因为害怕教师的“逼债”，甚至会逃学出走；为了避免家长的批评和斥责，他会有意无意地掐断学校、老师和家庭的联系、沟通的渠道，让家长变成聋子和瞎子；他为了安全和温暖，会寻找相同状况的伙伴，逐渐地成为问题孩子……基础教育的最大成功莫过于让孩子们喜欢学习、学校和老师，最大的失败就是学生的厌学！

‖ 养成好习惯

1986年我开始试行家长来校听课制度，原本想让家长走进课堂了解学校教育教学改革发生的变化，实地看看孩子是怎么学习的，增加对老师教育教学改革的认同，加大对孩子学习的理解和宽容。同时征求家长对学校教育教学的批评和建议，密切学校老师和家长的同盟关系，力争劲往一处使，把孩子们的发展落到实处。

那天语文课，坐满了趣味盎然的家长，孩子们见爸爸妈妈们来听课，劲儿更足。不少家长随着孩子们的学习进程，时而微笑，时而沉思。课堂作业的时候，纷纷走向自己的孩子，观看着，指点着，和其他孩子比较着……

课后，许多家长都认为受邀来校听课是破天荒第一遭，感觉新鲜，很好，希望这种开放型、别开生面的家庭、学校联系新形式，成为一个制度。在一片赞扬声中，有的家长反映孩子做作业时，写字姿势不好，希望学校重视。小干部家长反映孩子在家做作业拖拉，习惯不好……我表示，家长来校听课今天是第一次，今后一学期至少会组织两次专门的家长听课活动，把家长听课变成一个老师、学生和家长都欢迎的、有实效的沟通渠道。作为语文老师，培养学生良好的读写姿势和作业习惯是我的职责，有问题当然是我的错。给我时间，一定让问题得到解决。

家长提了醒，再注意看看，的确有的学生的写字姿势不行，这个歪着脑袋，身子紧紧贴着桌板，眼睛离本子还不到三寸；那个手像抓什么似的，死死地拽着笔像刀子似的在本子上戳呀戳的；还有的下巴抵着桌子，手指捏笔，离笔尖不到一个手指头……这姿势不对的，不光有平时学习就马虎的，还有字并不差、学习相当认真的小干部。为什么会这样？冷静想想，其实还是头脑中的意识在作怪。读书和写字姿势几乎和考试无关。所以还是教育思想的问题。只对试卷负责，就会忘记试卷背后人的健康发展。只关注分数的竞赛，斤斤计较班级平均分的一二分的差别，就会对眼前学生东倒西歪的写字姿势视而不见，一定只会去抓得分的东西，不要说对姿势不管，就是对不堪入目的字迹，也会睁一只眼，闭一只眼的。

为什么有的孩子的写字姿势不正确、难纠正呢？说良心话，这写字的坏习惯并不是高年级的教师养成的。冰冻三尺，非一日之寒。

第一，和老师家长及整个社会的浮躁心理有关，和幼儿教育小学化有关。小孩子在幼儿园，甚至在上幼儿园前，家长就急着开发孩子的“智力”，要他们认字写字。结果孩子的小肌肉群没有生长发育完善，客观上不具备正确执笔写字的条件，使得许多孩子姿势不对是合乎情理的事。因为孩子小，家长们对他们不正确的写字姿势就比较马虎，以为到学校后，老师反正会教，大了姿势会自然而然正确的。幼儿园要孩子画画，画画执笔和写字执笔是不同的。但孩子也会用老师教的画画的执笔姿势写字，而老师也会对这种不正确的姿势抱很宽容的态度。孩子写字的第一步没有迈稳就种下了祸根。

第二，上小学后，有的班额太大，教师照顾不过来；有的教师关注学科知识的传授，忽略了学生良好习惯的养成。只要学生字写对了，至于学生是怎么拿笔写字的，全然不顾。久而久之，不正确的执笔姿势便成了坏习惯。而写字姿势是不会在试卷上以分数的方式呈现出来的，应试教育体制纵容和助长了这种倾向。

第三，高年级老师看在眼里，记在心里。但指导孩子正确执笔，对有的学生反倒更糟，不仅写字速度变慢，字也更差。想想这不是自己的主要责任，就听之任之。再加上面临毕业的压力，没有牢固确立为孩子负责的思想，常常会无暇顾及于此，并心安理得。

家长听课后的反馈意见提醒我，不仅要为试卷的分数负责，还要为试卷背后的学生的全面发展负责，要为学生一生的发展负责。

叶圣陶先生曾指出："什么是教育，简单一句话，就是要养成良好的习惯。" 于是，我想在这方面做些研究。方块字，承载了中华民族五千年的文化，传递了中华儿女美好的真情。认真抓好写字，要让学生为祖国的方块字而骄傲动情，从汉字中感悟中华文化的魅力和灵性。在写字的过程中用心去感受中华文字的美，感受文字背后丰富的情。至少抓好这一项工作，我感到对得起学生的将来。

为了抓好写字姿势，我一是在全班进行写字姿势的讲授和示范，不仅亲自写字示范，还勤于检查督促。在第一个月，做到每天检查一次这些孩子的写字情况，作好检查记录；第二个月每周检查一次，作好记录；第三个月开始，评点姿势。二是针对小部分写字姿势特别差的孩子，在第一个月内，降低作业的写字总量，保证抄写的正确姿势和写字质量。三是加大激励评价的力度。语文作业加写字姿势和质量分，发挥分数的积极杠杆作用。组织写字比赛，让荣誉感促进同学间的相互提醒，让竞争促进错误习惯的消融。四是密切联系各科教师和家长，形成合力，共同教育。

一个多学期过去了，趴在书桌上头和桌板亲密接触的，扭着身子把笔倾倒着写字的，几乎看不到了；教室后面的硬笔书法比赛也有漂亮的作品了；分数的杠杆撬动了同学们认真写字的车轮运转，一切开始向好的方面转化。

好教师要关注学生基础知识的掌握和学习能力的提高，要重视班级在客观公平的考试卷上的质量反映，还要时时关注暂时看不出分数效果的良好习惯的养成，要对学生一生的发展负责。基础教育是必不可少的“走向生活的通行证”，教育的最终目的也是“人”的教育。明白了这一点，一切就都好办了。

‖ “请你当回小考官”

孔子说，“温故而知新”。实际上，复习并不只是对旧知识的简单熟悉。复习本身就是一种新的学习。让学生在复习实践中学会整理知识、查漏补缺的方法。让学生在复习实践中，逐步提高收集、分析和处理信息的能力。复习，懂得利用以前的错题本、错题卷。复习，让学生逐步悟到良好学习习惯的重要。

为了提高学生的应试能力和语文水平，我决定让学生自己出试卷。用这种方式，激活学生的复习和学习的主动性、积极性，在创造性的试卷编写中真正获得能力，获得快乐。当我把这个大胆“试一试”告诉学生时，引起了学生的欢呼！“这回我们当考官了！”为了激发他们的积极性，我规定特别好的试卷将成为全班的练习卷，送他一份惊喜。

大家跃跃欲试，有的认真地浏览课本，梳理教材的学习重点和难点，仔细看课后练习，把重要的地方画下来；有的在寻找做过的试卷和资料，琢磨研究出卷的方法；有的和伙伴合作，讨论编设第一份试卷。过去学生头痛的复习，摇身一变成了学生积极施展身手的机会。

星期一，我收到了学生第一批珍贵的试卷。考卷出来后，小组里相互比较，把好的订在教室后面的墙上，大家分享。这分享成果、评议借鉴的过程，就是主动的复习过程。这自编试卷对学生的成长起了什么作用呢？

我还保存着关于这个话题的一篇日记：

头一回出考卷

×月×日　星期日

考试令学生头疼。的确，要换一种检测方法不是更好吗？可是出考卷又是啥滋味？还没有尝过呢！这事也轮不到我们干。不然，出个自己最熟的，准保个个一百分呢！

可今天有了例外：张老师的回家作业竟然是出一张模拟卷。嘿！正好尝尝滋味。不过我想：考卷我做了这么多，什么模样，怎么出我还不知道？出乎意料，我刚出第一题加隔音符号，就一下子把我给蒙住了。要是这题让我做，真是太容易了。可是叫我出题，那就该我搔头了。于是我赶快请出几位“大将军”来见我这个“元帅”：语文书、字典、练习卷……

刚把第一题给出完，我就已经气喘吁吁了。我明白了，出题比做题更难。我一题题出下去。这回该用《小学生课外阅读100例》作参考，可找来找去没找着。原来这位“大将”回家“探亲”了——留在奶奶家了。

这回可急坏了我。我有些灰心了。一会儿，我猛地想到这样一句话“世上无难事，只怕有心人”。于是我学着一休的样子来了几下。嘿！果然灵验！我想出了一条“锦囊妙计”，在自己的作文中挑选一篇，要求分段写段意，写出中心思想，概括主要内容，划出中心句。这不怕有人事先做过，人人公平；也不怕答案麻烦，答案是我可以决定的，这可真妙！

历经千辛万苦，终于出完了卷子，大脑仿佛经过一次清洗，舒畅多了。这回，我可尝到了出考卷的滋味——又苦又甜！

自己设计试卷，能让学生主动地去复习和梳理知识，因为出卷比答卷有更高的要求，需要总体把握课文的学习要求，需要梳理获得的知识信息，需要把握重点、难点，需要考虑同学学习的实际和考试时间等限制因素。从这个意义上来讲，学生出卷能激活学生的创新精神，培养创造力、自信心和学习的主动性。假如我们只对考试分数负责的话，是没有必要让学生自己出卷的。

1990年我调入教研室。我是一个年级语文教学的指挥官，我要为学生用好权。改革考试，尽可能让教师和学生从应试教育的桎梏下解放出来！我宣布六年级不再进行独立的中心思想的考核，作文大幅度降低偏题扣分的权重，句子的深刻含义只查到双关语，大幅度减少机械记忆的考题。到20世纪90年代末，在教育局的领导下，我进行了更深意义上的考试改革。将选拔性、淘汰性考试变为义务教育的合格考试。试卷根据学生的试卷设计A卷和B卷，由学生和家长自由选择考试。不论考什么，记分依然分为“优秀”、“合格”、“暂不评定”。我们还在试卷上设置了基础题和附加题，提供给不同层次的学生使用。有的学校吸收国外的经验，允许考试不理想的学生，多次考试，寻求自己最满意的结果……虽然问题还远没有解决，但是小学生的考试压力已经缓解。分数排队、全班“照相”、突然袭击已经基本绝迹，我们可以在复习考试的阶段听到基层学校艺术节的歌声和笑声，看到学生探究摔鸡蛋的学问、愉悦实验的身影……

三、学生不是看戏的观众

‖ “烧手帕”引发的新思考

学生是学习的主人，是发展思维的主动者，不是他人的工具。既然是主人，就应当拥有主人的权利，他有提问权、学习目标的确定权、自主学习权……千方百计保证学生自主、合作、探究的时间和空间，让学生获得真切的情感体验和真知，是课堂教学最重要的任务。只有这样才能激活学生表达的欲望，才能保证表达的通畅与个性。

记得我在1987年上过的作文课《烧不破的手帕》，当时在西安“全国部分省市小学作文教学研讨会”上观摩时，反响极好。在课堂上很多老师与学生一样看不懂实验，像在看魔术。这手帕怎么会这么神奇，竟然烧不破？是啥做的？真的是张老师在杭州给这“猪八戒吃西瓜的手帕”保过险？这些学生的问题，在一些老师的脑海中也存在，越看越觉得惊讶。由于这课设计新颖，悬念陡生，引起学生的认知冲突，学生探究的兴趣浓烈，习作的自主性、积极性高，效果不错。山西教育音像出版社拍成录像，远程电视反复播放，一时在很多省市引起关注。根据这两堂课撰写的《抓住题眼，叙述具体》的设计案例在《人民教育》、《中国教工》等几家杂志组织的教学改革的评比中获得了一等奖。《烧不破的手帕》设计也进入了九年义务教育《小学语文》（浙教版）的六年级的习作教材中。当时这是个成功的教例。

随着教育改革的不断深入，我开始反思这节课。50mL 的水加 50mL 的酒精不等于 100mL 的混合液的实验，涉及初中的分子知识。水分子小，酒精分子大，水分子钻到酒精分子的空隙里去。这一点凭学生的肉眼根本无法看到。这实验离绝大多数学生的心智发展水平比较远，孩子既不能观察到，又难于理解。再说“烧不破的手帕”，需要将酒精点燃。实验有一定的危险性，必须在教师的严格控制下才能进行。不可能让四人小组中的孩子人人都烧手帕。一个班级十几个小组做，大家点燃酒精灯做实验，场面倒是壮观，但我们的教学对象是小学生，自制力不强。稍有不慎，必将酿成大祸。这个实验本身的局限性，使得学生在课堂上主要的角色位置成了观众。而小学生的写作学习的效果和实验对他们感官刺激的强度、深度有关。中国人有句老话：听十遍不如看一遍，看十遍不如做一遍。孩子在课堂中处于观众的位置，这肯定不理想，应当将它扬弃。我开始琢磨能让学生做实验主人的新课。

‖ 让学生做实验的小主人

学生是学习的主人。在科学小实验这种模式的习作课中，更应当是如此。学生不只是观察实验的观众，他需要参加实验。在实验的过程中他才会有亲身感受和体验，才会有成功的欢乐或挫折失败的折磨。只有这种亲身体验才会引出儿童写作的喷涌。正是出于这样的思考，于是有了替代《烧不破的手帕》的习作课《神奇的纸桥》。折纸桥这一实验有很多优点：第一，非常安全，人人可以充分地探究实验；第二，成本低，实验时只需每人一张纸；第三，实验的过程和结果对孩子的感官刺激强度很大。薄薄的一张纸做成的“桥面”居然能承载厚厚的十几本语文书。因为这一实验是每一位孩子都参与的，学生是实验的实践者，不只是观众，所以孩子会被深深地卷入这一实验中。在这堂课中，角色的改变大大增强了学生体验的深度与强度，体验的深度与强度又决定了孩子表达的欲望与清晰度。

最近三年，我又上了《摔鸡蛋的学问》、《我发现……》等等新课。这些课与《神奇的纸桥》相比，开放度更大，呈现的学生个性更精彩。《神奇的纸桥》常常只有一种结果，孩子们在动手实验过程中，小组群策群力，最终采用波纹纸的折叠方法，让柔软的纸不可思议地变得坚固刚强。而《摔鸡蛋的学问》、《我发现……》给学生留下了更为广阔的探究实验的空间，存在着无数种的选择，给了孩子个性张扬以无限美好的表达空间。《摔鸡蛋的学问》学生的探究主要是在课外实现的，是伙伴之间，孩子和家长之间独立、合作、探究的成果。而《我发现……》完全使学生在课内实现了全程探究，是在教师引领下的学生与学生的合作探究。在老师的引导下，全班同学自由地合作称着大气球里的空气重量；小组合作述说着用扎猛子检验空气对人类生存的绝对重要性；所有学生吹足气球，放飞气球，在彩色气球飞扬在教室上空的快乐中，在实践中，体验到压缩空气是有动力的。

不管是哪一种方式的实验探究，不变的是学生的独立与自主。他们发现的不仅是知识，更不只是空气的性质，还发现了探究的快乐、实践的快乐、作文的快乐。不论在何时何地，只要是上《神奇的纸桥》、《摔鸡蛋

★在江苏无锡上《琥珀》一课

的学问》和《我发现……》，你一定不会看到愁眉苦脸的孩子，不会见到冥思苦想、无从下笔的现象。在你眼前闪现的是儿童享受语文的爽朗笑声，是师生享受生活，焕发生命活力的习作课堂。

我们常说要尊重学生，那就该把尊重落实到可以观察的课堂教学的现象上，落实到可以借鉴的教师教学的行为上。在学生作文课堂，学生拥有实验的自主权、作文的命题权、评价权、修改权。高年级的作文教学中，我往往会让同学互改互批，让学生分享同伴的习作成果，将作文评价权真正还给学生。伙伴的相互修改改变了教师单一评价的方式。学生的互批自然不会有教师那样专业和权威。可正是这种非专业、不权威，才使民主、自由、平等的沟通更容易进行，学生之间更容易相互理解、相互宽容。在互改时，我常常有一个重要规定——每个学生要学会发现别人的优点：

"你发现人家这个词用得很好，打圈。你认为他这个句子用得很好，打浪纹线。你觉得他这一节写得特别好，旁边打五角星。读不懂的可以轻声问问作者的意思，讨论讨论，提提建议。如果找不到别人的好词、好句，不能发现别人的优点，你的批改不合格。"

现在的学生绝大多数是独生子女。他们愿意欣赏自己，而不愿欣赏别人。他们容易发现别人不足，却经常放纵自己。我们在不同的学科、不同的场合让学生经常去欣赏他人，时间久了就会变成习惯。许多良好的相关习惯融在一起就变成了一种意识和文化。长此以往，学生就会真心欣赏他人。随着学生的成长，这种欣赏的范围会逐步扩大，从真心欣赏他人的作文到欣赏他人的各种闪光点。这将为学生的人格完善和发展提供良好的基础。

‖学回答更要学提问

传统的语文教育是一种有效的学回答的教育。语文课一般从老师抛出的问题开始，师生七讨论八讨论，教案预设的问题全部解决了，课就皆大欢喜地结束了。其实对语文知识和能力的取得，健康的情感、态度、价值观的构建，都是无法他代的，这只能依靠小学生主动探索与身体力行的语言实践过程。小学生语文学习中萌发的问题是其语文学习的台阶、攀登的扶手，是将传统的语文学习由知识化转变为智慧化的关键。小学语文课堂的学习应当是孩子们有个性的、有差异的多元探究活动。语文的阅读教学不以求得学生对文本的认同为惟一目的。我们应当鼓励学生对文本问题的发现、批判和修正。“我还有什么问题，我还有什么不同意见……”

一个人的成长与他会不会提问题有很大关系。不会提问题的人，就很难有大的发展。会提问，不仅需要很好的理解能力，概括和判断能力，还需要有批判精神，有创造与突破的勇气。传统教学中，教师的全部工作，都是让学生的思维跟着教师设计的思路走。基于探究性学习的问题教学，教师在课堂学生真实问题的动态生成和活动过程中，以问题教学的方式，激活儿童潜在的问题意识与批判精神，促进学生学习方式的改变。

2002年，宁波年轻的特级教师王雷英代表浙江参加了全国小语会在南宁组织的青年教师阅读教学大奖赛。她讲的课文是五年级的《军神》，赞颂的是刘伯承元帅，为了保证一个清醒的大脑，不打麻药摘除受伤眼球的感人故事。值得欣赏的是教师把本次阅读教学的定位，放在让学生在阅读中发现问题并自主地去解决问题。一上课老师就请同学们快速默读课文，提出不懂或是真正值得研究的问题，花了 12 分钟。几乎所有的学生都提了自己的问题。有的是针对课题或文中的重点句而发问的，有的是从沃克医生的角度来发问的，还有的是从主人公刘伯承的角度来发问的。

叶澜教授有一个十分重要的思想，让课堂焕发生命的活力。我和我的朋友们、学员们非常赞成。要让课堂焕发出生命的活力，教师就要真正为学生的学习服务，就应让学生当学习的主人。而学生的真问题才是课堂教学的心脏，它是学生自主学习的动力，是伙伴合作的内容，是探究性学习的目标。假如学生有问题而教师一无所知，“学生现在在哪里”你云里雾里，怎么把学生引导到教学的目的地？学生的问题不清楚，他们想学什么不明白，教师的课前预设，还能在课堂有效地实施吗？离开了学生真问题的发现和解决，教学的增量就值得人们怀疑。王雷英老师在让学生充分提问后，又请学生选择一个自己认为最有价值的问题，带着它研读全文，试着从文中找到答案。可以自己一个人研究，也可以互相讨论。引导学生梳理问题就成了教学成功进行的一个重要步骤。梳理问题不仅是想让学生的真问题能真正变成教学的主线，驱动学生自主、合作、探究地学习，还希望通过梳理的训练，在整个阅读教学的实践中，潜移默化逐步地让学生掌握“处理信息的能力”。

王老师采用的问题教学源于课程标准倡导的自主、合作、探究的学习方式。问题教学，“提问的权利学生拥有，解问的义务学生承担”。而学生解决问题的渠道就是王老师所用的“让学生自己独立地阅读感悟，困难处小组伙伴或全班研讨、合作、探究”。

当时面对满满一黑板问题，很多人都为她捏了一把汗。上完课后，我们杭州的一些听课老师认为这堂课很难评上一等奖，花那么多时间让学生提问题不值得。可我不这么认为。这不光因为我参与了这堂课的设计，更主要的原因是我认为这非常符合《语文课程标准》的新理念、新要求。《语文课程标准》前后 14 次在不同的章节，不同的角度提到了“问题”这个词，说明新课程对孩子问题意识的关注是十分明显的。王老师教《军神》的过程是将《语文课程标准》的教育理念物化了，操作化了。真实的教学是不完美的，但所有成功教学的最根本的基石一定是真实。因为王雷英课堂教学的真实，教风的朴实，训练的扎实，最终《军神》获得了一等奖。

真实问题是在学习的过程中产生的。我们不仅要注意课前、课中的学生问题，还要十分注意课后让学生继续质疑，让孩子在课堂教学的全过程拥有提问的权利。我的学员，特级教师王莺老师，在 2000 年绍兴全国小语会“创新教育专题研讨会”上执教的《西门豹》在上课快结束时，出现了这样有趣的情节：

师：课文学完了，你还有什么问题？

生：老师我还是不明白，西门豹为什么不直接把巫婆抓起来杀了？(学生的问题一出，全场老师哄堂大笑。许多老师以为王莺老师是无事生非，自找麻烦。你一节课就是围绕西门豹为什么要这样说、这样做。好，到下课，学生还是不明白，你在教什么？王莺老师没有乱了阵脚，还是满

面春风地环顾全班同学）

师：他不明白，你们明白吗？能回答这个问题的同学请举手（全班除提出这问题的学生外，其他学生都举手了）。你看同学们都明白了，下课后，你可以向他们中的任何一位同学请教。行吗？（那个学生点点头坐下了）还有其他问题吗？

生：课文前面说邺这个地方人烟稀少，但后面怎么又写到了河伯娶媳妇的日子，漳河边上站满了人？（许多学生都点头，等待着老师的回答，可惜王莺老师当时没有找到应答的办法。课堂教学真的是一门遗憾的艺术）

生：西门豹为什么不把其他官绅也投进漳河？

生：书上说，到了河伯娶媳妇的日子，巫婆背后跟着十来个穿着绸褂的女徒弟，巫婆为什么不把她们送给河伯？

师：你们真会研究，这节课我们不仅解决了老问题，还萌发了新问题，可见同学们的研究热情非常高，下一节课我们就带着同学们刚提出来的问题继续研究。

这堂课的结尾是王莺老师的重要创造。研究性学习不以解决学生的全部问题为宗旨，它十分讲究保持学生的问题意识，真诚地希望在课堂教学的全过程中，学生自始至终保持质疑、解疑，保持着产生新问题的热情和冲动。有实实在在的问题，才会有切切实实的研究性学习。常常一个老问题的解决，会牵引出十个新问题。也正是这样才会让学生明白，有问题是正常的，没有问题才是不可思议的。问题是一种重要的学习资源。

自主合作探究的学习，要让全体学生尽可能拥有充分的提问权；质疑问难要贯穿课堂教学的全过程，课前、课中和课后都是学生提问的合理时段；课后的质疑问难可能有三类：第一类绝大多数学生明白的问题，“老师不接球，应让学生回球”。如学生问的第一个问题。出现第一个学生的问题，人们常常似乎认为这证明课没有成功，其实这是偏见。一个教学班 50 个学生，有一个学生还是不信服或说不清楚研究的问题，奇怪吗？一点不奇怪。王莺老师对此问题的处理是冷静的，正确的。第二类相当多的学生有疑问，但稍加点拨即可解决的问题，“老师应当接球，立即投篮入网”。学生的第二个问题，教师可提示学生“如果一个城市只有几千人就太少了，可这些人都挤到今天的大礼堂里又会觉得怎样？”第三类问题重要，但不是本节教学内容，就“老师存球，请学生下节抢球”。

不会提问题的人，要想获得诺贝尔奖，那是不可能的。不会提问，没有批判思维，只会接受，最成功的也只是培养复制品。为了明天创造的一代，也为了让学生把握今天的学习，必须在课堂中，让学生提问题，提真问题。因为，学习提问比学习回答更重要。

四、寻找失落的家庭亲情

‖缺失的亲情

现代社会节奏快，特别是在中国经济的转型时期，父母很辛苦，往往为了打拼事业，忽略了家庭，无暇教育子女；有的先富起来了，价值观却发生了变化，沉醉在“精彩的世界”里潇洒，不想管孩子；有的各方面状况都不太好，身体有病，下岗，没有能力管孩子，房子是住老人的、票子要向老人要，知识能力缺乏，在孩子的教育上缺乏说话的实力，只能依赖自己长辈的隔代教育。

作为一种特殊的家庭形态，隔代抚养已经成为一种普遍现象，部分隔代抚养的老人认为身边有个孩子，可以驱赶孤独感，但祖辈抚养孙辈，更多的是出于无奈。小星的父母去外地打工了，把刚读小学的小星托给奶奶抚养，奶奶六十多岁了，且患有高血压、脊椎病，三天两头地跑医院，连自己都要人照顾，怎么有精力管小孙子呢？但她又不能扔下小孙子置之不理，尽自己所能照顾孩子的饮食起居，但再要抓他的学习实在力不从心。

而很多外公外婆、爷爷奶奶对孙辈之爱是为了补偿对儿女的愧疚，自觉或不自觉地会让孩子陷入溺爱之中。老人们一切以孩子的快乐为标准，从不指责孩子的过错，往往导致孩子自私、任性、娇生惯养、生活能力差，不利于孩子的成长。同时，还极容易造成父母亲情的缺失，这是一种迫切需要完善的教育。《人民日报》曾经刊登安徽南坪小学朱凯歌的一篇《爸爸妈妈，借你们一天行不行》的文章，读来情真意切，感人至深：

自我记事起，就一直过着“流浪”的生活，不是在爷爷奶奶家，就是去姥爷姥姥家。本想着上学后，能和其他小朋友一样和你们一起吃饭、看电视、睡觉。可你们总说忙，还是由爷爷奶奶、姥爷姥姥轮换着接我上学、放学。看着别的小朋友和爸爸妈妈在一起开心的样子，我就直恨你们！好不容易到了“五一”，老师让我们在假期和爸爸妈妈一起玩一次，到了学校后说说自己的想法，可你们还是忙起了总也忙不完的工作……爷爷奶奶、姥姥姥爷对我也好，可不知为啥，我就想跟你们在一起……

爸爸妈妈，地球离了你们真的就不转了吗？我向你们借一天，就借一天，好好地陪我玩一次，长大后，我会还你们一百天。好吗？

‖清醒的认识

上文中那个孩子的生活是很有代表性的。对于亲情的缺失，年轻的父母在夜深人静的时候也许会深深自责，但是他们为了孩子不确定的明天，常常会咬着牙对付一切。但亲情的缺失是一个人成长当中极其危险的事情。一旦孩子感受不到家庭的亲情和温暖，与家庭联系的纽带被切断了，很多不愿意看到的事情就都会在孩子身上发生。其实，孩子请父母陪他一起玩乐生活，真的很正常、很合理。我有一位企业家的学生，曾经这样和我说：“现在孩子让我们陪他玩，我们还推三阻四，不乐意。其实，时光过得很快，眼睛一眨，我们老了，到那时，我们会恳求孩子回家陪我们多吃一顿饭的。”

与其给孩子留钱财，不如给孩子留亲情。与其老了求孩子，不如现在花些时间多和孩子沟通，把亲情的纽带织得牢牢的。珍视亲情的孩子，会远离罪恶，保持善良。心中有着浓浓的爱意，他就会有发展的希望。

怎么使我们的家庭充满亲情，首先要让家长恢复理智，恢复亲情。有个学生叫小歆，她是天长小学老师们公认的才女，她毛笔字遒劲有力，图画画得栩栩如生，语文、数学学得也很不错。她有六七篇习作和童话在报刊发表，在小学和初中，她的语文数学都得过第一名，她自己创作编写的《动物王国》知识童话书，是我教育教学生涯中学生编写的第一本“书”。她的父亲是位工程师，妈妈是检察院的检察官，她的父亲在20世纪80年代就非常清醒地对我说：“我的孩子现在读小学，假如我现在每天非要忙到晚上11点，那我的孩子是不会有发展的。小学就这样，高中、大学孩子还怎么学？因此我每个星期总会挤出半天陪孩子玩，打打羽毛球，聊聊天，到外面去接触接触大自然。”他能有这样一种清醒的认识，是非常难能可贵的。是的，如果上小学就让孩子拼命埋头于题海之中，沉浸在书本之中，把孩子的油提前榨干，那么这种以牺牲孩子发展前途为代价而获得的好分数，怎么会使孩子和家长幸福呢？

‖ 是温馨的家庭培育了她

刚进入新世纪，沈可的父母就真诚地邀请我参加他女儿赴德留学的饯行宴会。他们感谢天长小学对孩子的培养，特别在当年对孩子口语交际、待人接物、组织服务方面的培养锻炼。因为这些，沈可从小培养了自信和自理能力，敢于大胆对话。在德语强化班，她终于以自信和成功的口语交际，作为胜出的50%的学员赴德国学习法律。

沈可，在小学绝不是学习成绩最冒尖的孩子。可她是一个很活跃、很主动的小干部。很有工作的激情和活力，很会组织同伴。她会在星期六下午带小组同学到学校附近的幼儿园去当小老师，帮阿姨给午睡醒了的娃娃们穿衣裳，讲故事。她会用沙哑的嗓子在家长会上，作为小干部向家长汇报班级的故事，她会在商店的留言本写下表扬信，感谢热心为“红领巾”买竹篾的营业员伯伯。她会在星期天组织旅游组的伙伴到西湖的风景点游览，也会让同学们到自己家玩个痛快，而不怕把家搞得一塌糊涂……

因为她有一个民主和理解她的家。她父亲是个干部，妈妈是个职工，家里还有哥哥。家长关心孩子的成绩，但更关心孩子健康的人格。每天，不论是在饭桌上，还是在客厅，他们都会饶有兴味地听女儿讲述学校发生的故事，和孩子谈论如何处理矛盾，怎样看待社会新闻，如何善待自己的伙伴。他们始终让孩子知道父母关心着她的学习成绩，也关心她和伙伴的相处，关心她生命的全部意义。就是这种民主、平等的交往，就是这种暖暖的亲情造就了她。

父母应该尽自己的义务，为孩子营造良好的生活和发展空间。但父母不可能给孩子预设人生，不可能规范孩子人生的全部。现在你抓得越紧，绑得越死，一旦离开父母的手，孩子就很难在社会立足。一个人能否在社会立足，能否发展，关键在做人。他是不是一个健康的人，这包括身体的健康、心理的健康。只有健康的人才能够面对巨大的成功，也才能面对失败和挫折。孩子是不是拥有良好的生活和学习的习惯，是不是掌握基本的学习方法，应当是我们关注的重要主题。可惜有些家长和孩子交谈的惟一内容只是作业和成绩，天天都念一样的经："老师有没有批评？考试得了几分？""好好读书，上课听讲！"而对孩子喜欢谈论的追星、爱好、玩耍，伙伴中的故事纷争，对老师人品教育教学的评论，对社会新闻的追问，常常缺乏对话、交谈，缺乏沟通的耐心。当孩子津津有味地讲述自己第一次当值日班长，在早自修管理上的"创造"，假日为街头值班的民警送去红苹果时，家长却不以为然；当孩子激动地抨击公共汽车上有人欺侮孩子、不讲公德时，家长却让孩子少管闲事；当孩子疑惑地询问和伙伴发生矛盾，要不要告诉老师时，家长竟教孩子"别人敢动你，你就揍他"……大人们关心的是成绩，是班级的排名。不管是孩子肚子饿了，在吃饭的时候，还是孩子困了，已经在床上入睡；不论是在大人们的办公室，大院的楼道里，还是在孩子的伙伴们中间，不少家长都会直截了当地质问孩子的成绩和排名。对孩子花了时间、精力和智慧获得的成就，对孩子满怀希望的询问，大人们不经意的否定和冷落是会伤人的。

亲情是在相互沟通中增进的。中断对话丢失的不仅是信息，更可怕的是亲情的疏远。成绩暂时不如意的孩子，不愿你天天问他的成绩。天天反复的叮嘱，对于逐步长大开始萌生逆反心理的大孩子，只会挫伤他们的自尊，引起烦恼。要知道，再好的歌听得多，听得不合时宜也会令人厌烦的。

一个人可以不进大学，但不可以不做人，不可以没有家。学习可以弥补，亲情缺失是很难找回的。

‖ 在运用中加强亲情的纽带

为了寻找失落的亲情，我设计了特别适合孩子在家庭运用，又能提高语文才能的“口语训练卡”。我把它当作热线，不仅是家庭和学校之间的热线，而且还是孩子和家长沟通的纽带。“口语训练卡”中很少以学习成绩、作业为主题，它是以孩子的生活、做人和课内外的安排为主题。胡睿的“口语训练卡”就是和父母联系的重要纽带，每天她都会和爸爸交流自己的所见所闻，她爸爸都会在“口卡本”上写下听完叙述的批语，我可以摘录1988年“口语训练卡”中家长的几条反馈：

“7月11日星期二，内容‘暗自出逃’，五分钟。生动地叙述了几位同学相约，避开父母到少年宫玩耍的事儿，抒发了自己向往同学欢聚、快乐玩耍的情趣，同时也作了自我检查。说得颇有趣味，短小而生动。”

“8月22日星期二，内容‘十字街头议交管’，四分半钟。抓住家乡县城十字街头设立交通岗亭，加强交通管理一事，展开议论，表达了自己对家乡交通管理面貌变化的赞扬与贬抑，表述集中，有见地，但有的认识还欠全面。”

“口语训练卡”让家长及时触摸到孩子思想的脉搏，建立了家庭亲情传送的纽带。让孩子和家长一起编作文集，请家长分享孩子习作选的成果也是一个好办法 。家长会帮助写序言，配插图，甚至去工厂帮助切割书页。

我一直珍藏着一本孩子、家长一起编的书，书名是《金色的秋天》，封面的插图构思新颖，整洁的书桌上，摆放着作文纸和钢笔，似乎小作者刚刚写完一篇大作，花瓶里插着一束沉甸甸的稻穗，丰收的秋天已经来了，象征孩子作文丰收的秋天也已经到了。作者是萧林，画图是妈妈黄莲，封底还认真地写着装帧设计者父亲——萧杰。这像模像样的一本书，由“家庭出版社”出版了。定价是2.60元。妈妈还给孩子的这本书写了序言：

女儿爱好作文，尤其爱好写记叙文。此书中绝大多数是记叙文，这次是女儿第一次自己编书，虽编得不是很好，但也有她的一番辛勤汗水。此书共摘女儿三、四年级的作文十篇。写物、写人、写景、写事，各种类型都有。

另外，希望女儿以后再多编一些书，因为编书是一种很好的整理作文的方法,能把平时好的作文安排在一起。

此外，还要告诉各位朋友，因为女儿水平有限，文章的内容肯定有很多不妥之处，敬请广大读者批评指正。

编书虽然费时，但我还会让孩子们收集自己从呱呱坠地到茁壮成长的不同阶段的照片，让他们重温家庭温馨港湾的故事，感受父母的恩情。

有一位学生编辑了一本相册，取名为《成长的足迹》，还郑重其事地写下了这么一段“题记”：

成长如诗如画更如歌。十三年前，随着“哇”的一声响亮的啼哭，我来到了这个充满新奇的城市——杭州。随之，令人神往的童年就这样来了，一切记忆都如灿烂的星星闪烁在我的脑海中。哎，眨眼十三年过去了，我变得坚强，变得勇敢，变得成熟了，由一个走路都磕磕碰碰的小伢儿成长为一个活泼可爱的儿童，成了一名充满活力的少年。十三年，经历了大大小小的风浪，今天，在朦胧的灯下记叙下成长中那一个个深浅不一的足迹……

翻开设计精美的相册，第一张照片跃入眼帘，这是刚刚来到世上不久的小婴儿，笑得那样甜，只见配文这样写着：“微笑的女孩第一次来到这个新奇的世界，无知的我微笑着正视生活。不知是否会永远坦然面对生活。生活，多彩而残酷，多梦而美丽，我会勇敢迈出每一步，去迎接灿烂美好的明天！无论能否笑到最后，我都无怨无悔。”

小学生学习语文，不是为了研究语言，而是为了学习语言、积累语言和使用语言。我要让语文成为学生和家长心灵沟通的桥梁，最便捷的一种方式就是鼓励孩子们给亲人写信。

怎么做呢？就从写好家书做起。书信是应用文中最常用的一类。进入中年级以后几乎每学期都有一次书信训练。然而遗憾的是，在现代社会，书信这种最常用的应用文在学生眼里却成了最无用的东西。学生只是在作文本上进行操作，只是把饱蘸亲情的家书，当作是一次次的应景任务。家书缺失了真实的交际对象，完全脱离了交际的客观需要，虚构和编造变成不可避免的事情。学生给亲友写的信，只是为了给老师打分。应用作文脱离了实际的应用，就失去了存在的价值。家书不再传递亲情的温馨，家书也就一文不名。我和学生说："写信写给谁，就必须让对方收到！写好信要开好信封，贴上邮票，真正寄给自己的亲朋好友。我们不是凡卡。小凡卡给爷爷的信因为没有贴邮票，没写清地址，所以爷爷无法收到。而过去你们的亲人无法收到你们的信，那是因为你们压根儿就没有想让他们看。张老师不希望你们的信只留在作文本上，只为老师给打个分！那不叫写信！"从那以后，学生每一次写信都邮寄给了亲戚、朋友。

除了课本中要求的书信练习。每个学期我会瞅准机会让学生和家长进行书信来往。当"三八"妇女节、母亲节来临时，我引导学生给妈妈写封信，祝贺妈妈节日快乐……晓晖的妈妈收到了孩子的来信激动不已，连夜给孩子写了回信：

……非常高兴在母亲节接收到你的来信，谢谢你。你在信中说，母亲是慈祥的、伟大的。这使我想起了鲁迅先生的一句话，爱孩子，这是母鸡也会的事，而教育孩子则不然。是的，每个母亲都爱自己的子女，尤其现在都是些独生子女，那就更甚了。对孩子的教育方式也是各种各样的。平时我经常自问，不知我这个做母亲的对孩子的爱过分吗？对孩子的教育适当吗？自答，还可以，儿子，你说呢？

晓晖，你是个好孩子，妈妈经常以你为自豪。大概每个母亲都会这样做吧。但是你也有使妈妈不太满意的地方，一点是你的字写得太差，另一点是做事漫不经心，不够认真。你仔细想想，妈妈平时对你生气，有时训斥你，是不是大多数是因这两点引起的？晓晖，你已经上五年级了，已经有了一些自己的思想，妈妈觉得我们之间还应该多一点理解，我希望你能经常和爸爸妈妈谈谈你的学习、生活以及对各种事物的看法，妈妈也会经常和你交流各种问题的看法，增加了解。

就写到这里吧，你送给妈妈的礼物很好，妈妈很高兴，妈妈在母亲节里一定不训斥你，今后也尽可能不训斥你……

重阳节到了，给爷爷奶奶、外公外婆写封信，问声好。当时浙江人民广播电台有个栏目叫《空中医生》，专为病人、老年人服务。我鼓励学生通过该栏目为爷爷奶奶问诊求医，询问健康知识。

请想想：当亲人们冷不丁收到孩子稚气真挚的问候和祝福时，看到孩子在信中对父母的感激和理解时，当爷爷奶奶拧开收音机听到了自己的孙子、孙女在电台帮助问诊自己病痛的消息时，你说他们会有怎样的感受呢？胸膛中会涌动什么样的情感？会对孩子的语文学习、学校生活投射怎样的目光？我想只要是正常人就一定会有沐浴在阳光中的感觉，一定会喷涌出爱的激情，而孩子也会从家人的欣赏中、赞美中，蓦然发现亲情的美丽和学习语文的作用与价值，从而得到一种交往的满足，情感的满足。

‖为亲情添道“菜”

当时我是学校写作烹调小组的指导教师。快放寒假了，我对学生说：“春节快到了，你们是写作烹调小组的成员，能不能帮爸爸妈妈做点事，为他们制定一份春节菜单呢？”学生一听嚷开了：“张老师，我们不会做菜单呀！”“其实做菜单非常容易。你们去过杭州酒家、楼外楼、天香楼等酒家吗？那里餐桌的玻璃台板下不都压着菜单吗？难道你们没见过？……把你看得懂的菜单抄来，然后适当做些调整，不就能整理成一份适合你家的节日菜单？要过年了，也算为爸爸妈妈出点力，交一份兴趣小组的学习成绩单嘛！”这下所有学生都兴高采烈地接受了任务。没多久，学生就拿来了一份份异彩纷呈的春节菜单。有的制作了给春节来访亲友观赏的漂亮的“春节菜单”，封面用彩色水笔画上了可爱的唐老鸭，写上“春节菜单，欢迎光临”。里页注明了今日菜单要目；有的制作了可以插在塑料夹上，为下厨的爸爸妈妈提醒的菜单；有的还在菜单中把在烹调小组学到的糖醋排骨的制作过程清楚地记录下来……

学生的春节菜单是否一定会给父母带来方便呢？未必。但当家长拿到自己的孩子为家庭设计的节日菜单时，恐怕没有哪位家长会不激动！他们一定会觉得自己的孩子长大了，为自己的孩子的懂事而自豪；会为孩子在这么好的学校读书成长而骄傲。当孩子看到菜单赢得父母的喜悦，会更开心——我能为爸爸妈妈做事了！这时候学生的成功感受是无法用语言来描述的！在相互欣赏、赞扬之中，家庭会情深深、意浓浓。很多时候，亲情花蕾就是依靠小事的浇灌而芬芳的。

开辟小学生习作的家庭应用渠道，既能提高学生的语言运用能力，又能加深学生与亲人的情感，真可谓一举多得，我们又何乐而不为呢？

第三章

让孩子寻找自己的亮点

一、让丑小鸭成为白天鹅

‖ 善意制造成功

教育教学的改革让我们重新审视语文的价值、教育的价值、改革的价值。

教育的本义就是促进学生的发展，而且是能动地影响人的成长与发展。但是，人的发展并不是均衡的、同步的，“闻道有先后，术业有专攻”。个别人在某个时段、某个方面远远地落后于同龄人，成为人们心目中的“丑小鸭”。那么作为老师，面对这些“丑小鸭”，是不是应该尽职尽责让“丑小鸭”尽快变成“白天鹅”呢？

每一个孩子都需要成功，不仅是那些优秀的孩子，暂时后进的学生也同样渴望。只是后进的学生由于各方面的基础比较差或者由于学习态度、学习方法、学习习惯不理想，因此他们获得成功的路会显得比别人长，他们第一次要独立地得到成功会特别困难。在这样的情况下，老师应当为学生制造成功，然后引导、扶持学生成功，最后让学生独立地去夺取成功。

什么叫制造成功呢？制造成功从本意上是说学生的这种成功很大程度上是教师给予的，还并不是学生真正意义上的成功。但是这样的成功对于暂时后进的学生来讲依然是十分必要的。

1982年，我所带的三年级班中有个叫小奕的小女孩。她人长得不漂亮，在班里像只孤雁，上课从来不发言。就是问她“是不是？对不对？”这种课堂调节气氛的问题，她也只是朝你看看，绝不回答。特别是她的识字记忆的能力特别差，每次听写几乎都要重听。写字特别难看，有许多错别字。上课她静静的，下课她凄凄的，女生没人找她玩。只有淘气的男生作弄她，还嘲笑地称她是瘪嘴老太婆。但是她观察周围生活的角度很特别，记的日记透着灵气，很有童趣。她曾经写过一篇《公鸡下蛋》的作文。当她惊喜地从塑料公鸡的底座中拿到糖果时，兴奋地说是公鸡下蛋了。她的习作总是写得很有趣。于是，我就在班里朗读了她的日记。尽管她的作文中有很多错字，文句也不够通畅，但是我的朗读将这一切都弥补了。孩子们听到的是充满童趣、流畅自然、句子生动的文章。连小奕自己听了都眼睛发亮，陶醉在老师朗诵的自己的日记中。她感受到了老师对她的善意和帮助，感受到了老师送给她的成功的快乐。这个成功就是老师为她的成长有意制造的。这种成功即使是那么的牵强，但对于小奕这样暂时后进的学生来说，无疑是一种巨大的满足，也是一种巨大的激励。这种教师刻意“制造”的成功，是教师的一种善意，也应成为教师教学的一种策略。

孩子们习作时，我会凑在作文有困难的学生身边，和他们聊天，了解习作的生活故事。给孩子们提供词语，帮助他们在作文草稿上写上几句话。这儿插上一句，那儿添上几个词语。孩子们在整理作文草稿的时候，先要把错乱的文句读通理清，再把老师修改后的草稿誊抄在作文本子上，也算是一种逻辑思维的训练。再说，我在批改作文时，我会在孩子们的好词佳句上打上浪纹线以示鼓励。这些句子很可能就是我帮助修改的语句。但理清誊抄清楚后，老师再批改，孩子们早已经分不清楚了。但是他们知道老师帮助过他们，作业就容易成功，也让他们获得由老师制造的成功所带来的快乐。坚定对老师的信任。更重要的是，这种成功也让他们认识到：成功并不是那么遥不可及的，通过适当的努力，每个人都可以获得成功。

‖耐心扶持成功

促进孩子发展的第二步就是让学生在老师的扶持下获得成功。和小奕几次交道打下来，我知道她爱看书。为了激活她的自信，于是我给她办了学校图书馆的借书证。这样一来，与她相处得就更自然了。她也逐渐明白了老师对她的照顾和善意，女孩逐渐地从封闭、内向的天地里走了出来。

有一天中午，我在教室讲台桌前批改作业。我发现小奕总是在我讲台前徘徊，想找我说些什么。于是我问她："你有事吗？"她马上走到我的身边，小心翼翼地从裤兜里掏出了一把小石头，欣喜地告诉我："张老师，你看这些石头多好看啊。"我一看，不就是建筑工地上最普通的石头嘛。但我没有扫孩子的兴致，笑着答道："真的不错！你从哪里找到的啊？""我在爸爸单位门口的工地上找到的，挑了好长时间才选中这几块石头。"小奕兴奋得涨红了脸，又兴致勃勃地问我这是什么石头。我发现是长石、云母、方解石……但是也有几块我不知道。我就对她说："小奕，石头可是一门大学问呢。我们现在学的《捉迷藏》课文，书里的李四光就是玩石头的大专家。你这么喜欢这些石头，就去研究研究，问问爸爸。这个星期的自由作文你就写《捡石头》好吗？"小女孩快乐地应允了！这个星期的作文，她真的写了《捡石头》，写得还真不错！我又一次找到了她，夸奖她说："写得棒，好好修改一下，把结尾改改，想办法把自己捡石头和李四光研究石头连一连，就能进入《希望的花蕾》作文集了，愿意再改吗？"小奕听说她的作文有可能进入习作选中，高兴极了。真的十分认真地进行思考，反复修改，终于完成了一篇很有质量的作文——《花石头》。过了几个月，我推荐的《花石头》在《作文》杂志上发表了。全班同学知道小奕作文发表后，都惊呆了。在老师的扶持下，她获得了成长发展道路上的一个重要的成功。成功极大地鼓励了她，同时也推动了全班其他同学的发展。很多同学都真切地明白了一个道理：只要自己努力，我也能成功。

‖ 独立夺取成功

对孩子发展最有意义的是学生独立地、经过努力夺取的成功。小奕的变化和进步不断地增强着她和她的同伴的自信心。从孤雁慢慢地回归到充满生机的队伍。预习时，她没有心理压力，她会在本子上自由地向老师提出各种各样的问题；课堂上她开始小声和同桌一起讨论《海底世界》那海底动物的窃窃私语的意义；尝试着大胆地举手回答《东郭先生》为什么会上了狼的当。当时杭州市“红领巾读书读报活动”搞得如火如荼。我们班的孩子也积极参加了。小奕本不是我们“红领巾读书读报活动”计划中的骨干、关注的重点，但是一件事证明她已经具备经过努力独立夺取成功的能力。

那天，《小小发明 100 例》读书汇报活动开始了。同学们踊跃上台发言介绍自己的读书笔记。一直羞于在大庭广众之下说话的小奕也走上讲台，向大家介绍了她发明的“吹不落的衣架”。她看到大风把妈妈洗净的衣物又吹落弄脏了，很心疼。在《小小发明 100 例》的启发下，发明了钩扣可以搭上、再也不会被风吹落的衣架。她不但介绍了，还切切实实做了一个，虽说不漂亮，但是实用、很有效。小奕的发明是生活催发的，她做了生活的有心人。她的读书笔记上画着这吹不落的衣架的示意图，简洁而清楚明白地介绍了制作过程。这篇读书笔记居然获得了杭州市读书笔记比赛一等奖。

她能独立夺取成功了。这不仅是因为得了一等奖，而是整个过程告诉我，小奕的心智发展水平具备成功的基础，“丑小鸭”一定能够变成“白天鹅”。事实上，她也的确变成了美丽、漂亮的白天鹅。

当孩子到了能够独立获取成功的时候，那么她已经从“丑小鸭”变成“白天鹅”了！教育就应当促使更多的“丑小鸭”尽快变成美丽的“白天鹅”。

‖ 重要的是“在乎”

让丑小鸭变成白天鹅，来源于这样一种认识：每个孩子都一定能找到属于自己的成功，每个孩子也迫切地寻找着属于自己的成功。教师不能无视或者轻视任何一位学生的存在，尤其是处于“灰色地带”的学生的存在。相反，对于这一类学生，教师应投入更多的关注，创造更多的机会，促使他们走出生命的低谷，焕发出创造的冲动。正如布鲁斯·阿克曼提出的：“整个教育体系就好比是一个庞大的球。孩子们基于不同的自身文化背景而站在球面的不同点上；教育的任务就是帮助他们探索这个大球，让他们了解发生在周围的戏剧性事件的深层含义。”

作为教师，我们的力量是微不足道的，但只要我们尽力去做，使我们的学生由胆怯变得勇敢、落后变得先进、抑郁变得活跃，这就是我们最大的成就。我曾经看过这样一篇文章：

在暴风雨后的一个早晨，一个男人来到海边散步。他一边沿海边走着，一边注意到，在沙滩的浅水洼里，有许多被昨夜的暴风雨卷上岸来的小鱼。它们被搁在浅水洼里，回不了大海了，虽然近在咫尺。那些小鱼也许有几百条，甚至几千条。用不了多久，浅水洼里的水就会被沙粒吸干，被太阳烤干，这些小鱼都会干死的。

男人继续朝前走着。他忽然发现前面有一个小男孩，走得很慢，而且不停地在每一个水洼旁弯下腰去——他在捡起水洼里的小鱼，并且用力把它们甩回大海。这个男人停下来，注视着这个小男孩，看他拯救小鱼们的生命。

终于，这个男人忍不住走过去：“孩子，这水洼里有几百、几千条小鱼，你救不过来的。”

“我知道。”小男孩头也不回地回答。

“哦？那你为什么还这样做？谁在乎呢？”

“这条小鱼在乎！”男孩儿一边回答，一边拾起一条鱼。“这条在乎，这条在乎！还有这一条，这一条，这一条……”

是的，“这条小鱼在乎”，只要“这一条小鱼”在乎，就值得我们为之奋斗。

要孩子在乎自己，要教育孩子悦纳自己。这和教育孩子虚心反思自己一样，对于培养一个孩子的健康心理有着重要价值。传统的语文教育，重视认知能力，只重视精英而忽略“丑小鸭”，或让他们自生自灭，教育教学的改革需要我们去唤醒“丑小鸭”们悦纳自己，发掘自己身上的亮点。

要“丑小鸭”变成“白天鹅”，还要每一个家长懂得在乎。家长在潜意识中都是把自己的孩子当作是最聪明、最能干的。可惜很多家长却出自于传统的东方文明的一些并不科学的习俗，都吝啬地或不愿当面肯定自己孩子的确应当肯定的东西，比如待客的大方开朗，对伙伴的真诚热情，对爷爷奶奶、姥爷姥姥的孝敬亲情，对社会事件的关注和爱心，广泛的爱好和琴棋书画特长……相反还常常会无端地指责孩子的一个偶然的疏忽和缺漏，或专门剥夺孩子在欢乐童年应当获得的玩要的特权，斥责孩子在学习过程中本来会正常产生的问题，而否定孩子身上本该肯定的品质。老师和家长大概都会同意，不该当面谈论孩子的作业和成绩，这些孩子不仅现在是可爱的，他们的将来也应当是可爱的。

我们不能改变孩子人生的起点，但要努力改变其发展的起点和轨迹，以及人生的终点；我们不能增加孩子生命的长度，但是我们可以尽可能地拓展他们生命的宽度，寻找生命的意义。

二、把潜能转变为显能

每一个学生身上都蕴藏着巨大的潜能，有许多是自己和旁人没有估计到的。就好像手提电脑。由于我自身的水平精力，现在可能只用到电脑千分之一的功能。我们的孩子的智力潜能是一个蕴藏最深、储量最大而且可以再生的“能源大矿”。也可能由于我们教师的原因，他们的潜能还沉睡着。但这种潜能只要在适当的时机、适当的地点，由适当的人员通过适当的方式去刺激它，就一定会激活，并被挖掘出来。

‖潜能绽放光华

1985年那节课非同寻常，成为我人生中非常重要的一个转折点。因为，

1984年学校将我作为特级教师候选人向上级申报。区里公示，区、市、省三级评议、考核……过五关斩六将，按理一年后得有结果了。那天杭州市教委的几位主要领导都坐在礼堂里，到现场确认。他们要亲眼考察一下，这年轻的申报人究竟如何？在杭州市首屈一指的实验小学做特级教师，是否具备这样的实力。当时我是初出茅庐的普通老师，怕见官，又根本不认识领导们，所以压力较大。

课快结束了，我问："书读到现在，诸葛亮的神机妙算咱们清楚了。还有什么问题不清楚，对课本还有什么疑问吗？"坐在第一排的钱嘉陵用手指点着课题《草船借箭》，轻轻地说："这个不对的。"我微笑着请他说说。他站起来说："《草船借箭》这个题目不对。借东西不是这样的。""哦，你们觉得呢？"许多孩子在下面点点头，有人站起来说："借东西是在朋友之间，大家有借有还。这诸葛亮和曹操是敌人，这又不是借。""嗯，钱嘉陵提了一个值得研究的好问题。那不是'借'，该换成什么呢？"我一边说，一边转过身去，在黑板上写下了"骗箭、偷箭、抢箭、运箭、造箭、买箭"一溜的词，让学生替换比较。学生们议论了一会儿，发觉换上哪个都不合适。换来换去还是应该用"借"箭。我接着问，诸葛亮这"借"来的箭还不还了？"不还！"一个孩子悄悄地说。"怎么不还？诸葛亮借的箭，火烧赤壁时要还，是要射还给曹军的！"学生终于明白这是"巧借妙还"。"周瑜是十分了不起的人才，他指挥了赤壁之战，用三万人马大败曹操的八十万大军，成为千古传诵的英才。可为什么这样聪明的人会输给诸葛亮呢？请大家联系这个课题想想？"不少学生来劲了："周瑜和我们刚才差不多。我们认为诸葛亮这样做不能叫'借'，是因为我们还不明白，诸葛亮向曹操借箭正是他神机妙算的地方。我们就想不到。""周瑜只是按平常的想法在想，根本没有想到诸葛亮会去向敌人曹操借箭。"我趁势小结："是啊！周瑜这次输在他陷入了常规的思维。诸葛亮赢就赢在他思维的独创性，赢在他大胆而周全的借箭计划上，出乎周瑜、鲁肃和曹操的意料，才能取得这样的胜利。可见学会创造性的思维很重要。《草船借箭》诸葛亮的神机妙算靠的就是他思维的创新啊！"

如果学生不是在课堂特定的语言环境和气氛中释放出学习的潜能，那堂《草船借箭》就不会绽放光彩。

‖让偶然变成习惯

课后很长一个时期，听过课的老师们都在夸天长小学的学生厉害，敢问、会问、善问，感慨地说："我们那儿的孩子呀，哪有你们的水平噢！哪年哪月我们的学生能像你们的学生啊！"

说实话，没有邓小平的"三个面向"的题词，我的课也不会这样上。至少结尾不会这样处理。

1983年国庆节前夕，邓小平为北京景山学校题词："教育要面向现代化，面向世界，面向未来。""三个面向"是我记忆中邓小平对教育教学改革最重要的号召之一。就是因为这"三个面向"的指示，大量国外现代的教育理论、教育改革的潮流，涌入国内。就是在那个时代，我们中心城市的实验学校敏锐地感觉到教育改革的春天来了。就是从那个时候开始，我们才不但注意孔夫子说什么、陶行知和叶圣陶的观点是什么，还开始学习和研究布鲁姆、皮亚杰和苏霍姆林斯基的思想。系统论、信息论和控制论的思想频频进入我们教育的视野；国外的建构主义理论、以人为本的思想逐步植入心中。而后，在北京"全国少年先锋队首届代表大会"上，邓颖超代表党中央向全国红领巾提出"做创造型的小主人"的号召，进一步推动了基础教育对培养中小学生创造精神、创新思维的研究，使我们更重视在各学科渗透对孩子们思辩能力和批判精神的培养。教育科研部门和实验教师，开始认真注意已经显露出来的孩子的才能和暂时沉睡着的还未开发的领地。我慢慢相信每一个人都是一个世界，每一个孩子都可能成功，每一个孩子的人生都应当幸福。这时对传统教育的扬弃进入了新的阶段。

天长小学是一所名校，我的学生当过全国少代会浙江省代表团的副团长。我们的学生和家长群体，教师和学校文化都和其他学校不同。但是儿童的天性是好玩、好动、好问、好奇、好胜、求知欲强。质疑问难，敢于创新是每个孩子与生俱来的潜能。这一点孩子们天生的差异并不明显，天南地北的孩子并不存在智力上的障碍。关键是我们要有心、有志去开发学生的潜能。但现实是孩子的问题热情和他们的年级升高成反比，扣除由于逐渐成熟而消磨掉的幼稚外，不愿和不敢提问实在是应试教育的错。

我记得有人只想建造漂亮的空中楼阁，而不要底层基础的故事。这样省力的事情怎么可能成功？既想深层的油气喷发，又不愿意去钻井，那怎么行？

怎样将学生的潜能转变为显能呢？

努力让偶然变成习惯。孩子天生是好问的，培养学生质疑问难的习惯并不难，但首先需要降低我们的期望。我们设想一个月内孩子们的问题都可能是琐碎的、漫无边际的、低级无用的，有意义的、高品位的问题几乎没有。但还是要坚持让学生提问，坚持继续鼓励。让孩子们敢问，成功的核心是教师的价值观和态度的改变。我记得袁振国教授曾经说过这样的话："课堂教学怕的不是学生的怪问题，最可怕的是没有学生的问题。"孩子们的大脑应当会不断冒出问题，学习就是不断地将问号点燃成探究的火把。只有孩子们敢于提问，才有可能链接第二个意义环节——会问。学习提问，主要不在于传授提问的知识，而是积累提问的实践。中低年级学生，凡问题是随意乱问的，一般说都很难听懂老师的"知识引导"。但我们可以为孩子们树立熟悉的伙伴标杆——贴近学生的好问题，及时表扬这些好问题，并且蹲下来真诚地向这些孩子讨教，让他们说说发现这些问题的过程。榜样的作用是具体的、巨大的。对于感性的小学生来说，更是如此。孩子们可能说不清楚太多的道理，但是"心有灵犀一点通"，他们会在老师不断强化的好问题的表扬中，凭直觉明白什么是好问题，怎样才能发现好问题。只有孩子们把偶然的一次提问，变为每天每课的质疑问难，提问的行为变成了习惯。那时才可能在多数人身上链接第三个意义环节——善问。这为今天的学习，更是为他们一生——不论在什么位置都能提供重要的基础性帮助。

善问是将蕴藏的潜能变为显能的关键措施之一。

‖ 让孩子拥有读者

作文，这个最让学生伤脑筋、花气力和时间的语文综合性练习，却常常只有教师一个读者。孩子们在学校的生活是家长们天天的牵挂，怎么满足家长的需求，加强老师和家长的联系和合作？我决定编班级习作选，让学生的作品拥有更多的读者，享受被人重视的乐趣；让家长在习作选上，纵向看到自己孩子成长的脚印，横向看到孩子在班级的位置。当孩子们突然被告知，每一个孩子都可以有一篇写得满意的习作刻在书上，发给每一个家长和同学看时，心底潜伏的好胜心、表达的欲望被激活，劲儿一下子鼓起来了。以往孩子们的习作只是奉老师命令而写。了无情趣的命题作文，挤牙膏式的、逼债式的作文，学生会有什么兴趣？怎么可能激活情感和语言的潜能？知道日记被老师选上了，孩子就主动把一周写一篇增加为两篇，希望有更多的习作刻在书上；暂时没选上的都暗暗加油，主动打探伙伴上书的秘密。“张老师，我哪篇作文好，快告诉我，我去改，我的作文也要上书！”孩子们跟在我身后急急地恳求，成了我最愿意听到的“歌声”。想向更多的人倾吐自己的心声，想在更多的老师、家长和同学面前展现自己的本领。这促使潜能慢慢变成显能。

白天挑选修改，晚上在书桌上刻蜡纸，假日到小工厂装订……收集46篇习作的《希望的花蕾》终于诞生。在扉页上我写上了这样一段话：

当新春佳节即将来临的时候，谨向您——战斗在360行，为祖国“四化”挥汗工作，为孩子成长日夜操劳的家长，献上这珍贵的礼物——一份薄薄的习作选《希望的花蕾》。

这里刊登的并不是名家名篇，也不是个别尖子学生的获奖作文，而只是您的孩子在写作上学步的真实记录。

然而，当您一天劳累回来，翻开这薄薄的书页，迎面而来的是孩子天真稚气的阵阵欢笑。它会比奖金、礼品更令人赏心悦目，会给您驱散倦意和烦恼，会替您揉平面颊的皱纹，会让您重添青春的乌发，会勾起您对金色童年的向往……

当春节亲友团聚畅谈之时，您打开这手刻的作文选，展现在您面前的是孩子们在绚丽的生活大海中采集浪花的身影，是孩子们在成长道路上留下的清晰的脚印。它会比盛宴美酒更醇香，会给您的斗室增添春天的生机，会使您体会到生活和工作的意义，领略到父母的幸福，让您看到花蕾吐艳喷香的希望。

自然，孩子毕竟是稚嫩的。他们的作品第一次有这么多的读者，第一次感受到艰辛的作文也有收获的喜悦。他们是嫩嫩的花蕾，在今天这希望的田野上，沐浴着适时的春雨和阳光，又有那么多关心、爱护他们的爷爷奶奶、爸爸妈妈、叔叔阿姨和老师们，我想花蕾是会怒放的。

为了您的孩子，为了明天，让我们祝福吧！

我把习作选送给了学校领导和语文教师，送给了班里每一位学生的家长。家长会前家长们都静静地，很投入、很开心地看着孩子的书，看着书里的孩子。学生说：“《希望的花蕾》比书店里买来的还好，因为是我们自己写的。”孩子们都以自己的作文能上《希望的花蕾》而自豪。

‖天上掉下个一等奖

开学以后，《希望的花蕾》中陆陆续续又有十几朵小花在各地的儿童报刊上绽放。王动的《捏糖老人手真巧》竟然获得了《摇篮》等三家杂志社举办的“全国小学生彩色生活”征文比赛一等奖，邮局寄来了获奖证书和奖品——半导体收音机！这在校园引起了不小的轰动！说实话，王动写的《捏糖老人手真巧》不长，也不特别，全文如下：

离我们学校不远的地方，有一个捏糖人的老爷爷。每天中午或下午放学，我都要去看看。有的时候，看得入了迷，甚至连家都忘了回，饭也忘了吃。

有一次，我做完值日回家。在门口我被他吸引住了。那捏糖的老爷爷手真巧。一会儿他捏了一个孙悟空，一会儿捏了一只公鸡，一转眼又捏出一架飞机。其中我最喜欢老爷爷捏的“老鼠偷油”。

你知道是怎么做的吗？他先用一点红颜色的麦芽糖，边捏边吹成一个红色的油瓶，又拿了一点绿色的麦芽糖。只见老爷爷把绿色的麦芽糖弄成了一个小团，还有一条细长的尾巴向上翘着。老爷爷他不慌不忙地就捏成了小老鼠的耳朵，又边吹边捏了老鼠的小尖嘴。慢慢地他把身子也吹了起来，一只神气活现的小老鼠就这样捏成了。然后老爷爷再把小老鼠的尖嘴按到油瓶里。这样一个“老鼠偷油”就出现在我们眼前。

啊！老爷爷的手可真巧！你说这样有趣的“糖玩意儿”，你看了不也会入迷吗？

当时我只是觉得文章写得真实流畅，但根本没有想到会被刊物发表，更没有奢望拿个一等奖。得奖后重新审视，我才明白孩子习作，讲究的就

★和陈伯吹一起讨论小学生作文

是童趣和真实，就是希望孩子用自己的眼睛观察周围的世界，用儿童的语言说他们熟悉的生活。而我们对作文要求的某种误导反而扼杀了孩子天生的灵性，并埋没了他们的创造潜能。在 20 世纪 80 年代，一个三年级的班因一本《希望的花蕾》，使近四分之一孩子的习作公开发表，这是一件多么令人振奋的喜事啊！从那以后，学生更信任我，更喜欢语文了。

‖ 学生编书的激励

语文学习的成功，哪怕是一点小小的成功对从未品尝过成功滋味的孩子来说，都会激活他沉睡的潜能。因此，要为学生设置一些“矮”台阶，为学生创造展现点滴进步的机会，并对他们取得的点滴成绩及时反馈、肯定。让学生享受成功，树立自信。

说起让学生编书，那可以说是我歪打正着。说真话，我当时确实没有想到学生编书会这么投入，会有这么好的效果！

那是 1988 年初。放寒假前，我给孩子们看了毕业学生图文并茂、科学知识和语言表达都很美的《动物童话》的“书”。我说：“你们想当作家和编辑吗？学着大姐姐的样子，动手在假期过一把瘾。老师相信你们都是聪明能干的小作家、小编辑。你们可以一个人编，也可以和家人、朋友合作编；可以自己画画，也可以用别人的画，甚至用粘纸美化也行……不会编或不想编的可以不编，不编的一律不批评；编的同学一律 5 分。”说实话，这宽容倒不是出于正确的教育思想，恰恰源于我对学生潜能和编书价值的错误判断。1986 年教出的毕业班，全校公认优秀，可就是那个班在五年级时参与编书的也只是十来个尖子生而已。现在的班，教研室老师都说“不像天长小学的学生，而像普通学校的普通班”。我想，恐怕只有几个尖子才能完成。反正是寒假，广种薄收，有多少是多少，实报实销吧！

但是编书活动标新立异，太刺激儿童潜伏的自尊感、创造欲、成就感了。假期孩子们的潜能就通过这个窗口释放为显能。那年寒假，我接到虞艳爸爸的电话。他告诉我，虞艳自己编的书，都快好了。可是她的表妹来玩，挤在她的书桌旁看姐姐编书。不留神闯了祸，将墨水瓶倾翻。虞艳眼看要成功的书染脏了，全完了。天气这么冷，又是大过年的。是不是书就不编了？我很爽快地回答：“行！告诉虞艳，张老师就当她完成了，一样记优秀。”

但是，当新学期学生上交作业时，我万分惊讶！当时江、浙、沪甲肝大流行，3 位学生得甲肝在家养病，44 位四年级学生上交了 40 本书！虞艳也高高兴兴送上了用黑墨水笔抄得工工整整的习作选。那么冷的天，我都说了，为什么还要重编？我诧异了。孩子说："不嘛！我喜欢，我能赶起来。我也想当小作家。"就连那几个平时一见作文就喊头疼的学生也乐颠颠地悄悄把自己编的书塞进了书丛中。我真的懵了，这是怎么回事？突然有一句话显现在我的脑海里："没有教不好的学生，只有不会教的老师！"为了自己心爱的事情工作，潜能就这样释放着。其实大人不也常如此为自己喜爱的事情累并快乐着吗？

当我翻阅起学生那一本本处女书时，当我细细品味学生的童趣创意时，我感动得几乎要流下眼泪。毕竟孩子是第一次尝试，不少甚至还不能称之为书，只是几张纸片装订在一起。但从他们稚嫩的小手中所流露出的却是另一番天地：他们的喜怒哀乐、酸甜苦辣尽现其中，当然更不乏学生智慧的闪现，对理想和明天的憧憬……他们在《金色的秋天》里看到的《秋天的颜色》，记录的《蓝精灵日记》、《养蚕日记》，创作的《南南童话集》，做着《童年的梦》……一本书就是一个人的世界，一本书就是一个人的心灵，这些都是那么真实、那么清晰地展现在我的面前。以前对"文学是人学"的理解还处于学理的层面，现在，我真切地感到，正是这些天然的、质朴的文句，才是一个人的内心世界的真实体现，也才有了一种震动人心的力量——我自己都不相信，居然被这群小孩子的文章感动了。

★和孩子们欣赏评选"最佳"图书

打那以后，每学期我都要利用假期让学生编一次书。实践推动了阅读，推动了写作，也推动了交际和动手意识。他们会像模像样地独立写“序”，或请爸爸妈妈写序，做点美工搞装帧，他们会各具特色地编目录、作编后、写上理想中的出版社的名号，甚至连统一书号、条形码、版权页、文字勘误表都有。他们会触类旁通，搞《我的十二岁》、《一滴淡墨水》、《新市长》等创作活动；会动手编《芄芄——小学语文六年级复习故事》，用小博士芄芄带小默默等小朋友游语文宫的故事形式，复习语文。出版界流行的彩色压印、贴塑封面、电脑彩图、激光打印等等，在实践应用中孩子们都大胆模仿并逐渐掌握。

这是传统的、只在教室学习、只会做命题作文的训练所不能望其项背的。真让人惊讶，同样一班孩子怎么自己编书竟会和传统的“奉命作文”那样迥异。答案只有一个：对成功的渴望激活了学生的潜能。编书让学生享受成功，树立自信。自信与成功相互促进，周而复始，形成“成功——自信——成功——自信”的良性循环。

‖最惬意的生活享受

小女孩柯杰，学习成绩并不突出。她编了第一本书《养蚕日记》，说是书，实际上就是用小作文将平时养蚕宝宝的日记抄在一起，加了一个封面而已。第一次编书她也获得5分，也是一次成功。成功的酒可能有浓有淡，但自己去饮总是幸福的、甜蜜的。第二次，柯杰又编了一本《多彩的生活》，还郑重其事地在书脊上写上“多彩的生活——新时代出版社”。更重要的是书内的变化，作文质量提高了，短文有彩图相配，还有当年在课文上流行的彩色压印的印刷技术，她也模仿彩笔绘图，用蓝笔抄写文字，看上去就像一本正式出版的书。

学生乐于编书，是因为每个孩子都愿意将自己在传统语文学习时被遮掩掉的亮点闪现给自己和别人看。我们每个人在潜意识都觉得不比别人差，都渴望被别人认可。编书活动在孩子的眼里早已不是语文作业，而是一种创造活动。因为每一个孩子都想过成功的瘾，被人赞赏的瘾。孩子编出书来，全班同学轮流看，还评选出了班级“十本最佳图书”。这书是巨大的教育资源，而这“十本最佳图书”的评选以及作者和作品的介绍，就是撬动孩子们潜能变为显能的有效杠杆。

为了让学生享受更为醇香的成功美酒，我请了当年《杭州日报》的主任编辑宋老师，《少年儿童故事报》的主编严老师，浙江少年儿童出版社的副社长马老师，让专家当评委，使评选更具权威性，让孩子更相信他们的作品是很有档次的。这些几十年资历的编辑们，看到孩子们的作品连声赞叹，说："想不到小学生也能编出这么精美的'书'。"在这些专家们的倡议下，浙江省少年儿童出版社的马老师和当时浙江电视台《金色年华》的栏目摄制组联手，策划拍摄了一本专题片《大编辑与小编辑》，记录和宣传了小学生编书编报的活动。《人民教育》杂志社也曾在1990年第二期的封二上对孩子们的编书活动作过报道。这一切都让学生享受到了成功的欢乐。潜能在不断闪现的成功过程中逐渐变为真实巩固的显能。

孩子们编书不是为了向老师交差，而是精心培育自己的学习成果。这是一种最惬意的生活享受，是一种最自豪的和同伴的切磋交流。他们关注的重点不再是成绩，而是欣赏与分享成功的硕果。每个孩子身上都涌动着创造的潜能，犹如火山的岩浆，教师需要做的，就是寻找合适的环境和条件，让火山喷发出来。可以说，让学生编书就是一个喷发潜能的火山口。

让学生编书，指导一节课；假期学生自行编书；开学用两周课余时间，让全班轮流阅读比较；最后花一节课提名说理，投票决定十本最佳图书小作者。

★小作者自豪地向同伴介绍自己的书

这些做法花时不多，然而学生从心理的自尊、自信到语言的实际运用，从阅读吸收、习作修改到美工、编辑、装帧、鉴赏和交际等等都喜获丰收，还有什么比这更值得庆贺的？我在23个省、市、自治区介绍孩子们的创造时，每每听到老师们赞叹的话语，看到老师们诧异、惊喜的眼神，我都会说，快去试试吧！你们那儿的孩子也会让你大跌眼镜！也会让你幸福得醉过去！我爱语文教育，因为在孩子们潜能的释放中，我看到了语文能让孩子们幸福，能让他们在快乐地运用中全面提升着语文素养。我不敢说这是天底下最令人满意的方法，但至少是我一生寻找中国语文教育教学最优化的成功选择。

实践能锻炼人的头脑和双手，没有实践就不会有创造！学习本来就是一个伴随终生的实践与自娱交互的过程，而生命正是在这种自娱的过程中得到心灵的享受。我们的学生也需要这种享受。正如一位学生在书本封面上写的一句话：我们快乐着！享受着！

只有通过学生感兴趣的语言实践活动，通过教师积极有阶梯的引导，让学生获得成功，将偶尔的行为变为良好的习惯，这才可能将潜能变成实实在在的显能。

三、让孩子学会自己走路

孩子的成长和发展不能由别人代劳，凡事最终还得靠他们自己去实践。

成功是自己赢得的，好教师是有重要作用的，但起决定作用的还是自己，不是别人。血肉，别人没有办法给你；营养，靠自身去吸收。好教师的班上也会有跟不上趟的孩子，不然我们无法理解为什么那没落的旧中国竟孕育了那么多的伟人和充满朝气、锐气的改革者、专家和学者。健康的情感态度价值观和正确的方法习惯、扎实的认知能力是靠自己建构的，正如叶圣陶先生所说："教是为了不需要教。"叶老教自己孩子写作文就是一例。

据叶至善先生介绍，叶老从不给孩子教授作文入门、写作方法之类的东西。他仅要求其子女每天要读些书。至于读点什么，悉听尊便。但是读了什么书，读懂点什么，都要告诉他。除此之外，叶老还要求其子女每天要写一点东西。至于写什么也不加任何限制，喜欢什么就写什么：花草虫鱼，路径山峦，放风筝，斗蟋蟀，天上飞的，地上爬的，水里游的，听人唱戏，看人相骂……均可收于笔下。纳凉时，叶老端坐在庭院的藤椅上，让孩子把当天写的东西朗读给他听。叶老倾听着孩子的朗读，从不轻易说"写得好"与"写得不好"之类的话，比较多的是"我懂了"和"我不懂"。如若叶老说："这是什么意思呀?我不懂。"其子女就得调遣词语或重新组织句子，尽力让父亲听得明白。直至叶老说"噢，原来是这么一回事，我懂了"时再继续读下去。

这正是"授之以渔"的最高境界。这种教育方法也告诉我们：孩子的成长和发展不能由别人代劳，凡事最终还得靠他们自己去实践。

‖败也小何，成也小何

改革开放25年的公开教学课中，1982年秋天的"谈天说地"课是一节值得纪念的课。这个奇怪的课题吸引了省内外很多专家、教研员和语文老师来听，他们想了解：什么叫谈天说地课？这种课是怎么上的？

说实在的，这个课题从1980年就开始进入实践研究。它以开阔学生的眼界、培养学生口头表达能力为目的。当时选择的是高年段的班级，"谈天说地"的时间、内容和方法都很特别：隔两周或更长的时间，抽一节语文课进行；"谈天说地"的内容十分广泛，天上人间，古往今来，海外域内，人类动物无一不可作讲述的内容，只要求内容实在新鲜，不讲虚构的文艺历史故事；"谈天说地"完全以学生为主体，教师并不指定发言同学，教师也只以一个参加者、指导者加入学生的"谈天说地"。一年后我实践的总结在杂志上发表。这个课型后来逐步在各地演变成"聪明课"、"信息课"，在学生、家长、教师中引起了较大的反响。我的老朋友、特级教师童承基回忆那次听课时的情景时，是这样写的：

老实说，教师的洒脱、精彩，尚在意料之中，但面对全新的以“谈天说地”命名的课型、面对行云流水般通畅自如的课堂结构、面对思维亢奋口若悬河的学生，我和所有的听课教师一样，惊叹了，钦佩了，同时，思索了。哦，作文课原来可以上这些内容！作文课原来可以这样展开！作文课原来可以这等生动活泼！今天的年轻教师可能想像不到，这在经历了“文革”的“十年浩劫”、人们的思想和教育的现实刚在“拨乱反正”中苏醒过来的当时，简直是石破天惊！

当年我接的班是天长小学优秀教师范志英老师带的，学生的学习习惯、语言发展水平都不错。为了使课堂调度有所准备，我课前曾了解学生想说些什么。何望薇想讲爷爷家里的那株很有意思的含羞草，我一听这个题材很好，就把它纳入课堂说话素材库。

但人算不如天算。上课那天，前面几位说得都很不错。可何望薇乐呵呵地抱着一盆含羞草上来后似乎变了一个人。她红着脸疙疙瘩瘩地说：“含羞草很、很有意思，碰……碰它一下，就、就、叶子就合起来了。”接着就支支吾吾，最后干脆停了下来，用无助的眼光看着我，说：“张老师，我说不出了。”很遗憾，当时没有录像记录我们的表情，但她的无奈和无助，大大出乎我的意料。其他小朋友第一次上大规模的公开课，紧张得说不出话，我还可以谅解。但她是杭州市红领巾艺术团的小演员，是经常要在容纳一千多人的人民大会堂演出的啊！

也许是我的情绪影响了孩子，接下来的几个孩子说话都变得疙疙瘩瘩。要知道“谈天说地”是没有课本的，全靠师生课堂的动态生成啊！不知不觉我已经满头大汗。虽然课后朱作仁先生给了高度评价，认为这是一个新的创造。有许多老师对这种课型还是兴味很浓，说打开了他们的思路。但沮丧还是一时挥散不去，我一遍又一遍地思考：高年级的“谈天说地”，在中年级还行得通吗？我想找何望薇谈谈，看看问题究竟出在什么地方。

我问她：“你上次‘谈天说地’课，说西瓜切四刀变成九块西瓜，说得真好。这次怎么说了两句就没话了呢？”何望薇难为情地解释说：“张老师，那是在我们自己的教室。今天你叫我到上面来，我看到的是下面那么多老师的眼睛都盯着我，还看到礼堂前面放着一排录音机。所以就说不出话来了。”我追问：“你也会怕吗？你不是经常在人民大会堂演出的吗？”何望薇睁大了天真的眼睛不假思索地说：“张老师，我是跳舞不唱歌的。我的声音很难听的，我怕把那么难听的声音录下来，所以就说不下去了。”

嗨！又是我的错！她在座位上说话，处在熟悉的伙伴当中，看到的是老师亲切的笑脸，随时可以安全地坐下。你只考虑孩子走到台前，老师们可以听得清楚，却偏偏忘了孩子们第一次上大型公开课时脆弱的心理。她看不到熟悉的老师的笑脸，又离开了自己熟悉的伙伴，面对一双双审视的眼睛，感到了不安全。而心里一紧张思维就会短路，语言就会堵塞。这堂课的遗憾，不是课题、课型本身的问题，而是我没有从学生的学习心理出发来研究、设计教学过程。备好了自己的课，却没有备好学生的课。

必须从学生的角度研究，要获得过硬的语言能力，得让他们实践，在坚持口语训练的实践中成长。“败也小何”，我想让她自己坚持，做到“成也小何”。

从那时开始，在坚持“谈天说地”课实践的同时，还从中年级孩子求新、好奇的特点出发，开发“口语训练卡”项目。要求他们每天回家和爸爸妈妈聊一会儿天，讲半分钟可以，讲一二分钟也可以。以后就让孩子们自己选择主题，爱说什么就说什么。每半个月发一张卡片记录说话主题，每天只需要记一个题目，如“中午张老师带我们逛菜场”。爸爸妈妈听后在旁边签一个名。为了鼓励孩子们积极参与，我还制定了口语训练积分制度，规定是这样的：一个星期讲 5 天，做到了就是 5 分，其余的依次类推，4 天 4 分，3 天 3 分……孩子们的热情很高。而后，让学生每月交一盘口语训练的录音带，可以是讲新闻，说身边发生的事情。为了提高孩子口语训练卡的质量，避免家长出差的不便，我建议她和有条件的同伴请录音机做帮手，先录音，后放给家长或同伴听。录音机一进入训练，就自然而然加大了说话训练的力度。为了求得一个好的录音效果，孩子们将原本的一次叙说，变成满意才结束的高质量训练。我又不定期选择孩子们的录音带播放，让全班分享成果。实践是老师，实践不会欺骗真心付出的孩子。

一年以后，何望薇作为中国少年儿童艺术团的一名成员，赴南斯拉夫访问演出。回来后，要求她在晨间谈话时间，在学校大礼堂进行15分钟的汇报，说说她出国演出的故事和感受。她居然真的做到了——仅仅看着5条提纲，就十分流畅地在全校集会上讲了15分钟。这就是坚持进行口语训练的结果！

语文素养的提高是一个漫长的过程，想一口吃个胖子是不可能的。一个月、半年的实验就指望学生发生翻天覆地的变化，是不是太浮躁，太功利？成功存在于再坚持一下的努力中。时间不会欺骗老实人。理念是正确的，思路是科学的，坚持实践，许许多多次的语言行为就会慢慢变成习惯，而许多相关的习惯将自然而然地促进能力的提高，并促成语文素养的养成。我庆幸在实践后的反思与坚持中的实践。

‖路在孩子的脚下

那是20世纪一个盛夏酷暑，在杭州团市委的会议室里，十几位市委和团市委的领导聚精会神地倾听着一个小男孩的汇报。

他才11岁，手头没有讲稿，却那样侃侃而谈。他倾吐着在中南海聆听邓颖超奶奶讲话时的激动心情，简洁地叙述着全国首届少代会的精神，讲述着回杭州后，争做创造型小主人的打算……听完汇报，两鬓染霜的爷爷，英气焕发的叔叔，都欣喜地称赞：小家伙真行！像个创造型的小主人！

他是谁？他就是全国少代会浙江省代表团的副团长、杭州市天长小学少先队大队长周自明。别看他人小，在天长小学绝对是个大名鼎鼎的人物。有人会称他是“故事大王”，因为最近两年他连续获得省、市“故事大王”的美称，他满肚子都是叫人听了捧腹大笑的故事，同学们爱听，老红军也爱听；有人会叫他小作家、“大编辑”，他的习作在《小学生作文》、《花朵》和《向阳花》等六七家刊物发表，并获得全国和省、市十几次比赛的一、二、三等奖，他主编的小伙伴的习作选《希望的花蕾》得到省内外不少大编辑的好评；还有人会说他是书迷，这不仅因为他常常往书店、图书馆跑，还因为他曾获得过团中央颁发的“红领巾读书读报活动”的奖章……

其实，周自明没有特别优越的家庭环境，他爸爸妈妈都是普通的医生，并没有多少文学的细胞遗传给他。只是他的家长重视孩子的教育，懂得孩子学步总免不了碰碰磕磕，出点麻烦，但不管怎么还是支持孩子大胆地迈开步走路。

小时候，妈妈总让他在《诚实的孩子》、《白雪公主》这些甜蜜的故事中进入梦乡。上学了，妈妈常常关切地询问孩子的学习，有时也手把手教他写字。爸爸则会买些连环画给他看，周末和节假日带他去新华书店和图书馆。中队要开元旦联欢会，他们会让儿子带着新买的一盒糖给伙伴们尝。同学们的习作来不及打印，爸爸妈妈就到处联系争取打印。三年级孩子第一次跟老师同学去孤山玩雪，新买的漂亮毛大衣全湿了，快绞得出水，套鞋里也满是雪水。爸爸让他换下衣服和鞋子，还是饶有兴趣地听孩子讲述打雪仗的欢乐。家长知道，让孩子认识自然、认识生活，和伙伴们玩乐，非大胆不可。衣服湿了，干了一样穿，而错过了这场大雪，孩子可能要等上一年。

爸爸妈妈关心他，但不包办不限制，鼓励和支持他大胆迈步。三年级，他第一次发表习作《我的橡皮泥》，就是在玩泥巴中萌发的创作冲动。20分钟，他就和伙伴自编自演了小相声。诙谐的语言，滑稽的动作，逗得孩子们放声大笑，在欢笑中明白“文明礼貌十个字”的威力。有一次上城区举行“故事大王”比赛，可得知这个消息时离比赛就只有半天的时间了，周自明定定心，选了个《混蛋大老爷》的故事，一次又一次地讲给爷爷和弟弟听，演给镜子看。终于，平时爸爸妈妈让他养成的信心和勇气帮助了他。他又一次夺魁了。1984年浙江省广播电台和电视台举办“振兴中华诗歌朗诵比赛”，他和几个伙伴自己掏钱排队报名，和伯伯、阿姨、哥哥们竞争。那时候，他在《中国少年报》上找到《当国旗升起的时候》的散文诗，在家对着镜子念，让弟弟做评判提意见。我忙着准备在杭州市的研究会上公开课，顾不上他。在学校他抽早自修、放学后，找学校诗人杨明明老师进行校音辅导。他想请老师引见著名播音员张辽当老师，可不巧，第一次张伯伯在开会，但他不死心。一天，当他听说张伯伯在学校吃饭，乐得连家也不回了，在我那儿吃了一顿，就躲在操场角落，单独朗诵给张伯伯听，全神贯注地听取批评指导。凭着毅力和实力，他从预赛、复赛中冒了出来。在决赛登台前，他突然发现台前坐着的一位考官很面熟。“啊！不，不能和他打招呼，我要靠真本领去比，不能靠印象去占便宜。”直到比赛结束，张伯伯叫住了他，他才热情地招呼。最后他得奖了。这可是他自己攀登摘来的果子呀！1986年寒假，他报名参加省电视台和杭州市青少年活动中心联合举办《我的妈妈》演讲比赛时，进入决赛录像，又夺得比赛的冠军。

当荣誉蜂拥沓至时，父母并不因此而娇惯他。一次他生病后刚恢复，父母就冒着酷暑送他去电影制片厂继续为主角当配音。弟弟脚扭伤了，他每天背比他小一岁的弟弟上学。4层楼那75级台阶，每天都能听到周自明背负重荷的脚步声，锃亮的天蓝镜子般的油墙都能瞧见他涨红的脸上滚落的汗水。爷爷心疼孙子，几次提出由自己送。他总是笑笑：“我们学校还有同学帮忙，没事。”爸爸克制自己的感情，支持孩子背下去，他懂得，孩子是累了点，可磨掉了娇气，值得。

周自明的这些成绩虽不显赫，但也来之不易。然而周自明却并不看重它。如果你要向他要那些奖状、刊登的杂志，他常常会搔搔头，不好意思地说：“我都不知道放到哪儿去了。”他觉得那是老师、同学帮助的。在中南海和中央首长、少代会代表的合影，他掏出六块零用钱多买一张送给学校。在海滨玩耍，他在海滩上捡贝壳，在店里买工艺品，给全班同学每人一份。元旦到了，他用自己的稿费买一份纪念品送给老师……

周自明只是个孩子，只是一颗刚破土的小苗，今后的道路还很长。但他的父母和我懂得：孩子们之间先天的智力差异其实很小很小。孩子成人、成才不能靠我们哄着抱着，路是要靠自己走出来。只要坚持，有志气的孩子终会攀上成才之峰。

周自明的成长证明家庭教育在孩子的成长过程中的重要作用。教育孩子不仅是学校的责任，家庭对孩子的影响其实更深刻。孩子的价值观念、行为习惯、个性性格等等，都受着家长言传身教的熏陶。现在独生子女的家庭教育滋生的溺爱文化，孩子“骄娇”二气严重，意志力差、团队精神差、自理自立能力弱已成为许多小孩的通病。有一部分家长在独生子女面前已经丧失了理性，不是把孩子当作有独立人格和个性的生命，而是把他当作捏在身边把玩的宠物，囚禁的金丝雀。什么都愿意代替孩子经受：代孩子缴费，背书包；代孩子大扫除，劳动；代孩子做风筝，作检讨……生怕孩子委屈、吃亏、吃苦。可知道否，不经风雨哪来的彩虹？不经历曲折、挫折哪来的坚强意志和生存能力？今天代替，明天我们老了，不在了，孩子怎么面对陌生的社会，怎么适应坎坷的人生？

如果说孩子的成长像一辆路上的汽车，那么汽车的速度和安全不仅受汽车本身质量的影响，也受到道路状况、驾车素质、保养水平等的制约。只有各种因素配合默契，才能使它发挥最佳的性能。当然，无论哪种因素都无法替代汽车自己奔驰。人生之路，还是得靠孩子自己一步一步地走，老师无法替代，家长也无法替代。

四、学会与人相处

17世纪的英国诗人约翰·多恩在《钟为谁鸣》的诗中说：“谁也不能像一座孤岛，在大海里独踞。每个人都似一块小小的泥土，连接成整个陆地。如果有一块泥土被海水冲去，欧洲就会缺其一隅，这如同一座山峡，也如同你的朋友和你自己。”这首诗告诉我们，谁也不可能离群索居，都要与人相处。在与人相处中，要想受到欢迎，就应真诚地关心别人、重视别人、发现别人，并且善于与人合作。

‖ 首先要发现别人

教育的使命之一就是让学生认识人类的多样性。人是一切社会关系的总和，人与人之间都是相互依存的。发现别人，也就是发现自己。

《钱江晚报》刚创办的那几年，我们中队组织了一次卖报活动。做什么？让孩子走向社会，学习生活，学会理解他人，欣赏他人，做创造型的小主人。

那天出了校门，由于是第一次，班里的许多孩子你推我，我推你，都不敢第一个大声叫卖。中队长汪佳非，只好第一个用事先借来的电喇叭怯生生地喊："卖报喽，卖报喽，《钱江晚报》一毛钱一张！今天的《钱江晚报》！"当时路边水果店的一位阿姨听到后，感到新鲜，就买了一张。

当孩子们走到西湖湖滨六公园的时候，一位过路的叔叔好奇地问："你们是哪所小学的，是在勤工俭学吧？"孩子们自豪地说："我们是天长小学的。我们不是搞勤工俭学。这是我们的中队活动！从到报社联系报纸，到现在分小队卖报，都是我们自己组织的。""我们开展这次活动是锻炼我们独立办事的能力！""老师说是为了锻炼自己的胆量，为大家服务。"那位叔叔笑着点点头，表扬孩子们搞得不错，买了一份报走了。

孩子们深受鼓舞，就纷纷吆喝卖报去了。我是老师，孩子们吆喝开了，我也得干呀！我也扬着手中的报纸，扯着嗓子喊开了。无巧不成书，碰到了岳母家的老邻居。我很坦然地告诉她在带孩子搞卖报活动。我想我举在空中卖报的手，可能别人会不理解，但老师的行为举止肯定会对学生产生作用。

在卖报过程中，我特别留意观察孩子们的表现。我发现平时学习认真挺露脸的小干部、乖孩子们，在卖报时却变得太腼腆。他们把报纸卷在手上，推推搡搡，畏缩不前，谁也不主动出声叫卖。而平时那些老师们嫌淘气捣蛋的，经常挨批评、成绩落在后面的孩子，却让人眼睛一亮。他们大胆、主动卖报的本领，与他人接触打交道的本领，表现得特别突出。俞列就是其中的一位，因为我看到他乐颠颠地走过来，空着手，嘿！报纸已经卖完了。我问："怎么，卖完了？"他骄傲地说："老早的事！""怎么卖的？把经验说来听听！"。俞列摸摸脑袋，不好意思地说："什么经验？出校门后，我就在学校大操场围墙路旁边的服装市场稍微兜了一下，就把手里的报纸全卖完了。""你真能干，你瞧她们——"我手指着聚在一起不敢出声卖报的几个干部表扬他。没想到，俞列见到报纸没有卖出几张，向着平时对他特“傲气”的她们跑上去，非常积极热情地说：“你们这样卖报不行，跟我来！我帮你们卖！”他一把抢过她们手中的报纸，拉着她们向学校外面跑去，一边跑一边大声喊起来。

判断一个学生是否优秀，只以课堂纪律、课堂学习成绩为重要的划分标准，对吗？国家是需要培养科学家，可小学生需要都成为或能都成为科学家、工程师吗？像俞列这样的孩子，只关在课堂，只在学习成绩的圈子里去比试，他们能胜出吗？小干部们可能在黑板上记过他的名字，在办公室老师处告过他的状，甚至处罚过他。但孩子非但没有记仇，没有乘机取笑，反而为了集体，在她们有困难的时候主动站出来去帮助她们。“调皮”孩子身上隐藏的这种真诚、助人为乐和不计前嫌的品质，多么美好，多么闪光！不是这些孩子读不好书，长大只配去卖报，而是老师要慧眼识“英雄”，让每个孩子找到自己的位置，发现自己和伙伴身上的闪光点并欣赏它，发展它，从而挺直自信的脊梁！说真的，20世纪80年代以来，我很在乎让所有的学生抬起头做人！

这次卖报活动中，我也在反思自己的教育评价观念：应该重塑教育评价标准，着眼于“人本”的思想，从学生的学习增长能力、认知发展素质、人性道德水平等方面建立全方位的评价体系。毕竟，学生走出校门之后，所要经历得更多的不是文化的考试，而是“做人”的考问。

报纸卖完了，我趁热打铁让孩子们写写体会。收上来一看，我发现孩子们很有个性，从不同的角度写出了感悟体验。有的写钱来之不易，卖一份报只能赚一分五厘钱，爸爸妈妈攒钱不容易，以后可不能乱花钱；有的感到外面的世界真精彩，要到学校外面去学习，哪怕是卖报也是有意思的；有的觉得看同学应该用不同的眼光，有的学习不太好，但卖报却很能干，自己卖完后还主动帮助别人……我结合俞列的事例，好好表扬了平时成绩一般，但在卖报活动中有突出表现的“淘气”学生。这既是对他们实事求是的肯定表扬，又鼓起了他们前进的风帆，期待他们在生活、劳动和学习上有新的闪光。

当然，也有人不理解，觉得特级教师带孩子上街卖报有点“那个”；孩子大街上兜半天，只赚几毛钱，还不够买一支雪糕；甚至有的认为让孩子这么小就懂得赚钱，价值观引导有问题……虽然连孩子们都知道这根本不是为了赚钱，也完全赚不了钱——卖一份报纸只能赚一分五厘，但我仍觉得活动是个很好的平台，孩子们通过活动接触社会，学习劳动，为人民服务。同时有利于让孩子们认识自己的不足，发现他人的长处，学会以开放的眼光看待别人，从而提高协调人与人之间、群体之间关系的能力。

‖ 学会与人合作

从认识自己、发现他人开始，人就打开了与他人的联系。我们的教育还要让学生学会与他人合作。为实现这一目标，今天的语文教学应当，并且可以潜移默化地影响到孩子的内心深处，并使合作意识成为他们固化的品质。这一思考来自于我教育教学工作的直觉。

20世纪 70 年代末，我凭实际教学中的直觉初步感受到培养学生合作意识的重要性。建设需要的是千百万人的共同努力，一个人的力量毕竟是有限的。如果各自为战，缺乏共同的目标，缺乏合作的精神，那么各种力量将会相互抵消，最终一无所获。而这种精神和意识的培养，需要从小抓起。

那年我接手了一个班，班级里开展“百题无差错，五课听写无差错”的竞赛活动。蒋忠军，每次听写都名列前茅，在受到多次表扬之后，他的个人好胜意识渐渐增强。

一天放学后，蒋忠军在打扫卫生，见我在批试卷，马上就凑过来。当他得知自己考了 96.5 分时，高兴地笑出了声。可是在翻阅了其他已经批改的试卷后，他却高兴不起来了。原来他发现自己只排在第三名。于是，他就紧张地看着我批卷子。当他看见同学分数比他低时，他就连声说“还好，还好……”，当他看见有同学分数比他高时，他就轻声嘀咕着：“哎呀，第四名了”，“哎呀，第五名了”。当有个孩子拿到 98 分时，他吐吐舌头，非常懊丧，可是经过复查，我发现还应该扣去 2 分时，他又高兴得一蹦一跳，拍起手来。

他的举动引起了我的深思：看到同学取得了好成绩，本应高兴才是，可是他却怕别人比他强，满心期望别人的卷子多扣些分。这体现了一种什么样的心态呢？

于是我停下笔，对蒋忠军说："竞赛是为了激励大家，而不是为了保持现状。张老师希望看见的是全班同学的进步，而不只是你一个人的优秀。"我又告诉他，攀登珠穆朗玛峰的队员为了保证登顶的成功，在离顶峰还有几百米之处时，会把氧气瓶递给可能成功的战友，而自己留下来看守营房。虽然登顶胜利的人所获得的荣誉将远远超越留在大本营的队员，可是这些队员还是无私地把机会留给了别人。我还告诉他，在中国国家乒乓球队有许多优秀的队员放弃自己的比赛前途，心甘情愿地充当陪练，只是为了保证国家的荣誉。听了这些，蒋忠军不好意思地沉默了。

事实上，像蒋忠军同学这样的心态，许多同学都存在的，即使成人，也不能说没有这种心态。这似乎已经成为一种世俗风气，制约着社会的前进。

但班里另外两名学生——马振宇和吴昕给了我希望。马振宇的动手能力强，总爱这儿捣鼓捣鼓，那儿拆卸拆卸，他们是天长小学科技小制作组的合作伙伴。为了代表天长小学在小制作的竞赛中获得优胜，在指导老师章鼎儿的指导下，合作得很愉快。互相谦让，互相欣赏，谁都不把成绩看成是自己的功劳。一次次地推翻设计和制作，一次次修改自己智慧的结晶。最终，他们的作品捧得了全国竞赛的银奖。如果当时他们没有这样的合作，恐怕就不会有这样的成功。对于这两个孩子而言，获奖或许只是他们小学阶段闪光的一笔，也许今天这些成年人早已将童年的故事淡忘。然而学会欣赏他人、学会合作却是他们终身受用的财富。从他们身上，我得到了启示：对学生从小进行合作意识的培养是非常有必要的，也是可行的。

1996年，联合国教科文组织出版了一本书，叫做《教育——财富蕴藏其中》。在这个报告中，它就提出了教育的四大支柱：学会认知、学会做事、学会共同生活、学会生存。这里，它把"学会共同生活"纳入教育的目标，要求本着尊重多元性、相互了解和平等价值观的精神，在开展共同项目和学习管理冲突的过程中，增进对他人的了解和对相互依存问题的认识。这与我当初的教学直觉在精神上是相吻合的。

新世纪，我们语文课程改革到底该怎么办？2004年3月在浙江省“小学语文口语交际教学研讨会”上，省教坛新秀、平湖百花小学校长张滔元老师上的口语交际课《一场（　）的比赛》，就给我们做了一个生动的范例。张老师组织孩子们搭积木比赛，积木搭好了，三个队的学生都异常兴奋，谁都不愿意承认别人组最佳。在激烈的竞争氛围中，由于紧张，第一组的积木倒塌了，见到这种场景，第二组的观众立刻鼓起掌来。第一组的队员火了，一伸手就把第二组搭的积木也推倒了。此时，又有学生在鼓掌、呐喊。

张老师示意停止：“我插问一句行不行？你们刚才那掌声是什么意思呀？”一个女生起立诚实地回答：“幸灾乐祸！”老师听了，点头微笑。同组的学生接着补充：“觉得他们输了，很开心！”其他组的学生插嘴说：“我觉得他们这次突然倒塌是没有吸取红队的教训，没有摆得更好！”这时，张老师问第一组那个伸手推别组积木的学生：“你刚才这样做是为什么呀？”学生不好意思地说：“我们的积木塌了，他们还鼓掌，太坏了，我才不让你们赢呢！我一火就做了。”张老师适时点拨：“求胜心切，有时也会功败垂成！好，大家对刚才那掌声自己提个意见！”一位学生真诚地表示：“刚才我们都对对方积木的倒塌鼓掌，幸灾乐祸，这错互相抵消。但这个想法本身就是不对的，因为看着别人组的积木塌了就幸灾乐祸，即使胜利了，好像也变得很不高尚了！”孩子的话音刚落，其他学生鼓起掌来。

显然，比赛中第一组组员对第二组组员幸灾乐祸的行为非常不满，才产生了一拍两散的念头。张滔元老师和学生适时进行真诚的对话，使孩子们认识了自己，理解了对方。由此，这段课堂教学中生成的小插曲成了课堂中最生动的部分之一。

教育孩子要合作不要妒忌，并且使同学间事实上的相互依赖变成有意识的团结互助，应该成为我们教育者的重要任务之一。要教育孩子不断认识自己、认识他人、认识世界。了解他人是我们了解世界的首要步骤。在了解他人的同时，才有可能意识到自己的独特性，才能更深刻地认识自己，发现自己的缺陷和不足。一个人只有能够发现自己的不足，才会进步，才会创造，才能和更多的人友好、真诚地合作，更健康地成长。

我相信合作意识和能力是一个人生存的关键素养。这种意识能力的养成，不是靠教师的说教，而是靠实践，靠我们教育教学方式的改变。

第四章

为孩子搭好成长的阶梯

一、重要的是学会拉一把

‖ 抓好两个“40”

语文教学改革的落脚点主要是在课堂。课堂没有变化，其他的再喊得震天响，常常也只是一阵子的事情。只有根植于课堂，采取可以具体操作、用起来方便的办法，这样的改革才会有生命力。

要提高学生学习质量，重点要抓好课堂教学的两个“40”，为孩子搭好成长的阶梯，并且能够针对差异，弹性发力，适时适量地拉上一把。第一个“40”指课堂教学的40分钟，第二个“40”指的是全班每一个孩子。

要抓好这两个“40”，首先要让课堂上的每分钟都产生效益，不让时间在高谈阔论和无所事事中流失。

有一回听六年级的《詹天佑》。老师请学生自由地朗读课文，争取把课文读通读懂。《詹天佑》课文比较长，没有六七分钟时间，独立学习的效果不会好。可是才过了两分钟，已经有孩子停止了读书，5分钟后，有不少学生在东张西望，有的忍不住举手：“老师，我读完了。”老师应答：

★在杭州市天长小学听课

"读完的同学请坐好。"听到老师这样的应对，我在下面着急："让学生坐好干什么？咱们是语文课不是形体课，不用训练坐姿！"宝贵的时间就这样过去了，真是憋得慌。

第一，学生自由读书不要以遍数为标准。孩子们客观差异明显，读书的态度、速度和习惯都不相同，怎么可能在相同的时间内完成一样的学习任务？水平不一，又不注意采取相应的措施，必定造成时间的浪费。每人浪费两分钟，该是多少时间？一次读书这样，一天呢？一个月呢？6 年呢？这样不和"谋财害命"差不多？长此以往，不但浪费时间，还容易让学生形成不良的学习习惯。读书，是不是常常可以这样说："读 5 分钟，老师没打停，你只管读。哪儿特别喜欢就多读读，读出你的喜欢来；哪儿特别难读顺，也多读读，把它读对读懂。"课堂作业，能不能对孩子们说："假如你是站在青龙桥车站詹天佑的塑像前的中外旅客，当你知道詹天佑修建京张铁路的故事后，会怎么想、怎么说？请以《站在青龙桥塑像前》为题写一个片断。"学生的习作差异更明显，假如鼓励先写好的同学起来朗读自己的作文，作交流准备；鼓励他和伙伴分享成果，去当小老师，尽可能把水平差异造成的时间差别，变成各自不同的发展空间。这样说差异是资源，才有实际的教育教学意义。

第二，抓好这两个"40"，关键是动员全班学生人人动脑、动口、动手，把每一分钟的 1∶1，变为 1∶40，变单相教学活动为多相教学活动。只有全体学生有学习的兴趣，足够的思维和作业的时间，学生才真正有可能成为教学活动的主体。这时不论你是想加快教学节奏，合理增加密度，还是让学生"独自在树下想一想"，准备跳一跳摘桃子，都有了基础，都有了出效果的可能。不让全体学生去思维训练，没有足够的时间留给学生，主观上想增加密度，客观上只会是少数尖子热热闹闹，大多数学生像外行看戏莫明其妙，没有兴趣，自然提高不了效率。

20世纪70年代我上过很多公开课。那时候教育思想不端正，上课考虑更多的是怎么教，课堂才不会有麻烦，教学才顺畅。我要展现才华水准，课堂教学要好听、完美，最好下课铃响，我正好把课上完。至于学生学得怎么样，可以暂时压一压。我会设计课堂的每一个提问，每一处教师的语言应答和渲染，甚至我会将期望的学生答案写在一边，作为筐等待学生。为了追求课堂教学的完美，我曾把《江姐》这样的长课文，一节课就上完。上这样的课，很好看。因为我开的是"北京到杭州"一站式的特快车。课堂教学设计是我一线相连，一手把持，学生从本质上讲根本没有主动权。我曾经私下和朋友们说，如果一个学期的语文课都这样上，我们班的语文会考得一塌糊涂！

试想，假如真的《江姐》一节课就能让所有的孩子理解学会，那么教学计划还有两个课时，怎么安排？假如课堂真的像设计的那样分秒不差。一点疙瘩、问题都没有，所有的问题，全体学生（可惜得很，我那时的公开课只对少数尖子生发生兴趣）都对答如流，这样的课堂教学还有什么意义？如果，所有的语文课孩子们都只需要带嘴巴、耳朵——进行耳读说话，那么不要说书面的表达能力、概括能力，就说最起码的生字词怎么掌握？倘若学生真的积极学习、动了起来，他们的问题、他们的个性化理解，你敢接招，实现课堂动态生成？……尽管表面看，我并没有给学生排练后再上课，孩子们是真实地在进行新的学习。但是，扪心自问，从本质上说，难道这不也是一种虚假的教学？

正是我来自那个世界，我才更真切地知道，要40分钟有效，就得研究学生的学习过程，让不同程度的孩子都动起来，给学生铺设合理的学习台阶，扩大受益面，力争求得最佳教学效果。学生没有真正的学习权利，没有充分的学习时空，要进行真正有意义的语文教育教学是困难的。

语文课必须加强读，要守住语文教学这道最靓丽的风景线。读，是语文教学最古老、最基本也是最现代的教学方法。养成孩子们读的好习惯，切实提高读的水平是语文教学主要的教学目标之一。当课堂书声琅琅，学生读得入情入味、如醉如痴时，课堂教学效率还会低吗？要提高语文课堂40分钟的效率，还一定要坚决落实写。写是单位时间里训练面最大，训练结果最清晰的。学生会想不一定会读、会说，说得好不一定会写得好。低年级学生的写字能力，主要不是老师分析字形、孩子看老师示范评价得来的，而是依赖学生自己认认真真的写字；高年级语言能力的提高主要不是听来的，还得靠学生听说读写的练习。一般说，一节课学生画画记记、抄抄写写的时间最好在十分钟以上。不知朋友们意下如何？

‖弹性作业与差异发展

要抓好这两个“40”，就不能让时间从每一个学生的指缝中滑过去，教学不能只是对一部分孩子有效，而让另一部分孩子低效或者无效陪读，要尽一切办法让全班的孩子都能达到有差异的提高。

我们不难发现，几乎绝大部分的课堂都能看到有孩子注意力不集中。我想往往是这些原因造成的：第一是身体原因。没吃饭、感冒发烧、拉肚子等等，身体状况不佳，缺乏支撑学习的物质条件。第二是没有养成良好的学习习惯，孩子还做不到克制自己，抵制各种干扰。第三是由于某种原因他已经懂了，没兴趣再听；或者他根本听不懂，只好放弃不听。以往语文教学不区分差异，喜欢一刀切。结果优生吃不饱，原地踏步；中下等学生、后进生则无法完成学习任务。这些不同程度学生的成长都需要我们老师及时地拉上一把。

因此应该根据学生的最近发展区建立多层次的弹性作业。这种弹性作业的结构具有以下特点：

一是弹性作业应该以课程标准作为出发点，依据课后作业设计，而又不受课本的局限。它是以每个学生发展为目标，发展学生智能，落实学生的基础为核心，重新编设弹性的多层次的作业结构。它的生命力在于因材施教。所谓弹性就是指各个层次的作业既有难度上的区别，又有内容上的联系；各层次学生既有各自的基本作业，又有选择范围相当大的作业；各个层次学生的作业组既有相对的稳定性又有很大的机动性，允许学生根据各自的能力与兴趣进行跳组浮动作业。例如，《我的战友邱少云》课后第六题要求“仔细观察插图上邱少云被烈火烧身的情景，参照课文有关内容，通过想像，用第三人称说一段话。”根据这一作业，我设计变通为三个作业：（1）用“口语训练记录卡”登记讲述内容；（2）用第三人称，看图想像写片断“烈火中的邱少云”；（3）发挥想像，用第三人称改写全文。这些作业，由学生自行选做一题，使之具有弹性。

二是多层次的弹性作业结构要发挥效应，应当进行多渠道的刺激，激发学生的情趣，让学生能够能动地进行作业。在我主编的《现代小学语文》第10册《平分生命》中，我们就设计了这样一道弹性题:

我想尝试 （任选一题）

1. 你能把这个感动人的故事用两三句话说给爸爸妈妈或弟弟妹妹听吗?

2. 学了课文，你一定被感动了，那么，你能试着写一首小诗或一段话，表达你的感动吗?

3. 生命是可贵的，更是美好的，每个人的生命之花因为有了别人的关爱而更加灿烂。你能收集这方面的诗歌或歌曲，与你的同学分享吗?

学生根据自己的兴趣和水平，可以说，也可以写，还可以收集摘抄歌词。

三是要抓好两个“40”，我们需要采用迅速、多向的反馈。学生的作业是教师教的信息反馈，可以让我们诊断教学情况。

1. 提高反馈的时效

小学语文教学效果常常低于数学教学，高年级的教学成效又时常低于中低年级的教学。一个重要的原因就是高年级作业反馈较慢。我们是不是可以限定听写、默写作业在8小时之内反馈；阅读作业包括读写结合的片断练习在24小时之内反馈；作文和单元练习最迟在一周内进行讲评。

2. 强化反馈刺激

给学生的反馈不仅要及时，还应该强化。高年级归纳主要内容，回答问题等综合性的作业多。这些作业的订正修改费时费力，学生常常不愿去做，怎么办？(1)改变作业本使用方法。作业本上空出五分之二的位置留作订正修改。(2) 改变作业修改顺序。将老师批后才修改，改为教学后，根据新认识先行修改后再交上来批改。变以往的一次订正，为两次反馈、两次订正。(3) 增加作业面批指导次数。学生的习作，每次掌握15%的面批量，阅读作业力争15%~20%的面批。这样的面批指导，师生关系融洽。如何订正修改，学生心中有数，反馈信息畅通无阻。(4) 保证修改订正时间，每次作业前提醒学生先行修改，然后作业。10天左右，安排一段时间让学生查阅作业，补改遗漏处。

为了张扬学生习作的个性，除了习作的水平分，我会给《我借时间给妈妈》的习作，打上“最佳创意奖”；会给《我和爸爸争电脑》标上“最佳情节奖”；给《为爸爸妈妈付出一点》、《最盼望的敲门声》和《给奶奶捶背》的学生颁发“孝顺女儿奖”；给《空气娃娃想去旅行》的作者“想像丰富奖”；给《淘气的空气小精灵》习作挂上“语言最生动奖”。让反馈信息在学生成长过程中发挥更好的作用。

3. 变通反馈渠道

教师时间、精力的局限，常常使学生听、说、读、写的不少学习过程变成收不到反馈的不完全学习过程。只有输出，接收不到反馈的学习效果必定下降。我们是否可以变单一的反馈为多渠道反馈。除了教师的反馈外，还有自我反馈、相互反馈、家长反馈和社会反馈。如学生的书信、编报等创作性的作业由

★带文学社的孩子们参加作文大赛

收信单位评价反馈。

4. 注意反馈心理

评价反馈应当成为学生继续学习的新动力，不应该成为抑制学生学习的障碍。我们应该真心欣赏学生，真诚宽容学生，真正帮助学生。教师反馈的良好心态，会让反馈变得积极有效。学生读书和回答不正确，注意创设机会给学生获得第二次成功的机会。

要真正帮助有差异的学生，老师的发力应当是有弹性的。用一样的力，可能一只瓶子被您捏碎，另一只瓶子可能从您手中滑落。

‖ 刻录智慧的闪电

应试教育是不重视学生的听说的，凡是在试卷上无法反映的都会淡化甚至成为教学的盲点。但我们要抓住小学特别是中低年级孩子语言发展的黄金时期，认真地进行听说练习。但是我们还要清醒地认识到：会说不等于会读，会读不等于会写。但是会写一般就会读，至少会通过阅读感悟、体验；一般也比较会说，至少可以笔谈。

记得那堂语文课，学生很兴奋，听课的上海师范大学的老师也异常兴奋。因为质疑问难已经在许多孩子身上变成了习惯，全班抢答和举手答两种课堂参与发言的形式，学生都已经习以为常。他们对于有人听课早已司空见惯了，不但不会感到拘谨和怯场，相反，他们的参与和表现欲望会因为听课教师的存在而高涨。

这不，一上课问题一个接一个，提得有滋有味。整堂课，孩子们始终在积极地参与着。对于一些问题，孩子们往往会各抒己见，畅所欲言。碰到一些观点有分歧、意见不统一的情况，孩子们还会摆出辩论的架势。这样的参与热情和氛围，是我一直所追求的。尤其是张华，整堂课上，表现得非同一般，他精彩的发言、独到的见解，博得了伙伴们的掌声，我也好几次将表扬毫不吝啬地送给了他。

放学的时候，我还不忘将学生们大大表扬了一番，特别是张华，我还希望大家向他学习，做个积极动脑、大胆发言的孩子。那天的家庭作业，我只布置了一个题目，而且，这个题目就是早上上课时讨论过的，对于这个题目，大多数同学都有着精彩的回答，特别是张华。将这个题目布置为家庭作业，我是想让孩子们用书面的形式进行再次梳理。

第二天，当课代表将家庭作业本交到我办公室时，我便迫不及待地批改了起来，因为我想通过孩子的作业，再次感受昨天课堂中的快乐。但是，我失望了——我发现，大多数孩子所写的，远没有课堂中表述的精彩，特别是张华，课堂中的表述多棒啊，可是，本子上写的居然和昨天发言说的风马牛不相及，竟然写错了。昨天的张华和今天的张华，已判若两人！这是怎么回事？我百思不得其解。找来张华，询问其中的原因。天真的孩子揭开了谜底。张华红着脸，支支吾吾地说："张老师，课堂中……课堂中我所说的……下课操场上一跑就忘了。回家做作业时，我……想不起来了……"

嗨！我怎么没有想到？问题的症结所在，已经很清晰。出现那种情况，责任不在学生，而在我！

在那堂公开课上，孩子们智慧的火花是多么灿烂！这些智慧的火花的生成是离不开当时特定的语言环境——课堂氛围的，是离不开孩子们之间的讨论和相互启迪的。这些火花就是孩子们智慧碰撞一刹那间的顿悟和激情喷涌，这些火花就如闪电，虽然眩目，但即闪即灭，稍纵即逝，并不长久。假如当时我安排时间让学生用最简洁的词语把句子的要点记录下来；假如在学生思想火花璀璨的时刻，就舍得花时间让学生吸收伙伴的思维成果进行全班的写话练习，既记录了智慧，又训练了语言，不是一举两得吗？涌动生命活力的课堂是不可复制的。因此，教师要在课堂上为学生提供及时记录智慧闪电的机会。要知道，学生的思维和语言发展是需要记录的。把特定语言环境和伙伴学习氛围下产生的不确定的智慧碰撞的火花就当作是学生巩固的学习成果，这肯定是自欺欺人，最终会害了孩子们。

单纯为了课堂学习气氛的热烈，追求课堂中所谓的一气呵成，而剥夺了学生在课堂上静静思考、默默动笔的机会。是不可取的，结果还可能是可悲的。

因此，我经常提醒自己：要强化读，规范说，落实写，鼓励问。

要让学生养成不动笔墨不读书的习惯。一方面要精心、科学地设计教学的流程，安排教学环节，让学生尽可能多地拥有展现智慧闪电的机会。另一方面，更要精心地、巧妙地设计课堂书面作业，让学生凭借动笔，随时记录他们智慧的闪电。这样的课堂，才有可能做到教学真实、措施落实和训练扎实，这样的教学，才可能是真正高效的、精彩的。

反思就会不断地改进自己的教学行为。原先要求学生们在预习时能提出问题。现在，要求学会在预习时记录问题：哪个字咬不准，做个记号；哪个词不理解，打个问号；哪个句子读不明白，对哪个句子有所感悟，可以在课文的旁边进行提问或作批注等等。这样，在课堂上引导学生去解决那些因为记录而永远不会遗忘的问题。在生字教学时，总是先让学生们说说，哪些字最容易读错、写错，然后，让学生们张开嘴读读，最后拿起笔马上在书的空白处把难写的字词写写。平时如此，公开教学更是如此。如此，就为学生创设了随时、及时动笔的机会，有利于每个学生的语言发展。

为了追求教育教学活动中师生的触景生情的灵光、合作浇灌的美丽的昙花和碰撞中智慧的闪电，不是“一闪”，而尽可能变成永恒！需要从教育价值观到课堂教学操作行为的改变！

‖ 愉悦的课堂和灵动的表达

不少老师对我的“玩玩说说”课很感兴趣，看了我的录像光盘《吹鸡毛》，现场听了《斗鸡》、《捏鸡蛋》，都和学生一样高兴，也都很想去尝试着上这样的课。可是有些老师又很困惑：课堂上发现学生玩的时候很快乐，伸长脖子，昂着头到处追着吹鸡毛；涨红了脸，鼓着腮帮吹气球，满教室飞舞着彩色气球……学生玩得手舞足蹈，眉飞色舞，连下课都不亦乐乎。但是一旦到了要动笔写时，一部分学生还是抓耳挠腮，并不见得有多少长进。老师们来问我，这是怎么回事？您的课上怎么没有这样的事？

我想原因是多种多样的，但是其中有一个原因就是我们忘记研究学习对象的客观实际，忘记研究学习对象心智发展的水平。“玩玩说说”课为什么学生们喜欢？一是喜闻乐见的游戏和表演成了驱除学生写话恐惧的良药，因为让低年级学生在写话的课堂上玩玩儿吹泡泡儿的游戏，恐怕连最迟钝的学生的眼睛也会放出光来。二是游戏和表演是调动儿童所有感官进行观察感知、思维训练和言语表达的最佳形式。看同伴表演，不用教师提醒，学生就会津津有味地观察，在愉悦的无意注意的学习情景中，学生之间的思维会加速碰撞，发出异常灿烂的火花。在这种特定的言语环境中，学生的语流会变得十分清新和流畅，用儿童的语言表达儿童的生活就变得极其自然。三是这种教学模式为中低年级学生铺设了从写话到习作的过渡桥梁。把游戏和表演引入课堂符合儿童的认知特点，它比看图写话提高了训练的难度和要求。它不是可以反复、慢速观看的静止的图，它是活动的连续的游戏，稍一疏忽就会遗漏观察的情景。它要求学生不仅要有顺序地观察，还要会迅速、有重点地观察。但是它又完全不同于高年级的独立习作，一般不存在独立命题、审题选材的问题，它是在教师指导下的，提供了观察内容的写话训练。

但是“玩玩说说”课不是万灵药，课堂一定要摆正游戏表演的教学位置，它们是寓教于乐的手段，它从课外引进但又区别于课外游戏。它必须为学生积极的写作情感的养成，为训练学生的观察、说话、写话服务。游戏和表演过程要根据教学要求，在需要重点观察、表达的地方及时中断游戏，做定格处理，放慢镜头，让学生边看、边说、边议。“玩玩说说”课要抓好语言训练，做到读、说、写结合。在观察和说话时，把重点放在游戏和表演的经过上，要提示学生以“我”为主，讲自己看到的、听到的、想到的。要鼓励学生说自己的话，不要老说别人说过的话。

中年级学生的注意分配能力弱，他们往往无法关注两个同时存在的事物。“玩玩说说”、“吃吃说说”，学生的关注点完全在“玩”和“吃”上。如果就是让学生们痛痛快快地玩、吃，那么学生习作时咬笔杆是免不了的。因为你已经把“玩玩说说”课的游戏等同课外的游戏了。但是如果我们在游戏前更多地强调“这是习作课”，学生玩时被生硬地、过多地打断，强调观察，又会影响到学习的乐趣，降低课堂教学的质量。

怎么办呢？既然是小学生，尤其是中年级的学生注意分配的能力比较弱，我们就要尊重这个客观事实，调节我们的教学，注意发挥教育技术在教学中的作用。

2000年，我在宁波上了两节四年级的作文课《吃西瓜》。

一是采用分割的战术，把两节课教学切成“看西瓜——说西瓜——吃西瓜——抢西瓜——写西瓜”几个板块。每一块都把“活动、观察和表达”结合起来。“看西瓜”时，我手持西瓜在教室走动，让所有学生都观察得到。看完请4人小组讨论把老师手中的西瓜说好，讨论结束请小组代表发言。

第一个学生说：“瞧，这西瓜虽然不大，但圆滚滚的，活像一个——活像一个胖娃娃。多可爱啊！在它浅绿色的瓜皮上还有一条条深绿色的条纹，再加上它头上的一根瓜藤，这就更有意思了。看着，看着，我仿佛尝到了它那甜蜜蜜的汁水，沙沙的味道，嗯，真好吃。一口咬下去，满嘴都是汁水，真甜啊！”我顺势补了一句：“满嘴汁水，满嘴是——一个字？把这种甜说出来。”学生们异口同声：“蜜！”

★学生踊跃发言

第二个学生接着说：“大家可别小看这个西瓜，这西瓜可是宁波的品牌西瓜……”我马上接着夸了一句：“‘这西瓜可是宁波的品牌西瓜’，家乡的自豪感出来了！”学生接着说：“瞧，胖墩墩的身子，穿着花衣裳，它上面还有一根绿色的小辫子，十分可爱。这种西瓜皮薄肉厚，谁都喜欢吃，越吃越爱吃。一口咬下去，满口是蜜，夏天的时候，吃上一口冰西瓜，心里别提有多舒服了。这种西瓜可不贵，一元钱一斤，谁都能买来吃，价廉物美。”

我和学生们讨论：“哪个组的代表说得更好？你们欣赏他什么？”学生们纷纷说，第二位说得好，他会吸收前一个组的成果，用人家的好句子。

在学生们说的过程中，趁势点几下。这一敲，学生们对语言的印象深了，习作时不就方便了吗？

二是用好现代教育技术手段，解决学生注意分配的困难。课堂上当我一下子变出那么多西瓜让学生们吃时，学生们个个兴奋不已。不是学生没有吃过西瓜，而是在教室里和小伙伴们一起吃西瓜还是第一次。当学生们津津有味吃西瓜的时候，学生的注意力都在西瓜上，根本不关注同学是怎样吃西瓜的。假如让学生们把西瓜吃完了以后，立即写《吃西瓜》，估计很多学生只能干巴巴地记述：“张老师请大家吃西瓜，我们捧着西瓜津津有味地吃了起来，吃啊吃啊，西瓜吃完了。”在他们吃的时候，为了营造吃的情趣细节，我刻意安排了三个教学的小动作。开始吃西瓜的时候，有不少女同学看了手中的西瓜还舍不得吃，只是慢慢地品尝。于是我发了第一个指令：“谁的西瓜吃得快，老师再奖励一块。”很多学生马上狼吞虎咽起来，恨不得一口就把手中的西瓜啃完。学生们纷纷拿着西瓜皮告诉我吃完了。面对这样的场面，我发出第二个教学指令：“现在谁的西瓜吃得最干净，张老师奖励西瓜一块。”可爱的学生拿着西瓜皮在牙齿间蹭，他们手中的西瓜皮一下子都薄薄的，露出青色。他们争先恐后将西瓜皮递到我眼前，嚷着“干净了”。两个项目的比赛，我各奖励三个同学。还有很多学生只好眼巴巴地看着讲台上的西瓜。此时，我发出第三个教学指令：“假如你实在还很想吃西瓜，你可以到前面来再拿一块。”话音刚落，学生们呼啦一下都涌到讲台前，“抢”着盘子中的西瓜。最后无论是拿到的，还是没有拿到的同学，都是面带笑容回到了座位上。

这三次教学情景，如果当时打断学生吃瓜仔细观察，会十分扫兴。但学生注意分配力不强，不可能在抢西瓜的时候去仔细观察别人，也不可能吃西瓜的时候认真观察别人是怎么吃的。因此，我请摄像把学生们有趣的吃瓜镜头记录下来。学生们吃完西瓜，我把录制的学生吃西瓜的情形在大屏幕上播放出来。此时此刻，学生们手上的西瓜是吃完了，他们的注意力必定是集中在了屏幕上。学生们全神贯注地观看画面，不时爆发出阵阵笑声。由于遵循了儿童注意分配的规律，恰当地运用了现代教育技术，学生们才能西瓜吃得痛快，吃西瓜的作文写得更是愉快。他们写出了许多有滋有味的作文，真正地做到“玩得高兴，写得快乐”。

如果我们注意让习作适应儿童生活和心理过程，让我们的习作生活化、儿童化，使每一个学生喜欢习作内容。再巧妙地预设或动态生成课堂教学，恰当地设置学习阶梯，准确地利用现代媒体技术，帮助学生解决难题，争取保持学习情绪愉悦，“重现生活”，那么，愉悦的课堂和灵动的表达必定能同时到达。

二、学会宽容、尊重和引导

‖下水才能知深浅

记得那次开家长会，有家长反映，说孩子的回家作业很多，晚上做到十点钟还做不完。当时，我想：不会吧，负担好像没那么重吧！肯定是孩子的动作慢了。

家长有意见不能置之不理。到底负担重不重，不去调查没法说话，有必要对孩子的作业情况做一个认真细致的调查。调查应该包括好、中、差三类孩子，这样才能找到问题的症结所在。

我在班里挑了好、中、差各 5 个孩子进行调查，对他们说：“从今天开始，每天将所有回家写作业花的时间记录在发给你们的卡片上，这是交给你们的特殊任务，请注意保密。”看着这些孩子欢天喜地地冲向教室，我相信，孩子们会认真记录时间的。

通过调查，我发现造成作业负担过重的主要原因有几个方面：一是语文、数学教师之间沟通、协调不够，造成了轻重不匀。特别是每到放假的时候，作业量普遍居多。第二，同样的作业，学习水平有差异的同学，所需时间大不一样，学习差的同学要多花很多时间。第三，学习水平差不多的孩子，时间也大不一样。于是我就把这些孩子叫来交谈询问。作业花时多的大多习惯不好，做作业时不是还开着电视，就是跟别人说话；还有一些学生则是作业的环境欠佳，有些家长经常在家里召集亲朋好友打牌，分了学生的心。

家长反映的作业习惯不好的，还有个别小干部。在学校做作业又快又好，怎么回家会判若两人？到学生家访问，我发觉学生的桌板上全是各色笔的涂鸦和大头针的小眼。怎么回事？

罪魁还是家长浮躁的心理。学生尴尬地说："本来这作业20分钟就能做完。可是，我一做完，刚想歇歇，或者想到同学家去玩，爸爸妈妈就又塞给我一张不知哪儿来的试卷让我做。咳！我做得快有什么用？反正不到这个时间，他们也不让我玩，不让我休息……"原本作业又快又好，抓紧时间是想腾出时间做自己愿意做的事……可是家长眼睛只盯着学习成绩，只要学生提前完成作业，落在学生桌上的就会是家长安排的"试卷"和辅导练习卷……次数多了，学生就开始了蘑菇战、消耗战。一会儿喝水，一会儿说话；一会儿看电视，一会儿画漫画……实在无事可干，就把一肚子气由大头针发泄到桌面上。学生爱玩，无休止地给他增加负担，作业习惯变差了，是不是得想想这样做值不值得？学生提高学习质量不是靠单纯地增加作业时间和作业量，关键是让学生提高学习兴趣，让他自己要学。谁见过足球迷们，玩一个下午的球，会怪负担重的？认识达成一致，问题就可迅速解决。养成好习惯，统一好教育价值观真的很重要。

个别问题解决后，对于全班性问题，我也及时采取了相应的对策。

从那以后，教室前面黑板上设置了"回家作业"栏，让小干部每天把作业写在上面，这样便于协调、控制作业量。至于学习后进同学，我再次增加机动的、可供学生自由选择的题目，学生则可以根据能力及时间自主地选做题目。同时，我也建议数学教师也尝试着这样布置作业。

星期天作业特别多，那是我们的认识出了问题。我们总认为，假期嘛，有那么多的时间，应该多布置点作业。与其让学生将时间花费在玩耍上，还不如多布置点作业，给学生更多练习的机会。殊不知，这样，便剥夺了学生们利用假期尽情玩耍的权利，使学生们得不到很好的休息和调整。再者，如果教师和家长只会想尽一切办法将学生关在家里，这肯定是不利于学生的健康成长的。学生是需要亲近大自然、亲近伙伴、亲近身边的社会生活的。换个位置想想，星期天，校长每次让你写一篇教学论文、随笔，你受得了吗？我和数学老师进行了沟通，终于达成了共识。我记得，那个周六上午放学，当我向学生承诺“除特殊情况外，星期天没有作业”时，教室里成了欢乐的海洋。学生们尽情地高呼万岁！

针对那些作业习惯差，作业环境不理想的学生，可以跟家长联系，与他们商量是不是安排学生在一个比较安静的地方做作业，少受些干扰。我们也敬告家长，学生在做作业的时候，尽量不去干扰他。学生的玩，不是消极的，很多发明是玩出来的。不会抓住机会玩的学生并不聪明。我们不能以会不会玩作为判断学生是否老实的依据。

经过这件事情，我深深地体会到，作为教师，要为学生服务，要千方百计地为每个学生的发展着想。对学生的问题，不能妄加判断。只有真正下水，才能知道水的深浅。脱离学生学习、生活的实际，闭门空想，是解决不了任何问题的。

‖宽容就是一种教育

人心都是肉长的，不会说话的婴儿都会把笑靥留给关爱她的亲人，天天和我们一起生活的学生怎么会不领老师的情呢？老师得体适度的宽容对学习暂时有困难的学生来说，是夏天清凉的风，是寒冬灼热的火。作为教师，对待学生应严而有格、宽而有度。儿童尽管小，但是“冷暖自知”。在今后的日子里，他们会珍惜教师的这份信任和期盼。信任与宽容是引导学生走出习作困境的一帖良药。

记得那已经是好多年前的事了。窗外是呼呼的西北风，窗内是热气腾腾的学习情境。我正在上六年级的作文课，指导写《记发生在冬天里的一件事》，根据课前的教学设计，我在和学生们议论了 15 分钟后，准备让学生动笔操练了。

大概是多年教学养成的习惯，在学生动笔前，我不经意地说了一句话："到现在为止，脑子里还没有东西可写的同学请举手，我来帮助你。"孩子们迟疑了几秒钟 (其实他们是在判断老师说这话的诚意)，看着我脸上的真诚。几秒钟后,陆陆续续有 8 个学生 (约占全班的 1/5) 举起了手。"这么多？"我心中暗想，像闪电一样闪过些许不快。不过，我立刻调整了情绪，笑着说："好吧，那就请这 8 位学生到外面走廊去，咱们再商量商量。其余的有了内容，就赶快动笔写吧。"

"怎么，咱们刚才不是都讨论过了吗？怎么还是没东西可写呢？"我依然温和地询问。

"张老师，书上要我们把人们'不畏严寒'的精神写出来，实在想不出来。"大家七嘴八舌地说开了。在 8 个人中，我看到了徐音那困惑的大眼睛，嘿，有啦！从徐音身上我突然找到了解决问题的突破口。我说："徐音，你妈不是龙翔桥菜场的吗？"他望着我，不解地点点头。"我天天跑菜场，水产组原先买的是死鱼。今年他们挖了个水池，养鱼卖，你发现没有？"我笑着说。徐音听罢，眼睛一亮，突然高兴地拍了一下头，"有了，张老师！我题目也想好了！""哦？是什么？""《苦了卖鱼人，甜了买鱼人》，哈哈，我走了。"真行！大脑电路一接通，智慧火花就迸发。内容有了，连带着还想出这样一个有意思的好题目。好啊！一个突破，带动了其他。你可以写妈妈，我可以写爸爸，他可以写奶奶。三言两语，孩子们自己碰撞议论，一分多钟一下子走了 6 个。

"张老师，我，我冬天发生的事情是有的，也可以写写。但是书上说要把那个'不畏严寒'的精神写出来，我，我写不出来。"韩森为难地说。嘿，真是的。小孩子习作又不是文学创作。总是有些人，常常夸大教育的作用，夸大小学生习作的教育意义。在传统的作文观中，往往把孩子的作文变成一种教育产品。其实孩子的作文大多只是一种练笔，多数情况下，是让孩子们通过练习掌握表达自己生活和情感的办法，学习和运用语言。

我们不应过分夸大小学生作文的教育意义。于是，我说："不要紧，那个'不畏严寒'的精神你暂时搞不明白，咱们暂时不管它。只要你把冬天的特点写清楚，把在冬天发生的事情说明白，就算完成。"最后只剩下陈成一个了。看着他无奈的神情，我冥思苦想，终于想起了一件事。我拉住他说："那天不是看见你在操场上，发生过一件事吗？你想起来没有？""可是那件事，是……是……写不长的。"他摇摇头，叹着气。"写不长"实际是学生对事物观察和认识不到位，搞不清事物之间的关系，所以写不具体。可惜我凡身肉体，没有特异功能。我当时只是在楼上的扶栏上远远地看了一眼，"以其昏昏，何以使人昭昭"呢？怎么办？人总有为难的时候，孩子哪个不想好？再退一步。"那么，你今天先写这个星期的自由作文，等到哪天有东西了，你再补写这篇好吗？"孩子已经体会到老师的苦心，但是实情还是让他摇了摇头，"张老师，这个星期的自由作文我已经写好了。"我倒吸一口冷气。没事，继续后撤。收到这次学生的作文后，选几篇给他看看，说不准哪篇会触动孩子记忆的仓库和情感的心弦，那时再补也行。"真不巧。那么，只好请你把《小学生作文》上这篇《发生在冬天里的一件事》耐心地抄下来。也算一次练习吧。这次你缺的作文，我和你都想想，什么时候想到了，写下来再给分，行吗？"陈成如获大赦，喜滋滋地回教室了……

假如，我当时不说"还没有东西可写的同学请举手"这句话，教学似乎也能进行下来。可是那8位学生就会陷入习作的困境，咬笔头，望天花板，苦度生命的40分钟。可能会有谁像挤牙膏似的写出点什么，但这能"激发学生对生活的热爱，调动学生观察思考和练笔的积极性"吗？在老师和同学的目光下，明明脑子空空如也，却偏偏装成"勤于思考，努力构思"的样子，这对学生的人格培养和习作水平的提高究竟又有多少好处呢？这次我对学生的困难做出了指导回应，作了退让，学生会得寸进尺，不知好歹吗？我想不会，毕竟学生们是健康向上的。

‖剪金鱼尾巴的风波

淘气、闯祸是孩子们成长过程中的伴奏曲。小时候我是一个胆小听话的孩子，可我还是记得有几回淘气闯祸的事。教40多年书，好像我还没有看到过哪个孩子是从来不淘气、不闯祸长大的。作为一个教师，作为父母，能不能从孩子们的淘气和闯祸中寻找他们发展的积极因素，会不会有效地引导他们绕过问题去成长，变得十分关键。

那天早上，我一到学校，就有孩子嚷："张老师！张老师！金鱼的尾巴没有啦！"什么！我急匆匆地赶到教室后面的生物角。真的，鱼缸里那几条漂亮的金鱼全成了残废。那像天仙拖曳的裙摆似的尾巴竟然一夜之间没了！昨天还是那样活泼、潇洒、飘逸的水中仙子，今天却断手缺腿，成了上下浮沉扭动的丑八怪。是谁，这么缺德！不会是大人，一定是幼稚淘气的孩子！不知这次闯祸的是哪位？

中年级的学生毕竟天真可爱。三下五除二，没有多久，目标就已经锁定。昨天最晚离开教室的是曾侃。看着孩子一脸的紧张，我不禁轻轻叹口气，把他拉到我的身边，开始询问。

原来是儿童的好奇心、求知欲和探究欲望闯的"祸"。曾侃说，他很爱金鱼，天天到金鱼缸前看它们跳舞，常常入神地望着它们好看的尾巴瞎想。昨天值日结束，同学们都回家了。他又到鱼缸前看它们跳舞。看着，看着，就心动了，手痒了。因为前几天，老师上《壁虎》，知道小壁虎的尾巴断了，能够再长出一根新尾巴；以前，爸爸妈妈就告诉他，蚯蚓也能长出新尾巴。于是他想亲身实践，看小金鱼的尾巴掉了后能不能也长出新的来……

晨间谈话，我先讲述了达尔文小时候自己动手用红墨水制造英国第一朵双色花的故事。再讲述了班级小金鱼丢失尾巴的原委，"……他想看看金鱼尾巴剪了会不会再长出新的来，你们谁能告诉他吗？"许多孩子摇摇头，有的喊能，有的反驳，没人可以肯定地回答。"曾侃想自己通过实验去发现，这并不错。可惜他不该自作主张拿班级生物角的金鱼做试验。小金鱼是班集体的，任何人都没有权利伤害它。曾侃没有得到大家的许可就这样做，当然不对。他愿意买金鱼赔给班里。现在金鱼已经失去了尾巴，我们就‘罚’曾侃负责养这失去尾巴的金鱼，天天观察。到学期结束，我们再请他回答小金鱼尾巴会不会再生……”

两个月过去了，在曾侃和同学们的关爱下，失去尾巴的小金鱼还活着，一位同学写的《小金鱼剪尾巴的风波》在刊物上发表了，复习期间同学们和曾侃一样都清清楚楚、真真切切地看到，小金鱼的尾巴再也没有长出来。

假如不把孩子们的淘气和闯祸当作是他们成长的伴奏曲，而是按成人的标准去设计他们的生活，那我们和孩子们的冲突就会不断，还会两败俱伤。不加分析地一味责怪儿童的淘气，会愈来愈没有效果和市场。但如果我们只是一味地陶醉在“爱淘气的孩子聪明”中，而没有任何引导，那么今天可爱的淘气，可能将变成明天孩子和家长之间的怨气。倘若既能宽容孩子们的淘气和偶然的“闯祸”，又能清醒地寻找淘气和闯祸中隐藏或伴生的积极因素，引导它、扶持它，明天我们将会收获福气。

三、教师的责任　朋友的心态

‖思辩是教师的责任

《语文课程标准》倡导自主合作探究的学习方式，这是中国基础教育改革历史上的一大进步。它对于中国教育的改变，对于培养千千万万具备良好实践能力和创新精神的接班人会起到极其重要的作用。它深远和积极的意义，很可能几十年后，人们才会有更为客观和冷静的评价。

但是不管什么时候，只要是研究有中国特色社会主义的教育改革，都得讲唯物辩证法。尽管有人可能觉得这太老土、太不时尚、太背时。但是不辩证地看，不把握现代教育理念的实质，就一定会出偏差。在课程改革健康的主流面前，的确存在着让人看不懂，让人忧虑的小支流、小插曲。有的学习《语文课程标准》把学生的学习方式，就当作只能是“自主合作探究”的学习，其他的学习方法都不行，有的竟然连研究课安排老师范读都怕别人批评为“学生没有成为学习的主人”，真是活见鬼！

小学教育，老师不发挥作用，老师还有什么存在的价值？如果学生是学习的主体，教师就不必发挥应有的教育教学作用，那么学生学习的客体是什么？就是课本、网络和物化的教育环境吗？离开教师的作用发挥，还有什么优质教育可谈？千千万万家长花钱择校、追寻优质教育，难道单单是追寻漂亮校园和电脑吗？教育改革的确需要大量的资金投入，但是基础教育的深层次问题又不是光一个钱字所能解决的。一掏出钱就能解决的，还不是教育的老大难问题。困扰中国基础教育的问题，一定得伴随着中国整个经济、政治和人们素养的提高，才会逐步解决。有的地方校园硬件建设很不错，可是周围的住户就是不愿意入学，生源就是找不足。什么原因？是软件问题，是校长、教师的知名度、影响力问题，学校品牌的含金量不足，家长不放心。

学习方法本无优劣之分。就好像维生素，各有各的用处，各有各的适用范围。儿童心智发展水平比较低、比较幼稚，小学是基础性学习，而所有的学习方式本身就有特定的适用范围，都有局限性，多样性的学习方式之间本身就具有互补性。这些决定了小学生在选择学习方式时的多样性。灌输式的教育是没落的，必须摒弃。但是无论是广义的教育，还是狭义的教育必然需要特定的灌输，中外古今概莫能免。教育的产生就是想将一种价值观、一种文化、一种知识和本领传承下去，教化百姓。今天的教育依然存在这样一种成分，当然灌输已经远不是教育的主宰。

中小学的教育中，我想有意义的接受性学习和自主合作探究的学习方式，大概会永远存在下去。一所好的学校，一位优秀的教师，高明之处在于在特定的时空和对象前，采用符合实际的学习方式，并力求将这两种学习方式自然互补。探究性学习绝对对一个人的成长意义极大。但是孩子们的学科学习、课堂教学，能全部采用探究性学习的方式吗？我们暂且不从理论上探讨单一采用探究性学习方式的必要性、合理性，只研究教师和学生课堂教学、学科学习的客观可能性。假如全部让孩子们探究性学习，我们的教育教学时间绝对不够，很可能只能完成1/3~1/4的内容。假如让小学一年级的孩子去探究学习汉字，请诸位先生想想又会出现怎样可怕和滑稽的现象？

‖将“接受”和“探究”结合起来

有意义的接受性学习指导下的课堂教学，经过几代人的研究完善，它是精致的、严密的。在传输书面知识、简洁知识，特别是严密的学科知识时，在面对儿童学习时，它常常是必须的、有效的。因为它能根据学科知识内部的序列和难易，根据年龄段儿童的一般学习心理、教师的以往经验，精确地设计课堂教学的时空，对教学的走向有明确的预设和回应；它对于儿童陈述性知识的获得，对于注意力不易集中，心智发展水平比较低的中低年级的儿童的学习有着明显的积极意义。

20世纪60年代，我到天长小学工作，就听过老教师一节课集中识字一百多个的。孩子们下了课也是兴高采烈的。当然节节语文识字课都这样高强度的识字，每天孩子们消化作业可能是个问题，时间长了，难免会出现课堂教学目标的认识强化，人文关怀会削弱的可能。又比如著名作家刘绍棠先生写的回忆——《老师领进门》，就将这有意义的接受性学习的长处写得颇为生动。你看那田老师，17岁开始教师生涯，“口才、文笔都很好”。时间过去40年，刘绍棠还是那样清晰地记得上学的第一天，田老师讲述“一去二三里，烟村四五家，亭台六七座，八九十枝花”小诗时的娓娓动听，以致“听得入了迷，恍如身临其境。田老师戛然而止，我却仍在发呆。直到三年级大学兄捅了我一下，我才惊醒”。“田老师每讲一课，都要编一个引人入胜的故事。我在田老师门下受业四年，听到上千个故事，有如春雨点点入土”。田老师的教学毫无疑问不是探究性学习指导下的课堂教学，是一种深受儿童喜欢的有意义的接受性学习支持下的教学，是讲述，但却是一种和儿童心智发展水平吻合的讲述，功能多大啊！是点点入心的春雨，是刘绍棠长大进入文学殿堂的催化剂。40年都不能忘怀，多大的力量啊！

这个个例无非说明有意义的接受性学习依然是我们教育所需要的一种学习方法。仔细研究，以往接受性学习方式支持下的课堂教学的基本特征可能是这样的：

第一，教学目标是明确的。传统的课堂教学设计常常可能是单维的。为了强化达成学科认知的目标，在课堂上会有意或无意地排斥学生生命多层次的需求，而只看重儿童认知活动中语文学科知识和能力的那个部分。它的教学设计常常只是在认知领域中语言学习的这个维度上展开。为了语言的积累和获取，有时会抛弃或牺牲师生情感、道德、人格等许多方面的需求。

第二，教学环节的设计是严密的。它讲究“环环相扣，步步为营”。追求教学设计圆满、顺利地按既定方针办。设计实施的时间以教师的经验猜想为依据,以过去成功学习为参照系数。设计的时间常常精确到分秒。正因为此，传统的接受性学习的课堂无论是主观还是客观，都常常会有意无意地拒绝儿童课堂上的自主发问和创新言行。

第三，教学节奏是快速的。这种语文教学设计十分讲究效率和速度。它是传承的，常常只注重课本的间接知识是什么，知识各部分之间是什么关系，可能考核知识的识记理解如何。教学节奏的决定权在教师手中，讲究知识教学的密集度，节奏是快速的、又可能常常是主观的。

第四，教学目标的达成常常依赖显性的“训练”。目标的达成常常不是靠践行，而是靠言说；不是主动地习得，而是靠刺激训练；重学科知识能力，轻学生全面发展；重眼前知识训练，轻学生长远发展；重显性知识达成，轻隐性情感态度； 重课堂教学结果，轻课堂过程方法；重班级统一目标，轻差异多层要求。

新世纪小学生单纯靠传统的接受性学习方式，不可能成为具有实践能力和创新精神的一代新人，最完美的结果常常也只是生产复制品。而培养人的创造能力和创新意识是信息时代学校教育的核心，而创造能力培养的关键是对信息的处理能力。我认为：

（1）创造性教学重视结果，更重视过程，尤其是学生的情感态度价值观的变化过程，认知的思维过程。

（2）创造性教学关注全体，更强调个性化的教学。它承认学校、教师、学生现存的差异，并将差异作为教育教学资源，充分发挥差异的作用。它将尊重多元的文化，尊重每一个教师和孩子独特的生活经验和感悟体验。

（3）创造性教学关注探究性教学，教学灵活多变，创造性的教学是为了课堂的动态生成而从学生的角度进行更加全面、周到和灵动的预设的。其课堂教学的成功标志是预设和动态生成和谐的统一。以为是创造性的探究性学习，是课堂教学的动态生成，教师就不需要认真备课，教学预设就毫无意义。这是一种误解。没有预设，成何教学？没有认真的预设，课堂教学的动态生成，就往往会变成西瓜皮教学，滑到哪儿算哪儿。这和课堂教学的动态生成是两个截然不同的境界。

《语文课程标准》倡导“自主合作探究”的学习方式，并不是一家独尊。学习语文是人类接受文化熏陶和文明教化的重要途径，其继承性是显而易见的。我们不能在认可一种方法的同时，将另一种学习方法完全否定、抛弃。

这让我想起过去叶圣陶先生说过的一句话，“模仿不是个好办法”。于是很多人就以鸡毛当令箭，披大旗为虎皮。对小学生的模仿学习，一棍子打倒，统统进行批评。当时我想着就好笑。都什么年代了，还在打“十年浩劫”的“语录仗”。叶老当时是针对什么说的？背景是什么，用意是什么？就算叶老反对模仿，也没有关系。学术自由，智者千虑尚有一失。实践是检验真理的惟一标准。中国改革开放以来，有多少东西是从国外模仿得来的？大人们创造发明都和模仿性学习有关联，为什么到小学生头上反倒是不能模仿？岂非咄咄怪事？你说一年级小学生们学习拼音“a、o、e”难道不是靠教师领读，让小学生们模仿读音，而是让他们“自主合作探究”这些韵母的读法吗？同样，小学生的习作也要模仿，搞读写结合，这不是很顺理成章、很有效果的事吗？学生读的书不让学生们学习模仿有道理吗？再说，模仿是立体的，并不是只有一个层级。可以模仿文句，可以模仿段落结构安排，可以模仿观察事物的角度、语言风格等等。当然，只让学生模仿，学生只会模仿学习肯定也是不对的。

40 多年搞语文教育教学研究，从来不设想，哪一天我的经验将变成放之四海而皆准的真理。我绝对没有这样伟大的抱负。教育，特别是第一线的教育教学操作性、应用性原则，也绝对不像电脑程序设计一样，五洲四海都可以用。改革研究的最根本的出发点——对我教的学生有用，不仅是他们的今天，最好对他们今后的发展也有用。第一线的教师搞改革研究，不是要用我们的智慧和心血来证明外国某一个理论家某一句名言警句的先知先觉，而是用专家学者们的心血和智慧证明我们实践的价值和意义。

世界上的万物，真的无绝对的好和坏。长白山最名贵的野山别直参，用得不当，兴许会送命；凶残的狼，却是大自然生态平衡的清道夫。许多学习方法其实是利弊共生的。简单化地处理一个问题，很可能解决一个，又新冒出十个更麻烦的问题。

一个人在学习成长的过程中，理所当然地应当掌握多种多样的学习方法。就好像人的成长一样，吃五谷杂粮就容易长得壮实。一种食品，营养再好，我们也不能盯着吃。大自然本身是平衡的，不偏食才可能长壮实。同样让学生掌握多种学习方法是每一个教师应尽的责任，让多种学习方法相辅相成、互补促进，学生才可能学得更扎实、更灵活、更有闯劲。

‖亦师亦友的心态

多年的教学生涯让我有了这样的习惯：换位思考——站在学生的角度去思考问题。我总觉得这样一来，自己的角色会发生变化，在他们眼中我不再仅仅是个老师，更像是他们的朋友。一旦我用朋友的心态去关爱这些学生时，我的教学也常常会有事半功倍的效果。

记得以前我经常对听写不合格的学生恼火，常常将他们毫不留情地“关晚学”，要求他们把错误的字词甚至所有的生字抄写四遍，然后再给他们重新听写，直到符合要求为止。我希望通过这样的方法促进学生对知识的巩固。但是这样的做法却让学生，甚至家长感受到的是老师的惩罚。其中不乏调皮的学生趁着老师不注意，偷偷地溜回家。有一回，我看常琴的重抄作业时，才意识到做法的愚蠢，才开始思考如何改变。常琴是班里听写经常不合格的学生。有一次她的听写又错了不少，我火了，罚她抄生字词 10 遍。结果，她前面几遍写字倒都还可以，可有的生字抄到 7 遍，反而又错了，怎么回事？批评她，她紧张得流下了眼泪，真的又很可怜。静下心想，谁愿意受罚？以受罚的心态怎么可能正常抄写记忆？再好的东西强迫着吃，谁又愿意？别说是让爱玩的小学生憋着气抄 10 遍。换个位置，让我做可能也会冒火出错。也许是我的方法需要改变了。我想起了成语“朝三暮四”、“朝四暮三”。倘若那个养猴子的人，认死理。很可能结局是“傻”猴子闹死了，“聪明”的养猴人也垮了。学生和猴子不一样，他们有情感思想。是不是得顺应学生们的心理，把我的工作方法、工作顺序改变一下呢？

从那以后，凡是第二天要听写，前一天我总是会婉转地以“老师请你们留下来帮个忙”等其他借口，请常琴等几位听写成绩不理想的学生留下来。放学以后，等其他同学走了，我会和颜悦色地告诉他们明天又要听写生字了，老师愿意先帮他们听一遍，现在听写的就是明天全班同学将听写的那些词语。学生们觉得老师是在真诚地帮助他们，而并非是惩罚，自然很配合，不再有那么沉重的心理负担。听写的结果当然依旧不尽如人意。但是此时学生们会很自觉地将写不出、写错的字词再抄写、订正，然后相互重新听写。第二天听写，这些学生的正确率大大提高，老师的表扬、同学赞许的目光让他们自觉自愿地再次接受老师的帮助。这样一来，我把过去由于学生们听写不合格所进行的抄写和重听，前置了。其实这些学生的作业总量没有上升，甚至一般还会下降。但是因为学生们的学习心态发生了显著的变化。从过去被迫接受批评，关晚学，在老师的责备下抄写记忆；到现在在老师或同学主动帮助下，自己准备，自主地抄写、听写，订正、修改，所以带来迥异的学习成果。

当年的小结《让成就鼓励学生学好语文》中，这样记录他们的学习变化：“光一味地补知识课还是不够的，还应该帮助他们在自己的最近发展区取得成功，让他们相信自己也是能学好的，也能分享成就的快乐。常琴同学学习情况一直不好，成绩常常在最后三名徘徊。调查后，发觉尽管她听写经常不合格，但是她的机械记忆力并不差，说话的口齿也清楚。于是决定帮助她首先把听写、背诵和朗读的成绩提高……结果她的听写连续得了好几个100分，课内朗读好几次超过中等生，读得正确流畅。初步的学习成果使她建立了自信心，推动了她的语文学习。三年级第二学期，她在复习时属于班里第一批背诵课文过关的，口试又获得了优秀成绩，期末语文考试89分，超过了班平均成绩。”

我想老师思考问题的角度变了，从我想做什么到先想学生有什么，他们想要什么，不爱什么，再根据学生的学习心理，适当地改变方法和工作顺序。让他们由受惩罚的烦恼变成了获得老师朋友般关爱的快乐。学习的心境不一样，学习的成效也就明显不同了。同时我想，朋友之间的亲近、平等的关系与老师的主导的地位是不矛盾的，只要相辅相成，就能相得益彰。

2003年杭州西湖博览会上，“名师名校长论坛”——《张化万小学作文与阅读教学研讨会》，我上的六年级作文课的一些小插曲值得回味反思。

作文课的主题是《我发现》，以下是片段实录。

……

(学生从桌上信封中拿出一个大气球来)

师：(手拿没气的气球)假如我的手一松开，气球往哪里走?

生：(异口同声)下面!

师：真是这样吗?请同学们跟我一起把气球吹大。

(师生一起吹气球，不一会儿便把气球吹大了)

师：现在，请同学们听口令，预备，松手!(学生们纷纷松手，顿时，50多个五颜六色的气球同时往上蹿，壮观极了!孩子们情不自禁地发出惊呼和欢叫!)

师：你们看到什么了?

生：没气的气球是往下掉的，有气的气球是往上飞的，气放光了以后才往下掉。

师：谁能将刚才我们放开手的那个瞬间说清楚?

生：就像穿天老鼠一样，是乱蹿的。

生：气球脚一踹，“唰”地一下就飞上天了。

生：像在放烟花，有喜庆的感觉。

生：那个场面真叫壮观！气球满天乱飞，有点像国庆节时的礼花，哗，放上去了！

生：我的气球以比长征五号快60倍的速度冲上天。

师：什么？比火箭还快，可能吗？如果用上“似乎、好像、可能”，我觉得倒是可以的。

生：还有个问题，这些气球怎么办？谁来清理啊？（学生指着满地的气球，众笑）

师：你说谁来清理？来，把周围的气球捡起来。（学生们迅速就近捡起气球）还有谁对气球有新的说法？

生：气球落地的一瞬间，就好像侵华日军扫荡过一样，满地狼藉。

师：他这句话，你们觉得好不好？

生：我认为他这个形容是可以的，但是形容得好像太残酷了点，整个教室里怎么可能被侵华日军扫荡呢？

师：这个句子单独拿出来，怎么样？

生：可以。

师：但是用在这一段中行吗？刚才，同学们高高兴兴在做气球实验，用了这个句子，能反映我们的心情吗？

生：不能。

师：可见，我们今后写作文不仅要考虑句子的生动，还得考虑到句子要与整篇文章所表达的作者的心情相匹配，相——(学生接答“一致”)，相——(学生接答“吻合”)，明白吗？

众生：明白。

……

以上这个片段中，有两个插曲令人难以忘怀。其一，孩子见满地都是气球后，主动询问谁来清理。这表现了孩子的良好习惯和主人翁责任。教师要肯定、扶持。我依顺他，立即调整教学，让我的学生在清理满地气球的过程中养成“做事善始善终”的习惯——这就是教师的责任。其二，便是一位孩子用“日本鬼子扫荡后的狼藉”来形容满地的气球。这不难看出孩子出现了偏差，但这些是学习过程中非常正常的事，孩子们的问题与偏差，恰恰是奉献给教师的教育教学的资源。在引导的时候，不应该是高高在上的，而是应该以朋友的心态发挥引导作用——朋友之间是友好的、宽容的、平等的。具备这种心态，才会在学生说出“日本鬼子扫荡”后说，“你们觉得这句子好不好？这句子如果单独拿出来，怎么样？”，如此，既让这孩子明白了不足，为孩子搭建了可下之台阶，又让所有的学生明白遣词造句要注意和表达的感情相一致——这就是朋友的心态。

‖家务事该管还得管

不管是语文教师还是数学教师，只要是教师，就既要教书，也还得时时处处记得教人。

在天长小学最后担任班主任的一个班里有个女孩子叫黎丝。她自制、自理和自学的习惯与能力都比较强，待人接物、劳动卫生、思想品德、体育锻炼和各科学习都非常优秀，到赛场能得奖，在课堂能自主积极地思考学习，去操场能组织伙伴玩乐……毕业那年还担任天长小学的副大队长。

可是，那年春节刚过，她的学习状况却有点令人担忧。开学那几天总发觉黎丝分神，眼睛茫然地望着窗外。尽管还是严守纪律，尽管依然按时完成作业，但是明显的整个情绪不好。上课她不再举手参与同伴的讨论，下课她远离伙伴欢乐的嬉笑，回家像失群的孤雁一眨眼就消失在街市的人流中……我很着急，一个好端端的小干部怎么到了关键时刻出问题啦？我得马上找她。放学的个别谈话，才知道是她的家庭出了一些小小的问题。

黎丝的爸爸妈妈都是工人，一个在铁路局，一个在工厂。寒假里不知为了什么家庭琐事，发生了争执，以至于吵着要“离婚”。孩子虽小，但也懂父母离婚对她、对这个家庭意味着什么。回家处在父母任性的争闹中，说不上话，制止不了是痛苦的；上课经常走神想家里的一幕幕，也是伤心的。这样怎么能不出问题？

我很矛盾，俗话说：“清官难断家务事。”我既没有这样的权利义务，也没有这样的水平，去解决他们的家庭矛盾。但现在的问题是，夫妻俩的矛盾已经涉及了孩子的成长。现在孩子刚好读六年级，如果一切发挥正常，她很有可能被学校推荐参加杭州外国语学校的考试。这对孩子的成长来说，是很关键的一步。我了解她的父母。他们都深爱着自己的孩子，为了孩子愿意付出自己的幸福，于是就分别紧急约见了孩子的父亲、母亲。

我和家长原本就很熟，见面也就很自然地聊开了。从他们的谈话中，我感到他们之间不存在根本的利害冲突，只是性格脾气还没有磨合好，是一些小事情的误会没有化解。一只碗不响，两只碗叮当，但完全不至于闹到离婚的程度。于是我心平气和地给他们分析了不必要的争吵对他们女儿的成长所造成的影响，希望他们把自己的情绪控制好。假如一时半会儿还控制不了，那么为了女儿的前途，在女儿面前尽量不吵，少吵，说话时也努力将调门调低一点，否则会影响到孩子的前途。

也许是我的话真的起了作用，他们开始控制自己的情绪了。但这种控制只是把热战转入了冷战。孩子说家里的空气还是冷冰冰的。为了孩子心中能有灿烂的阳光，我决定继续插手，不断地和家长联系。没几天，元宵节到了。中午休息，我去店里为自己准备所需的食品时，也给黎丝家里准备了一份，东西不多——一斤糯米粉，一斤麻心馅。

放学后，我把孩子叫来，对她说：“今天是元宵节，你把饭盒拿出来，张老师给你准备了糯米粉和麻心。你回家后，一定要跟爸爸妈妈一起，包一次元宵，高高兴兴地过个元宵节。行吗？”孩子望着桌上的饭盒，慢慢地点点头。

没想到过了几天，她爸爸妈妈一起来找我，神情不太自在，很不好意思地说，连老师都这样关心孩子，他们作为父母，再冷战下去就太对不起孩子了。从此以后，孩子的脸上果然重新有了阳光，我也暗暗地为孩子感到高兴。那年黎丝凭她的努力达到了学校推荐的要求，拿到了珍贵的报名单。

初中第一年，她父亲拿着刊有女儿《自由女孩》散文的报纸给我送来，言语中洋溢着看到孩子独立成长的欢欣。她读高中时，她父亲打电话求助，她自己也写信给我，述说学习物理的困惑，对女孩攻克物理的能力发生了动摇。我给她写了回信，告诉她只有相信自己的人，才可能希望别人相信你。男孩女孩在智力上的差别，绝不会影响到正常的物理学习。多想想自己成功的学习是怎么得来的，多看看别人物理是用什么方法学习的。根据张老师对你的了解，你的习惯那么好，又有那么强的意志力，只要事先做好预习，不懂就敢于向老师和同学问，一定能取得和语文学习一样的好成绩。不久，她就渡过了这个学习低谷，攻下了物理的难关，顺利地考进了浙江大学。今年她一边在大学教书，一边考上了研究生。

为了学生的健康成长，教师应当充分利用各种教育资源，特别是家庭教育这个资源。如果有必要，又有可能，难断的家务事，该断的时候，教师还是应当介入给孩子帮个手。教师所做的一切，都应当为孩子的全面发展、快乐成长负责。这是我当年担任班主任的感受之一。

第五章

把文化传承给孩子

一、语文就是浓缩的生活

语文是人类接受文化熏陶和文明教化的重要途径。母语教育传承的是民族不可忽视的漫长历史。但是每一个小学生需要的且能够感受的语文，不会只是那个沉淀的、厚重的历史。语文是生活的，是人的语文，是灵动的语文。

我们一方面要尊重孩子们的天性，发展孩子们的个性，启迪儿童的灵性，诱发悟性，激发创造性，培养对人的理解、关心和信任；另一方面要站在深厚的母语文化的土壤上，传承和发扬光大。因为语言绝不仅仅是一种符号，它是生命和文化的载体。

语文能力实质上是借助语言文字进行吸收、分析、梳理和储存、加工、输出信息的能力。这种能力的形成过程，不仅仅是语言的积累、理解和运用过程，也是一种文化的渗透过程，更是促进孩子们人格生成和完善的过程。

一次高年级的作文课上，学生取了个作文题叫《肥头大耳的张老师》，我停了下来，说：“同学们，请你们对这个题目谈谈看法。”马上有学生表示反对：“这个题目不合适，对张老师太不尊重了！”以往我们可能就此打住了，可是我进一步问：“那么，可以说肥头大耳的清洁工吗？”课堂迅速静下来，孩子们一脸郑重的神情：“不可以，这是对人的不尊重！”

这个拟题的过程不仅仅是一个作文题目的优劣的比较，更是一种人格的塑造。作为承载育人功能的语文，我们绝对不能把它只停留在语言文字练习的本身。

‖语文不只是训练句式

那次去听课，只见老师绘声绘色地讲述着邱少云和他的战友们，天没亮就悄悄地摸进了“391”高地下面的山坳，潜伏在一条比较隐蔽的山沟里，孩子们眼睛一眨也不眨地看着老师。随着教师入情入境的讲解，孩子们已经离开学校，随着邱少云叔叔来到了潜伏地点，呼吸也慢慢变得小心起来。老师接着在讲解邱少云潜伏的危险时，着重让孩子们读下面的句子：“我发现前面60多米就是敌人的前沿阵地，不但可以看见铁丝网和胸墙，还可以看见地堡和火力点，甚至连敌人讲话都听得见。”老师问：“这句里的‘不但……还……甚至’，把什么写出来了？”“邱少云和战友们潜伏的危险突出了。因为，离敌人太近了。”“志愿军要潜伏到黄昏，太难了！”孩子们读着、想着，体会着邱少云和战友们的危险，和当年的朝鲜战场距离近了，和志愿军叔叔们的心贴近了，正逐渐走进“391”高地下的潜伏点。继续读书、思考，不断强化课堂与文本匹配的气氛，一定会让孩子们动心动情，会认识邱少云这个年轻而伟大的战士，会和作者一样“我永远忘不了那一天——1952年10月12日。”

真的很可惜。老师太急于进行句式的训练了，问：“现在谁能用‘不但……还……甚至’，说一句话？”孩子们不情愿地离开刚入神关注的“391”战斗，七嘴八舌离开文本说起话来。训练的质量和效果并不理想。因为学生毕竟参与的欲望不高。我想即使是尖子生起立，说：“猪全身是宝，不但猪肉可以吃，猪皮还可以做皮鞋皮箱，甚至连猪粪都是庄稼很好的肥料。”但是，这样的训练，让孩子们在养猪场、球场和当年朝鲜战场进进出出，我们还怎么拨动孩子们的心弦？还怎么让孩子们和作者拉近距离、产生共鸣？怎么对孩子们的情感态度和价值观进行自然而健康的引导？这样的训练真的还不如不进行。

课后老师为难地和我讨论，这语文课总还得有语言文字的训练。你说怎么办？我说：这主要不能怪你，还是我们教研部门工作没有做好。语文当然要训练句式，但是小学语文主要不只是训练句式。句式训练应当是儿童思维和语言发展的台阶，情感积极向上攀登的扶手，而不是僵死机械的范式训练，更不应当成为他们和文本主人公对话沟通的障碍。我们追求的不是知识化而是智慧化。今天选择的这个句式训练，当然没有问题。有问题的是训练的时机和引导。句式训练和情感的熏陶要融在一起，相辅相成，不要打架。

究竟怎么安排呢？我在嘉兴的一次研究课上是这样安排的。首先让学生真正理解句子的内容和逻辑关系，真正理解邱少云和战友们处境的艰难。当学生们神情沉静下来，情绪慢慢进入潜伏点后，让他们朗读：“我发现前面60多米就是敌人的前沿阵地，不但可以看见铁丝网和胸墙，还可以看见地堡和火力点，甚至连敌人讲话都听得见。”然后出示“我发现前面60多米就是敌人的前沿阵地，不但连敌人讲话都听得见，还可以看见地堡和火力点，甚至能看见铁丝网和胸墙”。请学生比较有什么不同？能这样换位吗？为什么？学生们明白：“这书上的句子是强调叔叔们和敌人距离近，处境危险。”“这样近所以潜伏纪律严，人人都不能动”。“书上是从看到听，从大到小排列，对的。你这里排反了，铁丝网和胸墙那么大，还要‘甚至’啊？”

其次安排几次情感化句式的练习。第一次让学生仔细阅读第二自然段，试用“不但……还（而且）……甚至”的句式，并用上“咳嗽、蜷腿、挪动、微微摇头”等词，说出邱少云和战友们潜伏时必须纹丝不动的原因。

第二次我问：“潜伏部队的要求是严格的，那么年轻的战士邱少云又做得怎样呢?”请学生读有关文句，用“不但……还（而且）……甚至”的句式回答说话。再齐读加深印象。

第三次我说既然邱少云隐蔽得这么好，为什么中午时分又会被烈火烧着呢?学生就自然地说：“敌人不敢出来，却进行火力侦察，不但用机枪狂扫，还不断地开炮，甚至扔下燃烧弹，是燃烧弹点燃了邱少云的衣物。”

第四次我请学生寻找哪些词句写出了邱少云当时的危险?假如你是当时在场的战友，你看到这一切，会是一种什么感受?烧着后为什么邱少云和他的战友都不去扑灭烈火呢?让学生们自读课文，用“不但……还（而且）……甚至”的句式说话；自由读、个别读、齐读烈火烧身的一段。我觉得这样可以有机地将文本和训练结合起来，句式练习会成为学生感悟文本宣泄积极情感的渠道，语言学习会成为学生成长的扶手，而不会演变为思维发展的障碍。

情感态度价值观，过程与方法，知识与能力，这是语文课程标准倡导的三维目标。这三维的教学目标，不是教学的三个支架，应当是三个同心圆。最核心的圆是情感态度价值观，它是教学目标中最重要，但又是最隐蔽、最难检测和量化统计的隐性目标。它的实现，绝不能孤立地进行。脱离学习过程的展开，师生平等对话的进行，正确有效的教学方法的采用，脱离文本的内容和学生生活与语文学习经验，我们是不可能实现情感态度价值观的目标。中间的同心圆是教学的过程和方法。我们能不能唤起学生对文本的认同，引起积极的师生情感振荡，将语文素养的提高真正落到实处，很大程度上取决于在教学过程中学生是否积极主动的参与，取决于我们的教学方法是否贴近儿童，是否符合教师和教学内容的实际，是否重视学生自主合作探究的学习方式的恰当运用。最大的同心圆是知识和能力。语言文字、语言现象是基础，是展现学习过程，学会学习方法，培养和引导健康的情感态度价值观的基础和凭借。没有这个圆打底，其他的两个同心圆就不可能存在。就是有了，也只会是空洞讨厌的说教，只会浮在表面，学生无法真正掌握的异化的“知识性方法”。

记住那个大写的“人”

要教好语文，教师首先要成为一个充满爱心的人，一个敏感的人，一个“多情的人”，一个有修养的人。教育教学中教师的情感态度是教师专业水平和生命价值的直接体现，只有自己首先被文本感动，在语文中生活，才可能用自己的激情点燃儿童心灵的火花。

我曾经上过一堂公开课，是列夫·托尔斯泰写的《穷人》。穷人，在孩子们的眼里，是贫困潦倒、无助悲惨的景象；是小扬科死不瞑目盯着怒吼的白桦树；是卖火柴的小女孩在圣诞节的夜晚蜷缩在墙根的梦幻中，凄苦地看着渴望的烤鹅、火炉、圣诞树的渐渐消失，最后嘴角挂着微笑死去；是在街头伸出黑乎乎的乞讨的手……我认为这不是“穷人”的本质，至少不是“穷人”的全部内涵。

我教《穷人》，是想让学生们认识到穷人那坚强的脊梁！领悟到穷人那颗透亮的心！

那堂课上下来，有很多老师跟我说，他们印象最深的是我在黑板上写的那个大写的“人”字。全国著名特级教师，我的师姐杨明明老师在我的教学研讨会前写的《补白》短文中有这样几句话：哪一年记不清了，阿万执教《穷人》。课的结尾那个写在黑板正中的、入木三分的、刚劲有力的、大大的“人”字永远嵌入了我的脑际。那段慷慨铿锵的结语我不重复了，可是，这个由一撇一捺组成的“人”，使我想到了今天新课标中的许多理念。人文的、情感的、价值的，几乎全在这个醒目的“人”中了！本人有一个“理论”：“语文教师应该是一本精彩的语文书。”阿万是的，绝对精彩！

其实是列夫·托尔斯泰写的《穷人》打动了我，是渔夫的精神感动了我。我一直认为为师者必先动情，而后学生才能有所心动。正因如此，所以我才能把感情的共振传递给学生们，以致听课的专家们也受到了一些感染，也记住了那个曾经感动过的瞬间。

那天上到课文的结尾，我让学生们注意渔夫说的话。课文里，那个刚从咆哮的大海中挣扎着逃生回家的黧黑的渔夫，他什么也没有打到，而家里还有5个孩子在等着吃饭。这是多么沉重的生活担子啊！这样的生活怎么熬过去呢？可是就是这样一个在饥饿线上痛苦挣扎着的渔夫，当他从妻子桑娜忐忑不安、断断续续地叙述中，听明白了可怜的邻居寡妇西蒙已经凄惨地死去的消息时，就毅然对妻子说：“我们总能熬过去的”，“桑娜，快去！把孩子抱来……”其实，心地善良充满爱心的桑娜早已把那两个孩子抱来了。当时我让学生自由读，用自己充满感情的朗读读出渔夫的善良。孩子们真的很出色，个别读和齐读中，都把“熬”和“快去”作为重音准确地读了出来，用声音再现了渔夫高尚的心地。

听了学生感情准确的朗读，我更加感动。情动而辞发，当时我情绪激昂地说了这样一段话：“是啊！‘快去’！渔夫让桑娜赶快把孩子抱来，那是怕孩子第二天醒来受到惊吓，因为他们的妈妈就死在身旁。现在抱来，明天他们醒来就会有一个温馨的家。渔夫说‘我们总能熬过去的’。这个‘熬’字告诉我们，要把他们的孩子抚养长大，需要多么漫长和艰辛的过程！这‘熬’字需要消耗多少精力、健康，乃至生命。如果说过去，渔夫他要在漆黑的夜里，在怒吼的海上，为了自己的5个孩子，用自己的生命做赌注，每星期要冒一次险的话，那么，今后为了新增的西蒙的两个娃娃，就需要每星期在漆黑的大海上冒两次险！这就是穷人那坚强的脊梁！这就是穷人那个大写的‘人’！为了邻居西蒙的孩子，准备一生受煎熬，甚至付出生命的代价，这是多么不容易！这是穷人多么伟大的人格啊！”学生在我激昂的情绪感染下，也更加入情地投入到了学习之中。同时对“穷人”二字也有了更多的体会。

离下课没有几分钟了，我和学生讨论：课文第一节讲桑娜家很穷，但又说小屋“温暖而舒适”。这“温暖而舒适”是谁眼里的结论？学生说是在桑娜和渔夫的眼里。我说这个“温暖而舒适”应该是桑娜、渔夫和一切善良的人们的共同感受。“她家温暖的炉子里的火没有熄，搁板上的食具闪闪发光，地干干净净……”穷人对生活的要求并不高，而这个“温暖舒适”并不是别人给的，是他们不顾惜自己的身体，从早到晚辛勤劳动换来的。

对于这些，学生并不难理解。再追问："'温暖舒适'就是指这些吗？""不是。""请你们想一想，在茫茫的黑夜，假如是你我他，来到这儿，耳边听到那可怕的呼啸着的海风和拍岸的海浪的怒吼声，推门进入桑娜的小屋，看到明亮的马灯下，桑娜和渔夫拉开帐子，慈祥含笑地面对着西蒙两个孩子，你会有一种怎样的感觉？"

学生说："我感到很温馨。"

"这种温馨是炉火给你带来的吗？"我追问。

同学们大声说："不是！"

学生："是穷人的同情心、热心、爱心！"

"是两颗善良的心，是这个穷人家浓浓的亲情，给我们带来的暖心的舒

★上《穷人》公开课，让学生记住大写的"人"

适，这不是沙发、豪华家具所能带来的。所以这是'一切善良人'眼里的温馨和舒适，同意吗？"

"同意！同意！"

回想《穷人》一课之所以出彩，使听课老师和孩子们能留下深刻的记忆，关键是准确的情感投入。老师要首先被文本所感动，只有自己领悟到了文本的精髓，才有可能通过这颗激动的心去感动学生，细心地按照学生的审美水平和接受方式，把我们的感动传递给学生，让学生一起感动。

生活中有许许多多感人的事例，《穷人》就是作者把生活中的典型搬进了文学作品，让读者为之动容。穷人的精神感染了学生，打动了学生，一个大写的“人”深深地烙在了学生的脑海。

‖让孩子感受真实的生活

上语文课不只是让孩子们记住课本中的一个个故事，还应当利用教材让孩子们去认识自己、认识伙伴、认识身边的生活。生活是很现实的。我要让学生去感受真实的生活，或甜或苦、或酸或辣……

1986年9月10日是全国第二个教师节，当时社会对教育的认识发生了转变，对教师的地位也开始认可。在教师节来临前夕，我在天长小学六年级组织了一次很有意义的采访活动。把班里的孩子分成8个采访组，分别采访了天长小学的8位老师，他们分别是：老校长全国劳动模范李承龙、特级教师罗云仙、全国优秀体育教师项菊英、浙江省优秀青年教师金永田、全国优秀班主任郭红、中学高级教师小学音乐界的前辈陶爱凤、临近退休的老革命自然老师潘杰、孩子们的启蒙教师已经退休的范志英。我组织这个采访活动主要是希望孩子们能走进老师的生活，走进老师的心灵世界，认识老师的人格，从自身做起，向社会宣扬尊师重教的意义。

我先让孩子们拟定详细的采访计划，准备好慰问节目，记下老师的嘱咐，写下老师平凡而感人的故事，最后整理成发给亲朋好友的书信，同时汇编一张反映“尊师重教”主题的小报。

在历时近两个月系列作文训练的日子里，孩子们长大了，懂事了。孩子们到陶老师家高兴地到处看呀，摸呀。听已经过了退休年龄，却还在工作的陶老师说抗日战争流浪儿读师范、几十年做音乐教师的故事。孩子们说，陶老师上班下班想的就是学生，书架上最多的是为学生上课准备的各种各样的歌曲书，客厅里最显眼的是陶老师练习的旧风琴，家里最值钱的就是那台带电脑的录放机，我们听到的优美的乐曲怕就是陶老师这录音机录制的。

10月，我请孩子们给老师或亲人写一封信，说说这次活动，谈谈自己的感受。这时，班级中有位叫沈杨的小女孩突然对我说：“张老师，我想给中东河指挥部写一封信，行不行?”我一愣，随即问她：“你想干什么?为什么要给他们写信?”“我想给中东河指挥部写一封信，为我们范老师要房子!”她的声音开始响起来了。我心头一热，多美好的情感！我情不自禁地想起了那天晚上的情形：班里近半数的孩子到范老师家去慰问采访，去看看他们想念的好老师、好奶奶。那天晚上，孩子们表演了许多节目：唱歌、诗朗诵、说相声、演小品给范老师看。范老师噙着幸福的泪花，一边给孩子们打扇，一边高兴地说：“长大了，长大了！真的能干了！范老师真高兴!”当孩子们把两斤苹果递给她时，范老师连连说：“谢谢！谢谢！我吃在嘴里，甜在心里！谢谢同学们。”去范老师家之前，谁也没有想到范老师的家竟然会是这样！狭小的一个房间，破陋不堪。怎么都无法和“教师”这个受人尊敬的职业相对应起来。当时，孩子们嘴里虽然没有说什么，但是他们的眼神分明在说着什么！在那个星期的自由作文中，去过范老师家的学生都记录下了这天晚上的活动，可字里行间流淌的却是孩子们的不解和抱怨：“不是说教师是太阳底下最崇高的职业吗?为什么教了一辈子书的范老师竟住在这样一个鬼地方?”“广播、报纸天天说，要尊师重教，难道这就是尊师重教吗?就是这样对待我们的范老师吗?”……在学生采访的8位老师中，范老师住房条件最困难，又正好是中东河改造拆迁的对象，为此，有心的小沈杨想到了要为范老师求一套住房。多么美好的心愿啊！我想如果范老师知道这个消息后一定会很开心，尽管可能没有什么作用。做老师的就是这样，有学生的一份心意就已经满足了！中国的知识分子真的是价廉物美啊！

在引导学生认识真实生活的过程中，还需要我们精心呵护学生美好的情感，让学生的心更真、更纯。

“很好啊！不过发出前先让我看看，行吗?”我热情地鼓励了小沈杨，也希望我的学生能够用自己的笔去为他人服务。不久，沈杨把信交给了我。我一看她的信的内容，就乐了，我问：“沈杨，你是谁呀?”她瞧瞧我，好奇地反问我：“张老师，我是沈杨呀，怎么不认识我啦?我是天长小学的学生沈杨。”我逗她说：“你是小学生?张老师看了你的信后，还以为你是杭州市的市长呢!”六年级书信教学有这么一个要求：语言要得体。可她写的那封信呀，简直就像市长下命令，生硬而严肃，那可不行。我对她说：“你是一个小学生，是为范老师争取房子的，要把范老师的情况说清楚，要真诚地恳求对方，不能像市长那样下命令。否则别人才不理会你呢！记住：你是小学生，是反映情况的！”听清楚了我的意思，她也笑了。我说：“你再去改改吧。”过了几天，她改好了。信是这样写的（刊登在当年的《希望的花蕾》上）：

中东河指挥部的叔叔、伯伯们：

你们好！

我向你们反映一件事：住在下兴忠巷76号的范志英老师是我的启蒙老师。我叫沈杨，在天长小学六年级一班学习。9月6日晚上，我们到范老师家里进行慰问采访。来到76号，这是一个院落，推开门，过道里黑洞洞的，伸手不见五指。穿过过道，到了范老师的房间，这是一个不足二十平方米的小屋。一半的地板都撬起来了。屋里两张床，一个五斗橱，两张箱子上摆放的电风扇、电视机可以说是仅有的大件。一张吃饭的桌子，几张矮小的椅子，如此而已。屋里闷得像蒸笼，我们怎么也没有想到，我们敬爱的范老师竟然是住在这样的屋子里！范老师是一位有三十八年教龄的老教师，退休以后还在为教育下一代而工作。我们永远也忘不了她亲切的教导，和蔼的面容。她给我们的是知识，是温暖，是智慧，是力量。她奉行的格言是：贡献，给予。她过去是这样做，现在是这样做，明天更是这样做。她培养的学生千千万万，在战斗英雄的功绩中，在运动员闪光的金牌上，都有她辛勤的汗珠，都有她平凡的身影。三十八年来，她的学生已经为祖国建设了百余座大厦，可她仍然住在那阴暗潮湿的小屋里，默默地为祖国做出贡献。我们怎么忍心呢？听说范老师那里要拆房了，我代表她所有的学生，向叔叔、伯伯们请求：给范老师分一套舒适的住房吧，让她在那里度过一个幸福的晚年吧！谢谢！

致一个少先队员最崇高的敬礼！

范老师的学生　沈杨

1986年10月27日

小沈杨把信给我看了之后，问我：“张老师，怎么样？他们会答应吗？”我说：“你把信发出！”而小沈杨一直在期待……

每当我讲起这个故事的时候，总会有很多老师问我：“张老师，你认为孩子的这封信发出去，能有用吗？他们会给范老师安排一套比较舒适的房子吗？”我说：“肯定没有用！”“那你明知孩子的信发出去是没有用的，却还让她发出去，这是为什么？”

是啊！为什么呢？

让孩子们走进生活，它的首要任务绝对不是为了让学生寻找一些习作材料。而是要呵护儿童最美好的情感，要呵护孩子纯洁的心灵。让孩子从小就懂得要尊重老师，回报老师。这难道不是人间最美好的情感吗？第二，让天真可爱的孩子认识真实的生活。一封信就能解决老师的房子问题，那么分房子也就不成为问题了。让孩子在生活中适度碰壁，他们会明白报纸上宣传的，电视上广播、喇叭里反复叫的并不是假话。愿望的实现需要五年、十年，甚至更长的时间的努力。

至于活动中孩子们寻找到习作喷发的真情实感，动情的经历让他们的习作格外具体生动，那只是第二位的目的。

二、学语文就是为了生活

1983年国庆节前夕，邓小平为北京景山学校题词：“教育要面向现代化，面向世界，面向未来。”“三个面向”宣告以往时代的教育已经结束，“两耳不闻窗外事”已经背时。今天的语文教育再也不能把学生当作一个接受语文知识能力的容器进行训练，也不能只把学生当作现代社会某一个行业的劳动者进行训练。必须把他们当作真正的人来关怀，让语文来促进他们生命的成长。否则我们很可能扼杀学生的个性和创造性，葬送他们童年的快乐和未来的幸福。

‖味道好极了！

老师和家长经常说，现在的小孩子什么事情都不肯干。其实，这是大人给惯出来的。小孩子天生是爱劳动的，我孙女三岁时都很爱帮大人们做事："爷爷，我给你拖鞋。""爷爷，我给你敲背。"看到奶奶在擦地板，她也会趴在地板上，用面巾纸努力地擦。爱劳动是孩子的天性。只是现在是独生子女舍不得让孩子干活，因为现在孩子学习压力大，作业负担重，家长不敢也不忍心再让孩子们劳动做家务。

我在天长小学组织过一个写作兴趣小组。前来参加小组的学生，多数是老师和家长的意思：张老师教作文挺好，参加这个小组又不用交钱，很实惠。然而学生参加后对于写作并不太积极，你发讲义刊登同学们的习作，讲评作品挺来劲。知道下周是写作文，嘿，就会溜走几个。对此，我也不大满意。第二年，我就将这个小组更名为"写作烹调组"，对学生说："张老师教你们烧饭、烧菜，顺便教你们写文章。"这下学生兴趣盎然，报名十分火爆，包括那些根本不愿意、又不会写文章的孩子。他们的报名是冲什么来的呢？——学烹调。小孩子在家里想学着烧菜、做饭，可是爸爸妈妈不同意，怕孩子弄脏衣服，烫伤手。现在老师把这个机会给他们了，他们怎么会不高兴呢？

孩子们参与活动的热情可高了。他们省下零用钱分头行动，从自己家里拿来了煤炉、煤饼，到店里买来了菜油、酱油、糖等。我则努力让孩子们从买菜、洗菜、烧菜、吃菜的整个过程全程介入。记得有一次，让他们学烧糖醋排骨。事先安排两个女孩到龙翔桥菜场的肉摊去买仔排。目的是要让学生走入菜场，走入生活，体会家长每天的辛苦劳累。我一本正经地告诉孩子们：洗净的仔排应该怎样剁成一寸见方的肉块；怎样包面浆；锅里的油要到什么状态，排骨才可以放下去；第一次煎好了，捞起来，为什么还要第二次下油锅；炸好了以后该怎样来配糖醋的汁；最后还有什么程序等等。孩子们围在我的身边，兴致勃勃地看我边说边做。做好这道菜后，他们都一拥而上"抢"着品尝。哪怕是在家里从来不吃肉的孩子，那天也都过来尝了，还连声说："好吃！好吃！"回家作业是什么？在爸爸妈妈的支持下，试试做一回糖醋排骨；按照自己的兴趣，可以写买菜，也可以写洗菜，还可以写张老师烧菜，同学们一起吃菜；可以是记叙文，也可以把小组活动的情况写封信告诉自己的亲朋好友，还可以是说明文——糖醋排骨制作说明。这样的兴趣小组活动，孩子们乐颠颠地来参与，兴冲冲地回家去实践，既完成了烹调学习的任务，又很自然地完成了习作。

还有一回，我请以前的一位学生——现在是望湖宾馆的点心师，来教孩子们做花式饺子。孩子们都很投入，认真地看师傅怎样打肉酱，怎样做花式饺子。当师傅把花瓶饺子、眉毛饺子、金鱼饺子等各种花式的饺子都做好后，孩子们的手都痒痒了，恨不得马上亲手去做。那个半天，孩子们都学会了怎样包花色饺子，而且兴致特别高。活动结束后，我说："今天的回家作业是在爸爸妈妈的支持下，包一回花式饺子。下个星期，我们要进行交流。"第二个星期，有七八个孩子说回家完成了包饺子的作业。其中翁彦博非常自豪地说："我包了70只花式饺子。"我很感兴趣地问："你吃了几个？"他开心地说："我没吃几个。"我笑了："嘿，你包的饺子不行。"他一听就急了，连忙申辩说，他住在妈妈的中学宿舍楼里，他这70只花式饺子烧起来后，隔壁的叔叔阿姨们都赶来吃了，给他留下的就只有几个了。我问："那味道怎么样？"他学着雀巢咖啡广告的口吻，很得意地说："他们都说——味道好极了！"

学期结束，学校兴趣小组要进行学习成果汇报，小组的同学人人都学会了炒面、蒸蛋、做荷包蛋，还额外制作了用杜甫诗句命名的菜"一行白鹭上青天"、"门泊东吴万里船"。其中最出色的一位同学一人做了六七道菜，有狮子头、蛋片做的花色拼盘等等。这些色香味俱全的作品受到了观看同学的啧啧称赞。我们的写作烹调小组在全校老师和兴趣小组代表的投票中被光荣地评为最佳兴趣小组。

从写作兴趣小组的"打烊"到"写作烹调组"的红火，我明白孩子们感兴趣的生活才是他们最好的写作素材。作文不仅是学写作，还能促进品行和劳动技能。孩子们喜欢尝试新鲜的事物，学烹调可以让他们在劳动中学习，享受生活的美好。在“写作烹调组”的整个活动过程中，孩子们体会到了365天爸爸妈妈做家务的辛劳和爱心；学会了烧菜、包饺子等基本生活技能；学会了讨价还价、合理计划用钱的理财方法；学会了同学之间的分工合作，互相谦让；在分享劳动成果的过程中，领悟到了“给予也是一种幸福，分享也是一种快乐……”这种从交往中所获得的生活体验，恰恰是“有话可说”的前提。更重要的是，我们的“写作烹调”组，给了孩子们一个非常宽泛的话题选择空间。孩子们可以写买菜、洗菜，可以写自己烧菜或张老师怎么烧菜，也可以专门写我们大家吃菜的那种感觉，那种味道。从文体上说，可以是记叙文、说明文，也可以是诗歌。这样就做到了“人人有话可说”。正是在这样的宽松的写作环境中，我们兴趣小组开办没多久，一位男生撰写的一篇关于洗菜、烧菜的文章，就在《钱江晚报》上全文刊登了。

‖三点新意

孩子天性都是向上的，都是热爱生活的。关键是我们成人世界要给他们提供可以展示的舞台，要顺应他们的天性！这样的学习和生活才是学生所喜爱的。

孩子们感兴趣的生活才是他们最好的学习素材，才能成为他们对生活的一种享受。语文就是要回答孩子们的许多问题，离开了学生喜欢的、需要的生活去写作，作品必将是苍白无力的。

这是当年刊登在四年级《希望的花蕾》上的学生唐静芬的作文：

为什么春天池水会变绿？

冬去春来，万物苏醒，草儿发芽，花儿开放，真是生机勃勃。连我们学校的喷水池也变绿了。这是什么原因呢？

我从池里舀了一杯水，发现里面有许多水草、水藻和正在游动的小虫。我把水草拿出来，水淡了点；把水藻拿出来，水更淡了。把水草和水藻放进去，水又恢复了绿色。喔，我明白了，水变绿的原因是因为水藻、水草、微生物把池水映绿的。

那么，冬天为什么水是灰蒙蒙的呢？我又是问老师，又是查阅书，终于领悟了其中的一个道理：冬天，水草、水藻在留下它们的后代——种子后，先后在寒风冰水中冻死了，微生物也冻死了。剩下的躲在池壁的缝隙里。死了的水草和水藻微生物的尸体全腐烂了，因此池水就搞灰了。到了温暖的春天，水又变暖，剩下的种子开始成长，剩下的微生物大量繁殖后代。没多久，水草、水藻和微生物全长大了，是它们使喷水池的水又变绿了！

我明白啦，观察、提问和读书是我们学知识的好办法！

一个生活问题引发了这位学生的观察、研究和思考。这篇习作就是孩子探究学习过程和结果的记载。孩子们的问题，其实本身就是促进他们成长的机会。唐静芬为什么会写这个？就是那年她问的一个问题。“老师，为什么西湖的水春天绿绿的，冬天却是灰蒙蒙的？”我既不大包大揽，把解问的责任都揽过来，也不讨厌孩子的“十万个为什么”。我肯定问题，引导孩子解决问题的方向，但是解决问题的义务也主要让孩子们自己承担。我当时说：“问得好！你还是第一个问老师这样的问题的。你是一个有心的孩子。其实不光西湖春天绿，冬天发灰。我们学校‘飞向明天’塑像下的喷水池的水也是这样。你从研究喷水池开始吧。不懂去查查资料，问问爸爸妈妈和常识老师。最后把答案写出来告诉我好吗？”

有的孩子提出：“钢笔为什么能写字？”“海洋中的剑鱼为什么能把渔船戳个洞？”这许多生活问题，都是孩子们探究实践的好题目。也正是这探究的过程让孩子增强学习科学的兴趣，增强了对伙伴的了解，触发了解决问题的灵感。最后他们通过查找资料写成了小论文，还都获了奖。

“作文与生活”相联系，这已经是一个说得口干舌燥的老话题了。有不少人认为，作文和生活相联系，是解决学生作文没有内容可以写的好办法。我认为今天应当赋予它时代的新含义。

必须将作文教学与活生生的社会生活紧密联系起来，打破旧的自我封闭式的教学模式。

第一，学校是社会的细胞，要使学校变成学生学习、生活的第一场景。孩子学习、生活不是走出校门才发生。课程就是浓缩的生活，课程就是孩子接触的间接世界。如果说，以前的教育教学是“三人转”，教师、学生和课本，那现在的教育教学就是“多元铿锵行”，教师、学生、课程和网络。我们在学生迈入学校开始，就承担了让孩子们自主学习、生活的任务。

第二，首先是走进生活、学习生活，然后才是习作。作文与生活联系，不仅要让学生从五彩的生活中去挖掘取之不尽的写作训练素材，提高审题、取材、观察、表达能力，首要的是要让学生走进沸腾的生活，去认识生活，学习生活，提高思维和认识能力，锻炼个性，全面发展儿童的素质。作文教学不应当再是一个自我封闭的闭路电视，不应当再局限于将阅读获得的语言能力转为习作表达出来，它的整个教学过程就是要让学生观察、认识生活，学习表达生活的开放过程。

第三，引导学生用手中的笔积极地去干预生活。作文与生活相联系，我们的语文教育教学中，学生并不都处在被动的位置。尽管小学生年纪小，他们的心智发展水平不高，小学生的作文是习作，但是他们依然是未来的公民，是国家的小主人，他们完全可以用学到的语文本领去积极地发表见解，干预学校、社区和家乡的生活。只有这样，作文与生活相联系的开放教学，才能在提高学生语言素养的同时，有效地增强责任感，树立起主人翁意识。

语文当然要让学生牢固地掌握语文工具，但还需要唤起学生的民主意识和社会责任感。时代呼唤现代化的中国，呼唤文明、科学、民主、繁荣的中国，可是千千万万的中国人却不会用语文赋予他的说和写的本领去行使自己的民主权利，维护自己正当的利益。

我要让学生用自己手中的笔去弘扬正气，去揭露、批判不合理的事，让学生从小懂得自己是社会的小主人。

‖ “嗨，我收到了红头文件”

1986年5月，班里组织了一次查找错别字的活动，进行了一次系列作文训练。当时全班学生都满腔热情地投入到活动中，走上街头，从商场海报、广告、宣传标语中去寻找错别字；从书报杂志中去搜寻错别字；从电视广告中去寻找。整个搜寻错别字的工作几乎涉及了所有方面。活动中让学生向有错别字的单位发出整改信，这是第一次让学生用自己的笔去积极地干预生活，干预社会。学生听了睁大眼睛，说："我们是小学生，我们的话，他们怎么会听呢！"说真话，我也没底。但我是老师，我告诉学生："只要是中肯地提出建议，他们会回信的。当然要所有单位都回复，是不现实的。他们回不回信，很重要的一点就在于你的信写得怎样。你写得不好，人家根本就不会来理睬你；写的信有理有据、中肯真诚，很有水平，那么他们为什么不回信呢？"学生开始反思，互相商量，每写一封信都显得非常地慎重。

而我们一直在等待……

过了两个星期。中午，我刚走进校门，传达室的大伯就叫住了我，说有我们班学生的信。啊！盼星星盼月亮，总算盼到了！我仔细一看，是当时杭州市最大的解放路新华书店的回信，同时还送来了六本彩色连环画。上课后，我走进了教室，扬了扬手中的信，高兴地对学生说："你们不是说我们是小学生，写的信没有人会在意吗？今天张老师就收到了一封信，他们给我们学生回信啦！"学生一听这个消息，一下子热闹开了，大家纷纷猜测是回给谁的。等我打开信纸，准备读信时，教室里马上变得鸦雀无声，所有学生都坐得端端正正。当我读到"钱嘉陵、虞汉胤"两位学生名字时，所有学生都向他们投去了钦佩的眼光，而他们俩更是激动万分。尤其是当我读到"为表谢意，寄上六本连环画册"时，其他学生更是羡慕之极。我接着说："这六本画册给谁呢？政策非常落实，谁写的信就给谁。下课以后请钱嘉陵、虞汉胤两位同学到我办公室领取，每人三本。"听到这儿其他学生都鼓起了掌，而这两位学生更是满面春风，不仅第一个收到回信，还能得到连环画册，怎能不得意呢！看着他俩的开心样子，我说："先别急，他们还有几句话要告诉你们。'我们也向嘉陵同学指出在来信中的几个错别字：意建的'建'应为'见'——意见；勿必的'勿'应为'务'——

务必。祝你们进步！'”我一读完，全班哄堂大笑，钱嘉陵的脸一下子红到了脖子，恨不得有个地洞钻进去。人家橱窗中有个字“学”的读音有误(xue 变成了 xne)，马上纠正，为了表示谢意还送了六本书，可自己反而有两个错别字，这怎么说得过去呀！第一次的回信不管是对钱嘉陵同学还是对其他学生的促动都是非常大的，他们明白了：书信是生活交际的需要，写信要尽量减少错别字，既是对自己负责，也是对对方负责。

第一次尝试取得了理想的效果后，我和学生的胆子都变大了。我就这样告诉学生：“以后你们觉得什么事情很好，需要表扬，或者发现不良的现象需要批评，不需要再找张老师，你们可以直接通过书信与对方沟通。只要你们认真地分析情况，努力写好信，对方就很可能会给你回信。”没多久，就又有几位学生陆续收到了回信。其中赵军给杭州市委、市政府写了一封信，反映古荡小区噪音大。结果杭州市委、市政府把这封信批到了西湖区委员会，西湖区信访办公室专门就古荡小区噪音大这个问题作了调查，并郑重其事地发了一个红头文件给了赵军同学，对他在信中提及的问题一一作了回复，并提出了具体的整改措施。陈凯给杭州市市政设施管理处去了信，反映了中东河再次被污染，对管理处提出了批评意见。对方也很快来了回复，并提出了加强保护和治理中东河水质的具体办法。另外还有学生发现了报刊中的错误之处，也纷纷去信反映情况，结果大部分学生收到了回信，对方都中肯地接受意见，并向这些学生表示感谢。2003 年杭州小营小学校长特级教师王莺执教五年级作文《心的建议》课时，当场把学生对杭州市旅游环境的批评建议，通过宽带网，向杭州市人民政府有关部门发出。当屏幕出现市政府的“收到、已经编好号”的电子回复时，孩子们不禁兴奋地鼓起掌来。

当我们的教学由课堂走向生活交际，当孩子们用天真稚嫩的笔触关注我们身边的生活和社会发展进程时，他们获得的还仅仅是作文的收益吗？他们还只是在奉命完成老师的教学任务吗？当赵军拿到中共西湖区委员会发给他的文件的时候，他心里必然会涌动起一份激情和骄傲，他相信老师平时说的“人民政府为人民”是正确的；老师平时说“我们是祖国的小主人”并不骗人；爸爸工作十多年从没有收到过这样的信件，我收到了！孩子们在活动中都会感动：我们只是普通的小学生，然而市委市政府、大人们居然这么郑重其事地把我们的信当一回事来做。此时，一种主人翁的自豪感便会油然而生，一种小主人的责任感便会跃上心头，一种成功的喜悦之情便会充满心间。

写作和生活真实地亲密接触，足以让孩子们感到骄傲和振奋！由此，学生对为什么要学语文，为什么要学作文的认识会有质的飞跃，他们会把学习与生活和社会挂起钩来，他们会认识到学语文，不只是为了考试，而是用自己学到的知识去认识社会，在力所能及的范围内积极地干预生活，更多地为社会服务。

把作文教学融入儿童的生活，使写作成为快乐的童年生活的组成部分。让学生用自己的笔去干预生活，把社会融入学习之中。应生活的需要而作文是愉悦的，如果只为了作文而生活将会是痛苦的。我想学生语文学习的目的也就在于此吧！

三、用两种眼光观察世界

一个人应当有自己的想法。有自己的想法还得学会认真地倾听他人的想法，要学会倾听和思辩，吸收和扬弃。不会倾听和兼容的人，最终可能会成为落伍者。有自己的主见，又敢于吸收他人的想法，发展会更快，道路会更宽。这就需要让我们的孩子从小学会用两种眼光观察世界。

‖欣赏他人是人品

独生子女有十分鲜明的特长：开朗、自信、聪明、不迷信。但也有明显的不足：以自我为中心，不会等待，不善于合作；不愿意动手，实践能力不理想；不善于欣赏他人，往往是善待自己的不足而不能包容他人；习惯于家人围着他们转，而不大能主动关爱他人。因此学校必须要让孩子学会欣赏、学会等待、学会合作。

记得有一次我上公开课《航天飞机》。孩子们发言很积极，独生孩子总是想表现自己，却不太乐意倾听别人。有一个孩子回答“航天飞机同普通飞机相比，有什么不同？航天飞机同火箭相比，有什么不同”的问题，说得很精彩。可是当他坐下后，王冬把手举得老高。我请他站起来，结果他说的第一句话就是：“他的回答是错的，我不同意。”还没有等我发问，他就像机关枪一样把自己的回答全部发射了出来。令人啼笑皆非的是，他说的竟然和前面的同学是一模一样，我就问他：“你说的不是和他一样吗？你怎么能说他错了呢？”听我这么一问，同学们都笑了，他挠挠后脑勺，不好意思地说：“张老师，我刚才没有听清楚。我只想发言。”

孩子们不善于欣赏别人，我觉得家长有责任，教师、学校也有责任。我们以往的语文教育比较关注结果，而不关注学习的过程。常常有这样的情况，学生第一次读课文，响亮正确，只是加了一个字，或者有一个字音没咬准。老师往往不在意引导学生欣赏伙伴的长处，一出口就是：“听听有什么问题？”我的天！孩子第一次就读得这样，很不错了。假如全班的读书都处在这样的水平，教师绝对应当庆幸遇上了语言智力的天才班。可惜我们忽略了欣赏伙伴的引导，不太注意在学习过程中渗透情感态度价值观的教育，缺乏“润物细无声”的本领。

有一位老师上第一册小学语文《夏天》，在孩子们开始读书展示时，她不失时机地引导着，“学会倾听别人读书，这是很好的习惯”。让想读书的学生自己选择读一段，其他学生准备评价。一个学生读完了，老师问：“谁想说？”一个女孩大胆地站起来说：“我最欣赏她站起来读书的样子！”还有一个男孩在下面急切地举手想发言。“你想点评？”学生起来说：“我想读。”教师笑着让他读书，然后又问：“这段刚才已经有人读过，你为什么迫不及待要读？大家猜猜。”学生说：“他好像在和×××同学比赛。”“他读的，大火球好像是真的。”“他读的风来了，雨来了，读得真好，棒！”“读得好像真的一样。”……

其实，在小学生眼里教师还是神圣的，学生热爱老师，敬佩老师。只要我们注意引导，孩子们还是能欣赏他人的。一位老师在教《现代小学语文》第八册《青蛙与蛇》一课，在个别学生读书前，有意识地问：“他在读书，我们该干什么？”引导学生做好倾听前的准备。教师引导，让学生说说他哪些读得比你强？欣赏的方向明确。学生对同学的欣赏评价就会变得积极。有孩子说：“他读得很好，读出了青蛙的担心。”说完，还学着同学的样子重读一次。学生听了接着说：“他把‘眼泪一下子涌出来’读出来了。”教师抓住表扬：“你说得好，刚才他也读得挺好的。”学生就是在这样积极欣赏和评价的过程中，获得了成功的快感，激发了读书的热情。

让孩子们学会欣赏他人，就是教孩子们学会吸收营养。特级教师曹晓红在上五年级现代小学语文第九册《一粒豆粒》时，引导孩子们通过欣赏同伴的朗读促进对文本的理解。在学生充分自由读书的基础上，个别学生读儿子留给妈妈枕头边的那封信。同学们听了说，她读出了儿子的内疚，“妈妈，实在对不起，我没有照顾好弟弟”。他想为妈妈分担，可豆子没有烧好，他就内疚；他想妈妈教他煮豆子，帮妈妈做更多的家务事，他很有责任心。有的孩子说：“我帮助过弟弟妹妹，没有像他那样。他态度积极，今天失败，但是明天他一定要学会烧好豆子。‘妈妈，明天早晨不管您起得多早，都要在走之前叫醒我，再教我一次煮豆子的方法，好吗？’她读出了自己的感动。”……孩子们在欣赏他人的同时，丰富了自己的文本认识和情感世界。欣赏真是一帖良药！

让小学生学会用两种眼光观察世界、观察别人、观察自己很重要。

第一种眼光是欣赏。欣赏他人不仅是一种水平，更是一种善意，一种人品。只有学会欣赏他人，才可能有合作的基础。一个人不管怎么能干，如果不愿欣赏别人，不能欣赏他人，那他一定是孤独无助的。独生子女，亲人都围着他转，孩子更愿意宽容自己，而不愿意包容别人。他们能找到十条八条自己的长处，却不愿意承认别人的优点。只有学会真诚欣赏别人，才会吸取别人的亮点使自己更靓。

‖ “请你们来当小老师”

要让学生会欣赏别人，还要培养学生用批判的眼光看待事物。一个可持续发展的孩子，应当学会第二种眼光，那就是不盲从，敢于和善于发现问题，反思与批判的眼光。这要有锐气，要敢于发现自己、他人（包括老师和名人）的不足。真心欣赏与敢于批评，这两种眼光是两种品性，更是两种能力、两种素质。

教育的发展，往往体现在孩子自身的发展。培养孩子们批判的眼光，从不迷信课本开始。我设计《春花》的教学就是想通过实例，在全班确立一种新的读书态度。

那是20世纪80年代初的一天，我在天长小学礼堂执教第十册的《12 春花（习作例文)》这一课。《春花》是当时五年级语文课本上的习作例文，是上海的一位红领巾的作品。孩子的习作是清新的，学生容易接受和学习，但孩子的作品自然会有这样那样的缺憾。在教学中，我把激活学生的批判精神，发现寻找文本的不足，培养“读书、爱书、不迷信书”作为一个重要的教学目标。

上课就开门见山，提出了这节课的要求。让同学们做一次老师，自己拿起笔，仔仔细细地反复读读画画。把书上用得好的词语圈出来，写得特别生动特别有味的句子用浪纹线画下来。可以在书页的空白处，写上批注。书中看不懂的地方可以画下来，准备提问；对文章中不满意的，觉得小作者表达不恰当的地方也可以提出批评。”这样的上法，学生觉得刺激有趣，投入得特别认真仔细。而满礼堂的教师却一脸雾水，疑惑地注视着教学的进程。让小学生当小先生，把发现、查找课本的纰漏作为课堂教学的一个重要环节，公开地肯定学生对教科书的批评。这样离经叛道的研究课在20世纪80年代上，自然会像投了一颗炸弹，在老师们中间引发议论。让孩子大胆对教材进行鉴赏和评定，这样的课在当时那个年代还没人做过。这不是课堂动态生成的某一个偶然，它是教师预设的一个重要教学环节，目的就是要引导孩子读书既要努力注意吸收，又不要迷信，可以对书本提出批评。

随着孩子们独立的读书画找，小组的相互讨论研究，孩子们的学习热情越来越高。全班交流时，孩子们手举得很高。对小作者的选材他们很佩服。李静说：“文章中的3个故事‘捡回我的一只破袜子’，‘夺过我要倒掉的一碗泡饭’，‘借给坦克一根新扁担’，选的都是真实会发生的事情。”吕斌说：“文章一开始写春花‘捡袜子’、‘夺泡饭’的小气，后面再写她大方借人家新扁担，文章很有看头。”徐敏认为：“我觉得习作开头写的也不是春花真正的小气，而是用这些写她的勤俭节约。这样的写法我过去没有看到过，这很有意思。”在交流中，习作的积极意义，特别是这篇文章形贬实褒、先贬后褒的写法，在同学们当小老师，主动的学习讨论中已经逐步理解了。

第一个提出问题的是黄怀球，他说：“张老师，课文最后一句‘想到这里，我一把搂住已经睡着了的春花……。’这结尾句怎么用了句号又用省略号？”我暗自高兴，为在这样一种教学氛围下学生能大胆地用批判的眼光去审视这篇课文而高兴。“你的意见是什么？”“我觉得这两种标点符号只需要用一种。”郑萍插嘴说：“我认为应当用省略号，这样读起来使我们可以继续想下去。”“对！应该用省略号。”许多孩子应和着。沈亮眨巴着眼睛说：“张老师，结尾句是点题句，说‘春花并不小气，在她身上，有一种发光的东西，这就是我国劳动人民勤俭节约，艰苦奋斗，爱国家、爱集体的好思想呀’。这书上春花的‘勤俭节约’我们是看到的，‘爱国家、爱集体’也可以说有。可‘艰苦奋斗’概括得好像不对。一只袜子、一碗泡饭和一根扁担，都讲她怎么‘勤俭节约’，课文没写她的‘艰苦奋斗’呀！”学生们七嘴八舌地说着同样的意思……

让他们质疑问难，尝到发现的乐趣，激发创造的欲望。培养质疑问难的习惯和能力，是培养学生发现力、思辩力和批判力的重要方式。学生并不需要像评论家那样评判。某种时候甚至不要拘泥于孩子批评的对错。我需要的是激活一种理念：书是供我们读的，不是让我们供奉的；要站着读书，而不是跪着、趴着读书。

有第一次，就有第二、第三次。课堂上我鼓励学生的创见和批评，尊重他们的情感和意见。上《桂林山水》时，学生认为课文中描写漓江水的一段，前面写“漓江的水真静啊，静得让你感觉不到它在流动”；后面又讲到水的静，说“船桨激起的微波，扩散出一道道水纹，才让你感觉到船在前进，岸在后移”。可以调整句序，合在一起写。先写水的清和绿，再写水静，这样更好。真是初生牛犊不怕虎。孩子的意见当然是写法的一种选择，我没有指责学生的狂妄无知，而是衷心赞扬学生的创见和自主意识。

让学生质疑问难主要不是要学生有什么语言新发现、新创造，而是让他们去独立思考，去发现。尽管他们发现的是前人早已发现的。但独立思考发现的过程，是区别于他人的，独特的。我们要让学生明白：独立思考本身就非常有价值，它主要不表现在结果的新异上，而是表现在独立思考的基础以及个性化的思考过程中。

‖爱老师不迷信老师

书都不能迷信，对老师更不需要迷信。那天有个年轻的老师来我班听课，听完课他告诉我有一个字写错了，我当即向他表示感谢。事后我问学生有没有发现老师有地方错了？很多孩子竟然表示早看到老师有个错字，他们怕塌我的台而保持沉默。我遗憾地表示今天只能表扬那位听课老师了，老师不是神仙，是大活人，完全会出错。世界上只有死人和不会说话的人才不会说错话，以后可要注意及时提出意见。

不久我又承担开课任务，接待外省来的教研员，上《我的心事》。我让孩子看拼音写词。一会儿，刘凯军同学举起了手，我以为他看不清，需要我的帮助，我走到他的身边，他对我说：“张老师，你有一个拼音写错了”他这一说，我忙转过身去看。可一着急，怎么也找不到错的地方，我就问他：“什么地方错了？”“说话算话的‘算’的拼音错了。”啊，忙中出错，把 suan 写成了 snan。我走过去改正了。这时孩子们都在低头做作业。有两种处理的方法可以选择。一种是改了就算了，还有就是公开认账。我选择了后者，等孩子们校对词语后，我对同学们说：“我要表扬刘凯军，他指出了老师拼音的错误，谢谢！我检查不仔细，向大家说一声很抱歉。”

教师做的和说的一致，孩子们才会相信老师说的是真话，让学生明白老师是人不是神，谁都会出错。一个好学生应当爱老师、尊敬老师，但应更爱真理。这是人的一种基础价值观，对于孩子们今后的成长绝对有意义。如果10年、20年后，我们的公民都能这样，那种惟上、惟书、阿谀奉承的歪风就会终止，“十年浩劫”这样的民族灾难就不会重演，中国社会的民主化、科学化将会真正实现。

四、自找苦吃才算长大

俗话说，人要一张脸，树要一张皮。最近几年，社会、媒体、学校到处都在宣传要理解孩子、关爱孩子。这出发点倒并没有什么错，可是我觉得剃头挑子一头热，恐怕效果不会好。一个人只希望别人理解自己、宽容自己，以为别人为自己吃苦是天经地义的，自己倒是不必关注他人的感受，理不理解他人是无关紧要的。不感恩自己父母的抚育之情，不理解老师培养的艰辛，不尊重社会为自己的付出。这样的孩子怎么可能真正拥有自尊、自信、自爱？又怎么可能真正赢得他人的尊重和信任？没有规矩的呵护不是爱护而是溺爱。酸甜苦辣咸是人生的五味，只有经历过，才是完整的人生。一个人吃不得苦，受不住挫折，不是福而是祸。

在农村，三月有农家用刀砍桃树的，将树皮砍得一道道，伤痕累累。为啥？为了帮桃树积聚营养，不白白地耗费营养，为了他日长出满树的果实。日本孩子从进入幼儿园就开始进行磨炼，大冬天，那些稚嫩的女孩子个个都穿着呢裙子入园，不允许穿棉衣棉裤。这不是日本幼儿生理有什么特异，他们也是经历了许多次的发烧感冒，才慢慢适应的。这是因为日本民族认同经历苦难才能成长的哲理，幼儿园才得以实施。

树之所以能长成参天大树，是因为它经受了风吹雨打和严寒酷暑的考验。温室里的花尽管很鲜艳，很诱人，但它们却是那么地脆弱，与野外的花草相比，显得那么弱不禁风。而我们的学生呢，假如不有意识地让他们经受挫折吃些苦，恐怕更多的会是长在温室里的花儿。我始终认为教育不仅仅是知识的传授，更重要的是让学生学会做人，学会直面困难与挫折。

天长小学我带的最后一个班有个全校有名的调皮孩子，刘凯军。父母在澳门，他跟着外婆在杭州读书。孩子特别胖，走在路上，别人都会多看他几眼。在学校里，几乎每天都有老师和同学来告状，他不是作业偷懒，就是捉弄别人。说真话，很让人头疼。不断地和他磨，不断地规范他。他人长高了，也慢慢懂事了。

记得六年级预习老舍先生写的《养花》一课时，他提了一个问题："老舍先生'腰酸背疼，热汗直流'累得要命，怎么还会说是一种乐趣呢？"我想，如果孩子们的情感位置与老舍先生的情感相差太远，而我如果又想不出合适的办法来缩短这真实的情感差距，那么学生参与的积极性和学习的有效性必然会受到影响。

事情也真巧，到了上课前一天，下了一场罕见的大雨，天长小学门口积满了水。第二天早上到校时，我发现刘凯军和班里很多男同学卷着裤腿，赤着脚，在背一年级的小同学到大楼去。这些男孩子虽然裤子上溅满泥水，额头上满是汗珠，但仍是背得不亦乐乎。我当时心头一热，直觉告诉我上课的难题可以解决了！孩子们的生活基础有了！只要让孩子们打开情感记忆大门，讲述自己劳动的体验，把他们的生活世界和书本世界沟通起来，就能理解老舍先生所说的劳动的乐趣了。

上课时，当我讲到"腰酸背疼、热汗直流也是一种乐趣"时，问："刘凯军，今天早上你在背小同学，裤腿被泥水溅脏了，脸上也渗着汗珠，也是'腰酸背疼、热汗直流'，你当时是什么感觉？"他说："我当时非常高兴！""大雨后，赤脚背小朋友进大楼，又脏又累，你怎么会很高兴呢？"我接着问。刘凯军晃了晃脑袋，非常兴奋地说："虽然我又脏又累，但小弟弟小妹妹却一点也没有弄脏，而且他们一个个还甜甜地对我说'谢谢大哥哥！'呢！"听了他的话，我就趁机引导："看来老舍先生也跟你一样，虽然搬花累得腰酸背疼、热汗直流，但花却因此而安然无恙，因而他仍然觉得很有乐趣，你说对吗？"听我这么一说，刘凯军若有所思地点了点头，坐了下去。其他那些参与背低年级小朋友的孩子，脸上都情不自禁地露出了笑容。我又以班级开展的烹调比赛为例。我说："蔡虹，上次包馄饨，你是组长，当你在走廊里忙好后进去吃馄饨时，发现只剩下两个了，你当时什么感觉？”蔡虹说：“我愣住了，我还没吃，怎么把馄饨吃光了？但同学都说不知道我还没吃，以为我边烧边吃，早吃过了。他们都说我烧的馄饨实在太好吃了，他们吃了还想吃，要是我再晚点进教室的话，恐怕连这最后两个也会被吃光了。听他们这样一说，我马上由不开心变为高兴了。因为同学们喜欢吃我包的馄饨，我的劳动没有白费。如果他们都不喜欢吃，桌上都是没人要吃的馄饨，那我会很失望的。”我顺势说：“老舍先生分花给别人正是与你一样的感觉，看友人欣赏和分享自己的劳动果实，心里自然特别欢喜，你觉得是吗？”这时蔡虹一下子明白了，说：“是的，张老师，老舍先生分花给别人和我当时的感觉是一样的！”

那个星期，孩子们写自由作文，刘凯军写的题目是《自找苦吃才能说已经长大》。他在文章中写到：“人生甜酸苦辣咸，五味俱全，只有当一个人能自找苦吃时，他才有资格说‘我已经长大’……”看了他的文章，我被震撼了。一个来自澳门的小淘气，一个在校吃饭都嫌菜差仍要外婆送大排的娇孩子，一个不喜欢劳动的孩子，现在却认识到了苦是人生的一味，人生不可能没有苦。从怕苦到愿意自找苦吃，我实实在在被这小淘气感动了！

到了六年级毕业时，刘凯军的父亲希望他回澳门去继续学习。但刘凯军还想留在杭州，恳求给他一个去杭州外国语学校报名的机会。为了给他争取这个学习的机会，我很大胆地给当时省教委副主任写了封信：

“您好！首先请原谅我的冒昧，为了一个小学生的小事来打扰您。我是天长小学教师张化万，现任六年级班主任、语文教师。我班有一位学生叫刘凯军，是澳门户口。父母均在澳门工作，他自己也有澳门居住证。但本学期开学以来，孩子和家长多次表示要继续留在杭州读书，想到杭州外国语学校就读，哪怕是出钱当旁听生也可以。我认为该生想在大陆接受教育，总还算是爱国的。他的语文、数学水平及思想道德表现都不错，可列为班级的优秀生。但外国语学校以往从未碰到过类似情况，表示无法决定。丁主任，我想从统一战线，一国两制的角度考虑，让港澳学生报考以致入学就读外国语学校，在政治上和宣传舆论上总还是利大于弊的。我恳请您给予关注，如入学旁听不行，那么是否给他一个到外国语学校报考的机会？如果不合要求，再刷下来，这样比较好些。恳请您，作为特例，增加一个报考外国语学校的名额，以便我更好地做学生和家长的工作……”

领导收到我的信后，立即写了批条给当时的外国语学校校长，“建议让此生考一次，作特殊处理”。

后来，刘凯军还是回澳门读中学了。但他曾写过好几封信给我：

“……离开母校一个多月，非常想念同学和老师……考试结果出来了，我的数学一百分，语文九十，英语及格，录取进校。八月二十八日买书，九月一日便进校举行开学典礼，然后上课。……数学、语文在杭州基础打得好，实在应该谢谢老师辛勤教育我。——考进濠江中学 1990.8.1”

“……期末考，我十三门功课，平均 81.3 分，是班上的前十名。过了春节，我决定更上一层楼，把我的成绩拉到前三名，操行上升到 A……祝您春节愉快！——您的学生：刘凯军 1991.2.24”

……

1991年的暑假，刘凯军突然带着礼物来看我。听到他说很想念老师和同学，我非常高兴，但我又责怪他干嘛花钱买礼物。没想到他说，这次回来，路费以及所买的礼物的钱都是自己打工赚来的，因为他的父母反对他在这么热的天气下回杭州，坚决不出回杭州的花费，除非他自己去解决。因此，为了能够回杭州一趟，他在澳门打了一个月的工。看着他那张仍是胖乎乎的、充满稚气的脸，我怎么也找不到当年那个调皮、怕苦的刘凯军了。我心里真是欣慰，我觉得他真是长大了。

在 2002 年，我又意外地收到了他寄来的明信片和神气十足的照片，上面写着：

敬爱的张老师：

我是刘凯军。上外（上海外国语学院）毕业后，我考进了北京大学光华管理学院，成为2000级的国民经济学硕士研究生，现在是三年级。很久没和您联系，请谅。新的一年即将来临，祝您身体健康，心想事成！学生凯军　2002.12.19

这使我感慨万千！我们现在的教育，非常注意对孩子的宽容和照顾，但如果一味地讲宽容，只给孩子营造舒适的生活环境，让他们远离苦痛和艰辛，一定造就不了完善的人格，一定不会造就英雄。教育的本义是促进人的全面发展。能直面困难和痛苦，是健康的人生存和发展的需要。当他有这种认识和胆量的时候，才算真正长大。否则我们培养出来的可能只是温室里的花朵，是经不起风吹雨打的。如果我们现在不让孩子们接受“苦难”，那么他们长大后真正经历苦难时，还能经受得起人生的历练吗？

五、自信是人的脊梁

面对困难与痛苦时，人需要自信。人的一生都会碰上幸福的列车，人的一生也可能遭遇无法预料的灾难。自信是一个人迈向成功的必备条件，培养孩子的自信，成了我语文教育过程中坚持不懈的追求。

当老师的最大愉悦莫过于在节假日捧读孩子们的贺卡、书信和依妹儿。1988年的元旦，我曾经教过的语文高材生周克歆给我寄来一张明信片，她在明信片上这么写：

张老师：

您好！谢谢您给予我们的教育和指导。前几次考试，我的语文成绩都是全班第一名，石威和李艳也都很好。现在想来小学搞的创造课、玩玩说说课、谈天说地课对我都有很大的帮助的。还有许多活动，比如上街找错别字、打雪仗等也都使人难以忘怀。

现在我们班的同学，在初中仍都是个性鲜明的，爱吹牛的终日吹得天花乱坠，性格内向的半天挤不出一句话来，对考试头痛的一见试卷就准傻眼，开朗的乐天派，整日咧开嘴哈哈大笑。但是，不管怎样，我们都极具个性、极其愉快地生活在新的集体中，我们的课堂很活跃，老师也挺不错，我很快活。

……

周克歆当时是天长小学老师们常常夸奖的才女，一个语文优秀生的内心世界是丰富的、健康的，她不仅仅关注学习和分数，还注意着自己的集体和伙伴，内心充满了学习的自信与快乐。作为优秀学生拥有一份自信，人们似乎已习以为常。那么，那些爱淘气的，学习不怎样的孩子在中学会是怎么样呢？我很牵挂他们。

1990年的10月12日，教师节早过了，突然我收到了刚毕业的学生小汉生的一封来信。作为他小学的语文老师，一看信封就非常高兴。因为他的信封写得非常规范，不但将收信人的姓名写得最大、最醒目，而且是写“张化万同志收”。从邮递员这个角度来说，写“同志”是最合适的。要知道，小汉生是我班语文成绩往后排的孩子。

打开信一读，一种幸福感油然而生。他在信中这样写道：

张老师：

您好！

从分别到现在，不知不觉已经有3个月了，不知张老师您现在身体可好，工作是否顺利，甚念！

……在进入初一（5）班大门的时候，班主任办的第一件事就是选班干部。不知是巧事，还是周老师看了我们三个入学单上的自我小结，我们三人都当上了课代表。陈黎是语文课代表，李立是音乐课代表，我是自然课代表。现在，陈黎和李立的特长都得到了发挥。陈黎在语文学习上常得到老师的称赞；李立在一次班会上用出众的口才和正班长胡成的相声令全班同学（除我以外）倾倒。因为胡成毕竟和原来的杨晓辉差远了，但我相信，他们迟早会成为很出色的一对。

只有我现在还没有发挥我的特长。但有一次上语文课，周老师让我们讲口头作文，说一种动物的动作。当时我思想开了一会儿小差，谁知老师就叫到我，我只好硬着头皮上去了。我一边想一边讲，说完后有些同学认为我说的有些离题，但周老师却说我有三个优点：第一，胆子大，声音响亮；第二，语句通畅；第三，用词得当，如逗、咬、踢等。张老师，我的这些优点都是从您那儿学来的，不光是我，我觉得其他同学的特长能发挥，都要归功于小学里您对我们的耐心培养。

可现在，我的真正的特长（小制作）还没发挥出来，我一定要让全班甚至全年级都来一场“地震”。

最后，祝张老师

工作顺利，身体健康，万事如意！

您的学生 汉生

一九九〇年十月六日中午

这封信，不仅仅格式正确，语言表达流畅，更可贵的是情感真挚、健康，如果没有人提起，谁也不会相信他当时在班里的语文成绩常常是最后几名。“我的真正的特长（小制作）还没有发挥出来，我一定要让全班甚至全年级都来一场‘地震’……”这是多么自信的孩子呀！当时我很兴奋，也很感动，因为我觉得我的一个教育目标达成了——培养孩子的自信。

小汉生爱小制作，动手能力强，是孩子们公认的。他三年级收入班级《希望的花蕾》的习作，就是他在新华书店买了《小学生制作画报》后自己动手小制作的成功记录。他一回到家，就迫不及待地打开书，边学边做，自己找三夹板、漆包线、铁片以及玩具电动机和木胶等，照图安装。“图样上的螺旋桨是三片叶子，可我只有一块铁皮，怎么办呢？我拿着剪刀正在发愁，爸爸说：‘把铁皮剪成圆形，分三等份，剪三刀，然后把它扭成一个角度，就行了。’我一试，果然灵……”当年孩子的日记证明，爸爸只是他小制作成果的指导者和欣赏者。孩子是有差异的，他们各有各的智慧，就像小汉生，虽然语文成绩并不怎么样，但他三年级时就能按图纸安装电动游艇在水中行驶，这难道不是一种了不起的智慧？

在日常的教学过程中，我一直想让自信变成 365 天照耀孩子们成长的阳光。不仅要让优秀学生对自己、对明天充满自信，还要让所有的孩子都能抬起头自信地和别人一起走在大路上，自信地面对人生。

一个孩子可以在某一学科上的成绩不怎么样，就像我们的双手，伸出五指总是长短不一样。一个人在学习的过程中分数可以缺几分，但绝对不能缺自信。人只有学会悦纳自己，只有挺起脊梁做人做事，只有自信自强，才能成人成才。每一个学生都是可塑之才，每一个学生都应该有美好、灿烂的前途。

六、思考和讨论比说教强

初中是孩子人生的一个转折点，他们慢慢进入了心理的叛逆期，逆反心理开始加重，学习分化加剧。一些孩子由于基础薄弱而厌学，交友不慎，走上了歧路，给他们的家庭带来了永远的伤痛。假如我们从小，特别是在小学高年级，就让他们自己去思考和讨论，来辨析道理，认同主张，这样他们是不是就会有更多的清醒的认识，是不是能使他们从以前依赖老师和家长告诉结论，或失去理性叛逆地拒绝引导的怪圈中走出来，靠自己的思考与实践，靠与伙伴的交流讨论，去寻找正确的答案。

浙江省省编小学语文教材有一个说话训练题，是讨论《电影票应该怎么分》。电影票到底应该怎么分呢？我不赞成唱高调，并不是班干部、好学生就必须拿最差的票，我们没有这个权利，他们也没有这个义务，机械地这样做也不能取得好的效果。当然我也反对凭运气抽取，这样就会失去一次教育学生的好机会。我很注重学生价值观的引导。我让孩子们自己去讨论，寻找结果，这样他们会有很多的多元选择。孩子们在公开的讨论中，都肯定需要把最好的票留给班里最需要的人，比如眼睛近视不方便的，为集体立了功的（运动会夺名次的，比赛得奖的等等），最近进步特别大的。其他的同学像换座位一样轮流分票，有时好，有时差，公平一些，让大家都有轮到好票的机会。当然，如果自己拿到好票要帮助别人，那是他的事，还是需要表扬的。我觉得在这个讨论的过程中，学生认识的提升才是真实有益的。

孩子的成长需要不断认识自然、认识生活、认识自己，需要建立良好的行为习惯。当成长中有烦恼需要我们引导和纠正时，该怎么办？说理是最常用的方法。但是实践证明，让学生自己在活动实践中去思考、讨论，虽然比较麻烦，比较费时，但是效果往往会比单纯地听老师说理好得多。

我有一位学生，非常出色，他不但聪明，而且自制能力很强。然而即使是这样的学生，在他成长的过程中还是时时处处会发生困惑和问题。

有一次，我在四年级班队上活动课时，说到人和动物不一样，人有一个显著的特点就是需要朋友，需要生活在集体当中，不论是谁都离不开集体，一个人生活是非常困难的。这时他举手反驳说：“没关系，我一个人就可以生活。”我笑着说：“是吗？行，我们试试。从这节课下课开始，我们给你最优惠的条件。”于是，我对同学们说：“他爱玩什么，我们就满足他玩；他到哪里，我们就让他先走。可是，他必须得一个人活动。其他同学谁也别跟他玩，别跟他说话。如果他跟你说话，你扭头就走；他走到东边，你就走到西边。看看他一个人的生活能坚持多长时间。”大家都同意了，那个孩子也无所谓地点头通过了这个实验提议。

那节课下课以后，没有感觉什么，同学们和他只是觉得新鲜。一个上午下来他明显感到不适应了。原来他是一个组织能力很强的学生干部，下课都有很多人围在他身边玩呀说的。现在突然一下没了，他周围空荡荡的，走到哪，同学们都迅速地像避瘟神一样避开他。这怎么忍受得了呢？他板着脸坚持了一个上午，终于受不了了。下午快放学时他举手了，说：“张老师，我投降。看来人是离不开集体的，一个人是没办法活下去的，要孤独死的。”我再一次笑了。全班同学也都开心地笑了。

这就是孩子们从游戏、活动体验中得到的真理——我们每一个人，不管怎么能干，都是要和别人交往，和别人合作的。在一个社会中，一个集体中，我们每个人都要自觉遵守集体的游戏规则。

类似的事情还有很多，我印象最深的是那次孩子们自己讨论，得出“迷信害人”结论的事。

记得那是一堂“谈天说地”课，小女孩钟艳讲了《迷信害了儿子》的消息：一个十二岁的男孩的妈妈非常迷信，老讲西方是个“极乐世界”。那儿没有痛苦，只有欢乐。结果他们家的孩子听信了妈妈的话，真的上吊自杀，去寻找极乐世界了。她讲完以后，我请孩子们展开讨论：第一，这件事你相信吗？真的还是假的？第二，这件事怪谁？该怎么办？

没想到孩子们讨论的兴致很高，小组之间争论得很热烈。讨论结束之后，我请孩子们当堂把自己的意见写下来，要求写出自己的主要观点，这些孩子的水平还真的不能小看啊！

许多孩子把悲剧产生的原因归结为男孩有个迷信的母亲。马强在题目为《假如她的父母不迷信》的短文中写道：“父母是孩子的启蒙老师，父母的一言一行，都会在孩子们的心中留下深刻的印象。正因为如此，孩子的行为都会追随父母的。父母相信迷信，迷信就会污染孩子心灵，导致孩子上吊自杀，过早摧残了幼小的生命。如果他的父母不迷信，他就不会知道“西天”有个“极乐世界”，就是知道，如果家长加以阻止，也决不会做出上吊自杀、以寻求到西天极乐世界去的决定，不会落到现在这个悲惨境地。”他从外因分析了这个悲剧产生的原因，认识了家庭教育的意义，家长是孩子的第一位教师。

张勇、钟艳等几位在讨论中是从内因来分析的。他们认为，假如我有这么一个妈妈，我是绝对不会学这个傻孩子的样子。钟艳这样写道：“假如我有这么一个妈妈，我是绝不会这样做的。妈妈讲了这些以后，我就说，‘你迷信，你又没到过西天，怎么知道在那里只有欢乐，没有忧伤、痛苦？’我不听妈妈的话，当然也不会上吊自杀。我在这个世界上，可以读书，可以到公园去玩，这不是很快乐吗？这个小男孩一定不要读书，只喜欢吃，喜欢玩。他妈妈说的所谓‘极乐世界’也一定是个吃、喝、玩、乐的地方。假如我有这样一个妈妈，我绝不会这样！”

整个话题的谈论，我都让孩子们自发进行，畅所欲言。我认为最佳的教育应当是“无痕教育”，是“润物细无声”、“春风化雨”式的教育。它不是灌输，不是学生在老师高压下的认可，应当是孩子们在自主活动实践中，在参与伙伴合作，讨论分析等体验活动时得到的一种内在道德品质的提升，这种获得是来自孩子内心的，比老师的单纯的道德说教有效得多。

七、人品远比分数、钱财重要

“十年浩劫”以后，我一直认为“成人”比“成才”更重要！在现实生活中，有这样的现象：帮助同学作业要付钱；在家帮爸爸妈妈做家务要和妈妈算账；临近毕业时，很多家长和学生不愿做小干部，卫生值日也由爷爷奶奶代劳。好像只要孩子成绩好，什么劳动锻炼，什么助人为乐，什么拾金不昧，似乎都没有关注的意义。有的甚至为了保证孩子的学习领先，变着法子让孩子从自己心爱的兴趣小组退出来，辞去班级小干部工作，一心一意读书做练习……为什么会这样？家长当然有苦衷、有压力。我不是不食人间烟火的怪物，我也当过家长，留下过苦痛。家长说，现在学习基础不打好，中考差一分，再想进重点就是好几万，工人得两年工资啊！谁敢疏忽。但是学习成绩和人品应当可以统一，假如孩子读书读得不知孝顺为何物，不知黑白是非，甚至为了追星会不顾家庭的清苦，顾自拿爸爸妈妈积攒的生活费去买票听歌，你还指望什么？

学生在学校不仅仅是读书的，更重要的是教学生做人。培养孩子良好的道德素质，端庄的品行、做诚实的人，这比什么都重要。这些都是做人的本色、底色，马虎不得；而这些又不是靠哪门课，哪一个老师所能做好的。但是又必须靠我们每一个老师、每一个家长，社会上每一个有良心、有责任的人和单位去关注的。

语文是中国文化的浓缩，是几千年文明的积淀，是中华民族道德的承载，每一课都得用心去教。我是班主任，应当注意自己和其他学科教师的联系，和家长的联系，努力为孩子们抹好人生的底色。

小学是儿童发展语言的黄金时期。为了抓住儿童语言发展的黄金时期，我在语文教育教学的改革中，开始了“口语训练卡”的试验。一开始是想用孩子和家长聊天的方式，让每个孩子每天和爸爸妈妈说会儿话，一分钟、两分钟都行，想借此淡化语言训练的色彩，减轻小学生语言训练的心理负担，养成学生语言学习的好习惯。同时促进孩子的观察、思维和语言表达能力，增进孩子和家长的相互理解，减轻家长对孩子的不切实际的各方面压力，让孩子有一个快乐的童年，让家庭的每个成员都体验和享受到家庭的温馨。可没有想到，用了不久，这张口语训练卡，不但孩子们喜欢，家长也很认可。因为它很快成了孩子们语言实际操作的记载，成了孩子和家长情感沟通的渠道，成了学校与家庭联系的热线。昨天班里才闹的“金鱼尾巴”的风波，今天在路上就会有不少家长微笑着询问孩子怎么用小剪刀剪金鱼尾巴的细节。我这儿把孩子背上楼，气喘吁吁还没有恢复正常呼吸，没准碰上哪位家长就会关心地慰问起来了。这热线电话的架设，是我一开始所没有想到的。但一旦线路通畅，我就绝对不会放弃使用它。

有一天，我在批阅孩子们的自由作文时，读到了方晞同学的一篇文章，使我决定迅速运用口语训练卡，用“热线电话”把对孩子人品行为的关注具体化、可操作化。

下午放学时，我在班里读了方晞的自由作文，并郑重地宣布：今天口语训练卡讲话的内容是：请把方晞作文的内容说给爸爸妈妈听，并说张老师向所有爸爸妈妈们表扬方晞的妈妈。

方晞的文章是这样写的（刊登在当年的《希望的花蕾》上）：

补　票

下午，妈妈来接我。放学了，我和张洁、何望薇像小鸟似的飞出学校。我正要向前走去，突然听到亲切的喊声：“方晞！”我回头一看，只见妈妈微笑着看着我。我高兴地喊道：“妈妈！”妈妈说：“快走，奶奶在家等着我们吃饭呢。”我说：“好。”

到了车站，妈妈对我和张洁说：“你们乘车吧！”接着，妈妈又给了我5分钱。我拿了5分钱和张洁向汽车跑去。但我和张洁在路上就约好逃票，钱可另作他用。怕售票员看见，我们便躲进人群挤上车。汽车开了，我心慌得很，怕售票员叫我买票。我听阿姨在喊：“后面买票的，快递出来。”我慌忙躲在人群中不发声。皮市巷到了。我下了车，刚想走，没想到妈妈急匆匆地从自行车上下来喊：“小晞！”我一惊站住了。妈妈问：“你票买了吗？”我支支吾吾地说：“没……没有。”妈妈生气地问：“为什么不买票？”我没有回答。妈妈把我手中的5分钱夺过去，快步走向前对售票员说：“对不起，小孩不懂事，补两张票。”那个售票员把一分钱和两张车票给了我妈妈。妈妈在转弯口把一分钱给了我。我接过钱，脸唰地一下热辣辣的难受。

1982年11月26日

方晞的文章引起了我的深思。方晞是我班学习成绩较好的学生。她父亲是著名的眼科医生，还获得过英国皇家医学会的医师证书。她妈妈平时也常常与学校联系，了解她的学习情况，希望家校配合能使她的成绩更好一点，盼望毕业时能够参加杭州市外国语学校的推荐考试。我没想到她妈妈不仅关注她的成绩，还十分关注孩子的人品，重视教育孩子做一个诚实的人，这真的是非常难能可贵！中心城市名校学生的家长，谁会在乎这5分钱？像方晞妈妈这样身体力行，重视孩子的品行，那么顶真地让孩子将车票补上，并不是一个多数。我认为从这个家长身上体现出的教育子女的正确观念和行为，应该变成家长群体的共识和行为约束。因此，我要好好表扬方晞妈妈——一个真正关心孩子成长的好妈妈。

我在学生的自由作文中，还读到小女孩虞艳寒假回宁波老家，两次将餐桌上的鸡腿让给烧菜忙碌的大伯和年事已高的外婆吃的孝顺故事。这在独生子女像小皇帝一般，只知道接受别人的关爱，只要求别人照顾的环境中，能真诚主动地关爱他人，孝敬长辈，也实在是难能可贵。平时调皮的男孩吴昊在星期天中午发现杭州高级中学的一栋楼突然失火，他便和妈妈、学校的其他老师一起抢救毗连的学校图书馆的资料……

我要求孩子们用口语训练卡将虞艳的孝顺故事、吴昊爱护学校财产的动人故事，讲给爸爸妈妈听，将我表扬虞艳和吴昊的态度反馈给家长。

家长如果只管孩子的成绩，只盼孩子成绩名列前茅，而对孩子的健康和品行不再关注，那么将来他们一定会后悔的。家长要当好孩子的第一任教师，自然、恰当地对孩子进行人格和诚信的教育。因为人品远比分数、钱财重要。

八、记实作文不能虚构

‖ 刺痛人的信息

记实作文一是一，二是二，不打诳语，不能虚构。如果记实作文允许“虚构”，虚构的记实作文虽然可能会情节跌宕起伏，也很典型生动，但它却给师生的人格带来了最大的伤害。建立在虚假基础上的教育，会造成学生的双重人格。一方面编造文章想成为教育别人的人；另一方面作假本身已经使自己成了真正需要教育的人。

2004年上半年，香港凤凰卫视的“锵锵三人行”栏目，曾围绕内地初中语文的一篇报道苏联航天灾难的文章，进行激烈地抨击。他们认为文章通篇虚构，在教材中出现的历史事件竟然完全被虚化了。我清楚地记得他们那种说话的神情和语调，充斥着对内地教育的轻视，我当时心情非常沉重。作为内地的语文教育工作者我被深深地刺痛了。然而他们说错了吗？没有！他们认为至少有四点事实被歪曲了：1. 宇航灾难确有其事，但课文中说宇航灾难电视直播了两个小时，真是天大的笑话。冷战期间航天计划是苏联的绝密信息，怎么可能直播？就连在国外出访的苏联国家领导人也是在三小时后才得知的。2. 从大气层坠落到地面起码是第一宇宙速度，整个过程不会到十分钟，怎么可能有两个小时的电视直播呢？3. 课文写宇航员是怎样镇静地向领导汇报考察情况，即使真的汇报，这绝密情报又怎会公之于众呢？4. 课文还写宇航员是怎样满怀深情地与家人告别，还告诉孩子要好好学习，说这次灾难就是因为一个小数点引起的。听起来确实非常感人，然而这完全不可能，谁都知道这种灾难需要科学家经过几个月的研究才能找到原因，岂是宇航员在短短的几分钟内就能找出原因？

我不否认编写者的主观意图是想让学生接受爱国主义教育，然而虚构用错了地方，那只会带来耻辱！更可怕的是进入了神圣的课程系统，造成的后果是多么可怕呀！

‖ 我反对记实作文虚构

如果我们允许记实作文虚构，孩子们便可能从作文到做人，都会有意无意地弄虚作假。七拼八凑可能捏出个“高大全”来，立意似乎是深刻了，情节也曲折了。可久而久之，教师和孩子人格的诚信也没了。

我在 1982 年接第一个三年级班时，上作文课第一件事就是宣布：吃喝玩乐、花草鱼虫，甚至是爸爸妈妈吵架，小伙伴“打闹”，对老师学校意见等等，统统可以写，前提是必须是真实发生过的。

我始终认为小学生是在学作文的过程中学做人，在学做人的过程中学作文，两者应该是同步发展的。

杭州一家大酒家的总经理，是我以前的学生。他的女儿在我的班里读书，她写作文文笔很流畅。有一次她编了一个捡到手机送还失主的故事。这个故事很生活化，马虎一点就会将它当成是真实的事件。她文章写的是有一天放学在街心公园的什么地方捡到一只手机，然后想办法把这手机还给失主的事。我看了有点不放心，就问她：“你写的这件事是真的吗？”她不好意思地说：“不是，是我自己编出来的。”我问：“为什么要编呢？”“张老师，我没有好的东西。”我说：“行。如果你觉得一时半会儿找不到东西来写，你想编东西写，可以。但你必须写明‘本文纯属虚构’。不然，我还以为这是真的，我还要把这事当作好人好事，要表扬你。本来你是玩玩的，如果一表扬就骑虎难下，承认也不是，不承认也不是，知道吗？你千万别把假的当作真的写。”她涨红了脸，在题目旁用括号标明“本文纯属虚构”。

小学生的作文应当是清新的、亲切的、稚嫩的、生活化的，而不应该是高高在上、居高临下、教导他人的东西。我教的兴趣班有个学生，是杭州市崇文实验学校四（2）班的郭静忆。她有次习作要回忆母校的生活。如果按照原来教育的想法，这作文应该是感谢母校对自己的教育，写原来学校给我哪些教育，对我有些什么帮助。可她根据我说的一个故事大胆地写出了一篇文章。

那次上课，我讲的也是作文要真实。我说，文学家郁达夫在中学教书时，他班里的学生写了篇好作文，他在黑板上全文抄下来了。这文章我看过，其他印象我不深了，最后一句话，我印象很深刻，那孩子写的是“今天中午，食堂的红烧肉，很好吃，只是比较咸”。他的作文没有我们老提的尾后点题。郁达夫却大加赞赏，认为这样实实在在的文章就是好文章。我说：“同学们，生活中真实发生过的东西，都可以大胆地记下来。”大概是红烧肉唤起了她的记忆吧，郭静忆很快写出了下面这篇文章，我也立即将短文刊载在少儿班的“优秀习作选”上：

暴饮暴食节

杭州市崇文实验学校 四（2）班 郭静忆

搬进了新学校，什么都好，就是没有食堂，每天都吃营养午餐。所谓营养午餐，只不过包装好看一点而已，实际根本不如胜利小学食堂里的叔叔阿姨烧的饭菜可口，就拿同学们最爱的霉干菜扣肉来说吧。

“暴饮暴食节开始啦！”这就是午餐管理员的声音，她发的“情报”准没错。听到这叫声，全班同学立刻以迅雷不及掩耳的速度回到座位上，嘴里还不停地喊着：“快点叫我吃饭，我坐好了！”午餐管理员忙得团团转，一时不知先叫谁才好。如果你是外来的嘉宾，看到这种景象定会大惊失色，满脑子问号。今天为什么是“暴饮暴食节”？为什么今天大家都希望自己能早点吃饭？只要你看看今天吃的是什么菜，再瞧瞧同学们的胃口，满腹疑团必会马上解开。

啊，是霉干菜扣肉！原来我们大家都喜欢吃这道菜，所以就把吃霉干菜扣肉的这天称为“暴饮暴食节”。“班长，我们没饭吃了！”你看这一波未平，一波又起了吧。害得我们这些班委只好拿着盘子去食堂“要饭”。看着大家吃得津津有味，一定会把你馋得口水直流。

回到家，我把这事告诉家人，外公听了，哈哈大笑，说道：“没想到现在的孩子还抢饭吃。当年我参军的时候才十九岁，正是最要吃饭的时候。

可在部队里，我因为饭吃得慢而吃不上第二碗，常常饿肚子。后来，我的战友见我老是吃亏，就把他的绝招教给了我：'第一碗饭要盛得浅，多吃菜，吃得快，这样才占便宜。第二碗要盛得满，这碗饭可以慢慢吃。'就那样，我才能吃饱饭……""爸，你那是为吃饱饭而抢，静静现在可是因为食堂烧的菜太好吃而抢，你们是大不相同啊！"妈妈像在我心里藏了一个感应器，把我想说的全说了出来。

每当我回想起大家的议论，不禁为现在到崇文实验学校再也吃不到这样的好菜而感到十分惋惜："唉，好吃啊，霉干菜扣肉！"

郭静忆用孩子独有的眼光回忆母校胜利小学的生活。她形象、生动地写出了同学们欢欣鼓舞地吃霉干菜扣肉这道菜的美好时光。这样的文章能说没有思想性吗？无非不像我们一些老师所盼望和熟悉的"高大全"罢了。她讲了儿童真实愉快的校园生活，餐饮状况，这是天真的孩子非常愉快的感受，在学校里孩子们吃饭吃得非常好，这不是新时代小学工作的历史性进步？20 世纪七八十年代，我们的小学食堂能吃得这么好吗？为什么一定要让小学生的习作老脱离身边真实的生活去写大文章呢？我觉得这是我们对小学生作文的性质、地位的判断失误，才导致出现的异化现象。

‖关于虚构问题的采访记录

有位学员针对这个话题对我进行了一次采访并发表在 2004 年《中国小学语文论坛》上。摘录如下：

葛永腾（嘉兴桐乡市启新小学）：张老师，您好！我们都知道您是小学作文教学的泰斗，您在作文教学方面有很深的造诣。今天想向您请教一些广大教师非常关注而又迫切需要得到解决的问题。《语文课程标准》指出：小学生要养成观察周围事物的习惯，有意识地丰富自己的见闻。能写简单的记实作文和想像作文，内容具体，感情真实。课标把小学作文划分为记实与想像两大板块。那么，您是怎么看待记实作文与想像作文之间的关系呢？

张：首先声明，我不是泰斗，只是热心小学作文教学的老教师。要搞清记实作文与想像作文之间的关系，第一要明白什么是记实作文和想像作文。我认为记实作文就是写孩子们周围真实的生活，记述的是孩子们的昨天和今天发生的事情。它的本质特征就在于习作写的是真实的生活事件，关注的是学生对现实生活的理解和认识。而想像作文是写儿童的梦幻生活，是儿童对明天美好世界的一种追求，是对现实生活中的缺憾的善意的补充和解说。它关注的是学生大胆美好的想像，本质特征就在于习作追求的是生活本质的真实。这两种作文练习都符合小学生的心智发展水平，是特点各异而又相互补充的训练方式。它们在儿童语文素养的养成过程中有着积极的意义。虽然记实作文和想像作文是两个不同的概念，是两种不同的文体，但是两者都要求表达学生自己的真实情感。这次课程标准的制定很好地把握住了学生的年龄特征和心理需求，既有记实的生活，也有想像的世界。

葛：我们知道记实作文应该提倡真实，但在实际操作中，有很多老师鼓励学生采用“移花接木”等方式，让学生适当虚构，认为这样的作文情节会变得丰富些，内容也更充实，材料会更典型，文章的意义会更深刻，别人看了会更满意。比如说要写《张老师两三事》，有学生就把李老师的一件事，王老师的一件事移植到张老师身上，你说这是虚构吧，可事情却是真有其事，只不过变换了事情发生的主体。当然这还是一种虚构。就记实作文而言，您觉得它是否允许虚构呢？

张：记实作文当然不能虚构。人民教育家陶行知先生说得好：“千教万教，教人求真。千学万学，学做真人。”陶先生这句话虽然不是特别针对作文讲的，但作文与做人在很大程度上是相通的。记实作文是记实的。何谓记实，就是实话实说，一是一，二是二，不打诳语。它记录的是曾经真实发生在孩子们身边的生活。这种记实作文，如果不真实，那就失去了它存在的意义。作文的目的是什么？教育部颁布的《小学语文课程标准》中对习作的要求是这么表述的。低段要求之一是：“对写话有兴趣，写自己想说的话，写想像中的事物，写出自己对周围事物的认识和感想。”中段要求之一是：“能不拘形式地写下见闻、感受和想像，注意表现自己觉得新奇有趣的，或印象最深、最受感动的内容。”高段的要求之一是：“能写简单的记实作文和想像作文，内容具体，感情真实。”只要我们仔细分析一下，无论哪个阶段都在鼓励学生自由表达，都在强调一个“真”字。

葛：您说得对。记实作文讲究真实，不仅是这种习作的要求，其实也是做人的准则。我记得1998年，高考作文试卷，据某省抽样调查，竟然有相当数量的学生作文都出现了在“父母双亡”考验下“战胜脆弱”的所谓的“真实”经历。他们为了博取阅卷老师的一丝同情，为了得到一点可怜的分数，宁可让辛苦养育自己的父母在自己的笔下死上一回；有学生为了标明自己的思想境界高尚，明明是和妈妈一起包饺子，却在文章中把自己的妈妈变成了孤寡老人……我们不知道这些学生心里是怎么想的，或许只是为了得到高分，或许只是为了证明自己情操的高尚，但至少有一点我们可以肯定：虚构已经让这些学生步入了虚幻、造假的可悲境界！我想这已经不仅仅是一个作文的问题了，对学生来说，这无论如何都是一种极其不该出现的情况。我们的教育是为了什么？难道就是造就这样一群满嘴假话的学生？我们是不是应当认真地思考为什么会出现这种现象！是什么竟然让学生敢于如此作文呢？

张：关于学生习作虚构的问题，你说得对，我们是得换一种角度思考：为什么学生、老师这么喜欢虚构？放不下虚构呢？我认为主要有以下几个原因：

第一，我们教师在作文教学目标中的认识错位，是导致虚构滋生的主要原因。小学作文教学是为了提高学生学习、掌握和运用祖国语言文字的能力，并能用笔真实地记录生活、表现生活，抒发自己的真实情感。而不少老师却以为小学作文教学是为了培养未来作家，硬生生地把小学生习作与文学创作混为一谈。文学创作确实需要虚构，可以用虚构的手段来展现文学美、艺术美。我们对记实作文的定位出了问题，把记实作文误当成了纪实文学。小学生的记实作文和纪实文学不一样，里面尽管也有人物和事件，但它们必须是生活中真实存在的，容不得掺假。记实作文的本质——真实，决定了它不需要也不可以虚构！特别是小学生，他们往往还不明白虚构的文学作品与写真实生活的记实作文之间的区别。如果我们允许虚构，鼓励虚构，他们便可能从作文到做人，都有意无意地弄虚作假、胡编乱造，这对正处于学习做人阶段的学生来说无论如何都是极为不利的。

第二，作文教学中对学生习作要求的偏差也是一个主要的原因。我们老师总会有意无意地将“观点正确、思想健康、中心明确、立意深刻、材料典型、语言生动”等列为小学作文教学的要求。任意地拔高习作要求，脱离学生实际，使得学生觉得作文是那么的高深莫测。他们不得不顺应老师的要求去“挖掘”，去“捕捉”，没有深刻的立意怎么办？想！造！结果就造成了作文脱离了学生实际，造成了作文充斥着虚假。我们为师者可以扪心自问：成人观察问题、提炼生活的能力比小学生强得多，可自己生活中能有多少典型的材料可以写？又有多少人能经常经历着轰轰烈烈的大事？更何况是我们的学生！他们有的只是生活中真实见到的并不高大而有不少缺点的老师，和许多很平凡、很平淡的小事、琐事。记得有一次我到一所小学听《小木船》后的作文指导课。课本要求孩子写班级里团结友爱的一件事。那个班孩子连一般的事情都想不起来，可老师还是在黑板上写上要“典型的事例”。老天爷，他好不容易想了一个，可您要典型的，完了。我们可以设想：老师一厢情愿地提出了这么多的习作要求，学生怎么办呢？虚构就成了孩子逃避的重要途径。只是可怜了我们的学生！为了满足老师的要求，他们不得不去挖空心思编撰“观点正确、思想健康、中心明确、立意深刻、材料典型”的作文题材。于是，虚构就堂而皇之地进入了学生作文。写人要虚构拼凑，曹老师的身材，王老师的眼睛，张老师的修养，七拼八凑捏出个“高大全”来。这立意是深刻了，情节也曲折了，可久而久之，教师和孩子人格的诚信也没了。

葛：看来问题还是主要出在教师的认识和理念上。我们经常看到有很多学校、老师都是以把学生培养成未来作家作为作文教学的终极目标，于是人为地拔高了习作要求，致使许多学生面对作文如临大敌而战战兢兢。为了能成为未来作家（非常虚幻），在这种利益的驱使下，学生也开始以此为奋斗目标。许多报刊都在宣扬所谓的小作家，大肆吹捧，然而在其今后的成长中是否能真的如愿以偿呢？我们似乎很少看到！

张：是啊！就是今天这些爱好习作的孩子们中真的有人成了文学家、作家和记者，我们也不能自以为是地觉得是今天虚构教学的作用。真的如此，还要中学语文和大学的中文系做什么？著名作家刘绍棠的短文《老师领进门》中，有一个经典的片断：刘绍棠在回家乡的村边，遇到自己40年前小学启蒙的田老师，恭恭敬敬地向他行礼，“深深感谢他在我那幼小的心田上，播下文学的种子。老人摇摇头，说：‘这不过是无心插柳柳成荫罢了。’”田老师的回答不仅是谦虚，更是真实的心声。真正意义上的文学家从来都是生活教会的。再说，启蒙打基础的小学作文教学怎么可能将培养作家作为自己的责任呢？我们是不是将自己看得太伟大了？

葛：说得对。我觉得那么多人离不开虚构，是不是和我们目前并不科学的作文评价有密切的关系呢？“单行道”式的作文价值评判给学生人为造就了虚构的指向。作文的评判权力始终牢牢地掌握在老师的手里，老师的价值取向决定了学生作文的目标。有不少老师这么说：真实的文章往往很平淡，没有曲折起伏的美，很难打高分。为了得到高分，学生只能突破真实，寻求“更佳”方案——虚构。“五子登科”（上桥帮助推车子，路上拾到皮夹子，公共汽车让位子，帮助寻找小孩子，雨天返校关窗子）是屡见不鲜。为什么？因为评价权力在老师手中，老师说是好文章，那就是好文章，哪个学生敢对老师的评判说一个“不”字的呢？没有！学生作文不再是抒写自己的所见所闻，不再是抒写情怀，而是为了迎合老师的口味，是为了符合老师的价值判断。当学生作文是为了投老师之所好时，又怎么还能保持作文的本真呢？

张：其实这不能全怪老师。又有多少掌握教师教学评价权的学校领导和主管语文教学的教研员会认真地关注学生的诚信和人格？浮躁和功利的驱动也是造成学生虚构作文的一大原因。虚构的作文往往情节更曲折，矛盾冲突更丰富，老师又不可能逐篇进行验证，常常容易骗得高分。再加上很多时候我们对教师教学的评价机制又是以分为重，一锤定音。高分高奖励，面前一片光明。

有专家甚至这样戏说，谁如果不考虑实际，过于超前，全部不折不扣地按照课程改革的教育理念行事，非在当地翻船吃苦头不可。从这个意义上讲，真正要统一大家对虚构的认识，还有待于改革的不断深入，特别是评价体制的改变，和教师心态的平和。正是在这样的背景下，老师和学生在一次次的实践、碰撞中逐渐摸索出了“经验”——为了达到一定的目的，可以不择手段。为了考试拿高分，造假又何妨？为了比赛得名次，制假又何碍？只要能达到目的！然而这样炮制出来的作文有多少是真情实感的流露呢？有多少是用自己的心血和灵魂铸就的呢？又有多少是闪动着自己个性的光环的呢？那种“一千个作者就写一个‘哈姆雷特’的作文”，无论如何都将是极其平庸、腐朽的，是不具有任何生命与价值的！

葛：真的，在浓厚的功利色彩的驱动下，学生作文也变得非常的功利化——只是为了得奖，为了得高分，为了能发表，惟独丢失了作文的本性！在这样的作文环境下，不只是学生习作能力不能得到有效提高，更是造成了学生人格发展的畸形。反对记实作文的虚构现象已经成为当前作文教学迫在眉睫需要解决的问题了。

张：我为什么一直都不赞成记实作文的虚构呢？我有这样四个理由：

第一个理由是它违反了做人至高无上的准则——真实。假如我们在小孩子动笔开始写身边真实的人和事时，就在不断地鼓励引导他们编造虚构。这是不是向他们灌输事实是团橡皮泥，爱捏啥样是啥样？是不是有意无意地在输出这样的信息：每个人为了成功都必须说假话？编假话？从小学三年级开始，10年记实作文虚构训练下来，流淌出胡编的文章，真的是不会再有任何的道德负担！他知道文章是假的，他只是想高考分数。虚假的记实作文，立意越高，人格越低下！刚才谈到高考那个学生，编造已经轻车熟路。是谁让他形成的？是我们的教育，我们的老师！记实作文的虚构一定会形成对师生人格的伤害！

第二个理由是我们对课程标准的尊重。课程标准是法规，是几代人教育改革的成果，是社会发展、时代进步的产物。它的公布，意味着所有教育工作者有了必须遵循的教育教学法规。课程标准是教师开展教学工作的准绳。只有遵循课程标准的要求，领会其中的内涵，才能更好地实施教学。《语文课程标准》没有提出小学生的作文是一种创作活动，而是提出要让学生用眼睛去关注身边的生活，养成留心观察周围事物的习惯，强调学生作文要表露真情实感，强调写的内容具体，语句通顺。不再苛求学生作文做到“思想健康、中心明确”，不再要求“材料典型”，不再对全班学生提“作文要生动形象”的统一要求。一句话：《语文课程标准》没有了对学生过高的不切合实际的要求，更多的是要求学生关注真实的生活，记录真实的生活。

第三个理由是对儿童生活的尊重。小孩子的生活是天真幼稚的，浅显可爱的。儿童认识生活是感性的。从人本主义出发，也需要我们反对在记实作文中出现虚构现象。这既是对学生生活的尊重，也是对一个真正的人的尊重。学生原本并不知道虚构。就像儿子帮爸爸敲敲背，也许他本来就没有上升到理性认识——孝敬父母。只是觉得爸爸很忙，非常辛苦，帮爸爸敲背，让他好好休息。小学生的生活本身就是很琐碎的，但是很真实，它没有老师所期待的那种完美境界。小学生的记实作文本应该是原生态的生活再现，它不需要刻意的修饰和造作。关注国外小学生的作文，我们就会发现他们的习作非常平实、生活化，他们并不追求重大主题，并不追求教育表面的深刻性，并不追求情节的起伏，为什么？在于他们对儿童生活的尊重。小学作文教学要真正取得成功，我们的教育就必须在儿童心智发展水平的最近发展区运作。中国著名的文学家郁达夫，教高中时，有一次他在黑板上抄录了一位学生记校园生活的作文。我记得文章最后一句话是写，中午学校的红烧肉很好吃，只是味道有点咸。上课时，郁达夫先生对此大加夸赞，认为写得真实，写得好！

第四个理由是要遵循不同作文教学的规则。就好像不同的球类活动，游戏规则不一，我们不能把排球的扣球规则用到足球中去。虚构应当回到必须虚构的想像作文中去。假如记实作文一时半会找不到内容，“纯属虚构”一回也是可以的，只是在作文上标明，把它和记实作文区分出来。

总而言之，不是说作文不能虚构，而是记实作文不能虚构。记实作文的本质特征是记述的生活事件是真实的，而不仅仅是反映真实的生活。

葛：作为记实作文，它的内容一定要真实，情感一定要真实，这是毋庸置疑的！如果有一天我们的学生作文中这种编造、作假的"顽症"确实能够得到彻底根治，那么，学生就能实实在在地写出自己的所见、所闻、所思、所感。就能真真切切地表达自己的情怀！但愿虚构能远离学生的记实作文！还记实作文于本来面目！

记实作文不要瞎编，目的只有一条，作文不仅为了学语言，还为了培养学生健康的人格，小学作文教学要返璞归真，回归作文教学的本来意义——学表达更学做人！

九、生活是最好的老师

生活是最大的课堂，它包罗万象，人民教育家陶行知先生早在20世纪30年代就提出："教育起源于生活，生活是教育的核心，教育应为社会生活服务，在改造社会生活中发挥最大的作用。""没有生活做中心的教育是死的教育，没有生活做中心的学校是死的学校，没有生活做中心的书本是死的书本。"可见，教育只有与生活相融，这样，才能使我们的教育焕发出蓬勃的生机和无限的活力。我时刻引导学生学习生活、学习做人、学习做事、学习合作、学会学习。

我让学生尝试卖报，让学生知道父母的不容易。要知道当年卖《钱江晚报》每卖一张只能得到1.8分，要卖20张才够买一根棒冰。通过这个活动学生确实感

★和老师们在急流中竞舟

受到了家长挣钱的不容易。我还让学生到行知幼儿园，让他们知道当老师的辛苦，在幼儿园给小朋友穿衣服、讲故事，尽管去前他们都充分作了准备，但幼儿园的小朋友没过几分钟就坐不住了，他们忙里忙外感觉很累，由此，他们便体会到了当老师真的不容易。这让学生懂得了在生活中要理解别人。

还有一些爱捣蛋的调皮的孩子，因为他们经常捣蛋而受到同学和老师的批评，所以他们经受挫折的能力特别强。我班里的陈新、夏亮辉就是这样，虽然他俩不是名牌大学毕业，但他们在中国经济改型中都成就了一番事业，都成了成功的企业家。我觉得这与他们从小经历各种挫折不无关系。

利用双休日，我让孩子们去尝尝社会调查的酸甜苦辣。少儿班是双休日孩子们学习的地方。孩子们从各个学校汇在一起，想把语文学得更扎实一些，想有更大的发展。我对上课的老师们说，这少儿班可不能变成补课班，也不只是为了让孩子们回学校考试时多拿几分。关键是要培养孩子们对语文学习的浓厚兴趣，多读些课本中无法读到的东西，帮助孩子们建立良好的语文学习习惯，让他们会用学到的语文本领去生活，去认识社会和自己。我让孩子们读 1917 年列宁的演讲稿；读中国留学生在美国为了维护尊严和美国银行家打官司，一直打到最高法院并胜诉的故事；读重点中学的学生使妈妈寒心的一幕，知道学知识不是最重要的；读小学生在夏令营结束后给爸爸妈妈带回礼物：饼干和文化衫等故事……让他们每星期来校轮流练习向同伴报告学校、家庭和大街小巷发生的真实故事，学习进行 2 分钟的演讲，什么《女生并不比男生差》、《从美国教育中可以学到的东西》、《我心目中最理想的老师》、《我希望语文课这样上》；让孩子们辩论：（正方）看电视好处多，（反方）看电视坏处多等等。

放寒暑假了，尽管我们少儿班是一个松散的集体，但是我希望他们成为一个新的充满活力的集体，让孩子们在伙伴身上得到自己班级所没有的东西。我鼓励孩子们愉快地度过假期，劳逸结合，在玩乐中增长知识，在操作中提高创新意识和实践能力；培养学生自主合作探究的学习习惯，链接学科学习和社会生活的学习，开放生活中的语文学习资源；培养、锻炼学生的观察、注意、记忆和专注等基本学习技能，激发儿童对自然、对生活、对知识、对语文的兴趣和热爱。我建议中年级学生做“碘酒是个魔术师”、“鸡蛋的实验”、“魔术茶杯”的实验；上课“吃西瓜”、“吹鸡毛比赛”等玩玩说说；学编报纸或画册、学做自己的录音带等。我让高年级学生进行社会调查：“30名小学生课外阅读情况调查”；“我班同学家电拥有状况与购买趋势的调查”；“植物果实的表皮种类与作用”；“巴以冲突的由来、现状与前景”；“今年小学生最爱看的电视调查”；“六年级学生一周课外作业情况分析”；“中国申办奥运的前景预测”；“小学生最喜欢与最讨厌的学科调查”等。孩子们说：“这调查真的很刺激，又很麻烦。先要设计好，请老爸电脑里拉出来。请同学们配合调查真难，我得准备吃的零食，看的连环画，玩的玩具。用这些作交换，有的同学才肯做调查。还要统计分析……不过从来没有做过，还是很有味道的。”通过调查，有的一本正经地写下了学生心目中最受欢迎教师的名字，有的在图书馆查找资料写下2 000多字的《巴以冲突的由来与展望》的分析报告。学生既学到了许多生活知识，又培养了良好的人际交往能力，形成了健康的心理素质；养成了良好的读书读报、听广播看电视、倾听他人的习惯，以及良好的说话作文的习惯，培养了观察、写作、修改、应用的习惯；学会了想像、创造和交际应用的基本技能。

书本是浓缩的生活，生活是无字之书。人如果没有读过书、上过学是很可怜的。如果不会从生活中读书，可能更可悲。

记得那年我班的杨晓晖被《半块红纱巾》摄制组挑中，参加电视剧拍摄，做二号主角。可是这得占用一个半月上课的时间，拍摄完，就要参加复习考试。孩子一直很羡慕做演员，因为他觉得做演员有的吃、有的玩，是非常的幸福。而家长却很矛盾，既不想放弃难得的成名机会，又怕脱课影响孩子的学习成绩，甚至会影响到毕业班推荐杭州市外国语学校的报名资格。家长征求我的意见。我说，人生许多事情有得必有失，想全得而没有失，那根本不现实。我个人赞成去参加，毕竟机会难得。同时，摄制组为了参加拍摄的孩子，请家长去摄制地当老师给孩子在拍摄的间隙补课，料理他的生活。再说杨晓晖原先的学习习惯比较好，学习能力也比较强。只要他自己明白，拍摄拉下的课，不会脱多少。回来，正好复习开始，不懂的可以问，可以补。相信杨晓晖在考试时不会出现太大的麻烦。有了老师的同意，孩子就欢呼雀跃地去拍电视了。

从摄制组回来，从前娇贵的孩子一下长大了许多，懂事了不少。他把导演给拷贝的电视录像带给学校。一知道浙江电视台播放《半块红纱巾》的消息就在黑板上通知小伙伴们。寒假的空闲，他整理拍摄电视剧过程中的日记，并将它编成了一本书——《拍摄日记选》。下面是其中的几则：

11月 20 日　阴转晴　星期日

昨天是我的重场戏。白天我睡了一大觉，因为晚上要干通宵，任务是拍咖啡馆的戏。

晚上，我到了咖啡馆，里面花花绿绿。开拍了，我坐在位置上，一动也不敢动。导演让我放松，可是不知怎么的，就是松不下来，紧张得不行。好不容易拍完了背影，就又接着拍特写，我好不容易才应付过来。拍完一些镜头后，导演让我休息一会儿，他自己又忙着拍另外一些镜头去了。这时，已经半夜 1 点多了，我一坐下就想睡觉。导演见了，就让我喝咖啡。一连喝了好几杯，喝得我满嘴苦味，可还想睡。

就这样，我从半夜十一点到今天早上六点，我一直没有合过眼。回到招待所，我倒头便睡。

11 月 23 日　晴　　星期三

今天是我们去“王志刚家”的第二天，主要是拍“吃饭”的戏。吃过早饭来到“王家”，就准备拍“吃午饭”的镜头，戏中的小虎是个左撇子，我得先练会用左手吃饭。练了一会儿，导演也觉得差不多了，就试拍一次。导演把饭盛满，对我说：“你得像农村孩子那样大口大口地吃。”于是，导演就站在我身边看我吃。我三下两下，吃完了一碗饭。导演看了很满意地说：“嗯，好，这样对了，把饭盛满，正式开拍。”我又吃了一碗，可导演却不满意，只好重拍。这样，我一连吃了三大碗，把我撑得午饭也没吃。

我不禁想起了陈佩斯的小品《吃面》。

下午，是拍吃火锅的戏。第一次试拍不说，第二次试拍时，一个演蓝蓝的小演员把台词说错了，结果重拍。第三次，小蓝蓝又把台词说错了，把“我爸爸也属狗”说成了“我爸爸也姓狗”，把摄像的叔叔给逗得摄影机都晃了，只好又重来。结果，吃得我肚发胀，晚饭也不想吃了。

看来，拍电视还得有个好胃口。

12月 11 日　多云　星期日

今天拍“王志刚家阁楼”的戏，今天有许多淋雨的镜头。由于老天不赏脸，一个月了，没有下过一滴雨，只好用消防龙头喷水代雨。这样的雨又密又急，尽管我站在屋檐下，可还是被淋得浑身湿透。等到拍完这组镜头，我已经冻得直发抖。我跑下楼，妈妈赶紧帮我脱下湿衣服。我的衣服全湿了，鞋子里也都是水。妈妈连忙脱下自己的羽绒衣，几位叔叔也把自己的外套支援过来。我捂在一堆衣服中，好一会儿才暖和过来。

吃过午饭，又淋了一场雨，真凉得够呛。从一次次地拍摄中，我懂得了当演员是非常苦的，但是要拍好一部片子，一定要不怕苦、吃得起苦。

读杨晓晖的日记，我一次次被这个“初涉社会的小鬼”感动，我觉得他不但让我共享了他拍片的甜酸苦辣，而且也带给了我很多很多的思考。

——“看来，拍电视还得有个好胃口。”

多调侃的话，可这却是孩子真实的体验。

——“从一次次地拍摄中，我懂得了当演员是非常苦的，但是要拍好一部片子，一定要不怕苦、吃得起苦！”

如果不亲身经历，孩子绝对不会如此深刻地感受到工作的艰辛！

……

真实的生活是学生最难忘的、最好的老师。生活，它是一本无字之书，是一本孩子们必须亲身体验和认真阅读的书。

第六章

把玩进行到底

我很赞同这样一种思想：儿童文化的核心是一种游戏精神。它追求一种自由创造的精神、平等的精神、非功利的合作精神；追求一种快乐的学习和生活过程，它成为儿童快乐的来源和本质。它启迪儿童智慧，释放活力，发展自由创造的努力。它照看的是儿童内心的自由、愉悦和本真。

让儿童在玩中学习，把玩进行到底，是我小学语文教育改革追求的目标之一。在尊重儿童心智发展水平和规律的前提下，让语文教育的成人文化和儿童文化互动，让儿童更好地吸收、发展儿童的语言。让学生在“玩”中经历体验，把原本陌生的、外在的似乎与己无关的言语材料、认识和知识变为自己可以感觉的、可以交流的东西，并慢慢将这些变成生命的一部分。语文教育只有拨动孩子们的心弦，让他们的心和文本人物的心一样跳动，才会在课堂留下天真无邪的笑，流下真诚自然的泪，获得美的熏陶，得到人格的真实塑造。

童年应当是欢乐的。这欢乐的童年是什么？离不开孩子们的游戏、玩耍，和大自然的亲密接触。让孩子们尽心尽情地吃着他们爱吃的冰淇淋、脆麻花，喝着酷儿、农夫山泉水；在学校的操场玩着老鹰捉小鸡，在草地做着丢手帕的游戏；看着《蓝猫淘气 3000 问》、《哪吒》动画片，整天乐

★和学生玩老鹰捉小鸡的游戏

呵呵的。当然更希望是孩子们自己做成的电动汽艇，在小河启航，高兴得乱蹦；在攀登作文山中占领一个个山头，在数学闯关时，又夺得一个满分，一边擦汗一边笑；和爸爸妈妈或伙伴在孤山打雪仗，在苏堤漫步听着黄莺的歌唱，看着花儿的笑脸，小脚在九溪清澈凉爽的溪水中划动；和小伙伴一起上网玩着最新的电子游戏，过关斩将，跳进一个个电脑打开的知识窗口，乐颠颠地穿行；趴在地板上，帮爸爸妈妈打扫房间，一边流汗，一边欢唱……同时这欢乐还应当来自孩子们战胜困难、挫折和磨难后，精神一振，眼前一亮，力量倍增，心胸更广时发出的爽朗的笑声……

童年的欢乐应当是有层次的，应当是自己寻得的。只有付出过，包括失败、失望、摔倒、受伤，欢乐才更真实、更厚实，才更有成长的意义，才会使孩子们的记忆更深刻。

一、在玩中赢得童年的欢乐

‖孩子们追捧旅游组

好孩子具备三个显著的特点：一是爱读书、会读书、不迷信书。二是爱老师、听老师、不迷信老师。尽管对“不迷信”，有的家长觉得提得早了，但总体上家长们还都接受这两点。三是爱玩、会玩、不贪玩。这是我80年代初提出的。很多家长不放心。孩子们天生好玩，还需要提倡？我们都怕孩子玩得太野，还要支持和鼓励他们玩，这书怎么读得好？

嗨，我的想法恰恰相反，孩子们不玩，这日子怎么过？这书怎么能读好？请看一个个例子。

当时班里有个小男孩，很乖。开学第一次作文，写愉快的寒假生活。其他孩子，包括那些平时写作水平不行的，都没有搔头。可他却愣在那儿一脸的痛苦，实在写不出来。我问：“你寒假到外面去玩了吗？”他回答“没有。”“寒假爸爸妈妈带你到亲戚朋友家吃饭了吗？”他回答“没有”。“有没有亲戚朋友到你家来做客呢？”他还是回答“没有”。“你寒假在干什么呢？”他尴尬地说：“看书、做作业。”你要让他写寒假的生活，他只能写自己寒假里读过的书。而读后感不是凭借观察和叙述，它全靠孩子平时积累的思想认识，需要提炼概括文章的能力，需要自然恰当地联系生活和实际的能力，需要议论、抒情和记叙。这些对于小学生来讲，又是最难的。这个很乖的男孩，没有享受到中国人过大年的生活乐趣，没有品尝到寒假生活的丰富多彩，留下的只是单调刻板的作业记忆。试想，没有刻录在儿童头脑深深的生活印记，没有亲身经历的感悟体验，寒假生活像一杯冰冷无味的白水，你说孩子能写出满意的习作吗？没有孩子的玩，这寒假还叫愉快的生活？这书还能读好？

儿童的真实生活有物质的、精神的。物质生活，他们比我童年时不知要丰富多少倍。不少家长，只要孩子读书好，要天上的月亮，能捞下来他也会干。可是儿童的精神生活，家长却常常照顾不够。家长们忙着自己的事业发展，忙着赚钱。不少孩子在许多时候是孤独寂寞的，他们缺少玩伴，他们缺少和亲人的闲聊沟通。童年的玩乐，无论从时间的量和方式来说，都比他们父母的童年少得多，弱得多。

玩是儿童享受生活的途径。玩不是消极的，也不仅仅是休闲的组成部分。对于儿童来讲，玩的积极意义大于它的休闲意义。那些习作写得顺畅的孩子，在寒假“疯狂”地玩了一回。于是他们的笔下会散发亲人相聚，年夜饭诱人的香味；会听到放鞭炮看烟花时，那噼噼啪啪又喜又怕震耳的响声；会见到逛商店买年货时，街上熙熙攘攘的彩色人流；会感受到小伙伴雪球塞进衣脖时又冷又惬意的感觉……其实大人也离不开玩。中央电视台那些娱乐节目，做爸爸妈妈的，在电视节目里玩的那些本该孩子们玩的游戏、玩意儿，我看比孩子们玩得还要疯狂，还要有味。因为人们已经认识到休闲玩乐是正常人生活的一部分。人活着并不只是工作。今年浙江省温州市开始实施强制的公务员每年休假三周，不完成休假的公务员不能评先进。这是不是也可以给我们一种提示，生活应当是多彩的。

假如我们确认休闲是人正常的权利和生活方式。那么儿童是人一生最该玩的年段，孩子们很想玩，很需要玩，我们为什么又不乐意让他们玩呢？好多电脑高手、赛车冠军、模特、航模的获奖者等等都是“玩”出来的，并不是在哪一所专门学校刻意学出来的。再说我们老祖宗就有“游学”的学习方式，“读万卷书，行万里路”。陆羽的《茶经》、苏轼的《石钟山记》、徐霞客的游记不也是在这种形式中“玩”出来的吗？或者说离不开“玩”的成分。

我过去也常常只把孩子的玩，当作儿童的一种天性，小孩子人人爱玩；当作是一种消遣，一种紧张学习过后的放松休息，一种不得不开支的时间消耗。一句话常常只承认玩的“劳逸结合”中的“逸”的消极作用。这25年语文教育改革的实践，让我重新认识了玩的意义。

玩不仅是儿童的特权和天性，更是儿童享受生活的一种有意义的状态。

亚里斯多德说过：“休闲才是一切事物环绕的中心”，“是哲学、艺术和科学诞生的基本条件之一。”人们慢慢地意识到，是英国的下午茶喝出了众多的诺贝尔奖获得者。专家学者在思想放松的前提下，漫无边际地闲聊，常常可能说者无意，听者有心，偶尔就会碰撞出智慧的火花，撬动深藏的那根神经，勃发研究的力量。牛顿从剑桥回到乡下的家里休息时，在苹果树下，由坠落的苹果促使他发现了万有引力。如果说成人的闲暇不等于玩。那么儿童闲暇生活的中心内容必定就是“玩”。儿童的玩和专家的闲暇在一点上是相通的，就是让孩子们“在思想放松的前提下”，进入无意学习的状态，“就会碰撞出智慧的火花，撬动深藏的那根神经”，获得一般状态下的课堂所无法享受的学习生活，获得更高的生命价值。

那时我新接了一个班级，为了丰富孩子们的生活，让每一个人的个性得到张扬的机会和空间，在我的教师生涯中，第一次大规模地推出班级的兴趣小组制度。当我向孩子们宣布成立兴趣小组时，孩子们像过节一样，教室一片欢腾。我们的兴趣小组，有诗歌朗诵组、故事组、相声组、手工组、书法组、还有旅游组……旅游组尤其受到了学生们的追捧，纷纷举手要求参加。

我说，每个人可以参加一到两个兴趣小组。旅游组每组控制六人左右。参加旅游组有几项规定：第一，每个人都有去玩的权利。第二，每个人都有向全班汇报的义务，可以轮流安排。一个地方玩过了，介绍汇报说得大家都想去玩，才算成功。第三，旅游小组每次活动，可以邀请家长一起参加。第四，活动要有计划。每周四之前，向老师上报简单计划。经我签字同意后可按计划执行。我没有让学生用写作文的形式来汇报，而是让学生介绍宣传的隐形方式，让孩子们还是在玩的意念中，提高他们的观察表达能力。

★和孩子们在少年宫广场放风筝

★孩子们自主地在野外探索发现，享受大自然的给予、伙伴的友爱。

一次次旅游小组的活动，让孩子们快乐地享受生活的给予，增长了见识，锻炼着独立组织和协调能力，享受着成长的欢乐。今天回过头去看，真的不可思议。我居然敢大胆放手，让三年级的孩子们独立自主地满世界玩；居然家长、孩子和学校还都接受，让我进行着。我只能感谢孩子，他们是那样的独立和能干；感谢家长，他们是那样的大度和支持；感谢学校的领导和同事，是那样的理解和宽容。没有这些，大概就不会有当时孩子们在旅游中享受儿时快乐的生活情景。下面就是旅游组孩子五年级时的一份记录。

我们在苏堤漫步

今天，我们去西山公园“旅游”。一路上，大家说说笑笑，不知不觉来到了苏堤。今天，幽静的苏堤迎来了万紫千红的春晓，堤上彩色的人流，更添了苏堤的几分绚丽的春景。

我们在苏堤上蹦呀，跳呀，与春风赛跑，同小燕子逗笑。苏堤两边是一行行垂柳，两棵柳树之间还夹着一棵桃树。一阵风儿吹过，柳条儿翩翩起舞，还送来刚开放的桃花的阵阵醉人的清香。我们头上是碧空如洗的蓝天，飘荡着一片片白云。我们的脚踏在绿色的长堤上，两旁的湖水反射的阳光，像是谁在湖面镶嵌了许许多多金刚石似的。怪不得“苏堤春晓”是西湖十大风景之一呀！

我们迷在风景如画的景色中，突然，随我们来的张老师问：“谁能讲讲苏堤的来历？”“我来！”“我来！”同学们七嘴八舌地叫。张老师请我讲。我一本正经地说：“北宋大诗人苏东坡到杭州做刺史，看见西湖经常发大水，害得老百姓没有房子住，没有饭吃，过着贫困的生活，心里焦急得像油煎一样。马上领导大家疏通了西湖，用挖出来的泥筑了这条堤。人民为了纪念他，就把堤称为苏堤。”张老师又问大家：“苏东坡还在杭州留下了什么？”快嘴的杨扬抢着说：“苏东坡还给我们留下了一道名菜，外国人吃了不住地称好吃呢。这名菜么，就叫东坡肉！”“知识博士”周明说：“对！据说那年苏东坡治好了水灾，庄稼丰收了，人民为了感谢他，送去了许多猪。苏东坡命令人把猪杀了，切得方方正正的肉，烧得又红又酥，分送给筑堤的老百姓。老百姓正在庆祝丰年，见又送来了肉，越发高兴了，便给这肉取名‘东坡肉’，并公认是杭州第一道名菜。”“我吃过东坡肉，”胖子沈来说：“可好吃了，我一口气就吃了三大块。”我们都笑得前仰后合。“这首苏东坡写的名诗你们知道吧。‘水光潋滟晴方好……’”还没有等张老师说完，大伙都接上了：“山色空蒙雨亦奇，若把西湖比西子，淡妆浓抹总相宜。”

啊，多美的西湖，多美的传说。我们银铃般的笑声伴着诗的余音，跟随着我们在苏堤的脚步飘向天空、湖面和堤上绿色的草丛……

萧伯纳说，英国人终身不读莎士比亚，不是人民否定作家，而是幼年时，老师逼迫他们背诵的结果。今天，我们就让学生去轻松地读，去写，去玩，孩子们在记住青山绿水的同时会记住苏轼和他的隽永的诗篇的。

‖ 张老师送的圣诞礼物

美国华盛顿儿童博物馆墙上有这样一句话。“听到的，过眼烟云；看见的，铭记在心；做过的，刻骨铭心。”——(I hear，I forget . I See，I remember . I do，I understand)

玩不仅是儿童的特权和天性，也不仅是儿童享受生活的一种有意义的存在方式，玩更是儿童认识世界十分活跃、十分有效的方法和途径。就好像刚出生的婴儿是用嘴接触周围的世界，认识妈妈的乳房。儿童对大自然、对小伙伴、对周围生活世界和间接世界——书本知识的认识也是可以通过玩获得的。小学生的玩对于孩子身心的健康成长是一种促进剂。陶行知先生提倡的儿童六大解放“1. 解放大脑；2. 解放双手；3. 解放眼睛；4. 解放嘴巴；5. 解放时间；6. 解放空间”。我想在孩子们玩的时候，可能是实施得最理想、最自然的时候。

“知之者不如好之者，好之者不如乐之者”，玩本身就是一个学习过程，一个由好奇心驱动的探索过程，一个高度互动的交流过程，而这些不正是我们的教育苦心孤诣所追求的吗？

玩是儿童的天性使然，试问古今中外，没有哪个孩子不喜欢“玩”。对于儿童来说玩和学本来就是一体化的，婴幼儿就是从大量的玩耍中轻松愉快地认识了世界，学会了母语，学会了交流！玩可以让孩子们多角度去认识世界，从而获得自己的“文本”理解，能够得到关于事物的多方面信息；

玩可以帮助孩子获得各种知识、技能、情感体验，并将此运用到生活中去；玩可以帮助孩子形成一个“换位思考”的人生态度，建立一个客观的世界观。

2002年圣诞节的前夜，正值期末复习，老师布置许多复习作业，家长严格控制玩的时间，孩子们个个都被紧张的气氛弄得头晕眼花，灰头土脸。当时我去天长小学拍录像课，给孩子们布置了一个任务，谁能做到鸡蛋从四楼掉到一楼，鸡蛋壳完好无损。问题一出，孩子们除了张大惊讶的嘴巴，还个个兴奋异常。因为，我要求每个孩子回家，独立地或和爸爸妈妈、爷爷奶奶一起动脑筋、想办法、做实验。明天上课，把成功的实验介绍给同学们。比一比，谁的办法最精巧。期末复习，绝大多数班级是沉闷的，几乎所有老师和学生都是超负担的和辛苦的。突然，从天上掉下个张老师，给他们一个玩实验的好机会。你说拿着这“鸡毛”当“令箭”，该是什么滋味！回家后全班所有的孩子都潇洒了一回，放开手脚，大大方方，高高兴兴地玩了一回。从四楼窗口把用妈妈的漂亮纱巾制成的降落伞，放下来。看着夕阳黄昏，从天上飘飘悠悠下来的降落伞，当他们从地上捡起完好无损的鸡蛋，大声喊叫的时候。这“玩”给他们带来的探究乐趣是实实在在的。第二天拍录像。当孩子们拿出各式各样独创发明的保护脆弱鸡蛋的土装置时，孩子们的得意和自豪显形于色。当我让孩子们玩鸡蛋跳水，试验如果四楼下是水潭，能否让鸡蛋安全时，孩子们一拥而上，将蛋投入水桶。在高高兴兴地玩蛋中，他们不仅朦朦胧胧地懂得了入水的角度和压力、压强的关系，还亲身实践了一回，获得真真切切的印象，激起写作的热情。孩子们说：“这是张老师送的圣诞礼物。在枯燥乏味的复习阶段，给我们带来了快乐，给我们带来了生活的享受。”在活动的过程中，孩子们也认识到了通过包装避免碰撞，通过降落伞减缓鸡蛋下降的速度，给鸡蛋包上海绵，让鸡蛋避免硬物的冲击等等，孩子们的发明真是五花八门。

我的年轻学员看了录像后，也去做了一番实践，她在反思中这样写道：

“同一实验内容，由于我们对学生个人独特感受的珍视，尤其是在习作前，教师给予学生充分的时间思考写作的体裁，为学生的自主写作提供了有利条件和广阔的空间，因此课堂上，学生自拟的题目大多别具新意而又各不相同。学生展开了丰富的想像，自由表达和有创意的表达就能凸现得更加充分，这样就为学生的习作内容拓展了自由发挥的空间。但是，作文课也‘不仅仅只是关注小学生独特的心理感受，更要关注的是儿童投入科学实验实践活动的热情；是他们主动地在课内外、校内外自主进行各种科学实验过程中，追求新奇、渴望求知，与伙伴合作，与他人沟通的实践感受；是他们朦胧的科学实验的意识产生；是活动中释放的大胆思想和艰苦研究实验又快快乐乐的心境’。教师的关注点应从作文课的教学——学生习作转变到研究作文课的整体开放。那么，这样的课堂，这样的教学才真正体现《语文课程标准》中提到的‘建设开放而有活力的语文课程’”。

是啊，开放了习作的内容，将学生的课堂学习与课外生活紧密联系起来，将语文学习与学生玩小实验有机结合起来。每个学生带着好奇、疑惑的心情事先在家里玩着实验。实验材料唾手可得，一次玩不成功，多次再玩也无大碍，学生丝毫没有后顾之忧。这种学生独立实验探究在先、自主习作在后的程序变化，有效地激发了学生作文的兴趣，这在课堂教学中的效果是显而易见的。

投入的游戏，投入的研究，投入的思考，投入后的成长，每一次的投入都是财富。可是以往的学习总是教师在投入，家长在投入，惟独少了主角儿童的投入，面对他们看着书本漠然的表情，面对他们面对课堂无奈的表情，怎么能想像以后如何去获得各种知识、技能、情感体验，怎么要求他们孜孜不倦地学习？

如果我们能合理安排孩子的时间，正确而全面地认识儿童玩的意义和功能，并且能安排内容丰富、积极向上的“玩”，那么当我们的语文教育适合学生时，孩子们在“玩”中学，做中学，学了做。我们的孩子就有可能获得比以往多得多的知识、技能和情感。孩子就能获得比别人多的业余爱好，就不会感到孤独、寂寞、空虚和无助。

让孩子们投入地玩吧，让玩成为孩子们获得成功的起点。

‖ “你真有现代人的气魄”

随着经济建设的飞速发展，过去我们生活的大院慢慢变成一种回忆。计划生育国策的不断落实，让孩子们都已经不知道同胞兄弟姐妹是什么感觉。今天的中小学教育，至少在中心城市已经变成真正意义上的独生子女教育。一家一户，独门独户的居住方式。让孩子们很早就开始经历孤独和寂寞。高档时尚的住宅和居家布置，没有给孩子们带去更多的欢乐，却常常像囚禁孩子的金丝笼。人是需要群居，需要伙伴的。玩，是儿童结识伙伴，学习与人合作的最惬意、最自然、最放松的平台。

在我们这个高速发展的现代社会，学会与人合作是长大发展的重要素质。独立学习是孩子们学习的基石，而合作学习则是孩子们学习的重要形式。合作是学生民主和明智的选择，是提高学生学习效率，增强学习密度，拓宽学生情感交流渠道的重要形式。要合作，就需要伙伴。玩就给孩子们提供了结识伙伴的平台。

在教学《摔鸡蛋的学问》时，当我让学生在四人小组说说“鸡蛋从四楼摔下去，有什么办法能让它不破？”时，孩子们的对话交流十分积极。因为这时合作的时机是真实而必要的。首先，题目太怪，充满挑战性。其次，问题的解决，一般说都超出小学生独自的知识准备，解决问题本身需要知识的综合，需要思维方式的改变，从单纯学科知识到相关知识的整合，到知识和实践的整合。最后，怪题的解是

★在温州广场路小学上《摔鸡蛋的学问》，课堂洋溢着生命的活力

开放的，有许多个性化创新性的回答。这些使孩子们四人小组的交流变得实际，使相互欣赏变得真实。课堂上全班汇报时，有个小女孩提着个很有创意的小篮：竹篮的上下左右用大号铅丝固定着，铅丝框定的是一个白色泡沫塑料包裹着的鸡蛋，悬空在竹篮的中央。设计非常奇特，考虑十分周全。同学们都情不自禁地赞叹起来。她告诉大家，不是她一个人的功劳，是和陶莹合作完成的实验。当时我问她怎么会想到要合作完成？她的回答非常自然："我觉得很多事情都需要大家一起来努力，这样才能想到更好的办法。"我听了只觉一股热流往上涌，在课堂上立即夸奖道："你真有现代人的意识！合作，我们的事情才更容易成功！"在玩耍中，玩伴的存在是愉快的玩耍得以进行的基本条件。在玩耍中每一个孩子都会发现伙伴存在的重要性，会发现"很多事情都需要大家一起来努力"的真理。这份对合作的期盼是发自内心的，不是老师强把他们拴在一起的。拴住他们的绳子是共同的爱好——玩耍。在玩耍的过程中，孩子们会主动找寻自己的合作伙伴，会感受到合作带来的快乐与成功。因此，玩给今天独生子女结识伙伴提供了最真实、最经常的平台。

有的孩子合作的第一次实验，是用两块海绵将鸡蛋包起来，用线捆住，可摔到地上时，线松开了，鸡蛋还是破了。后来，孩子们用油纸袋做了一个降落伞，系在上面，让它增加阻力，摔下去时，鸡蛋没破。有的和爸爸妈妈合作，共同战胜困难获得成功。这既能感受合作的意义，还能享受到家庭的温馨。正因为有这样的玩作基础，正因为所有的孩子都亲身经历了"大吃一惊——合作攻关——享受成功——自豪满足"这样的心路历程，因此，当学生用"我笔"写"我心"后，他们渴望与人交流，分享习作中的快乐。在这样的课堂中，教师和孩子的生命会焕发活力。我不失时机，让学生自荐："你认为改得成功的地方，让张老师来欣赏欣赏。"互相欣赏："你愿给你的同学当一回编辑吗？对你欣赏的句子，请用浪纹线画出，特别欣赏的词，用圈圈出来……"互相推荐："有没有发觉特别好的文章，想推荐给大家……"一份欣赏和被欣赏的愉悦情感充盈着整个课堂，学生们充分"分享着别人习作的快乐"和"被别人分享着的快乐"。学会欣赏是现代人的基本素质之一。愿意将自己的习作读给他人听，与他人分享习作的快乐也是新课程标准小学习作教学的目标。

由于每个学生表达的是自己的情，选用的是自己想写的题目，感受到的是别人对自己习作的欣赏，所以，他们都是课堂上的“主角”，而不是个别优等生的配角。因为平等，在这个平台上每个人才能获得更多的伙伴，才会真正享受伙伴合作的乐趣。

二、在玩中获得乐趣

‖游戏让学习成为享受

玩是儿童理所当然的“事业”之一。玩，可以为孩子们的童年时光留下丰富的可供采撷的欢乐的记忆；玩，可以为儿童日后的社会生活提供丰富的足以依赖的经验背景。有哲人说过：“小孩子不玩是长不大的，只有让他去玩，才能健康地成长。”教师和家长应鼓励孩子玩，并有目的地加以引导，使孩子玩得健康，玩得快乐。

尊重儿童学习，就要努力创设适合儿童学习生活的校园环境，让儿童在活动中成长，苏霍姆林斯基认为“儿童是用形象、声音、色彩来思维的”。

去年我听过一年级的识字课。老师带领孩子在游戏中识字，在游戏中发展语言。教师根据最近电视台播放的动画片，设计《闯关识字，到哪吒家做客》的游戏。让学生在自己喜欢的活动中，主动、积极而有效地学会识字；给生字找朋友——组词；为家乡的小河打捞脏物——把错误的音节剔除。这种人性化的游戏驱动，游戏化的教学过程的展开，真的改变了儿童在课堂的生命状态。按理说，一年级的孩子专注学习的时间一般不会超出 10~15 分钟。可是那节课上，孩子们自始至终兴奋地学着、做着闯关识字的一道道游戏，不倦地认读玩乐着，人人都争取能到哪吒家去做客。这就是“玩”使识字学习增添了乐趣。

同样，小小的一根鸡毛让三年级的孩子们上课玩得开心，说得开心，连写日记都觉得快乐。不是因为鸡毛上带着魔法，是因为鸡毛给孩子们带去了快乐。《吹鸡毛》是一堂玩玩说说课，让孩子们在课堂里吹鸡毛比赛。吹鸡毛的预备姿势什么样？鸡毛怎么飞过来的？吹鸡毛的同学是什么样？围绕这三个问题孩子们在课堂里边玩边说，开心极了。这边鸡毛才落地，那边要求描述的孩子就站起来了。听着孩子精彩的发言，看着这些孩子神采奕奕的表情，谁又能说作文难、说话难、学语文难？可退一步想，假如抽取孩子们喜爱的玩，把吹鸡毛这个中介再变成老师写作目的性的教育，变成写作知识技巧的指导，还能看到这情景吗？孩子们在放松的情境里，在快乐的心情下，说话流利了，交流变成了需要，变成了享受。当我问孩子们："今天回家愿意写日记的同学有哪些？"全班同学都齐刷刷地举起了手。但仔细想想本该如此，因为玩得开心，回忆当时的情景也变成了享受，孩子们又怎么会拒绝享受快乐呢？语言能力主要不是通过耳读和欣赏他人的学习活动获得的。能力的缺损，只有通过学生全身心投入学习、参与训练才能弥补。

孩子们上课的交流建立了同学之间相互理解的桥梁，两次失利的猛虎队，在第三次比赛中表现得特别急，坐在一旁的同学观察得非常仔细。"前两局的比赛，猛虎队都输了，如若再这样下去，猛虎队脸上也无光了。这次又是明星队发球。陈佳鼓足了气，把鸡毛吹到了猛虎队上空，段鑫赶忙去'救球'，把鸡毛吹过了中线，只听见台下阵阵鼓励声，'猛虎队加油……'鸡毛又被吹了起来，飞向猛虎队后方，猛虎队心里急得很，赶忙'救球'，但鸡毛马上要着地了。猛虎队措手不及，情不自禁地一齐趴在地上，吹那像被石头压住的鸡毛"。说得多好"像被石头压住的鸡毛"，说出了猛虎队队员们的心情。

学习语言的最好方式，是师生之间的对话。这是融听说读写为一体的、有意识的、具有目标感的一种交流。游戏就为这样的对话提供了丰富的内容，提供了生动的情境，让学习成了需要，成了享受。

‖ 快乐的洗手帕比赛

玩是孩子生活的主要内容，是他们认识客观世界、获得身心各方面发展的最基本手段。玩可以使孩子们回归生活之中，放开他们的手脚，放开他们的思绪，真情实感便宣泄而出。孩子们可以在玩中获得快乐，学会遵守规则，与人交往，独立思考解决问题，孩子也可以在玩中获得劳动的乐趣，学会劳动的技能，让心智得到充分发展。淘气的男孩是好的，淘气的女孩是巧的，玩童才是健康的儿童。

浙江省编小学语文三年级教材里有一项《洗手帕》的习作训练，要求学生把洗手帕的过程写清楚。很多老师上课会询问孩子们有没有洗过手帕，洗手帕是怎么洗的，让同学之间讨论，梳理清楚洗手帕的步骤，就认为指导结束，可以让学生写下过程。我不是这样上课的。我要孩子们每人都玩一次洗手帕，孩子真实经历过，记忆自然会深，习作会方便；孩子也会在玩和比赛洗手帕的过程中，尝到劳动的快乐。

一上课，就要求大家把手帕拿出来。孩子们以为我要向他们借手帕，争着抢着给我："张老师，我这块手帕干净。""张老师，我的手帕今早刚从衣柜里取出来的。""张老师，用我的，新的。"……我却取了其中最脏的一块手帕，并举起来让大家说说看到的手帕的情形。"嗨，这块手帕皱皱的，手帕上的小熊猫黑糊糊的，都该洗澡了。"然后我请小莉上来洗手帕。一边洗，一边问学生，"第一步干什么？""浸湿！""接着呢？""打肥皂。"打完肥皂开始搓。中年级的学生在活动时没有学习意识。看着搓出来的黑色泡沫，叽叽喳喳地在一旁议论。当我把搓干净的手帕放在学生面前时问："手帕是不是已经洗干净了？"学生们异口同声地说："没有，还要用清水去漂洗。"直到把手帕从清水里漂洗完，抖开，展现在学生面前时，学生便说："今天小莉给小熊猫洗了个脸。""熊猫干干净净地坐在草地上吃竹子呢！真可爱！"孩子们看小莉上来洗干净了手帕。也纷纷举手，也想洗一回手帕。

看十遍不如做一遍。我让大家分成 8 组都动手洗手帕。事先准备好的

8个盆子分给大家。一声令下，洗手帕比赛开始了。孩子们玩得非常高兴。到处是孩子们的欢声笑语。孩子们从静静地看，到自己动手实践，比赛加深了孩子对洗手帕过程的印象，也在劳动比赛过程中获得成功的乐趣。在学生们洗完手帕后，我告诉学生今天可以写洗手帕比赛，可以写小莉洗手帕，还可以写自己平时在家洗手帕、袜子，洗红领巾的过程。

有了“玩”，两节作文课，孩子们洗得不亦乐乎，说得不亦乐乎，写得不亦乐乎。印象深了，还萌发了自己的事情自己做的意识，减少了写作障碍。假如不让孩子们人人动手玩一下“洗手帕”，只是按写作的知识要求，按部就班地去指导教学，是不是课堂教学中儿童成长的生命意义会少了点什么。

‖ 在玩中获得珍贵的认识

教育离不开灌输说教。但在自我实践中感悟到的认识，远比单纯的说教有效。让孩子们在最熟悉和最喜爱的玩的过程中，进行自我教育，一定会更自然，更有成效。

好奇、好玩是儿童的天性，教师和父母要做的就是把孩子们的原始天性引入好学上进的轨道。促使孩子形成有益于社会的理想、志向和责任感，获得自主发展的内驱力。

春天，孩子们都爱养蚕。不少孩子在养蚕的过程中，由于他们的天真善良和幼稚，做过傻事。可也就是在做过傻事后，他们获得的那份认识却变得十分美好和珍贵。同事的小男孩发现蚕在蜕皮。他趴在旁边专注地看着，看着看着，他终于动手了。他觉得这蚕太可怜、太痛苦。为了早一点结束他心爱的蚕宝宝的痛苦，他帮助蚕完成了蜕皮。他很高兴，觉得为自己心爱的蚕做了一件好事。可第二天他帮着蜕皮的蚕宝宝不是死了，就是奄奄一息。孩子大吃一惊。当家长告诉他，蚕蜕皮是它自己生长的一个过程，必须靠它自己完成。你帮它早蜕皮，好像是帮它，其实是害了它。孩子受到极大的震动。还有一位孩子最爱收集蚕茧。春天的时候，看着蚕从茧里面爬出来，那个样子真是美极了。可是看到它们拼命挣扎的样子，又难过极了。小小的蚕蛹要爬出来下仔，它们得费多少力气呀！于是这位好心的孩子，用一把最好的剪刀把茧剪开。可是结果也完全出乎孩子的想像。那些剪开的茧，出来的蚕蛹没过多久就都死了。这是为什么呢？家长告诉她，“蚕蛹需要自己奋斗爬出茧，这样会使蚕蛹的一些废物排出体外。如果不是这样，蛹就会死的。”在做过傻事后，孩子们会对《拔苗助长》的寓言加深理解，他们会朦朦胧胧地想到。蚕宝宝的许多事都必须要它们自己完成，我们人更需要自己奋斗、努力，不能什么事都靠爸爸妈妈。

2004年春天“浙江省首届小学语文口语交际研讨会”上，浙江省嘉兴平湖张滔元老师的《一场（　　）的比赛》，就让儿童在玩中经历了一次自然而有价值的道德情感的提升。小张老师把搭积木搬进了课堂，当他说今天上课要进行搭积木比赛，在鼓励学生上台参赛时，有一位学生大声说：“我来！”随即自告奋勇走上选手席。这时小张老师马上说：“一个亮点，你们发现了吗？他刚才用了一个词儿是——”“我来！”许多同学都感觉到了。他又顺势点拨：“我来！自告奋勇，这是自信的表现，相信你们会合作得很好！”这一即时点拨带给学生的是什么？是肯定！是自信！甚至对该生今后的学习、生活、工作都会带来潜在的影响。怪不得，这堂课中，学生们跃跃欲试，个个都充满了自信，简单的一个“我来”，点燃了学生们表现的“火把”。“火把”点燃的还有游戏带来的自我欣赏，点燃了同学间的相互信任与理解。

老师让学生们自己选择选手、裁判，活动“激活”了学生表达的欲望，不同的角色“激活”了学生的思维，在相互鼓励中，学生丰富的大脑词汇储蓄也被“激活”了。沉浸在游戏的乐趣中，沉浸在角色的兴奋中，沉浸在儿时美好记忆的回忆里，学生们很快进入了情境，在享受着玩积木和交际的快乐。

在孩子们玩积木的过程中，小张老师幽默风趣的语言提升了学生的认识。如第一次搭积木比赛评奖时的课堂实录片断：

有一组积木倒了！有学生热烈鼓掌，有一学生说“隔山观虎斗”。

师（随机调整）：你这么说，是什么意思呢？

生：明明是我们最牢固，他们吵什么吵！

师：还是自己的最好，很自信！不过也要学会欣赏别人！我们一定要把好的经验总结出来，你们看一看，成功在哪些地方？

生：我觉得他们很会利用这些长方形积木的高度，如果横放的话就会影响它的高度！

生：他们的地基打得好，这也像我们学习，学习的基础也要打得这样扎实！

师：多么有智慧，你很会联想！

生：我发现他们很会利用圆的积木，搭得更美了！

生：我说流线型的东西最美，这是老师告诉我们的！

评委：刚才我一直在观察第三组。刚才张老师提醒了要注意高度，所以他们马上想到了要向上搭，他们听取了老师的意见，我觉得这也是他们成功的一个方面！

老师那句“不过也要学会欣赏别人！我们一定要把好的经验总结出来，你们看一看，成功在哪些地方”，提醒了学生要学会欣赏他人，学会吸收他人的优点。这不正是一把开启智慧的“钥匙”吗？开启智慧的钥匙不仅开启了学生们的表达能力，还开启了学生自我陶冶情操的钥匙。

在后面的评委发言中，有一位小评委又一次提到“下面我要偏袒一下我们组了”。小张老师立即提醒“又我们组了，建议不用”。这位学生立刻改了口：“黄队虽然只得了第二名，但失败乃成功之母，我相信，再比便不会输了。”是啊，作为评委怎么可以一口一个“我们组”，老师的提醒让学生认识到了自己的角色已经发生了变化，认识到评委应该公正、公平，是不可以偏袒的，认识到应该激励自己组的队员们，也让其他学生认识到同学间的相互欣赏、面对成功时的自豪和合作的默契。玩于是包含了丰富的情感。

三、在玩中探究奥秘

‖猫是左撇子还是右撇子

孩子的学习方式有许多，如接受、模仿、探究。玩是孩子的天性，玩的方式也能发现探究奥秘、获取知识的本领。

我们区里一所小学，有个小男孩，从人有左撇子和右撇子之分，联想到动物，想到自己家可爱的猫。他想猫是不是也有左撇子和右撇子的区别呢？他专门设计了一个“实验”，认真地玩了三次。第一次，他把毛线球滚到小猫面前，看它是用左脚去抓，还是用右脚去抓。接着他还想到通过皮球和猫爱吃的鱼来做实验观察，但最后他还是无法做出结论。猫是左撇子还是右撇子，其实没有太多探究的科学意义。意义在于好奇心引起的玩乐，在这些玩乐当中，孩子在实践探究的学习方法。

玩，让学生亲身探究到自然的奥秘，无论是在课内还是在课外。

春天，花生米放到小杯子或小碗里，用水浸泡后，一盆放在窗台上，一盆放在书桌上或其他阳光照不到的地方，看看花生是什么时候发芽的？哪一个发芽比较快？想想这是为什么？选择两个等重的苹果，一个削皮，一个不削皮，观察24小时后，两个苹果的重量和外表有什么变化？一周以后，又有什么变化？经过观察，学生们会发现果皮能保持果实的新鲜和水分，没有果皮的果实水分蒸发的速度会很快，容易腐烂。玩过“削苹果”游戏的孩子们发现了植物果皮的作用，那是在玩中刻到大脑里的印迹。这不仅积累了有趣的写作材料，还启发了孩子们用这样的学习方法，自己解决疑问。

学生曾在日记中这样写道：“爸妈总说玩不好，可我在暑假里玩得真开心，不仅因为我玩的项目多，而且我觉得玩的好处很多。我在玩中学到了许多书本中没有的知识，还掌握了一些本领。玩不仅开心，还能陶冶情操呢！我真是玩得有滋有味。”

“玩”真是大有文章可做！也正因如此，“玩中有学、寓教于乐、学中创造”的教学方式，才能在课堂内外长存长青。

苏霍姆林斯基说过，人的心灵深处，总有一种把自己当作发现者、研究者、探索者的固有需要。这种需要在小学生精神世界中尤为明显。姹紫嫣红的大千世界，吸引着每一个孩子，在他们的心里编织出一个个五光十色的世界。在这些小小的“世界”里闪烁着许多智慧的火花，作为教育工作者就应该捕捉这些火花，并点燃它们。

我上《可乐瓶里的“潜水艇”》便是例子。浙江省小学语文六年级有一篇《看不见的大力士》的课文，讲的就是“压缩空气”的知识。我想让孩子们通过玩自己去发现压缩空气的特点。玩什么呢？玩潜水艇。我先为每一个4人小组准备一个透明可乐瓶，一个眼药水瓶。接着仔细准备孩子们上课的“玩具”。将可乐瓶灌上5/6的水，将眼药水瓶灌好水，并给它们戴上了红帽子，放进可乐瓶中保证它们红色的橡皮盖刚刚能露出水面。当我把这些玩具带进课堂时，引起了孩子们的好奇心。我告诉学生，这些小瓶子就是“潜水艇”，要让它能浮在水面，又能根据指挥及时沉入水底。但是不能用其他器具帮忙。我说：“三个臭皮匠抵个诸葛亮，那么多聪明能干的红领巾肯定行！”孩子们讨论了半天，也试了各种各样的方法，课堂上玩兴很浓，洋相百出，水迹处处，笑声不断。玩中出现困难，我提醒大家《看不见的大力士》书上的知识能帮助解决问题。聪明的孩子立刻想到了“压缩空气”。他们把可乐瓶的盖子拧紧了用力捏。就发现了“潜水艇”渐渐向下沉了。手一松，它又缓缓地上来了。“我们成功啦！”……下课铃响起时，大家都觉得这堂课太短了，人人都沉浸在探究的兴奋中，沉浸在了解奥秘的兴奋中。这样得到的知识又怎么会不深刻呢？

让孩子们用玩的方法来学习，对老师们是提出了更高的要求。老师不仅要理念正确，准备工作还要做得非常仔细。包括大大小小瓶子的选择，水注入的多少，老师都要去试验、去体会。孩子们在玩游戏的过程中，在老师适时的点拨中才发现压缩空气的奥秘的。

“玩”是点燃孩子智慧火花的引火石，在玩中不断思索，不断发现，不断更新，不断创造。我们又怎么能不在“玩”字上多做些文章呢？

‖玩是儿童体味文本的手段

玩，让我们有可能成为儿童平等的玩伴，找回快要丢失的童心，唤醒真实的情感，走进文本、走进学生的心灵。玩，让我们忘记一本正经的教育，开始真正平等的师生对话，实现心灵碰撞，激活学生的潜能，唤醒真实生活的记忆，释放深藏的情感。那时我们的教育教学才可能更成功。

上《捏鸡蛋》课文前，我通知孩子们回家准备一个鸡蛋上课用。上课时先花几分钟，让孩子们上台来捏鸡蛋，比比谁的力气大，能把鸡蛋捏碎。结果不管是小个儿还是大力士，个个面红耳赤，踮着脚伸着脖子还是捏不破。我接过手，两只手指一用力，“啪“的一声，蛋破了。这时孩子们都想知道为什么。于是，我告诉学生《捏鸡蛋》一课就能回答你们的问题。学生们仔细一读，发现书上记的捏鸡蛋的过程、气氛、人员都和刚才教室里发生的一样。

在上《草船借箭》时学生产生了 “为什么曹军的箭都会射中诸葛亮的草靶子？为什么开始船头向西，后来又要让船向东？”这些问题。为了解决问题，我让学生们学着 30 个兵士的样子擂鼓呐喊。开始时，学生们边喊边笑，“冲啊！杀啊！活捉曹操！”喊得可高兴了！ “像你们那样擂鼓呐喊会出现什么样的情景？”大家很快就发现，这样喊曹操会发现这是一场骗局，是无法“借”到曹操的箭的，而且很可能被曹营的人所伤。接着，四个组齐声擂鼓，四个组齐声呐喊。一下子就喊出了声势。再让学生扮演曹营士兵去报告曹操，让大家体会曹操在半夜三更听到这样的声音会怎么想，体会到擂鼓呐喊是为了给曹操施加压力，体会到了曹军的害怕，箭为什么会像雨点一样飞出去了。学生们通过擂鼓呐喊很快进入了情境，从情感上感受了诸葛亮的神机妙算。

学生们开始用铅笔盒代替诸葛亮的船队，和同桌一起排演“草船借箭”的情景。大家很快体悟到船头开始朝西，是因为船是从东吴方向驶出的，船头肯定朝西。第二次船头向东，一是为了让草船左侧的草靶子也均匀受箭，保持船体平衡，二是为了借完曹操的箭能顺风顺水顺利撤退。孩子们是感性的，摆龙门阵，让学生从实际操练中感受了诸葛亮草船借箭的巧妙之处，不仅知道诸葛亮懂天文地理，还通过玩，领悟到诸葛亮擅长用兵用计，对“神机妙算”有了更深刻的理解。

玩让学生发现文本的意义，玩是学生成长必需的维生素。

四、在玩中激活潜能

‖玩，创造儿童乐学的境界

玩的过程能启动智慧，释放活力，激活语言。

许多父母训斥孩子的口头禅是：“就知道玩，还不赶快去学习！”“这孩子玩心太重，不会有出息。”如果孩子从小就忙着认字、数数或学习琴棋书画，父母则感到极大满足，甚至成为向他人炫耀的话题。而教师对孩子的教育也往往过于理性，对中低年级的孩子，动辄是学习目的性教育，是一番为了四个现代化的大道理，或者是跟孩子讲 10 年、20 年后安身立命、成家立业的小道理。告诫孩子们要全身心投入学习，专心致志埋头读书，“两耳不闻窗外事，一心只读圣贤书”。这些老祖宗们的告诫一代传一代，常常萦绕在耳边。其实，小孩子是很感性的，不要说他们见不着、摸不到的四个现代化，就是跟他们绝对联系在一起的未来，由于太遥远，他们一般也不会有感觉。家长没有注意到孩子们在玩的时候会神采飞扬，在玩的时候注意力会是最集中的，在玩的时候眼睛里会透着智慧的灵气，在玩的时候会迸发个性。当孩子们没有意识到自己在学习时，学习的效果会特别好，因为玩是源于学生自己的需求。

小学教育最可怕的是把儿童不当做儿童教，把儿童教育成了无童趣的老头。我们应当处处把学生当做儿童，每一个儿童都有着尊严的个性，我们要关注学生的生命价值，让学生在教师、文本和课堂教学环境的影响下，焕发出生命的天真和多彩，获得生命、情感、思维、语言等等最优的综合发展。教育应当是最人性化的活动。

把学生喜闻乐见的游戏带进课堂，让玩激活学生观察、说话、思维和表达的潜能，是被实践证明的，是让学生乐于作文的好办法。当中年级的孩子们听说要上“玩玩说说”课时，最迟钝的孩子眼里也会放出光来。他们没有意识到这玩玩说说是教师寓教于乐的形式，也没感受到进行观察、表达训练的心理负担。欢乐的游戏极自然地吸引了学生的注意力，专注的观察力、欢快积极的心情，导致学生大脑思维的兴奋，在课堂和他们的习作本上一定会流淌出亲切、流畅、生动的儿童语言。这篇三年级学生作文就可以让我们看到学生在游戏的点燃下形成的观察，表达的积极主动性。

“瞎猫捉老鼠”游戏真好玩

大家可喜欢上玩玩说说课啦。每节课总要玩一个有趣的游戏。这些游戏像磁铁一样紧紧吸引着同学们的心。今天的玩玩说说课上，老师问：“谁来玩‘瞎猫捉老鼠’……”还没等老师讲完，大家就一下子举起手来。老师请王林当“瞎猫”，贾琳当绿老鼠，章曙光当蓝老鼠，杨扬当黑老鼠。分配完了，就叫晓亮把王林带到门外蒙住眼睛，再让“老鼠们”打扮化装。“老鼠们”马上把外衣、帽子交换了一下，瞪大了眼睛盯住“瞎猫”。

游戏开始了。“瞎猫”慢慢走进来了。他张开手脚，摇摇晃晃地向“老鼠们”步步逼近。狡猾的“蓝老鼠”抓紧时机，从“瞎猫”的手臂低下哧溜一下钻了过去。“黑老鼠”与“绿老鼠”吓得连连后退。“瞎猫”又摸索了两步。黑绿两“鼠”再退就碰线。他们吓呆了，缩在角落里。“瞎猫”又上前走几步伸手就抓。“黑老鼠”一转身，头不小心碰到了“瞎猫”，“猫”向前一扑把“黑老鼠”逮住了。“绿老鼠”趁机蹿了过去。该“瞎猫”来摸老鼠了。“猫”伸出“爪子”，在“黑老鼠”的衣服上摸了摸，又摸摸衣领子。最后摸摸头和脸。大家都为“瞎猫”捏一把汗，担心他猜错。结果“猫”沉思了一会，肯定地说：“黑老鼠——杨扬!”

“噼噼啪啪”台下一阵掌声，“瞎猫”捉对了！老师解开蒙布问：“你是怎么样猜出来的?”王林笑着说：“我摸他的衣服时，觉得像曙光。但我又想，他们外面的衣服肯定换过了。我再摸摸里面的衣服是薄薄的，像杨扬穿的。我想里面的衣服一定不会换。我最后摸摸他的脸，尖尖的，也像杨扬。所以我知道是他。”这下大家都为王林的聪明而鼓掌，教室又沸腾起来。

“瞎猫捉老鼠”真好玩！啊！下次玩玩说说课，我们还能做更好玩的游戏呢！

“这些游戏就像磁铁一样紧紧吸引着同学们的心”。“下次‘玩玩说说’课，我们还能做更好的游戏”。表达了孩子对“玩玩说说”课的喜爱。在游戏过程中，学生们在老师创设的活动情境中，不知不觉地学习，激活了学生脑海里积累的语言。对游戏中同学的神态描写得活灵活现，每一个动作、每一个神态都展现了孩子们的快乐和智慧。

当教育适合学生时，孩子们常常会忘记自己在学习，忘记课堂，忘记自己，而不会意识文化传承的沉重、学习的负担、情感升华的艰辛。课堂教学不是无情物，尤其是我们的小学语文教育更应当是有趣的、鲜活的、人文的。孩子们的情绪回忆、个人知识、生活经验和小脑袋里的所有问题，学习中的障碍都应当是我们教学的宝贵资源。

在“玩玩说说”课里，我们进行着各种各样的游戏。有一次，我让四年级的孩子在对水缸里的金鱼仔细观察后，对它们进行一次期末身体检查——测测体重。孩子们看着鱼缸，诧异地问：“这怎么量呢？”我笑着说：“曹冲可以称大象，金鱼虽小，但是我们人多，一定能想出办法的。”孩子们你看看我，我看看你，半天也想不出办法。于是，我从讲台下拿出了杆秤，孩子们哄堂大笑，说：“这秤是菜市场里用来称菜的秤，妈妈说最小的星是二钱，这么小的金鱼没法称。”接着，我又从讲台下拿出了弹簧秤，说：“这一回每个单位刻度只有一克，够小了吧。”结果又被孩子们给否定了：“这可不是

★在“玩玩说说”课上

称金鱼，这是在钓金鱼，小金鱼会被你钓死的！”我反问学生：“那用什么秤呢？”孩子们想到了天平，想到了电子秤。我将预先准备好的电子秤拿出来，插上了电源，液晶屏上的数字在不断地跳动。我一一将这些数字对孩子们进行了解释。这时的孩子们不仅调用自己已有的生活经验，还学到了新的知识——电子秤的使用。这样的学习是无形的，这样的学习是生动的，这样的学习又怎么会让人不喜欢呢。

我和孩子们开始共同讨论起如何利用电子秤称金鱼。“把金鱼直接放到电子秤上？”孩子们急着说：“不行，不行，鱼儿离不开水。”……就这样，孩子们和我一直沉浸在游戏的情境里，一直到学生们写完作文，下课铃响起，孩子们感叹：“怎么两节课这么短啊？”是啊，因为孩子们沉浸在玩的快乐中，沉浸在学习的快乐中。

玩创造了无意学习的境界，让孩子们尽情体验学习的快乐，在精心设计的游戏活动中，价值在渗透，知识在运用，能力在提高。孩子们若能全身心投入玩，是一件非常有意义的事。事实上，在他们醒着的大部分时间都需要各种各样的“玩”。他们会从玩中发现自我，思考如何解决玩中所发生的问题。玩，不仅满足了孩子的好奇心，还提供了孩子们学习和了解自己的途径。

当然，我这里说的“玩”，已经不是一般意义上儿童的玩耍，它来自儿童的玩耍，又大于和高于儿童生活状态的玩耍。这是一种儿童“玩”的精心研制的放大和移植。在继续开发和研究儿童“玩”的方法和功能时，当我决心把“玩”进行到底时，一种认识我牢牢记在心里：任何高明的方法都有自己适应的范围，越是高明的语文教育就越要讲究整合和互补。“玩”能营造很多儿童发展的天地，但“玩”不能解决孩子们发展的所有问题。

‖ 我们演的小英雄雨来最棒

语文教育不仅仅是告诉孩子们这是什么，那是什么，还要让学生经历体验，把这些原本陌生的，外在的，似乎与己无关的言语材料、认识和知识变为自己的、可以感觉的、可以交流的阅历，变成自己生命的一部分。

语文教育只有拨动孩子们的心弦，让他们的心和文本的人物一样跳动，才会在课堂留下天真无邪的笑，流下真诚自然的泪，获得美的熏陶和人格的塑造。

1986年毕业的学生开同学会，还常常会提及当时课堂中扮演小英雄雨来的情景。大家还可以准确地指出谁扮演了日本鬼子，谁扮演了雨来妈妈，谁扮演了小英雄雨来。而且还会自豪地说："我们演的小英雄雨来最棒！"

一堂课给孩子们居然留下了如此深刻的印象，这与创设玩的学习情境分不开，正是因为在这个活动中展示了孩子的学习过程，是让孩子的生活经验和文本相互作用而使认知结构不断发生质变的过程。

《小英雄雨来》这篇课文比较长，而且是一篇略读课文。在第一节课教了生字、介绍时代背景、疏通文本的基础上，我让孩子们在课余分组自己排演这篇课文。然后在班队活动时，进行各组的课本剧的比赛。孩子们早已演过《画蛇添足》。这一回演绎"雨来"，给足了排演的时间，孩子们进行合作分工，体会文本中人物的心理活动，根据故事情节和心理活动设计动作表情，根据故事情节和心理活动设计说话语气，为了营造气氛还特意借来锅炉工人的帽子当日本鬼子的"钢盔"，拿上了装了刺刀的玩具枪。学生在这个过程中，恨不得把课文都背下来，钻研文本，积累词句，把课本中的消极语言转化为自己的积极语言，把文本中隐含的情感通过他们的非语言行为和语言尽情地展现出来。演的过程就是儿童学习文本的过程，是课文重放的过程。

十几年过去了，这些孩子还能清晰记得自己扮演的角色，清晰记得"雨来"嘴角的"鲜血"……如果当年没有让孩子们玩一回课本剧，没有角色换位的强烈刺激，雨来可能早已从孩子们的脑海里消失了。

儿童的发展，既不是直接生理成熟的结果，也不是直接学习的结果，而是个体和环境相互作用而使认知结构不断发生质变的过程。课本剧排练，有人就以为孩子光是玩，好像什么都没有学到。实际上，孩子需要发展的东西，不光是成年人普遍认可的知识，还有更广泛的发展需求。比如自信心的培养，对环境控制的成就感，感官的发育，对空间的认知，对同伴关

★当年的小学生已经成才，围聚在老师身边

系的处理，等等。在《雨来》课本剧的准备展示过程中，孩子们不是获得了许多吗？如果眼睛总是盯着认知，总在想孩子学了多少“知识”，就会忽略孩子发展中最重要的部分。“授之与鱼不如授之与渔”。

‖玩出来的发现

教育的目的就是让学生全方位释放潜能。而孩子在玩中不知不觉学到了知识，开发了智力，激发了潜能，培养了自主的学习兴趣。

2003年“西博会”，我上《我发现》，再次利用玩，释放学生的潜能，提高探究和创造的效果。一上课，我就让学生看看讲台，说说“你发现了什么”。孩子们一边回答：“桌上放着一个像扁担一样的天平”，“可乐瓶里装着水”，“盛着水的水缸”，“一块毛巾”，“真空包装的豆腐干”……一边就产生了疑问：“这些东西摆在那里像一节科学实验课。”“这节课上作文课还是科学实验课？”“讲台的这些东西有什么用呢？”孩子们一下子不知所从，蒙住了。学生这样写着自己的感受。

“自从那次见到张老师后，我就很想跟他上课，因为他特别幽默，特别诙谐。这一堂课终于来了。可一进教室就把我弄得丈二和尚摸不着头脑。只见讲台上摆放的东西没有一个跟我们的作文课有关。可乐瓶瓶子很细，却很高，里面装满了水，在它的盖子上架着一个像天平的东西——一双一次性筷子的两端，系着一个绿色一个紫色的气球。样子实在滑稽！在它的左边有一个大盆，比可乐瓶矮，里面也装着水。在盆的边缘上架着一架天平，上面系黄色和橘色的气球，看起来比刚刚的气球要大。两个容器挨在一起，一个胖一个瘦，一个高一个矮，真让人发笑。不可思议的是水缸与瓶子之间还摆放着一袋豆腐干。我不知道要干什么？可能是要做实验吧？

可是这样怎么做实验呢？给水称重量吧，可是豆腐干却毫无用处。我百思不得其解，真是一位奇怪的老师！”

通过让学生观察讲台上的气球天平、水盆、可乐瓶、豆腐干等教学用具，引发学生在认知上的冲突，为“写真实”作好了铺垫。

《我发现》是要学生利用讲台上的东西来研究发现空气的有关知识。孩子们七嘴八舌说说议议，立刻想到了不少玩法。把“天平”上其中一个气球拿下来吹，再放回到“天平”上去，通过观察天平的变化，判断空气是有重量的。会游泳的孩子利用水缸的水“扎猛子”，其他同学数数，从中感受人的生存离不开空气。当每个学生拿起气球，竭尽全力把气球吹大，然后向上松手。学生们又从向上飞的气球中发现压缩空气有反冲力。早已忍不住要一试身手的学生终于有机会释放自己游戏的细胞了。看着在教室上空飞舞的气球，孩子们一阵欢呼。

是孩子们玩出来的发现。欢乐中的学习，让他们的潜能释放，探究和创新更有效率。因此当学生在两分钟内自己拟题时（按要求写出两个的合格，三个的良好，四个的优秀），结果出人意料的是所有的孩子两分钟都拟了四个以上的题目，最多的竟拟了九个作文题。《奇怪的摆设》、《漫天飞舞的气球》、《空气的特点》、《从气球得到的启发》、《动手+口说=快速作文》、《激动人心的一刻》、《我真的好开心》、《笑容的展现》、《快乐的一节课》、《怪老师》、《惊心动魄的一刹那》、《开心果张老师》、《作文原来这样有趣》、《人生第一搏》、《惊讶》、《个性的作文个性的张老师》、《空

★在杭州市西湖博览会上六年级作文课《我发现……》

中的色块》、《天平上的气球》、《空气是个魔术师》……孩子们从自己和伙伴拟的题目比较中发现：好题目应该吸引人，简洁鲜明，还要符合实际的原则。充满智慧和激情的拟题更打开了孩子们个性化作文的思路。

这堂课上，我选用了生活中随手可得的简易、废旧物品作教具，创设了一个个利于学生观察和表达的写作情景，这种情景的创设看重的是可能带给学生学习方式的转变，是学生在探究过程中获得的那份自由自在、无拘无束地表达自己思想和观点的经历和体验，这种以“关注学生个性化发展为取向”的作文教学，尝试着一条作文教学走向开放、走向生活，让学生“写真实”、“写具体”、“写独特感受和真切体验”的成功之路。

《我发现》在老师引导下孩子们尽兴地玩着、发现着，更是在润物细无声中学习着语言的表达。我重视“玩”的过程中的动态生成，让学生把玩进行到底。让学生在学习的过程中能利用提供的材料自主合作地设计实验、验证或发现空气的存在及不同特点，又在实践的过程中，体验探究学习的艰难和自主合作成功的快乐，将说话、交际作为习作的铺垫，加强动作、场面和心理的观察与说话，积极地引导学生抓住真实的情感，具体、有序而充满个性地表达发现过程的体验感受。

五、在玩中掌握工具

‖用任务点燃学习的热情

作文是小学生语文学习最复杂的脑力劳动，是他们心血浇灌的结晶。没有学生自主积极的学习，作文是根本不可能写好的。要学生“自主合作探究”地学习写作。首先要把写作从“要我写”变为“我要写”。要做到这根本性的转变，就得用任务去点燃学生习作的热情，让学生明白习作是生活的一部分，是生活需要习作。

记得杭州武林广场纪念解放35周年的音乐塑像喷泉刚落成的时候，我很激动，去看过几回。觉得音乐塑像喷泉就像是镶嵌在杭州的一枚别致的胸针，隽永而秀美。我花了好大的劲，联系了广场喷泉的管理处，对方答应在学生参观时，特别为学生开启喷泉和彩灯。当我高高兴兴地带着五年级的学生来到了广场，我以为孩子们面对着池中升腾跳跃的喷泉和彩光，面对着姿势各异、端庄美丽的少女塑像会兴奋地、专注地看着塑像和喷泉不眨眼。哪知道，当30米的主喷泉试喷完了。喷泉四周已经没几个学生了。孩子们都散落在广场的四周，女孩子在玩造房子，沿着地上的彩色方块跳来跳去；男孩子满脸是笑，在“官兵捉贼”……

这样的情绪回去写的东西自然是没有灵气和深情的。这么好的一个点，花了那么大的力气，怎么会这样？向学生一打听，结了。孩子们说：“那个地方给我们看看也好，不看也没关系。不就是喷泉吗？”老天，我那么欣赏的景点，居然在学生眼里是这样可有可无。写作的主人没有写作的兴趣和需要，只是把它当作“奉命”完成的作业。唉，能不失败？挫折让我记住：教学生的东西，必须自己要感动、喜欢；但是老师感动的、喜欢的，并不一定是学生感动和喜欢的。关键要站在学生的角度去选择，架好沟通的梯子，创设习作需要的学习情境。

我决定再和孩子们玩一次对手戏，创设习作运用的课堂教学情境，尝试用任务去点燃学生的习作热情。

那周作文课，我一走进教室就对学生说：“老师遇到一个难题，今天想请同学们帮忙，你们愿意吗？”学生们异口同声高喊：“愿意！”一个个准备大干一番。也是，老师有困难需要他们帮忙时怎么会不兴奋、不激动？“平时到我们天长小学来参观、学习的外地老师有很多，许多老师在听完课后总来问杭州有什么好玩的地方，要我介绍。一个两个倒没问题，可人一多，老师就有点应接不暇了。不回答，很不礼貌；回答吧，又没有那么多时间。怎么办？”教室里出现了短时间的安静后，一个个学生又开始争先恐后地为老师出主意了：“让我来给他们介绍！”“我知道很多景点！”……

学生的热情点燃了，我接过了话题：“那我们试试。我做外地老师，你们向我介绍！”学生兴高采烈地介绍：“老师，杭州有六和塔，很好玩的！”“杭州的岳坟很有名！你应该去看看！”“西湖很美！”……我摇摇头说：“听了你们的介绍，我觉得什么地方都不想去了！没有什么值得去的地方呀！”看着学生惊讶的表情，我又紧接着说：“我家乡也有塔，也有湖，也有坟，杭州也没什么特别嘛！看来‘上有天堂，下有苏杭’是句空话呀！”当上台学生的游览建议都被老师婉言谢绝后，他们不明白是什么缘故。然后让学生讨论，为什么我们热心介绍，老师都不满意？七嘴八舌议论中，学生很快明白：介绍的景点情况太不具体、太不清楚。必须抓住景物特点具体介绍。此时学生已经在不经意中明白了在介绍景点时必须抓住主要特点，否则无法吸引人。学生自由练说、相互对说准备好后，我第二次和学生进行了模拟的对话。

听取了孩子们的景点介绍后我又设置了难题：“谢谢同学们的精彩介绍，让我这个外地老师犹如身临其境，领略了杭州的美景。可我们外地老师有很多呀，总不能老是来麻烦你们帮助推荐和介绍啊，怎么办呢？”“我们可以写下来”。“我们可以把介绍写在卡片上，让你们自己挑选”。……此时，学生已经不再感觉是在进行作文了，他们都有一种发自内心的写作冲动。有了这种热情，怎么还会写不出好文章呢！没费多少时间，每位学生就在我发下去的白纸卡上完成了一份景点介绍。不少孩子还乐滋滋地在卡片上画了插图、花纹。若在平时，肯定会有不少学生紧皱眉头、冥思苦想而难以下笔。

看着学生满意的脸，我又进入了外地老师的角色。抽了几张卡片，请学生向我介绍。当一位学生抓住净寺“南屏晚钟”的高3米、直径2米5、重2万多斤的古钟，介绍古钟的特色时，我随即进行了点拨：济公和尚和净寺的故事是否可以写进景点介绍呢？学生一下子明白了：原来还可以联系人文故事、历史传奇等内容。不用多说，学生都自觉地进入了修改与补充的角色。没多久，一张张内容丰富的景点介绍卡诞生了。最后我说：“看着同学们的介绍，老师情不自禁地想马上去游览杭州的美景！可是我们不认识路，时间又是那么宝贵，我们可不想花时间走冤枉路呀，还得请同学们帮忙！”学生又开始出谋划策了：“买旅游图。”“干脆我们在卡片后面画上路线图吧，这样你们想到哪儿就很方便了！”建议得到一致赞同。很快卡片的另一面就被各具特色的旅游指示图占领了。看着自己的劳动成果，每位学生都掩饰不住自己的喜悦之情，一个个争相传阅，审视着能为外地老师服务的旅游卡片。

整堂课学生始终没有感觉到这是一次作文训练，更没有一丝因“奉命作文”而带来的压力。相反，他们身心愉悦，不仅完成了一张旅游卡片的制作任务，还以能为广大外地老师来杭服务而开心。写作成了生活的需要，作文成了愉悦的享受！

不是任务的任务，促使学生勇于承担，并在任务驱动下取得了多赢的效果——既完成了作文训练的目标又培养了学生的服务意识、运用意识，还享受到了成功的喜悦。它证明：

影响学习的两个核心因素是状态和策略。状态好，就是要营造最佳的学习氛围和调动学生积极的学习心态；策略佳，就是说教学方式要符合小学生的学习需求。学生乐意接受的实践任务是动力，是催化剂，是引领学生前进的力量！

‖让学生经历知识的全过程

用任务去点燃学生的学习热情使学生从被动接受者成为了主动学习者，但如何在这些主动学习者面前呈现获取知识的整个过程、体验获取知识的整个过程呢？

知识是什么呢？学生究竟应该怎么获取知识呢？印象深刻的知识必然是全身心、全程投入获取的结果。有首歌叫《不经历风雨怎能见彩虹》。同样，不经历知识的全过程，又怎能充分欣赏知识的“彩虹”呢？怎么让学生主动去探究知识，在经历知识的全过程中得到知识的升华，真正学会语言的实际运用？我终于想到了在学写《启事》教学时，试一招。

那是20世纪90年代我在山西省拍摄录像时的一堂课。课前我与学生见面，特意穿上了一件藏青色带花纹的真丝拉链夹克衫。当时学生都很关注我的这件衣服，纷纷议论：张老师穿得这么时髦，而且还是有花纹的衣服呢！第二天上课，我改变装束，白衬衫，戴上领带走进了教室。看着我的衣着，不少学生惊讶地问：“张老师，您昨天那件真丝夹克衫怎么没穿呀？很漂亮的！”“说起那件夹克衫，真让张老师难为情！昨天下午和你们见面后又参观了你们的学校，因为热，就把它脱下了。也不知怎么的，随手一放就给忘了，后来怎么也找不着！那衣服可是我生日的礼物呀！同学们，你们能帮我找回夹克衫吗？”我故作焦急状。一个个学生争着为我出点子了：“张老师，我们帮您在学校广播里发通知，让拾到的同学把衣服送过来！”“我们可以写启事帮您找！”我接口就问：“你们见过启事吗？启事有什么用呢？”学生的话题又打开了：“我在汽车站看见过《寻人启事》，是找走失的人的。”“广播里我听到过。有人掉了东西后就写《寻物启事》，请拾到的人把东西还给他。”设置的问题情境，让学生在寻找答案的过程中明白知识——“启事”是生活所需才产生的。

我顺水推舟说：“那就麻烦同学们帮老师写一则寻物启事吧。谁写得最好，待会儿就在学校广播里播出。希望能靠你们找到那件衣服呀！”“启事”该怎么写呢？学生们的生活积累成了最初的蓝本。孩子们知道：第一行中间写“寻物启事”，下面写丢掉的东西，最后写名字和日期。大致明确了《寻物启事》是什么，就让学生试写。

一动笔一些学生就开始抓耳挠腮了，因为他们没有学过“启事”，不知该如何提笔。“启事”到底是什么呢？该怎么写呢？学生还不太明白。而我要让学生逐步经历由不知到知的过程，在实践中练就习作本领，努力将获得的“启事”的规律性知识转化为自己的技能。

过了三分钟，我把一份写好的启事投射出来：

> **启　事**
>
> 张老师丢失一件衣服，请拾到的同学把衣服还给张老师。
>
> 五（1）班周敏
>
> 5月16日

“看了这则启事，你觉得张老师的衣服能找回来吗？”学生在仔仔细细地读了启事后，纷纷发表看法：“我觉得不行，因为张老师丢的衣服是什么样子没写出来。”“到哪里还给张老师也没有说明白！”“在哪里丢的？什么时候丢的？都没有，找不回来的！”初步的实践让学生明白了“寻物启事”的基本要求。再用五分钟，几乎所有学生都修改完成了一则符合要求的“寻物启事”。

在孩子们成功的兴奋中，我又开始讲述：“红星小学的五年级学生高立，在放学回家的路上捡到一只手表。正好他们刚学了写启事，所以没多久他就写好了一则启事张贴在拾到手表的地方。他在班里等，没多久走来一位阿姨，说她丢的是雷达牌女表，长三针，黑色的牛皮表带。高立听了全对，把手表给了她。高立做了好事，高兴得走路都一蹦一蹦的。可走了没多远，迎面看到一位老大爷，正弯着身子，在寻找什么。他连忙上前询问。不问不知道，一问吓一跳，那位老大爷也丢了一只长三针雷达牌女式手表，黑色的牛皮带，是给孙女的生日礼物。啊，就是刚才那只手表！当他把情况告诉老大爷后，老大爷很生气，怪他把拾到的东西乱给人，还到学校告了状。老师听了也严肃地批评了他。高立傻眼了，没想到好心做了错事。他天天在街头寻找那位阿姨，全校师生也一起寻找冒领者。一星期后，冒领阿姨在自己女儿对冒领者的痛斥中终于醒悟，退还了手表。我问：“你们知道高立的问题出在哪儿吗？”同学们茫然地摇摇头。“问题就出在他的“启事”上。”投影仪打出高立写的《失物招领》，让学生各自读想，再小组讨论：高立的《失物招领》格式都对，写得具体详细，为什么却错了，这告诉我们《失物招领》和《寻物启事》有什么相同处，什么不同处？

失 物 招 领

今天中午放学，我在学校大门左边的人行道上拾到雷达牌女式长三针新手表一只，黑色牛皮表带。请失主迅速前来我班认领。

红星小学五（1）班高立

5月24

“冒领的阿姨怎么能说出手表的特征呢？”学生抢着说：“他不该把手

表的特征在启事中写出来，应该先问对方丢的是什么东西，有什么特点，如果符合，就给。写得那么清楚，随便什么人都可以领走！”“他没有问清楚就把手表给了人，那当然要错啦。”……此时，学生都明白“招领启事”和“寻物启事”格式基本一致，性质却恰恰相反。“寻物启事”的正文得“具体清楚、写明特点”；而“失物招领”的正文却要“简洁明白、隐去特点”，防止被人冒领。两种启事一起教学，不仅对比强烈、区分度大，能强化训练，增大教学密度，而且让学生在体会“知识的发生”的基础上，进一步明白“知识之间是怎样联系和发展的”。

知识的获得最终是为了运用。为了让学生能学以致用，我尽可能秘密地将左边学生的一些文具收起，再悄悄交给右边的一些学生，让他们根据实情写《寻物启事》或《失物招领》。其他学生修改誊抄替老师寻衣的启事和高立的《失物招领》。

在写完启事后，学生在寻找、发还文具盒的实践中，在真实的应对中学习了交往，学习了文明。一个孩子读完，伸手就去拿自己的东西。我笑着说：“你在《启事》中说，‘要重酬，要衷心感谢’，可现在一个‘谢’字都不说行吗？一个文具盒需要重酬吗？”

学生尝试实践而获得的，比听老师灌输的印象要深得多，运用的效果也好得多。不仅创设了书面和口语交际的双重训练，而且让学生学习了文明的口语交际礼仪，更重要的是学生在实践中体会到学习启事的知识有什么用，它可以“用到哪儿去”。

没有刻意的追求，把完整的知识学习过程呈现在学生自主探索尝试的过程中，学生不仅容易掌握两种启事的写作技能，还懂得了如何在生活中运用。学生在不经意中经历了知识获取的全过程，经历了由知晓到能写，由能写到实际运用的质的飞跃，而且会真实地受到创新意识和科学方法论的启迪。

我们应当想尽一切方法，开辟学生玩中学、做中学的渠道。我们应当想尽一切方法，鼓励学生将知识通过实践运用学会，再经过实践运用变成掌握的本领。语言的学习应用应当是多层次、多渠道、多形式的。只要有助于学生语文实际应用的一切可能的办法、形式、机会，我们都没有理由放弃。

第七章

为了孩子培训教师

为什么要培训教师？当然是为了孩子。人们爱把教师比作春蚕、蜡烛，可我更喜欢将教师看成阳光的使者，而培训则能让教师永远阳光。

一、让护花使者永远阳光

小学教师的服务对象是天真烂漫充满无限遐想的孩子。培训教师就是为了提升教师的服务水平和质量，为了每个孩子都能得到更好的发展——孩子喜欢怎样的教师，我们就应该培养怎样的教师；孩子需要怎样的教师，我们就培养怎样的教师。因此，培训教师的关注点只能放在每个孩子的身上，这样，培训才不会流于形式，才不会好高骛远，才不会昙花一现。只有这样，培训才会是涓涓细流，润物无声。

‖ 培训是最重要的福利和投资

培训是什么？是教师最重要的福利和终身的投资。

如果一个教师，能够经常有机会参加培训，这是对他的肯定和希冀，这是单位和同伴能给予的最重要的福利，为他实现人生价值而购置的装备买单；培训还是一种投资——对未来的投资，对希望的投资，对发展的投资。在培训的过程中，会结识许多的伙伴——原本不相识的许多人，为了共同的目标，共同的抱负，走到了一起，彼此之间就建构成一种新资源——互相期待、互相勉励、互相促进，结识一个朋友，就是认识一个新的世界。有了这些宝贵资源的滋润，我们便有更大可能成为成熟的优秀教师。

1999年6月，13天的德国教育考察，我们在狄林根教育学院度过了5天。狄林根教育学院是巴伐利亚州教师职后教育的最高学府。来狄林根教育学院培训的老师个个都是兴高采烈的。他们自己坐着大巴或者开着小汽车来，好像是来度假一般，他们把培训都当作是教师最大的福利。因为狄林根教育学院每年教职员工的人头经费是700万马克以上，仅学员交通费报销每年就有170万马克，培训经费绝对没有问题，学员的培训、住宿、吃饭全部免费，所以培训教师都把能到狄林根教育学院进修当作一件乐事，一份荣耀，一份新的投资。只有优秀教师才能到这里接受培训。德国的教师把培训看做是一份光荣的权利，当然也是一种义务。他们已经把终身教育完全变成了教师的自觉行动。

反观我们县区的教师培训真的很不理想，老师们更多的是把培训当作一份被动接受的责任和义务，许多老师在培训时常常是心不在焉。许多老师把培训当作是够不着、用不上的时间的空耗，培训变成一种压力和无奈。而这些也不能全怪老师们缺乏继续教育的自觉性和热情。很多时候是我们的培训脱离实际，手中没有金刚钻，却到处在揽瓷器活，而且喜好统包统揽，没有站在学员的角度反思和安排我们的培训。我们有的教师培训机构，竟然很少到中小学去听课、调研，竟然许多教师没有中小学教育教学的经历和实践。这样的培训自然会漫天放炮，隔靴抓痒，会天马行空，不知就里。

培训在教师是最重要的福利和投资，我们教师教育的工作者就千万别辜负了基层教师的信任，别糟蹋了他们的福利和投资。要站在他们的角度多想想，他们困难的是什么，他们迫切需要的是什么。为他们雪中送炭，而不要自说自话，还怪是对牛弹琴。

‖ 追求实效是培训的宗旨

德国人的教师培训开学典礼是务实而简朴的。我原以为让我们观摩的开学典礼会是很隆重的、庄严的、正式的，应该讲清培训的目的、意义，对学员进行一番宣传教育。然而德国人却不是这样。我观摩的是校长培训班，他们培训班的见面会非常简短，先由主办方讲了五六分钟的话，提出具体的要求，接下来是学员作自我介绍，相互认识，交流工作情况，然后是翩翩起舞。而这种方式是培训班学员提出的要求。我想也许我们的教师也会有类似的想法，但是绝对不会在培训时向主办方提出这样的要求。而德国教师在培训时会提出许多的要求，有些是非常琐细的，甚至有校长提出要提高伙食标准。怎么会这样呢？但一琢磨便恍然。其实这反映了学员之间，老师与学员之间的那种平等、和谐的氛围，真实倾吐自己的愿望和接受真实教育的要求。而所有成功教学的基础就在于此——真实。

德国人的培训方法符合成人的学习规律和学习心理，培训的学习氛围宽松而和谐。狄林根学院组织的是菜单式培训，学员可以自己选择，也正因为他们自己拥有选择权，所以能更投入地接受有效的培训。在主讲教师报告前，要求学员提学习要求，进行问题讨论；在主讲教师报告过程中，学员可以随时插话、提问、讲述，表达自己的不同意见；在主讲教师报告结束时，学员依然可以提问、插话。学员的主人地位是实实在在的，师生是平等、和谐的，学习气氛是非常宽松的。

一日我们参加的是一堂科学课的培训，研究"牛"怎么上。一位女老师拎来了一个铁桶，里面装着一只牛胃，这是那位女老师一大早从加工场要来的。当时我感觉到如果按照我们的培训方式，一定会认为这样的一堂课容量太小，太单一。不管怎么说，这种培训是省级培训（巴伐利亚州面积相当于浙江省）。一堂课就上一只牛胃，我们感到很奇怪。然而德国人就是这么培训，他们的理念是不追求完美，只讲究实效。

狄林根教育学院所有的培训科目都是根据第一线学校的需求（老师的要求，与学生对话中发现的学生对老师的需求）确定。他们的培训面向一线老师的实际需求，面向学校今后的发展。让实例站在前头，让理论藏在后面。

反观我们的培训，许多都是好高骛远，有些农村学校请了大学里的课程研究专家讲课程理论，教授滔滔不绝，教师听得哈欠连天。这不是教授没有学问，也不是教师不要学习。而是需求不在一个层面上。75%的一线教师，关注的是书本上的课具体该怎么上，20%左右的骨干教师对研究课堂案例有兴趣，希望分析课堂教学靓丽的地方的背后的光源是什么。课堂教学出现问题的背后理论的缺失是什么，应当开出什么补救的药方。2%左右的成熟的优秀教师，他会对超前和比较宏观的教育理论问题有兴趣，还有5%左右的教师，连当教师都不感兴趣。在这样的情况下，让客观上不太可能了解第一线课堂教育教学现状的教授报告，报告方和听报告方的心理距离这么远，怎么能有好效果呢？

他山之石可以攻玉。从德国回来后，我们就开始了积极的改革。我们非常重视案例教学，非常重视行动研究。我们上城区的校本培训就是采用各个学校的研究案例，寻找有效的、真实的、有针对性的培训方式。2004年，我们教师进修学校要求每位教师、教研员制作视频研究案例，就是要强化教师务实的培训。先进的理念只有在课堂上变成可以操作的，可以触摸得到的教育教学行为，才具有生命力。否则，离开实际空谈理论，云里雾里，听听很高深，其实是一点痕迹都摸不着的。

‖潜意识实践的是真理念

在巴伐利亚，现代教育的主要理论观点已经成为师生自觉习惯的教学行为，变成一种潜意识。这是他们义务教育取得巨大成绩的关键。在学校的课堂内外，学生得到充分尊重，他们可以在任何时候、任何学科，向任何教师提问、插话，可以用自己熟悉的方式学习自己喜欢的内容。

那天听的是一节六年级的德文课，上到后半截要做作业了。老师在讲台上放置了一长溜的10类的作业纸，让学生任选作业。一个手势，学生就十分自然、熟练地走上前，有的取一张，有的取三张，然后回到座位开始

★在美国一所中学听课

做。这时发觉有两位学生来到讲台前的左侧，一个在一台电脑上操作了起来。我想，这两个一定是班里的优等生。可那位老师却告诉我们：这个班是土耳其后裔的德国人，他们德语学习比较困难。这两位学生的语言学习是最困难的，所以给了他们最优越的条件，他们可以在电脑、打字机上操作，让他们强化训练。听到这里我们恍然大悟，为了关注每个孩子，他们个性化的弹性的差异作业真正落到了实处。我从1985年开始尝试多层次的弹性的差异作业研究，也取得了一定的成果，可是还不能做到每堂课都这么做。我们现在更多的只是在研究课、公开课上才实施。为什么？我们没有把这种教育理念变成我们的血肉，变成教育的本能。我们学校教育经费还没有充足到可以这样设计一节课10项弹性作业，任由学生选择。试想，一张A4纸1毛钱，每项得几十张，就得几块钱，十项就得几十块。一节课如此，一年呢？一个老师一个学科要这些经费，学校所有学科所有教师得多少经费？德国行，他们的生均经费是每年1 700~2 100马克（相当于1万元人民币），我们做得到吗？他们把后进生的照顾已经落到了顺乎自然的地步了。德国人把先进的教育理念变为了教师的意识，意识又转化为实际的行为，许多相关的行为、习惯已经形成了教师、学生的一种良好的教育文化。那节初中的数学课，学生上英特网查找中德面积和人口的资料，采用多种方法在电脑中绘制柱形、条形、扇形的比较图，并立即联网在教室一角的打印机中把作业拉出来；唱歌课上学生参与演奏和歌词创作；常识课学生分组讨论合作，上台讲授有关牛的知识和用途……

德国教育目标层次丰富，灵活多样。既培养学者专家，也造就能工巧匠。富足的社会，多样的目标，学生今后的分流自然就不会困难，义务教育的顺利推进就自然落实了。

日耳曼民族是务实的。在德国考察的有限时间里，在各种介绍中，我们很少听到介绍什么什么教育家，什么什么教育理念的。大概对他们来说，这些教育家只相当于书店书柜上的一本书而已。对国内外教育家和教育理论的关注和学习热情最高的，可能就是我们今天的中国。课题研究、教育教学改革、论文与报告，常常是左一个斯基，右一个诺夫，就是很少有自己的思想和实践。

当我们的教育教学改革不再在理论上兜圈子，在术语上卖乖时，当我们的经济更强大，心态不太浮躁时，我们的教师教育一定会有实实在在长足的进步。

‖ 平等自由的沟通才有效

狄林根教育学院的主讲教师都是有10年以上教龄，学历是硕士研究生的优秀中小学教师。培训的主讲教师一般工作5年后，即安排到完全中学当校长。他们是把一线优秀教师的成功经验进行筛选、比较、抽象和概括，再到培训班把经验放大。

德国人重培训结果，但更看重培训的过程，特别重视学员的主体参与。在德国，培训准备十分充分，计划性很强，办班计划要提前一年下发。校长、教师来培训班时，学院首先不是强调学习要求，而是让学员对培训计划提出意见和建议，学院和主讲教师再据此调整教学。他们的培训，注意的主要不是教师事先设计的培训结果，他们更为关注的是尽一切办法吸引学员主动积极地参与到培训过程中来，让学员说培训的需求，谈对培训专题的认识，小组讨论解决问题等。培训专题不求惟一的答案，甚至可以暂时没有答案。一句话：努力使所有的学员都投入到培训的过程中来。

一堂课上，有一位校长举手，问："先生，你讲的关于学校发展的观点和前两天慕尼黑报纸上刊登的观点不一样，请问你们谁的观点正确？"那位上课老师很自然地说："报纸上的观点是有道理的，我说的是我的观点。"他没有一丝不悦。当课上了将近一半时，我们忽然看到了一些校长在不断地敲桌子，怎么会敲桌子呢？翻译告诉我们：那是德国人的习惯，当他们觉得特别好时就会情不自禁地敲起桌子来。一切都是那么的自然，我想这样的培训文化绝对会有利于教师的成长。回想起以前我工作的天长小学，之所以能走出那么多特级教师，一大批中学高级教师，培养了 1 位全国劳动模范，3 位全国优秀教师，也正是得益于天长小学所特有的教师文化，当时我们非常重视教师在教研活动中的民主平等和自由争鸣。

杭州市上城区教师进修学校之所以在浙江省的教师教育上有很好的口碑，就是我们有一支高素质的干部和教师队伍。培训重视和学员平等、自由的讨论沟通，六位著名的特级教师，有五位是浙江教育学院的兼职教授，小学语文和数学两套教材在我们这儿诞生，我们小学数学教研员多次去香港、澳门讲学，培训教师。我们的教师人手一台手提电脑，教研员每人都能使用摄像机进行课堂教学录制和视频分析。我们的教师上台能讲学，和各地学员现场对话互动；下校能辅导服务，上示范课；办培训班，能联系住宿，中途能帮忙打饭分菜……

教师和学员的沟通应该是自由的、平等的，只有如此，学术才会繁荣，真理才能得以实现，思想才能得以放飞。思想和学术是不会论资排辈的，是不讲官大官小的，它讲的是谁拥有真理，谁代表了发展方向，谁能引领解决实际问题。

‖ 建设健全的培训网络

1996 年前后，我国县区的小学教师培训的现状是令人不安的。第一，理应是教师培训第一责任人的校长，偏偏绝大多数忙于事务，完全没有以学校为本的师训观念。谈到师资培训，几乎众口一词认为这是教师进修学校的事。第二，应当是县区教师继续教育的权威单位的教师进修学校，却又大多数是“先天不足”：他们一般不听小学的课，游离于小学生丰富的教育教学改革的实际之外，对小学教育现状了解不多；教师培训还在用脱离改革实际、脱离教师需求的“学历式”补偿教育的模式，出力不讨好地进行陈旧的、隔靴搔痒的、满堂灌的所谓的“系统的理论提高培训”。因此，在广大教师的眼中，这种缺乏针对性的培训是低效的，是背时的，可有可无的。

原国家教委朱开轩主任曾指出："要按照面向全体教师、突出骨干以及按需施教、注重实效的原则，确定继续教育的方案和内容，有计划、分层次地对中小学教师和校长进行培训，努力探索符合我国国情的继续教育的基本框架和办学模式。通过继续教育培养一批骨干教师和学科带头人，并使其中的一部分同志成长为中小学教育教学专家。"要完成这样一个紧迫艰巨和重要的使命，靠孤立的城区教师进修学校的运行体制和"学历补偿教育"的师训模式是难以奏效的。

教师继续教育应当以教师为本，以学生需求为本，以校本培训为本，根据教师的需要实行开放的分层分级的培训，要构建菜单式学员自选的培训课程，采用师生互动、事例在前，理论藏后，案例式、课题式的培训模式。

由此，我们在开展《城区区校两级师训网络的研究》的基础上，1998年9月以区教育局《关于加强上城区教师队伍和干部队伍建设的若干意见》的文件方式正式确定了四级师训网络的运行，进一步明确了教师进修学校和基层学校在师训中的职责任务。

在这四级师训网络的运行中，学校是教师继续教育的主阵地，校长是教师继续教育的第一责任人。抓好学校高质量的教师队伍建设是校长的中心工作之一，教师素质的高低是学校最重要的无形资产，关系到学校素质教育的成败，学校的生存与发展的前途。校长要把学校培训活动中，涌现的好苗子推荐给支部、辅导片和区教师进修学校培训，在上级培训过程中加快骨干教师成长的速度，回过来作为"小老师"指导学校的教师培训。每一个基层学校都要结合本校实际大力开展师资培训。学校好教师的产生要着眼于本校，立足于自身。

课题式培训模式。它适合省市区的实验学校。他们精兵强将多，师训起点比较高。例如，我区胜利小学是浙江省两所实验小学之一，他们从1996年以来就以科研课题为龙头，以现代教育技术为内容，以校内外专家为教师，以提高现代教育理论修养和实际的教育教学技能为核心，制定切实可行的5年师训规划，1996年到1999年4年内花40万用于全校教师队

★参加天长小学校本教研和老师们讨论

伍的建设。他们牢固树立了“向教科研要效益，向教科研要质量”的观念，先后在全校开展了《课堂中的合作与交往》、《现代教育技术》、《小班化研究》、《建构主义学习理论研究》等重大课题的研究培训。定期请专家为校本培训做专题讲座，每月教师摘录文摘，进行课题研究性教学尝试。他们的《现代教育技术研究》课题在1999年获杭州市人民政府基础教育成果一等奖，其他很多课题获省市教育科研成果奖。教师的科研意识与能力得到了极大地增强，1998年一年10多名教师根据教学需要申报了科研课题，几年来全校有百余人次的教学研究论文获奖或在教学杂志上发表。

师徒结对模式。它适合师资雄厚，优秀教师多的学校。例如我区天长小学是一所名校，至今从这所学校走出了10位特级教师，1位全国劳模，3位全国优秀教师，十几位中学高级教师。他们经过几代人的研究，完善学校“师带徒”制度，出台了《天长小学师带徒工作制度》等校本级师训的相关制度，聘请校外的特级教师、优秀教师为学校师训的导师，组成15人的导师组，担任中青年骨干教师的教学指导工作，每周师傅听徒弟一节课并及时评课指导；每月师徒共同学习一次教育教学理论，徒弟听师傅一节示范课；师徒合作参加一个教学课题的研究；每学期在师傅指导下，徒弟要对外上一节公开课，学期结束师徒要写出工作和学习小结。学校举行一年一次的“天长杯”教学比武、教育教学论文评比，促进中青年骨干教师的成长。1997年开始本课题研究至今，学校又有两位教师在1998年、2000年被省政府批准为特级教师，3位教师被教育厅审定为小学中学高级教师，1位中青年教师被评为浙江省实验学校教改之星，3位成了杭州市教坛新秀、优秀园丁，更多的青年教师成了上城区教坛新秀、优秀园丁。

基地培训模式。借助外部的教科研人员，培训本校教师。俗称“借鸡生蛋”。新世纪，外国语实验小学是我区新兴的一所民营的寄宿制学校。学校组建时间不长，教师队伍中青年人特别多。如何加强这支队伍的建设是一个关系学校生存发展的紧迫而重大的问题。他们凭借原学校副校长特级教师杨明明是上城区跨世纪园丁工程导师的优势，摸索出以区跨世纪园丁工程培训点为依托，利用区的优秀教师指导团，带动学校教师培训的“基地培训模式”。他们以每周半天的杨明明老师为所带学员组上课、听课、说课、评课为契机，组织学校教师培训，着重进行现代教育理念指导下的教学技能培训。师训出现朝气蓬勃的景象，学校被评为浙江省两所优秀民办学校之一。

联谊培训模式。饮马井巷小学是区实验学校，在校本级培训中，创造了与相邻县区小学挂钩支援、教学联谊的培训模式。将中心城区与杭州市周边县市的小学之间的联谊活动变成教师培训的舞台。饮马井巷小学科研室主任、中学高级教师王立均在学校教科研和小学作文教学的改革上均有不少见解和经验，经常受到其他县市学校的讲学和上示范课的邀请。他们就以此带动校本级教师培训，有计划地安排年轻教师到宁波江东区、萧山、富阳、余杭等县区去借班上课，邀请兄弟县区的优秀青年教师到自己学校作报告上示范课，双向交流，增大教师培训的力度，借鉴他人师训和教学改革的成功经验。同时又开展全员参与的《小学生交通安全教育的研究》、《小学生心理辅导的研究》等课题，夯实师训的基础。短短几年，学校培养市教坛新秀 2 人，区教坛新秀 7 人，青年教师逐渐成了学校教育教学改革的主力军。

二、教师最靓丽的生命在课堂

有一次，培训班的学员递给我一首小诗，说是描写课堂的，诗是这样写的：

课堂，你曾是一个密不透风的箱
——禁锢了思想的自由飞翔

课堂，你曾是一把沉重的锁
——锁住了心灵的驰骋，锁住了智慧的生长
课堂，你曾是一把无情的刀
——截断过无数学童充满诗意的梦想
课堂，你曾是一座阴森的庙
——太多的清规戒律，令孩子们无法心驰神往
哦，课堂，你不该这样
——你应是物欲的世界里一座永不沉没的岛
——你应是岁月的风尘里永远不会褪色的像
——你应是连通世间每一个角落的最大的网
——你应是一扇自由呼吸的思想的窗……

诗不长，很快就读完了，但思绪却怎么也静止不下来。

建设一个个理想的课堂，值得每位教师用毕生的精力去追求。当我们睁开眼睛，便迎来了生命的主要时段，在这个时段中，最美好的时光应该在学校，在课堂，因为我们是教师——课堂是教师实现人生价值的最主要的地方；因为课堂中有孩子——孩子是课堂的主人——课堂是每个孩子成长的最主要的阵地。因此，作为教师，应该千方百计让课堂焕发生命的活力，在一个又一个的充满生命活力的课堂中去演绎最靓丽的人生。

‖读懂儿童——靓丽生命的前提

要让课堂焕发生命的活力，展现生命的靓丽，首先要学会理解儿童的生命，珍视每一个儿童的生命。

我们的孩子小学有 6 年时光在学校度过。如果在这漫长的 6 年中，他们没有欢乐，始终处在失败、压抑和痛苦之中，这便是生命的悲剧。如果这是教师的教育教学所致，那无疑是对他人生命的亵渎，是一种可怕的“谋杀”。

儿童是活生生的生命体，不仅仅是一个认知活动的参与者，更不仅仅

是知识学习的接受者。儿童有多层次的需要：生理的、心理的、社会的；物质的，精神的，行为的；认知的，情感的，价值观的，信仰的；儿童要参与的活动是多方面的：文艺的，体育的，休闲的，科技的，军事的，益智的，认知的……尽管各种回答各有侧重，但是并不割裂。儿童的任何层次的需求都是落实到一个完整的人身上；任何活动中，人都是以一个完整的生命投入，而不只是人的某一方面的参与和投入。

过去我和许多人一样认为：革命故事题材的文章，现代文学名家名篇中的文章都太老了，和时代距离太远，在语言和认识上对孩子们没有太多的好处，趁课程教材改革之际得赶紧删去。可是，我们骨干教师培训班学员对全区的 2 000 多名 1~6 年级小学生阅读兴趣的调查结果，给了我一个极好的教育——这些文章中的精品不会过时。因为孩子们是作为一个活生生的生命个体来看待这些课文的，而不仅仅是当作语言学习的范例。孩子们不只是以课文语言学习训练这些认知领域的得失作为评价的惟一标准，他们是从直觉上、整体上判断一篇课文值不值得学习、阅读、记忆和储存。他们当然有认知的需求，但是他们更有情感的需求。所以，当现在的孩子并不十分了解周总理，而在学习《十里长街送总理》时，却个个面色凝重，泪眼婆娑；他们也有价值观、心理信仰的需求——崇拜英雄，了解英雄，学习英雄。任何时代、任何国度、任何民族都需要英雄。今天我们这个改革开放的历史时期，我们这个经济飞速增长的转轨社会，最可怕的是当人们钱袋子鼓起来的时候，英雄绝迹了！好在我们的孩子们是天真的、可爱的。他们的内心向往着英雄。五年级孩子们印象最深的是《伟大的友谊》，因为马克思和恩格斯的人格在浮躁和金钱气息中愈发让孩子们感到伟大和珍贵！一个真实的健康生命需要的是阳光！

‖ 反思过去——靓丽生命的光源

一路走，一路教，于是很多教师说——我对得起我的孩子们了，我对得起教师这个职业了，因为，我始终像孺子牛一样在默默地、辛勤地工作——没有功劳也有苦劳嘛！如果每个教师这样的思维方式根深蒂固，结局肯定不太妙。这样的教师擅长的是肯定自己，欠缺的是自我反思。而一个教师如果不去反思过去，那么，他的生命就缺少了靓丽的光源。

我就在很长一段时间梦想建立一种“严格的科学的语文学科体系”，进行自以为是的语文有效学习。不是提倡科学主义吗？我就想，学生请假一周半个月，怕的是数学跟不上，常常急迫和恳切地企盼老师给孩子补数学课。而在语文，似乎家长补教孩子学会几个生字就行了！我当时真的心理很不平衡！我们的语文教学就那么稀拉松散？就那么不值钱？1990年我参加了浙江省语文教材的编写工作。我就特别想建设一套严密的，像数学一样知识点一环扣一环，直线相接，缺了一课就不行的所谓的科学学习体系、训练系统。在20世纪进行加强语言文字训练的研究过程中，开头的几年我痴迷地想寻找这样的教材体系和“科学训练课程”。真是滑天下之大稽！无知、幼稚、愚蠢得可笑！明明人站在地上，却偏偏想拽着自己的头发离开地球！

有的教师坚持认为学生到学校是读书的，上语文课只是对他的语文学习负责——铁路警察各管一段，课堂教学常常只顾及在认知一个纬度的语言学习上展开，自然就会过分计较学生传承性学习的知识性收获，全身心地关注他们的语文基础知识、基本技能，而常常会忽略，甚至抛弃、牺牲我们自己和儿童情感、道德、人格等许多方面的需求。在语文课程改革前的很长一段时间里，我们不少同行为儿童十几年后高考语文分数的升落而提心吊胆，却惟独面对我们和儿童生命质量的下降、生命意义的扭曲而无动于衷！

儿童精神生命是整体发展的，因此，语文教学设计要采用板块的整体设计。遵循精神生命发展的主动性原则，要抛弃灌输式教学的模式，逐步走上自主合作、探究学习的轨道。

教师清楚教什么、怎么教，而学生不知道为什么学、如何学；课堂中学生按教师的每一个指令行动，每一个问题回答，甚至连上过的课我们还会为了“学校的脸面”再上一遍公开课，学生也没有办法表达意见；发问权、表扬批评权和评价权全在老师手上，关键还不是机会的多少，而是剥夺了学生主动发展的权利。因为我们害怕学生的主动学习会出轨，学生的横炮会使“精心设计的课堂教学”无法控制。那次，一个学员上中年级新世纪教材《纪律与职责》。老师让孩子们提问。学生疑惑地问：法国炮手的家怎么会有普鲁士的士兵？炮手明明知道这是自己的家——惟一的财产，为什么还会开炮？既然他开炮了，为什么又泪流满面？假如当时向将军说，这是他的家，将军又会怎么说？听了孩子的问题，真是兴奋得心率加快。学生的真问题是课堂教学的心脏。抓住了他们的问题就等于抓住了文本的意义。假如抓住了这些问题作为课堂教学的主线，学生就会从“要我学”转化为“我要学”。就会自己独立主动地从文本的阅读感悟中，或和伙伴的合作探究中，从课本和自己的生活经验里寻找解决问题的答案。如果这样做了，我们就会把学生真实的问题变成课堂动态生成的最好的资源。可惜我的学员只是将第一次普法战争的背景简略地做了介绍，就把孩子们的问题束之高阁，依然自顾自地发出指令：“请同学们好好读书，拿起笔，把书上描写炮手神态的句子画下来。”我和那几位提问的孩子一样深深地叹了一口气，沮丧地闭上了眼睛。下课我问她怎么回事。她说“让孩子提问是为了体现质疑问难。可他们的问题和我教案对不起来，我想不出怎么应对他们，就按教案上。”

教师都会要求学生积极主动地学习，但是常常是让他们学习教师划定理解规定的现成的知识，很少让学生去探究、发现，去解决问题，独立或与伙伴合作去面对一个陌生的世界，一个生生不息的世界。

过去当我们的教师剥夺学生的精神生命发展的主动权时，还常常振振有词地认为因为孩子年幼无知，需要他们教诲，我们常常好心地怕“外面多彩而复杂的世界对儿童的诱惑和伤害”，善意地“诲人不倦”，就是不怕因剥夺学生主动发展而给生命带来的不可弥补的创伤——从小被剥夺了主动权的人，长大也会养成依赖、等待、随从的人生态度。他们会期待有决定权的人决定自己的命运和人生。更可怕的是一直处在这样的价值观教育下的孩子，长大后，当他一旦拥有了决定权，会同样用主宰的身份剥夺他人的主动发展权，控制自己所管辖的其他人。

我们教师沉醉于别人将他们比作红烛——燃烧自己，照亮别人——却不知这个比喻深处的悲剧色彩。其实教师的人生因为可爱的学生而绽放光华，我们的生命因为孩子们生命的丰富和健康而更加靓丽！从师范学校读书，我们就被告知——“给人一杯水自己要有一桶水”——却不知，这种比喻已经把教育的意义歪曲，不知不觉中已经把教师点燃儿童思想火把的神圣演变成了纯知识的灌输。十年前，我就和学员们说：“你是一桶水，几十年分下去你够吗？你是一桶水，几十年放着水不臭吗？老师不是一桶水，他的任务也不是把桶里的水灌给孩子们。老师应当是一条永不干枯的清澈山泉，他用丁丁咚咚的泉水声，用甜美的泉水，吸引孩子们来找水、喝水。”

培训教师的必修课就是让每个教师都学会反思自己，修正自己的理念。不是为了别的，而是为了孩子生命的成长，为了实现老师生命的价值。

‖ 创造课堂——靓丽生命的基石

课堂教学活动应当是教师的第二次创造，是教师精神生命发展和实现的过程。生命的意义不仅仅在于成功的结局，更在于每一个充满矛盾和困惑、挑战与活力的生命过程，生命的丰富多彩和意义在很大程度上取决于生命燃烧的长度和亮度，而不在于结果留下的是什么样的灰烬。

教师是课堂教学活动的创造者，他们的创造才能不仅表现在重组和选择教材上，更多地表现在他们进行语文教学的过程中：当学生精神不振时，你能使他们重新焕发活力；当学生情绪过于高涨时，你能巧妙地让孩子们安静下来；当学生学习找不到头绪时，你能给以启迪；当学生没有信心时，你能唤起他的自信和力量；当学生的表达不清楚时，你能解读学生的信息，从他们的眼里读出愿望；当学生的回答出乎意料时，你能听清他的创造；当学生有学习错误时，你能让学生自己明白不足。

记得那一次上《鸟的天堂》。当我朗读了巴金第二天早晨在大榕树下，看到的百鸟欢歌、雀跃飞翔的景象时，很多孩子入神地听着、向往着……我和孩子们讨论：假如这时你也和巴金爷爷一起，在大榕树下，你会想些什么，说些什么？突然，方溪在第一排冲口而出：“我烦都烦死了！”同学们和我都愣住了。这时候，方溪发觉了问题，窘迫地涨红了脸。太出乎意外了。我迅速调整心态，俯下身子，静静地问："这么美的声音，你怎么会烦死的呢？别怕，我相信你，肯定是有理由的。"方溪迟疑了会儿，站起来，说了这样一段话："张老师，我刚才思想开小差了。今天上学，妈妈又包庇弟弟，明明是弟弟的错，又追出来骂了我一顿。我刚才想到这件事，就觉得烦都烦死了……"

好！这个问题，恰好是一个生长点。我示意她坐下，说："方溪这种感觉，其实，我们很多人都有过，作家在写作的时候，还专门用过。"方溪和同学们诧异地看着我。"我们刚才绝大多数同学和巴金一样，在早晨的大榕树下，听到百鸟齐鸣，看清楚这只，又看漏了那只，看见了那只，第三只又飞走了，感觉真美，大榕树真是鸟的天堂。我们这种愉悦的情感是因为看到、听到了鸟儿的欢叫和舞蹈。这就叫——"课堂有学生抢着说"触景生情！"我在黑板上写下这四个字。"对。但是这样美好的情景，为什么方溪却会烦死呢？这叫'景由情移'。她自己的心情不好，于是就觉得这美景也不行了。你们平时有这样的感觉吗？"说完也在黑板上写下"景由情移"。孩子是聪明的，"那次，我考试成绩不好，明明阳光明媚，可我就觉得它特别刺眼，连花也死样怪气的"。"我也是考试，可那次我成绩特别好，我想到回家爸爸妈妈的奖品，明明那天下着雨，我也觉得这雨挺好，凉凉的、甜甜的。"……方溪和同学们感受到老师的宽容和理解，又懂得了一个新的知识，享受着老师的关怀 。

只有教师发挥了创造性，让学生觉得你的精神脉搏与他们一起欢跳 ；让学生的争论擦出思想的火花 ；让学生学会合作，感受和谐相处的欢愉……这时课堂教学才会焕发生命的活力。教师不再是教书匠，不只是在教和学，他们还在课堂 40 分钟的时间里感受到自己和孩子生命的涌动和成长；教师只有是教育教学活动的创造者，学生才能获得多方面的满足和发展，教师的劳动才会闪现创造的光辉和人性的魅力；也只有在这样的课堂，教学才不只是与科学有关，而且还与哲学、艺术相关，才会体现出育人的本质和实现育人的功能。

‖ 珍惜自己——靓丽生命的纽带

如果教师的青春年华是在和儿童、家长的对垒、紧张和悲哀的冲突中流逝，那便是愚蠢的慢性自杀。当我们面对落日、计算生命的余日时，我们将会在后悔中吞下这苦涩的毒酒。如果不会善待儿童和他人，就谈不上善待自己。消极情绪永远是一把双刃剑，在刺伤他人的同时也伤害了自己。我们的生命是和这个世界相连的。如果我们不爱儿童，不能善待儿童，苍老将迅速爬上我们的心头，怨恨会常常盘踞在自己的思绪，惊恐会慢慢蚕食红润的面容以及勃勃的生机。

孩子到学校里来，不仅仅只是来读书的，而是来过愉悦的学习生活，度过他们金色的童年的；同样，教师到学校里来，不仅仅只是教学生读书认字的，而是和孩子们、同事们共享生命的甜美，让人生欢快地走过每一个8小时的。作为教师，只有把在学校的8小时当作生命中最有意义、最灿烂的时光，自觉地和他人和孩子们去拥抱快乐，他的青春才会常在、生命才会闪光、魅力才会无限。

全国著名的特级教师王燕骅、杨明明老师年岁都已经大了，早过了退休的年龄，但是，只要在课堂上，不论是面对儿童还是中青年教师，她们身上始终洋溢着青春的活力和热情。今年她们已经60周岁，可一年内她们俩每人竟然下去听课、评课都在300节以上，和老师们交谈新课程改革的现状和困难乐此不疲。人说“夕阳无限好，只是近黄昏”。可她们却“满目苍山夕照明”，她们将《现代小学语文》的实验

★大海一般激情澎湃的生命

当作生命中最重要的组成部分。

心不老，人自然不易老。人只要有追求，有事业，有自信，那么，头发会更飘逸，肤色会更红润，脚步会更轻快，气血会更充盈，人自然就会更年轻……

这便是珍惜生命的最高境界！这便是我祈盼的教师最靓丽的生命！

‖克制与调整——靓丽生命的润滑剂

我常常对我的学员们说，作为教师，要学会用最佳的情绪去感染学生，点燃学生。要善于克制自己和引导孩子将所有跟学习情绪不相吻合的情绪关在教室的门外，学会脱“鞋”进屋。因为，这是在课堂中书写靓丽生命的基础。

六年级有篇课文叫《草原》，有一回我在上这一课之前，做了大量的准备，关上家门，我尽情地让自己的激情流淌，反复地朗读课文，寻找感觉，酝酿情感；精心地设计教学预案和课堂练习等等。我还从我的一大堆乐曲磁带中找出了《草原牧歌》，以便于在课堂上播放，渲染气氛。尤其我还设计了《草原》这课的开局——当上课铃响，师生问好之后，我以一段诗一般的语言导入课文，然后打开《草原牧歌》，和着优美、舒缓的音乐，我将深情朗读课文，以此来营造一种氛围，一种情绪。我希望凭借我的努力，尽快把学生带到那辽阔、美丽的大草原中去，“入境始觉亲”。

上课前几分钟，我拿着教案，反复回忆准备好的教学流程，我让我的思绪畅快淋漓地在大草原奔驰，以便上课开始，我可以用最准确地情感面对我的孩子们。临上课的两分钟，值日老师把我们班的两个男孩子拉到我面前，说：“你们班的学生，都六年级了，还在下面礼堂里面和别人争抢乒乓球台，两个人还打起来了。”我一愣，再看那两个同学，还处在非常激动的状态，两个人还在不断地争执：“是他不对，是他不对。”边吵边流泪，丝毫没有悔改的态度。我火了，亮起嗓门刚批评了他们几句，上课铃就响了，于是我说：“先上课去。”可这两个小鬼也真是不争气，一边走，一边还在不停地争吵谁对谁错。

师生问好之后，我就先把他们叫起来，大声说："你们刚才在干什么?"他俩各执一词，把刚才发生的事说了一遍。

"你们已经是毕业班的学生了，不但不能给低年级的孩子做榜样，还起了个坏头，值日老师把你们带到我这里，你们不但不后悔，还在指责对方，像什么样子！你们还有没有集体荣誉感！……"就这样噼里啪啦说了一通，见孩子们个个神情严肃，默不作声，我也就此打住，"好了，这事没完，现在先上课——《草原》。"但是，原先预设的诗一般的语言，此时，我竟一个字也说不上来，不是忘了，而是我觉得，此时，我用这样的情绪说那样的导语，肯定会让人听着可笑的。当然，《草原牧歌》也白找了。就这样，原来的教学流程全部作废，这堂课的效果当然也是可想而知的。

我想，在上课的时候，教师要学会控制自己。教师也是人，也会有自己的七情六欲，也会有意外情况。如果教师不能很好地控制自己的感情，那么就会使我们在进入课堂后，将事情本末倒置了。经常听教师们说课堂教学效率不高，我觉得一个重要的原因就是教师的心态不正常。如果教师上课的时候满脸的不高兴，一开口就批评孩子，那么，课堂上只有教师和学生紧张的、糟糕的情绪，这种情绪不利于学生展开积极有效的思维活动。因此，要想在这种接近冰点的氛围当中提高课堂教学效率，也就只能是水中捞月，镜里摘花。难怪，解思忠先生在《国民素质忧思录》中如是说：从表面上看，课堂上，学生享有比老师更优越的待遇——老师必须站着上课，而学生则可以坐着听讲。但是，因为种种因素，那些坐着的学生的心灵深处隐藏着的，恰恰是战战兢兢的甚至是跪着的灵魂。我想，导致这样的局面，教师肯定有责任。

因此，我经常提醒自己，也常常告诫培训班的学员——走进课堂，教师要善于用最佳的情绪去感染学生，要发挥教师的主导作用去点燃学生。要创设最佳的教学氛围，先得把自己融到课堂当中去，要把不属于课堂，不属于文本的情绪关在课堂之外——学会进教室前"脱鞋"。

‖感动——靓丽生命的灵魂

在跟培训班的学员聊天时，我说课堂上的语文教师不能成为外科医生。不论是大手术还是小手术，外科医生需要的是心如止水。不论是亲人还是仇人，都只能把他当作病人，不能掺杂丝毫个人的情感而影响手术的进行。一个经常因为激动而导致双手发颤的医生，是绝对成不了优秀的外科医生的。

而语文教师则不同。要上好一节课，要让每一个生命在课堂中闪烁靓丽的光彩，教师首先要让文本感动自己，然后再通过教学，去感动学生。教师感动的，学生不一定感动；但是教师自己都不感动，就永远别想让学生感动。基于此种认识，我经常把自己关在房间里放声朗读课文，纵情宣泄，直到找到感觉。我把这样的朗读看做是作者、编者和读者的情感共振器。通过这样的朗读，去酝酿准确到位的情感。然后凭借课堂教学的优化，去激活学生的情绪记忆，引导学生真正走进课文，真正动情。只有这样，真正意义上的心与心的对话才有可能发生，课堂教学的生命活力才有可能焕发。

20世纪 80 年代初，我在执教《十里长街送总理》的公开课之前，除了在课外花大量精力备课收集资料，为孩子们做好背景资料准备之外，我还关起门来，一遍遍地尽情地诵读课文，让自己回到 1976 年 1 月的事件中去，一次次地让眼泪流淌。

上课时，我神情肃穆，以充满激情的演讲开始上课：“同学们，1976 年 1 月 8 日上午 8 时 57 分，我们敬爱的周总理在北京医院逝世了。一颗伟大的心脏停止了跳动。消息传来，10 亿人民沉浸在极度的悲痛中。在那‘四害’横行的日子里，我们是多么需要总理给我们撑腰啊！多么需要总理领着我们干‘四化’啊！然而周总理匆匆地走了。遵照总理的遗言，他老人家的遗体将火化，骨灰将撒在祖国的江河大地上。1 月 11 日下午，总理的灵车从医院开往八宝山公墓。消息传来，几十万群众自动聚集在东西长安街上，为总理送行。《十里长街送总理》记的就是那一天难忘的场面。”

说完，我在黑板的左上方挂上周总理的遗像，并按下录音机的播放键，配有哀乐的课文录音在课堂上响起。就这样，教师的激情，催人泪下的配乐朗诵，语言文字、音乐图画、神情动作共同刺激着学生的感官，良好的课堂气氛迅速将学生带入课文所需要的情感氛围中去。

随着教学的深入，学生的感情越来越激动，他们忘记了课堂上有几百个老师在听课，他们的神情是深沉的、专注的，不少孩子读着读着就热泪盈眶了。孩子们说："我好像看到总理的灵车开来了，我只想哭。""我好像也站在大街上和他们一起送总理。""我想起了幼儿园阿姨给我戴白花，我们哭总理的情景。"

课文中有这样几句话："灵车缓缓地前进，牵动着千万人的心，许多人在人行道上追着灵车奔跑。人们多么希望车子能停下来，希望时间能停下来！"这时如果老师去问学生："为什么人们追着灵车跑？时间能停下来吗？"很容易破坏课堂气氛，而把学生从东西长安街拉回到课堂。我没有这样做。我设计的问题是："如果你是握过总理那温暖的手的清洁工人，如果你是跟着总理长征的警卫员，如果你是曾经依偎在总理怀里的少先队员，现在看到长安街上的一切，你会想些什么，又会去做些什么？"我并不请学生回答，只是让学生边想边读，给学生留下广阔的想像天地。让学生移位到东西长安街，也化成迎送灵车的少先队员。良好的气氛使学生入了境，动了真情，感受更深。

学生曾经写过一则日记，题目是"难忘的二十四课"。日记中写着这样的话：

在语文课本里，我的脑海里始终不能忘记的是24课。学了这篇文章之后，只要读到"24"这个数，我的心情就会沉重起来……当我听到张老师的声音那样低沉，语言那样催人泪下，当我看到张老师平时笑呵呵的脸变了样子(如今很严肃)，我不禁鼻子酸了，眼圈红了……那时，我眼前出现了幻觉：别的什么都看不见了，只看见首都成千上万的群众那一张张布满泪痕的脸，那止不住倾泻的热泪，那哭得连声音都发不出的情景……我觉得全身有一道道电流通过。就连我这个从未见过总理的人，竟也热泪滚滚！

我被总理、被送灵车的群众感动了！总理，哪里需要就出现在哪里。这样好的总理，人们怎能不敬仰？人们最需要您时，您却积劳成疾匆匆地走了……

人们要打倒臭名昭著的“四人帮”，其中一个原因就是您被他们所害，人们愤怒了！

现在，我觉得您仍活着！我还觉得24课不仅仅是一篇课文，因为，它寄托了人们心中的千言万语，因为，我从中学到了做人的道理！

就是这一堂课，深深地感动着、引领着学生，个中原委，我想已经不必再说了。要培植学生的良好情感，就必须发挥学生的主动性和积极性。让学生在学习中融进自己的思想情感，从而创造新的形象。

站在书本外面说大道理，学生是不会相信、不会感动的。教师的真情会呼唤学生走进文本，真切地感受文本浸染的深情厚义。

三、真实的遗憾比虚假的完美动人

在园丁工程带徒工作中，我经常对学员说：学我者生，似我者死。世界上有一个张化万够了，我借给你们肩膀，你们要超过我们。

拜师学艺当然要像师傅，但是像什么？像的是精气神，是对事业的执著，是敢为人先的创造精神，是实事求是的科学态度，是永不退缩的进取步伐，而不只是上课时言谈举止、举手投足的形似；学习导师就要琢磨导师的典型课例和代表作品，要学习吸取，如果连这一点脚踏实地的认真学习也做不到，谈超越自我，超越导师不是自欺欺人，就是狂妄。

在继承的基础上大胆创新，锐意发展，才是做学员不可或缺的、至关重要的素质和能力。只有这样，才能演绎真正成功的课堂。课堂教学是遗憾的艺术，不论是谁，上什么课都不可能十全十美。一堂研究课给教师带来有价值的议论纷纷，就是一种成功。有价值的议论纷纷就是思想的碰撞，是对教学遗憾原因的争鸣与分析。这样的“遗憾”是发展的动力，是教育改革的资源。

真实的遗憾比虚假的完美更加动人，更加具有生命力。课堂如此，成长之路如此，教学生涯亦如此。

‖直面挫折大气做人

人的成长、发展需要一个过程，一个优秀教师的成长也许会经历更多的遗憾与挫折。但也正是这些风风雨雨才使得他们更成熟、更出色。

杭州上城区第一批园丁工程的学员曹晓红是2000年浙江省批准的最年轻的特级教师，也是教育部小学语文学科浙江省惟一的项目——小学阅读品评式教学研究的负责人，又是全国知名学校——天长小学的校长，全国著名的教育专家崔峦、杨再隋等都熟悉她。曹晓红老师取得这些成绩，让我想起她的一次失利，一次真实的遗憾。

那是在安徽省的马鞍山市举办的全国第二届青年教师阅读教学大奖赛，当时我带着曹晓红代表浙江省去参赛。她执教的是《手术台就是阵地》一课。浙江省推荐她去上课，当然希望她能为浙江捧回一等奖的奖杯。然而因为各种因素，她相差一票只得了二等奖。刚得知结果，她就在房间里痛哭。她觉得自己对不起那些帮助、信任她的领导、专家。再说，前一届为浙江省获得一等奖的是虞大明，是她的师弟，师弟都得了一等奖，作为师姐反而只得了二等奖，她觉得很愧疚，很遗憾，很委屈。

当天晚上，全国小语会决定宴请所有参赛选手和各地领队，她实在不愿参加，情绪非常低落。我和省教育厅教研室的王湄若老师一起安慰她，劝她："人不能在乎一时的得失！尤其是人文类的评奖，它不

★和学员曹晓红（特级教师）参加第二届青年教师阅读教学观摩活动

同于体育类的竞技和自然类的比赛，有时会很模糊。能得奖当然好，不得奖也不必伤心！没关系！现在我们是没办法的。你只能承认这个现实，一个人的成长是由多种多样的机会和因素造就的。失败也是一次机会。人的一生不可能永远都是成功的！你总有失败的时候，要学会面对失败，只有直面挫折才有可能战胜失败，如果连这个勇气都没有的话，是不可能战胜挫折的！”最后，她总算勉强想通，和我们一起去了。到了宴会厅，我对她说：“晓红，评奖已经结束了，但是我希望今天能够让大家记住你！”于是，我特意在吃饭的间隙，找机会介绍曹晓红，并和她一起唱歌，教研室的王湄若老师伴舞，感谢大会专家领导给我们展示和汇报的机会。我们的做法给所有的人留下了极其深刻的印象。许多领导和专家感慨地说：“你们浙江的教师真是大将风度！曹晓红真不错！”对曹晓红来说，这样的挫折可能是人生的一次重大的挑战。而她终于战胜了自我，勇敢地面对！

而后，这些专家每到浙江省，都会问起曹晓红。让这些专家记住你的名字，这本身就是一份财富。去年下半年，全国小语会在杭州举办“历次得奖的青年教师汇报展示和新课程研讨”活动，我们浙江省共有五位教师历次得奖，全国小语会和浙江省小语会指定曹晓红老师展示。那次她上的《我爱动画》，成功地跨越挫折，成为了她一生的财富。

人在一生中总是会遇到各种各样的不如意，造成很多遗憾，但如果我们能够正视，也许这些困难与失败会转化成为一笔不小的财富，帮助我们获得更多的成功。可是至今我们还是很遗憾地看到虚假的公开课时常冒出：四五个班的学生中选择最好的拼成一个班上课；上过的课再表演一次；有的老师会为了一节公开课表面的“精彩”而去创设一些假象。这样的“完美”是对儿童人格和心理很大的伤害，对于学生与教师自身的发展还有什么意义？结果往往只能是南辕北辙、弄巧成拙。

都说教学是遗憾的艺术，那么让我们追求真实的遗憾，摒弃虚假的完美吧！只有这样，教育人生才能不断完善。

‖ 好钢是锤炼出来的

不追求虚假的完美，只享受真实的遗憾，这样的教师绝对有机会成长为优秀的教师。那么，这样的教师是怎么来的？我认为是锻炼出来的。不经历磨炼，怎么能成为这样的优秀教师呢！而这样的磨炼是来不得一点虚假的，只有真实付出，才能享受回报。

教师进修学校组织的骨干教师脱产研修班培训，都有非常严格的要求和管理办法，我们希望通过实实在在的、行之有效的方法使得这些教师能够在较短的时间内真真实实地有所提高，脱颖而出。

语文骨干教师脱产研修培训班，规定每位学员在三个月内至少完成以下的任务：1. 完成业务自传一份；2. 听语文课 50 节左右；3. 每天写学习日记；4. 每人上示范课一节；5. 完成学习总结一份；6. 至少完成一篇语文教学论文；7. 每十天写出一份教学反思札记；8. 完成一个计算机辅助教学课件；9. 完成三份小学语文教学案例分析报告；10. 准备三份专题报告，每份不少于 5 000 字，讲座时间一小时以上；11. 以小组为单位对一位小学语文教学名师进行采访，完成一篇名师采访录；12. 以班为单位出学员作业、论文集 10 本；13. 全程参与“江、浙、沪新课程、新理念、新名师、新教学”研讨会；14. 外出考察，与兄弟学校交流 2 次，每组选派 2 人上课，人人参与评课实践。

说实话，在三个月内要完成这么多的任务，确实让学员感到有压力。然而，没有压力地下的石油不会喷发，没有压

★和脱产研修班学员在一起
左起：郑红霞　吕卫萍　缪华良
张化万　水雁

力就没有自我促进的动力。要想成为优秀教师就必须压担子、受磨炼。像俱乐部一样的培训，可以成为触发灵感的休闲式的沙龙，不可能成为锻造优秀骨干教师的基地。

浙江省的温州、湖州、嘉兴、金华、临安等地区的老师都积极报名要参加我们的研修班，甚至连天津、重庆等地也有教师慕名参加骨干教师脱产研修班培训。

第一届骨干教师培训班中，有一位天津来的老师，刚来两天，她哭了，打电话给校长说这里太苦了，要回去。确实，在我们这里接受培训是一件非常辛苦的事，与平时在学校的工作有很大的差距，任务多、压力重，难怪那位天津的老师会因为感到压力太大而哭了。然而培训虽然很苦，但是学员取得的成绩也是显著的：三个月的培训结束后，每位学员都能熟练地操作电脑，能制作各种辅助教学课件；每位老师都完成了十万字左右的文字材料；老师的理念有了转变，认识有了明显的提高。结业典礼上，学员们依依不舍。参加会议的浙江省教育厅师范处的陈明硕副处长也动情地说："这样的骨干教师培训好，有效果！"

乐清市6位年轻的女教师，刚来时，都不会电脑。培训结束时，她们不仅能熟练地使用电脑，每个人还制作了个人网页，又共同完成了题为《相逢是首歌》的学习专集。

附专集目录：

卷首语 相逢是首歌　　范怡红

[写在前面]

牵手杨柳依依时　　陈　赛

[学习感悟篇]

教学设计：

坐井观天(四册)　　陈　赛

夏天(四册)　　阮淑洁

七色花(六册)　　郑乐秋

张海迪和她的妹妹(八册)　　范怡红

我的伯父鲁迅先生(十册)　单海华

学习体会：

一点感慨一点感动一点感想　范怡红

“感兴趣”与“我能行”　江琳璘

“主动识字”带来的思考　郑乐秋

我不怕，我有“信仰”　单海华

目中有人促进发展　阮淑洁

从地区文化中开发语文课程资源　陈　赛

实践反思：

关注每一位学生　单海华

开辟另一片天空　范怡红

少些负担　多些愉快　江琳璘

生活是创作的源泉　阮淑洁

对保证学生主体性的思考　郑乐秋

学会倾听　陈　赛

学习日记：

三月五日初见名师　阮淑洁

三月十一日案例随想　陈　赛

三月十八日观点交流　江琳璘

三月十九日网络教学　郑乐秋

三月二十日第一场雪　阮淑洁

三月二十一日灰童谣　单海华

三月二十二日评析预赛　阮淑洁

四月三日关注目标　江琳璘

四月十二日七色花设想　郑乐秋

四月八日无意有意　单海华

四月八日吃西瓜有感　江琳璘

四月十一日夏天的歌　郑乐秋

四月十八日思辨　范怡红
五月九日义乌行　单海华
五月十六日听课后记　范怡红
五月十七日向你学习　陈　赛
笔记整理：
小学语文教学最优化　张化万
小学写话习作教学策略　张化万
现代小学阅读教学　王燕骅
小学语文教学目标研究　王燕骅
走近现语　杨明明
解读教学新理念　汪　潮
小学学业评价改革　沈大安
小学语文教学案例　施民贵
《山里的孩子》　沈　琳
《五月端阳》　赵海燕
《电冰箱使用须知》　言　妍
《百猜百中》　柴　莺
《秦始皇兵马俑》　郑玉珊
［生活情趣篇］
言论言说
童心未泯
蛋蛋和当当　江琳璘
储蓄罐里的故事　阮淑洁
感动　郑乐秋
良心　单海华
树叶有两个家　范怡红
大人们都曾经是小孩　陈　赛
如歌的行板

六丫头小史	范怡红
电脑情缘	郑乐秋
感悟人生	陈　赛
与西湖的“n”次接触	阮淑洁
掂量“掂量”	江琳璘
现代狼和小羊	范怡红
驴和驴圈的来历	单海华
[写在后面]	
我们飞翔	陈　赛

看了这份专集，让人感动不已！六个小女孩竟然能在三个月内取得这么多的成果！我深深地感到：她们踏踏实实地在付出，的的确确地在进步。

我们坚信：好钢是锤炼出来的！好教师从根本上讲不是培训班听出来的，培训只是一种机会，一种促进，一个洗礼的平台。好教师是在教育教学的艰难实践中磨炼出来的！

‖跨越困惑

年轻教师在发展过程中，都曾遇到过许多的困惑，有困惑是正常的。我也曾经给他们写过信，鼓励他们，支持他们，希望能帮助他们解决一些难题，跨越困惑。我小学的不少学生，现在当了老师，有大学的教授，更多的是中小学的老师。当她们初为人师时，就遇到了实实在在的遗憾和困惑，比如：面对班里的调皮鬼，她板下脸狠批一通，可是不管用；孩子贪玩，怎么教育都无济于事；突发事件，越是急着想解决，越解决不好；等等。我马上写了封信，作为公开信的方式在《浙江教育》刊出。

晓红：

你实现了儿时的理想，当上了老师，我真高兴。你问我：“板着脸狠批调皮鬼，可他们就不听话。怎么办？”

我想，你会记得的，你和你的同学们在我校实习时喜欢稚气的孩子。我记得那时你们常和小学生一起跳牛皮筋、造房子，善意地帮助有过错的调皮鬼，态度是那样的热情、诚恳和平等、负责。孩子们把你当成大姐姐般地爱，至今在脑海中还常浮现起你的笑脸。现在，想起来了吧？……要记住这成功的体验。板着脸训人，似乎见效快，学生不敢乱说乱动了，可这会伤害纯洁的童心、恶化师生的感情，实在是害大于利啊！是的，看到孩子淘气闯祸，学习马虎是焦急的。但如果在我们的工作出了差错时，出现在眼前的是领导、家长的怒目圆睁，厉声呵斥，我们能好受吗？我们不也盼望人们的谅解、关心和温暖吗？

古人说："精诚所至，金石为开。"只有在学生对你充满信任时，才会产生教育共鸣，才能花费最少的精力，获得最佳的效果。五年前，有个女孩子小奕，我刚接班时发现她像只孤雁被冷落着。她衣着俭朴，斜视，塌鼻，还拖鼻涕。上课埋着头，下课避开人。你问上几十句，她没一点反应。看她歪歪扭扭的字，勉强及格的成绩，无神的眼睛，我心里真难过。可我又想：是种子，只要有春雨滋润总会发芽。我动员小干部和她玩，给她图书馆借书卡，节日送书作为礼物……老师真诚的爱洒向孩子心田，她开始抬头走路了。我从她日记里找到突破口，对同学们讲她的"公鸡蛋"、"纸工卡车送妹妹"……于是，同学们嘲笑的目光减少了。几个月后，她的习作《花石头》相继被三四家刊物选登。她终于从自卑、封闭中走了出来。同样一句话，你说不灵，老教师一说就灵，甚至一个脸色、一个手势就能指挥全班。这就靠老师对学生长年的爱。晓红，多给学生笑脸吧！

你问我："孩子贪玩，今天禁玩洋片，明天他们又去打弹子，怎么办？"是呀，贪玩是儿童的天性，也是儿童认识自己和社会的重要途径。我们可以给孩子们多一些宽容和谅解。男孩放学爱去工地打闹爬滚，你可以组织成立小足球队吸引他们；有的周六爱结伴游览登山，你索性公开成立"家乡好"旅游组，引导他们欣赏湖光山色，探寻大自然的奥秘。活动前先订计划，征得家长同意；活动中控制时间、人数，确保安全；活动后推荐一人张贴游记，一人介绍活动收获，训练口头表达能力。你说，这样疏导不是比严厉禁止更好些吗？

晓红，你问我：上次说的"急事缓办，早抓苗子"是怎么回事？这"急事"实际上并不急。你越急，事情越办得糟。有一次，我把《草原》一课设计得美美的。

结果值日老师送来两个哭闹着打架的学生。铃响了，我一肚子火气，铁板着脸狠狠批了他们一顿。这时孩子们提心吊胆，再上《草原》这一课，能引出美好积极的情趣吗？孩子们发牛脾气，半天、一天过去了，心平气和地谈，效果不是会更好吗？

有些事虽属个别，但极可能滋长蔓延，就必须防患于未然。这里谈一件事。有一天，学生蒋忠军看我批卷：他见自己得了96.5分非常高兴；见别人分数比自己高的就叹气；当他看到在复查中一个得98分的被我扣去2分，竟高兴得拍起手来。这引起我的重视。蒋忠军身上反映出来的情绪，如不抓紧教育，同学间的学习竞赛就会走入歧途。我除了当即叫住他谈了怎样正确对待名次和自己外，又在晨间谈话、班队活动中讲了攀登珠峰的运动员，以及乒乓球队陪练队员甘当无名英雄的事迹。过后又组织同学们对怎样开展竞赛进行了一次讨论。

好，先写这些吧！我相信你会成为好老师的！祝长足进步！

事隔不久，我又在青年教师中听到呼声，希望说说：怎样才能使教学经验较快地丰富起来。于是我在《浙江教育》上发出了第二封公开信：

晓红：

来信收到了。这次就和你聊聊怎样使教学经验更丰富些的话题。

要积累经验，就要在“多学、深思、敢试、勤写”上下功夫。

我刚从中师毕业时，觉得自己教小学有点儿大材小用了。“书到用时方恨少”，现在高师都毕业了，却常常盼望能再读几个月书。信息时代，现代社会，老师光靠一桶水是远远不够的，应该有一条清澈鲜活的长流水。为了达到这个要求，首先靠多学。平时要多读书报(当然以教育方面为主)，多听别人的课，多看电视，多观察周围的生活，广泛吸取营养，提高自己素质。《教育过程的最优化》、《给教师的100条建议》，叶圣陶的教育论著等国内外教育理论，同行的新探索、新成就，都要好好地学。这些一定会给你启迪和力量。我开设的“玩玩说说”课，不少有趣的教材内容是根据电视联欢节目改编的。

多学要有成效，一定得深思，因为任何人的经验中最成功的是什么，哪些我可以学着干，哪些和我做的、想的一样，为什么我和他做得一样效果却不一样。这样比较思考，虽说只学了一点两点，但很扎实，很管用。与此同时，对自己和实践也要进行分析，无论成败，都要总结其中的经验教训。1982年，我接班不到一个月，一堂“谈天说地”课上得不成功，引起许多议论。一个多月的深思，使我懂得了预设最佳教学气氛、心理换位的重要，从而促进了“语文课堂教学最优化尝试”的顺利进行。晓红，失败给人的启示常常不比成功的少。

“他山之石可以攻玉”，在他人教学研究成果的基础上，进行自己的改革试验，可以避免重复劳动。每个学期开学，我都想出几个新招：1983年搞“玩玩说说”、“读读演演”，1984年搞“异想天开”；1985年探索作业优化，1986年搞学科活动试验；1987年引入布鲁姆掌握学习的理论……晓红，你想丰富自己，就要敢试！自己定个题，大胆请领导、老师来听听课，品头论足。慢慢地，经验就会丰富起来。

经验是靠积累的。“勤写”是重要的方法。写什么呢？主要是写教案、卡片、后记。备课常常是超前的，但临上课前不还得再看看、改改吗？我备课本留出五分之一的空栏，专为调整修改用。见了好的教案介绍，听了好课，忽然有了新的设想，就在修改栏里作些补充。外出听课，查资料，在家读书都不要忘了做学习卡片，一月十张卡片，五年不就是很可观的一笔财富吗？好记性不如烂笔头。上得满意的、糟糕的、有争议的课，及时在教案后面写上一段。学生的典型作文，阅读调查记录，学习情况分析……诸如此类都靠平时手勤。到空暇时，翻翻看看，想想议议，定会使你的实际感受逐渐上升为经验理论，把散乱的“珍珠”连缀成闪光的“项链”。

好，不多写了。祝你在“多学、深思、敢试、勤写”上取得新成绩！

一位教师，一位学员，如果经常在思考自己所遇到的困惑和遗憾，这本身就是一种追求。作为老教师要实实在在地为他们的成长释疑解惑，讨论和研究前进的方向，为他们成功地跨越困惑提供扶手和拐棍。

四、有个性的学员好

‖不是木匠带徒弟

跨世纪园丁工程，是现代化的教育工程。尽管在不少老师的嘴巴里说，某某是谁的徒弟，某某带了哪几个徒弟，但是，跨世纪园丁工程可不是木匠带徒弟。

上城区第一期园丁工程的语文学科有一个导师组，有王燕骅、杨明明和我。所有的学员都接受三位导师的教育和影响。学员需要集思广益，不分门户。我们希望学员在这个导师组的影响下，在不同风格导师的指导下，获得更广泛、更丰富的营养，成长得更快。旧社会师傅带徒弟，师傅都会有一个绝招留在自己手里，不敢教给徒弟，怕教出了徒弟，饿死了师傅。我们园丁工程的导师是希望徒弟能够早日超过师傅，只要徒弟能超越师傅，就是我们园丁工程的成功。我们希望学员，都有自己的风格，都有自己的特点。

1994年园丁工程第一期到今天，整整10年。现在不少人说我的学员虞大明、曹晓红、王莺各有各的风格，各有各的特点。在虞大明老师上了《景阳冈》以后，就有老师说，现在虞大明课上得比你好了。当我听到这样的议论，真的，在内心涌起的是一种欢乐，是一份幸福。他们的教学比我成功，比我丰满，有自己的风格和特色，绝对是导师的人生幸福。导师都希望学员能青出于蓝而胜于蓝，能够超过导师。

2002年年底，浙江省教育厅人事处领导问我："黑龙江需要浙江的年轻特级教师去支教扶贫小学语文低段，你看谁去？"当时曹晓红老师正有事外出，我毫不犹豫地推荐俞国娣老师。尽管俞国娣老师不是我负责的学员，但是她是我们上城区跨世纪园丁工程语文组的学员。俞国娣老师是优秀的青年特级教师，她在中低段的语文教学方面有许多新的创造，是很有个性的教学行家。当时省厅人事处的领导问我："你的徒弟曹晓红呢？俞国娣有没有把握？""肯定行，我打保票！"导师带徒弟，不是旧社会的木匠带徒弟，语文组任何一位学员，我都有义务培养。结果俞国娣老师从黑龙江支教扶贫回来后，当地和省厅人事处的领导都觉得她做得很不错，为我们浙江教育争了光。黑龙江的教育界同行，盼望着像俞国娣老师这样的优秀青年教师能够不断地到他们那边支教。

省内外对我们上城区跨世纪园丁工程褒奖肯定不少。朱作仁先生、杨再隋先生和刘力、汪潮等等年富力强的教授们，都肯定上城区跨世纪园丁工程“注意提携后生，培育新秀”，已经“涌现出一批在全国有影响的教坛新星群体”，使上城区老一辈的“教育思想得以发扬光大，教育生命得以延续”。

★带干训班学员学滑雪
(哈尔滨)

带学员，不是为了个人，而是为了上城的教育，为了小学语文教育的改革。希望当我们这代特级教师退休后，有王崧舟、虞大明这些更出色的中青年引领浙江省的小学语文改革，让全国更多地听到浙江小学语文教育改革的声音。

‖ 相信自己，打造风格

自信是成才的脊梁，这话对谁说都对。每一个教师都是充满个性的人，不可能把他们培养成一种模式，一种风格的教师。在教师成长过程中，只有充分的自信，才会有突破。自信哪里来？从实践中，从成功中萌发、积累、丰润。

20世纪90年代，园丁工程学员锻炼机会少，或者刚开始上公开课，很紧张，比如虞大明，一开始上课心里没有底，上课的时候，老是分神，观察我的表情。我脸上笑嘻嘻，他的心里就踏实；我如果绷着个脸，他就紧张。听课后我说："你不要看我的脸，我的脸上没有答案，上课主要看你自己。在我们讨论的时候，要集思广益，多听各种各样的意见，但是上课的时候，是你一个人做主，课是你自己上的。别人的意见你要学会听。七八个人坐在一起讨论，很可能这里面有许多相互矛盾的意见，不是谁的官大听谁的。你主要看自己能不能接纳他的意见，能不能理解他的意思，能不能在教学中体现出来。课堂上你是教的主人，校长、教导主任、教研员不能帮你上。"

听意见听得越多越好，作主张、作决定是上课教师的事。可能别人的意见是正确的，但是没有理解，或现在还做不到，就不要强迫去做。路是靠每一个教师一步步自己走出来的。上课的时候要相信自己，才会成功。一堂课下来，一半的人说你这堂课上得很有启发，上得非常好，一半人对你这堂课表示怀疑，有不少批评，这就是成功，就达到了我们研究的目的。在这个成功与怀疑的讨论、展开过程中，我们的教师就会成长，就会不断地在锻炼中形成自己的风格。

杭州市崇文实验学校的虞大明上课大气、潇洒，语言风趣幽默。这是怎么来的？这是在不断的锻炼中获得的。从1994年到今天，他上过的各级各类的公开课、研究课不会少于200节。没有一定的锻炼量，人不容易长大。一开始他也是谨小慎微、唯唯诺诺的，在不断上课的过程中，特别是在上公开课的过程中，他获得了成功。当他碰到麻烦时，我们理解他，宽容他，支持他继续往前突破，才形成他今天有鲜明特点的课堂教学。

要相信自己，打造风格，我们就应当追求突破、放弃完美。完美可以存在人生的追求中，可以存在各自的梦境里，但完美不会出现在一节课这样的瞬间。40分钟的课堂教学不可能十全十美。现在不少年轻教师上公开课，关注的重点还是听课的领导和专家，颠来倒去地想，怎么体现这个精神，反映那个原则，方方面面都考虑得很多很满，就是没有考虑学生能不能学习。如果我们一心一意地希望教学十全十美，刚性的课堂教学40分钟的量就必然会安排很足。为了体现你“精巧”的设计和“先进的教育理念”，你很可能会有意无意地拒绝学生预设外的主动参与，就一定会忽略学生学习过程的充分展开，因为你没有时间；你就会远离课堂教学的生命——动态生成，因为你不想破坏完美的预设。当我们想把自己的十个手指头按住10个跳蚤时，结果有可能课堂上一个不可预料的插曲：使10个跳蚤全部逃走。

有作为的年轻人，应当放弃营造教学瞬间的完美，拒绝重复、毫无创意的平庸，力争某个方面的突破，不断打造课堂教学的精品。这样才有可能做到大雪无痕，大象无形。优秀的青年教师在追求课堂教学艺术的过程中，一定会经历一个从“无课感”到“有课感”，最终又回归到“无课感”——天然去雕饰，自然成大家。

‖ 碰撞才会有火花

一个青年教师从立志要做优秀教师到成为优秀教师不是一个必然规律。要成为一个优秀教师不仅要有自己的主观条件，还要有客观条件的保证，并使主客观条件达到最佳的组合，从而获得成功。

俗话说：“时势造英雄。”“时势”就是“机遇”，优秀教师是个体与时代互动的产物。在这个改革年代，社会赋予了个人发展自我、展现自我的充足的机会，优秀教师都会并能及时抓住时代发展的机遇，并使机遇成为自己成长的真正契机。同时，优秀教师都会为抓住机遇做好积累准备，练好内功。当机遇来临的时候能毫不犹豫，用实力一把抓住机遇，获得成功。机遇对成功很重要，但教师的成功不是靠被动地等待，而是认真踏实地工作，通过“量”的积累，在及时把握机遇中达到“质”的飞跃，获得成功。

一个青年教师锻炼机会的多寡，锻炼平台的大小，对一个教师的成长至关重要。新世纪初，我们在做《45岁以下优秀教师成长规律的实证研究报告》的课题时，对优秀教师的成长实例进行调查探索，进行经验总结。问卷共设计了35道题目，通过统计的方法归纳出优秀教师成长的共性因素，然后再作研究分析（抽样调查60名，回收有效问卷52份）。被调查的45岁以下的特级教师、中高教师、省市教坛新秀遍布全省的城镇各级各类小学、幼儿园，除四人在教研室任职外，其他都是第一线的教师；除了四个教坛新秀是小一职称外，都是小高及以上职称；除一人外，其他人学历都在大专以上。

问卷调查（每一问题设置3个及以上答项，可以选择符合实际或自己认同的1项和多项为答案）的统计显示，有92.9%的人确定自己成长的主要途径是实际工作锻炼，有64.3%的人认为是参加继续教育，包括参加教研活动，还有52.4%的人认为是靠学习其他教师的工作经验。可见向别人学习，向书本学习，努力在实际工作中锻炼，是教师提高教学能力的主要因素。这些被调查的优秀教师都认为，自己能成为优秀的青年教师、特级教师，除了主观努力以外，有83.3%认为是基层领导的重视，名师的培养；有52.4%认为是自己的机遇很好；有57.9%认为学校的严格管理促进自己的成长；也有31%的教师认为是国家对教育的重视，促使自己的成长，等等。

根据调查研究，我们觉得青年教师的成长，第一是自己的投入，对事业的执著。第二要努力为青年教师成长搭建平台。我们最近五六年来比较重视搭建异地交流的中青年教师交流展示的平台。我们觉得不同地域的教育教学改革，会有各自的特点和长处。在异地交流的过程中，相互碰撞会冒出智慧的火花。

在异地交流的过程中，因为各有特色，人们才会议论纷纷，议论纷纷才会有新的想法。最近几年，特别是随着我们脱产研修班的学习，我们和省内相关的县市建立了相互交流的平台，让中青年教师展示教学。我们先后与湖州、宁波、嘉兴桐乡、舟山沈家门、绍兴嵊州、宁波鄞州等建立了很好的互助合作关系，使中青年教师有了交流展示的互动平台，为他们的成长提供更多的机会，更大的展现才华的舞台。

‖借肩膀给学员

跨世纪园丁工程和旧社会的木匠带徒弟，最根本的区别：旧社会师傅带徒弟留一手，留绝招，不希望“带出徒弟，饿死师傅”。而跨世纪园丁工程带徒弟，是导师借肩膀给学员，最盼望的是学员青出于蓝胜于蓝。

拜师学艺的学员，一个有出息的、高质量的学员，如果他只是在导师划定的雷池边徘徊，不敢越雷池一步，没有最终超越导师的雄心，我想这样的学员也不是我们跨世纪园丁工程期望培养的对象。我们导师不是开店的武大郎，我们对学员，看重的是人品，看中的是他们待人的真诚，为人的善良，看中他们在事业上持之以恒，在改革上敢为人先。盼望他们每一个人是在琢磨事，不是琢磨人。希望他们在教学当中形成自己的风格，自己的进取精神。最盼望的是学员超过自己的师傅。

随着改革开放后教师地位的提高，我的很多学员，他们现在的待遇比我年轻时不知好多少倍。有100多平方米的房子、有私家车子。有人曾经跟我说：“你的徒弟虞大明，一个月拿的工资是你工资的一倍。”我觉得挺好。对于这些冒尖的优秀青年教师，就得给他相应的经济报酬，让他安心在自己的事业上不断探究。虞大明、曹晓红、王莺等等学员，他们现在有很多方面超越了我。至今我没有获得过基础教育成果奖，可虞大明在2003年“新班级教育”课题实验中，作为课题组的成员，获得浙江省人民政府基础教育成果一等奖。他自己的一个课题获得省人民政府基础教育成果二等奖。我从来没有承担过教育部小学语文学科的课题项目，曹晓红老师承担了，我从来没有担任过市人大代表，我的学员王莺做到了。他们这三位，在全国小语会会议上都上过课，虞大明和曹晓红还分别上了两次。这三位老师如今都已经形成自己独特的教学风格。虞大明锐意进取，大气潇洒；曹晓红感情充沛、语言柔美，和孩子交往亲切；王莺真实扎实平等民主。他们待人真诚，与人交往不计较得失，教学上注意科学研究，经得住别人的误解，听得起并不正确的公开批评。我觉得这三位学员正因为他们为了事业，有超越师傅的雄心，有为了事业不断提高自己的决心，所以他们在自己的成长过程中也进步得特别快。正像省教研室的柯孔标副主任在为虞大明老师《走过十年》专著写的序一样："虞大明老师是有很多思想的。虞大明在小学里教了十几年的语文，关于小学语文教学，他自然有很多思想……虞大明的可贵之处在于，他不仅坚定不移地信仰着，而且坚持不懈地实践着，还与时俱进地反思着。于是，在小学语文界，虞大明逐渐成了一种风格的代名词。虞大明的课，到位，有味，个性化，新招迭出，学生欢迎，屡获专家和同行的好评。"

虞大明、曹晓红、王莺他们有超越自己、超越导师的那种精神。在虞大明老师上《景阳冈》的前两个月，我正在福建上《景阳冈》，也取得了良好的教学效果。我给虞大明提供了我在福建上《景阳冈》课的教案和有关资料。结果，虞大明老师在与我讨论教学方案的时候，他完全不用我提供的方案，自己设计了一个更好的方案。当时，在一起参加讨论的王莺、曹晓红都愣住了。他们在等待我的反应。当我听到虞大明有胆量提出的，能根据建构主义理念，用任务驱动方式设计的完全创新的《景阳冈》一课时，说老实话，开始一愣，转而兴奋，为的就是他超越自己、超越师傅的大胆和勇气。尽管他当时的设计只是一个雏形，并不成熟。我当时很明确地告诉他："就按你设计的方案去研究实施，我们把这个方案打磨得更精致些，可操作些。"就因为我有这样的思想准备，因此，出现这样情况时，我表的这个态也给了虞大明极大的支持和鼓励。

虞大明老师这个课上了以后，好评如潮。特级教师杨明明老师还特意在《杭州日报》上写了一篇教育随笔《虞大明的高招》。正是导师对学员的

★和虞大明讨论《新班级教育》课题

支持、宽容和理解，也让这些学员放下包袱，大胆地接受挑战，大胆地超越自己、超越导师。虞大明老师上《庐山云雾》有三个版本。第一版当然是最普通的；第二版是在杭州市学科带头人会议上，我与他讨论设计的、采用对手教学方式上的；第三个版本是他在2000年全国的一次会议上设计的采用旅游风光片解说这样一种思路，用综合的方法把音乐、照片、文字解说融在一起，把理解、应用、创造融在一起的新上法。

原先不少人认为曹晓红只适合上中低年级识字，结果她不断丰富、超越自己，不仅创造了后置识字的新做法，还带领全校教师研究《小学品评阅读教学研究》；不仅二年级的口语交际《我爱动画片》在全国小语会观摩；四年级《地震中的父与子》声情并茂的朗读，也震撼了温州苍南会议的满礼堂听课师生；五年级的《一粒豆子》的拍摄现场，浙江省电教馆的老师，看着学生热泪盈眶也为之动容，说这样的光盘作为浙江省教育的礼品够格……

正是开拓进取的精神，使这些优秀学员们具备了教学改革的锐气，具备了不断攀登的勇气，能够不断地超越自己，超越导师，成为新世纪的新名师。

第八章

为孩子建设语文课程

一、世纪末的风雨是新课程的助产婆

‖ 山雨欲来风满楼

1997年，一场多少有些令人猝不及防的暴风骤雨席卷大陆的语文教育界。见诸报端的批评意见是建国以来少有的犀利。《语文教学忧思录》、《语文，你怎么了》、《看不懂的语文教学》，洪禹平先生甚至说道“误尽苍生是语文”。洪先生在文章中写道“案头堆满书稿、校样，本来真想两耳不闻窗外事，专心干好自己的活儿。却不料有人送来一期《北京文学》（1997年第11期），要我看看其中三篇有关小学、中学、大学的语文、文学教育的文章；不看则已，看后心情十分沉重。偏又收到我的一位已离休多年、埋头著述的堂兄的信，他也读过这三篇文章，说自己为之‘震惊’……是的，像我兄弟俩这样整整搞了半个世纪文字工作的人，是应该‘震惊’的。如果从殷商甲骨文算起，我们这有着三千三百年一脉相承的文字史、语文史、文化史的泱泱大国，竟然把语言教育搞得这么糟，我辈能熟视无睹吗？能问心无愧吗？”一个老学者目睹语文教育教学，特别是考试中的极端的“以学生为敌人”的偏题、怪题和难题、错题，的确很难夜以入眠的。相信只要是有良知的中国人，看了那样出格的考试卷和荒唐的语文教育教学事例，震惊是真诚、正常的反应，坦然处之倒是极其奇怪的事情。

极端否定的批判性字样成了报纸的“杀伤性”武器，一时间街谈巷议，中小学语文教育教学成了众矢之的，可就在这些激扬的文字中，国人对下一代教育的关心，对母语教育的重视也得到了最好的显现。

作为小学语文教育工作者，从总体上我觉得这场风暴是合理的，是必要的，它代表的是一种民声，一种潮流。

今天回头看，正是当年这一场席卷大陆教育界的风雨，正是许多像洪禹平先生那样的专家学者，决心“要向党和国家领导人呼吁，请他们在日理万机中把这件事也当作一‘机’过问一下”。凡此种种才成为而后如火如荼的课程改革的助产婆，催生出今天中国教育历史上最为重要的一场课程改革。

为什么当年一下子会迸发出这么一场风波？我们不是正在进行素质教育的改革吗？

改革开放以来，中国这个泱泱大国焕发出从未有过的勃勃生机，经济上的腾飞令世人瞩目，科技、思想、文化领域内与世界的交融以惊人的速度在进行。一夜间，原本为“奢侈品”的手机、电脑走进了寻常百姓家中，家庭轿车也不再是天方夜谭，互联网的普及，让中国人一下子缩短了与世界的距离，在中国沿海开放的城市里，不少现代优越的物质生活甚至已能与欧美等发达国家相媲美……

与其他行业的开放、进步相比，不知什么时候开始，教育相对滞后了。日本孩子与中国孩子曾经共同参加的夏令营成了“将垮的一代”的“可怕”的信号。更有一批似乎遭受了国内教育“摧残”的孩子在远涉重洋后成了“天才”的代言人。打开的国门，腾飞的经济，逐渐富裕起来的社会，东方文化对子女后代的期望，使人民群众对大众教育、优质教育的祈盼，越来越强。几乎所有的小家庭都把对独生子女的教育投资，真正当作是最重要的投资。说句实话，党和国家关于教育优先发展的战略方针，落实得最好的不是各级政府，而是中国老百姓。人们对中国教育的热情达到了解放以来的顶峰。而基础教育，特别是人文性很强的母语教育的蹒跚步伐显然辜负了人们的希望。

记得1987年儿子高中毕业，请几位要好的同学小聚，吃饭时谈到刚刚告别的中学生活，几乎异口同声地发出感慨：读了十几年的书，受了十几年的骗。孩子的话虽过于偏激，却在一定程度上反映了基础教育中落后的教育观。细细研究，孩子们口出此言还是事出有因。我们的教育实在远离了今天世界的主流、中国改革开放的主流和人民寻求优质的义务教育、大众教育的要求。几十年一贯制的教科书的确难繁偏旧，的确缺乏直面真实世界和生活的大气。我们课程的书本世界和学生的经验世界相分离的现象比比皆是，让学校和现实社会沟通的主动精神缺失。我们宣扬的始终是自以为是的：祖国地大物博、人口众多；人民安居乐业、民风淳朴；英雄形象高大，卑劣者终无好的下场……在孩子们手中所捧的教科书上，他们阅读到的是教育者想尽一切办法灌输的"纯而又纯"的东西。我们苦心经营着一个"纯洁"的世界，想像着孩子们能在学校这座"象牙塔"内无邪地、健康地成长。可惜事实证明，这样的教育价值观早已落伍，脱离实际，脱离我们的孩子。纯净的课本和真实复杂的社会生活，必定会让很多学生大睁迷茫的眼睛。

中国社会在飞速前进，中国的和平崛起需要更有力地开发我们的人力资源。教育如果不能超前，至少应当跟上整个社会改革的步伐，为国家和民族提供现代化社会所需要的一代公民，提供千千万万精英和人才。但是教育还一直在应试教育的轨道上气喘吁吁地按照惯性前进。美国中学生已经在动手做汽车、飞机，在实实在在地制造和驾驶。而我们的课程明显落伍，还是以不变应万变，学校的语文课文许多是爷爷读了，孙子读。我们的许多考试依然以学生为敌人，搞突然袭击，似乎不把学生考倒，不足以显示出题者的学识水平。特别是语文试卷，不要说学生为难，就是考老师、考教授作家，估计也会有许多人瞠目结舌。最终造成天怨人怒，暴雨倾盆。

那时我是教研员，手中也握有出题考试权。我也做过傻事。字典词典本来只是学生学习字词的参考工具，可我们却把工具书绝对化、神圣化。“上学”的意思孩子们都明白，可我却偏偏要把孩子们清楚的搞糊涂。让学生据词定义，从“上”的七八种似是而非的意思中去选择“上学”的“上”的意思。明明语文是人文学科，阅读体验是个性化的，习作表达也是无法规范的，可是我们却偏偏要搞标准化考试，搞万人一面的阅读作文的标准答案。回答问题，完全不顾孩子们活跃的个性化体验和感悟。我的标准答案是清晰的，列出答案的3个要点，每个要点2分。不管你真懂还是死记硬背，只要答到3点，给满分；不管你感悟多深入，语言表达多出色、多有个性，少2点，照样只能得2分。扼杀孩子创造性、个性的试题，十分普遍。考试是学校力度最大、最灵验的指挥棒。这样的语文教育人们不满意，不是在情理之中吗？

★和培训学员讨论新课程改革

民众对教育的期待，对教育的呼声，代表了前进的中国人需要先进教育的强烈愿望，是对国内其他改革的呼应，是和国际教育主流的接轨，也是新中国教育史上一次影响最深远，涉及面最广，力度最大的教育改革的前奏曲。

基础教育改革面临着极大的挑战，也恰逢发展的最好机遇。李岚清同志代表党中央国务院，表示要投放一亿元，研究课程规划，从而拉开了意义深远的课程改革的序幕。

‖改革永远需要辩证法

教育不是无能的，这一点毋庸置疑，同样教育绝对不是万能的。就在1997年那场风雨中，我看到了很不愿看到的一些对语文老师的不恰当的评价，尤其刺眼的是“祸国殃民”这样的字样。

当时我从事小学语文教育已经有34个年头了，亲眼看到近20年来小学教育改革中，进程最快、最活跃的正是语文教育，特别是小学语文教育。但相对于其他学科，语文教育又是人们议论最多、责怪最多的学科。这并不足为奇，首先源于人们对语文的重视和期盼；语文不只是语言文字，它还是一个民族的文化和历史，是一个民族得以凝聚和发展的道德精神基础，不管从什么角度去强调母语教育的重要性都不会过分。其次是因为语文教育是母语教育，社会上稍稍识得几个字的都能对语文说上些什么；再就是语文教育确实存在不少问题，应该引起界内外人士，特别是从事语文教育教学工作者的高度重视，包括内疚和反思。尽管如此，“祸国殃民”这样的罪名仍不是语文第一线教师那瘦弱的肩头所能承受的。

教育的问题，首先是社会的问题、政府的问题，然后才是各级教育科研、教育研究指导部门的问题，最后才是第一线教师的问题。说实话，基础教育中语文教育的不少“妖怪”，不正是我们这些科研所、教研室里所谓的专家学者们放出去的吗？我们许多基层的教师常常会痛苦地说：“你们上次介绍说的理论经验，我们还刚刚消化，现在你们又在批判那些东西。我们真的不知道该怎么办。”假如不从源头上解决教育的根本问题，而是一味地指责教师个人的教育教学行为，显然是过于偏颇的。

我想新中国的课程改革立脚点是改革，是完善，是要走出有中国特色的基础教育发展的道路，而绝不应该是对中国共产党领导下过去教育事业的全盘否定。对解放以来的工作全盘否定有过一回，那就是“十年浩劫”，就是打倒一切，就是要否定“17年资反路线”。历史是无情的。历史证明了否定一切的愚蠢和可笑。我们今天的课程改革，不是天上掉下来的外星球的什么宝贝。课程改革要成功，它就必定是从中国这块土壤长出的绿草和鲜花，必定是中国基础教育几代人研究和实践的心血和智慧提炼的结晶。鲁迅先生的拿来主义和全盘西化不是一回事。不顾中国国情完全照搬国外是被中国历史无数次证明必然失败的东西。

课程改革开始的时候，我曾经很惊讶地听到过某位专家这样的意思，似乎特级教师们的经验是传统的，他们年岁偏大固守传统经验；各地的重点中学、实验学校和教研室热衷于应试教育，抓学科教育行，不能成为这次课程改革的主力军；课程改革不要依靠教研室……这真是天下奇谈！

特级教师什么时候变成了课程改革的障碍？特级教师是邓小平倡议的，是由下而上，经过反复筛选考核和各级教育行政和专家委员会论文答辩考评，最后由各地省人民政府授予的基础教育系统教师的最高荣誉之一。特级教师是师德的楷模，教育教学的专家，教育科研的行家里手，什么时候成了这位专家眼中，课程改革的绊脚石？当然可以举出几个不争气的特级教师，说不准还会有触犯法律的。但是这就是将特级教师——中国教育的精华排除在课程改革之外的理由吗？国家花了大量的人力、财力、精力建设的，在“十年浩劫”结束后一直起着基础教育排头兵作用的重点中学、实验学校，怎么又要和本次课程改革绝缘了呢？实验学校的职责就是搞实验，不搞课程改革实验，还要实验学校做什么？一直强有力指导第一线教育教学的各级教研室，为什么又要生生地把这一支队伍从第一线撤下来，和课程改革隔离开来？如果不是立脚点发生偏差，那么也是一个不了解前线战场状况的蹩脚主意。在研究推进课程改革的今天，分析教育教学改革的历史和现状，同样要讲究辩证法。

‖语文不只是语言文字

20世纪90年代，“加强语言文字训练”的讨论和实践，总体是有成效的。个别人话说过了头，“要把语文课上成语言文字训练课”的口号叫得震天响。那段时间语文知识和能力的训练大大加强了。几乎每一堂课都能寻找出显而易见的“语言训练点”，语文的工具性被老师们认同了。课堂教学会围绕语言的“训练点”展开，为了达成“训练目标”，老师们不惜一切手段。有时在也许并不十分适合“训练”的地方也开始出现煞费苦心的“训练”操作。

记得一位年轻教师上《我的战友邱少云》一课，所有的孩子以及听课老师都还沉浸在邱少云壮烈牺牲的事迹中久久不能回神，课堂上凝重的气氛足可见教师教学目标逐渐接近“达成”的效果。就在此时，教师为了“抓”文中“为了整个潜伏部队，为了整个班……邱少云趴在火堆中，一动也不动”中的排比句式训练，中断了对文本的感悟理解，让孩子们拓展“语言句式”的训练。两三分钟后，语言训练结果浮出水面，当耳边响着“为了我爸爸，为了我妈妈，为了我的家，我要好好读书”。这类课堂横炮式的句子时，我对语文被割裂零卖的“悲伤”也悄然出现。

这种不顾内容，忽略学生情感体验的训练，最终导致的结果只能是销蚀学生学习语文的兴趣，而不能用语言文字表达自己真实的情感，也很难谈上对母语的热爱，对民族历史文化的热爱。这与加强语言文字训练，提高学生语文能力的本意相去实在太远了。很早我们就说过不能把语文课上成思想品德课、故事课，但把它上成纯粹强调“工具性”的“训练课”也决非我们的初衷。

没有语言文字训练自然不能叫语文课。但语言文字训练只是语文教育的一部分，决非全部。语文是生活，是文化，是师生的一种生存方式。没有一门学科像语文这样彻头彻尾地贯穿生活的始终，只要是发声系统正常的人，他就无时无刻地不与“语文”打着交道，即便是发声有困难的人，他的手势的表意功能“哑语”也是语文的一种。语文的存在是鲜活、诗意、富有生命色彩的。一个四岁的孩子形容刚刚打破的蛋时惊讶地说道：“妈妈，鸡蛋里流出了一个太阳!”多么让人震撼的表述。然而上了学之后，老师在“灰溜溜”的“溜”字上加点要求解释，在“打酒”的“打”字，让学生在十几种义项中选择判断……几年的感染熏陶，孩子们那鸡蛋里还能流得出太阳吗？

此外，语文考试标准化的实行，增加了试题的客观性，这种做法无疑是客观的，是正确的。但真理向前跨出半步就变成了谬误。事情一过了头，往往就会变成灾难。大量选择打勾的题目，批改是方便了，但学生的个性、创造性就会受到扼杀，学生学习语言文字的灵气就会丧失。因此，语文考试改革还得坚持，并且要坚定改革的信念，要多一些孩子自主表达的内容，让孩子不再对语文考试“望而生畏”。

改革要把握好度。到什么山唱什么歌，看菜吃饭，还是实事求是的做法。在课程改革健康向前的主流面前，的确存在着让人看不懂，让人忧虑的小支流、小插曲。有的老师把《语文课程标准》提倡的“自主合作探究”的学习方式，当作是小学生惟一的学习方式，极端到连研究课安排老师范读都怕别人批评。有的认为要“正面引导，对孩子人文关怀”，似乎教育就不能批评，课堂上教师就只能不分青红皂白，统统都是“你真棒！”“你真聪明！”“你真了不起！”至少老师们认为在观摩课、研究课上不宜对孩子们批评。没有批评，教育还叫教育吗？有的以为要让孩子们的个性充分发展，就可以不要集体，不要纪律，不要约束。每一个人的个性发展，都必须以不损害他人个性的健康张扬为前提，只注意满足性格外向、自我膨胀的孩子的个性需求，忽略了其他孩子的个性健康发展的需要，这一定不是教育公平，这一定不能培养孩子健康的个性。过去我们曾经为了虚幻的整体利益，完全漠视每一个生命个体的存在和权利；今天当我们关注人的发展的时候，在满足每一个个体的权利的时候，应当同时让他们明白为了伙伴、为了集体、为了更大的“我”，需要承担义务和责任。

改革要发展，也得讲继承；要敢于批判创新，又得善于批判创新。学术批评可以尖锐，但应当是善意的。一说要放胆作文，“模仿不是好办法”，就好像丁有宽的读写结合成了问题；一说作文要写学生真实生活，贾志敏老师在课堂创设情景让学生学习写作的成功经验又成了某些人的批评话题；一说大胆想像，学生胡编的“救火”、“还巨款”、“捉贼”变成了“优秀作文”。其实，模仿、记实、想像创作都是小学作文教学的有机组成部分。它们各有各的适用范围，各有各的训练要求。它们不是相互对立的，而是相辅相成、相得益彰的。人为地将它们割裂、串位和内耗，以这样的心态对待改革，行吗？

人是会长大的，不能要小孩子穿明天长大后才能穿的西装。同样，我们不能因为长大了，就嘲笑和苛求儿时的幼稚。

‖课程改革托载着教育理想

原有的语文教材，曾经影响了一代又一代的国人，名家们富含哲理的精彩篇章也为孩子们心灵的成长添注了浓墨重彩，然而原有语文教材繁旧偏难的痼疾也是世人皆知的事实。与时代的脱节更使有些文本在21世纪的今天看来有些过时与落伍。科普文章都已经落后于科技的发展，更不用说有些百十年前外国名家所写的作品，更远离今天国外的现实世界。

几十年实践感悟的积淀，使我对语文教育有了些认识，在平时积累成若干文字材料，借自己身在教师进修学校的有利条件，为本区、杭州市以及周边几个地区的某些学校进行过多次讲座，希望通过讲座这种形式，摈除教材中落后于时代、偏繁偏难的内容，提升教学理念，增加课堂教学的开放度，彰显语文学科的生动、活泼和灵性，为培养和带动一大批青年教师尽上自己的一点绵薄之力。然而实际上的效果与预设目标之间却存在着较大的差距，并没有出现“预想之外的精彩”，反而在私下的场合中听到了不少发自内心的感慨，曾经就有青年教师在讲座后真诚地道出了他们心中的无奈与挣扎——“听完讲座，想想激动，回去以后面对现状，做做却是不动”。

没有真正的课程改革，不从改变教材入手，是很难从根本上扭转教师们形成已久的定向思维的。于是我“蠢蠢欲动”想编写一套能实现我们教育理想的，适合当前孩子实际情况的教材，想在有生之年为语文教育事业留下点什么。与特级教师王燕骅、杨明明一谈，居然所见略同，于是《现代小学语文》这一新语文教材在前辈霍懋征、邵宗杰的指导下，于2000年应运而生。

《现代小学语文》一定要贴近儿童，增加现代意识，追赶时代精神，增加教材各方面、各层级的开放度，关注世界多元文化的碰撞，同时决不摈弃中华传统文化，要实现中华文化的传承与接受，努力发挥学生主体的参与作用，促进学生语文素养的整体发展。“遵循儿童的认知规律，以儿童语文素养的全面发展为本，让儿童喜欢，夯实基础，贴近时代，鼓励参与，促进综合应用”，这正是我们反复琢磨确定的教材编写的指导思想。这短短不足50个字的指导思想，读起来并不困难，然而真要达到它的要求，其中的艰辛很难用文字来形容。

小学生是教材的真正读者，教材建设就是为他们服务的。儿童不需要不喜欢的东西，偏要他们学，效果当然要打折扣。我们把儿童是否喜欢作为选编教材的第一出发点。在选文上煞费苦心，简直到了“处心积虑”的地步。既要重视选文的情趣性、生活性、新颖性和广泛性，又要重视它的科学性和文学性，努力做到文质兼美，其难度可想而知。在全体教材编写成员的共同努力下，数百篇反映儿童生活，充满天真和童趣的美文呈现在我们的面前。然后以儿童的生活与语文学习经验、学习兴趣发展为主线，从不同年龄特征，不同年龄段儿童的心智发展水平出发，整合语文学科的逻辑顺序进行科学合理的编排，才成为孩子们如今已使用到四年级的课本。与传统的教材相比，我们的教材更关注儿童的未来，更关注学生的主体地位、尊重学生个性，更关注学科的开放，更关注学生能力的培养。几年时间试用下来，无论是家长问卷还是学生数据统计，都表明它正被快速地接纳。孩子们则惊喜地发现，语文课本上那么多有趣的故事使他们更热爱新的学校，新的学习生活。

回首与新课程语文实验相伴的四年，感慨良多。但一切辛酸苦辣、困苦艰难，都会随那校园中的琅琅书声一道轻飏而去。有生之年能给小学语文教育留下些许有价值的思考，正是我们内心深处的企盼。

二、扎根中华，尊重多元文化

‖站在五千年的基点上设计教材

世界天天在变。信息技术的高速发展，城市和家庭的文化背景和过去相比发生了显著的变化。学生接触信息的渠道多种多样，随着电视、多媒体和网络的普及，学生思维进程明显加快，学生语言能力与思维能力的发展早已经超越了过去工业时代对学生心理研究的成果。因此，我们在想，在构建这套教材时，一定要根据现代学生思维发展的新特点，努力贴近学生的现实生活，实现语文教学生活化。惟有这样，才能使构建的课程及教材富有时代精神。

传承与创新是时代精神的主旋律。语文教材是文化的传承，是文化创新的重要基础。在关注世界的时候，必须扎根中华。假如看不到飞速发展的世界，不关注外面的世界，只有超稳定的传统文化，这不是我们设计语文教材的理想，也不是今天现代教育的需求。但课本大量采用的是外国文学作品，读了后孩子们热衷的是圣诞节、平安夜、情人节，喜欢的只是比萨饼、麦当劳、肯德基，这绝不是已经崛起的中国这样的大国的母语教育的教材。我们不能让洋节日、洋风俗充斥儿童的大脑，传承民间风情，阅读古诗文、对联韵语等等是我们的重要考虑，这是在传递中华文化。我们在编写教材时，非常重视给学生打下中华文化的基础。哪怕再过 50 年、100 年，只要想被世界认同，只要想编写中国的语文教材，就必须站在五千年中华文化的基石上进行建设，只有有鲜明的民族性，才可能有世界性。

我们这套教材的一个鲜明的特点，迥然异于其他各类教材的一个亮点，就是对传统中华文化充分的关注。在第一学段根据学生年龄特点安排大量的儿歌韵语共有 95 篇，其中古诗文 26 篇，从第一册开始就编排对对子、读对联、古代寓言故事等等。每册均有古诗文主题单元，全套教材古诗文共有 58 篇，占总数的 12%左右。

当孩子摇头晃脑地对着“晚霞红，秋月白，水绕对云横”，对着“柳塘风淡淡，花圃月浓浓”，背着“君自故乡来，应知故乡事。来日绮窗前，寒梅著花未”时，那种只有古诗韵文才能表达出的意境，让孩子深深感受到了中华五千年文化的浩大与博深。

是啊，要让学生身在高速发展的现代社会，植根深厚的中华文化，让学生站在五千年的文化基石上面向未来，这是我们想做的。因此，我们又编选了大量的反映多元文化的文质兼美的文章，让孩子们多渠道地阅读积累，培养初步的信息能力。

‖变“举一反三”为“融十为一”

这套教材非常重视积累。过去我们很想“举一而反三”，每个单元第一篇课文是打头课文、精讲课文，希望这一篇讲好了，孩子们就能“反三”。我和许多老师的教育教学实践证明，这个想法太理想化了。文章是一个个活生生的语言现象，不是一条条数学、物理定律和公式。语言学习需要大量的积累，而不能靠语言知识的讲授。很多地方数学、外语的家教市场十分红火，惟独初高中的语文家教很少有人问津。为什么？自然学科知识体系清晰，公式概念清楚，有经验的讲解和练习，基本上可以保证学生学业成绩的提升。但是，语文并非如此，它要模糊得多，难办得多。很可能几个月家教后，考试成绩没有变化。语文可能需要“融十为一”，在很多语文材料的阅读感悟体验中真正学会，掌握一点语文能力。“多多益善，不求甚解”可能是语文学习的正确方针。基于此，我们6年课本总量约为160万字，选学读本为200万字。6年课外自由阅读总量将不低于300万字。每册课文不少于40篇，其中必学课文为32篇，第一学段每册安排补充课文约15篇；每学期要求学生背诵15篇（段）以上的古诗文、韵文。

书是靠学生读的。我们注重让学生多渠道、多方法阅读，培养他们初步的信息能力。不仅让学生学会精读，还要学会浏览、略读。高年级将引导有条件的孩子将课内外的文本阅读和网上阅读结合。重视发挥现代教育技术在教育教学中的作用，鼓励学校、教师和学生运用电子课本，计算机辅助教学和在网上阅读、探究学习。

语文学习更需要开发生活中的资源，教育教学实现生活化。我们的教材在内容和练习形式设计上，都凸显了这样的特点：课内外结合，学科间融通，和社会生活相联系。1~3年级在课本的封三推荐学生适宜的课外阅读报刊、电视频道栏目，4~6年级将在课本封三推荐学生适宜的课外阅读书目、报刊与媒体栏目和网站。由此，实现了多渠道的大量阅读，在大量阅读感悟体验的实践活动中，增加学生积累，培养初步的信息能力，提高语文素养。

“语文学习的外延和生活的外延一致”。在编写教材时，我们就竭力想体现教材所反映的生活，应当是从学生的眼睛观察和认识的世界和社会生活，应当是符合学生心智发展水平和不同年龄段特点的生活，是当代孩子的生活，是符合这个时代精神的生活。

让《现代小学语文》成为儿童的精神家园和生命乐园，充满儿童生命的活力和朝气，这不正是我们所追求的时代精神吗？

‖学生喜欢是我们第一追求

正确的教育理论常常是滞后的。正确的中国教育课程理论不是产生于书斋，而应当是扎根在中国基础教育的广袤的实践大地，一定是教育教学的实践在前，理论是从这些开拓者、弄潮儿身上得到启发而提炼的。同时，正确的中国课程理论又必定是超前的，因为课程理论必定在总体上走在第一线实践者的前面，亲密地引导着我们进行教育教学的改革。

2000年的9月，《现代小学语文》实验教材终于诞生了！终于到了孩子们的手中！更让我们感到安慰的是，一时间《现代小学语文》活泼优美的儿歌、韵文在杭城的许多小孩中口口相传。甚至出现了这样的镜头——刚上学的小孩坐在爸爸的自行车后座上，稚声稚气地和家长《对对子》：

“日对月，山对水，前后对左右，南北对东西，大小对多少，春夏对秋冬。”有的则朗声背诵着《你早》给牵着自己手的爷爷奶奶听：

天亮了，石头对蚂蚁说：“你早。”

小草对露珠说：“你早。”

树叶对毛毛虫说：“你早。”

大地对太阳说：“你早。”

天亮了，星星说：“我要睡觉了。”

大家都在传，用《现代小学语文》的学生先不学拼音，先学好听的儿歌，先听老师讲故事。有些家长说，从来没看到过 18 开大小的教材，很大气；从来没看到过这么新颖的插图，很活泼。

浙江省台州市路桥实验小学一位家长张女士在该校《学吾报》上撰文说："她（指《现代小学语文》）突破了普通教材惯用的传统布局方式，在开头部分安排了口语交际内容，教材提供给孩子们日常生活中常见的一些画面，采用层层诱导的方式，启发孩子思考、想像，引导他们学会如何有条理、有层次地叙述一件完整的事情。由于内容熟悉，每个孩子都有自己的想像和言论空间，这样既提高了说话能力，在叙说过程当中又使得他们不知不觉地接受了正确的日常行为规范的教育。教材这样编排，在家长看来，很重要的一点是体现了语文教育本来所应具有的功用：语言能力的培养。其次，她也顾及了孩子们的心理，架起了幼儿园和小学衔接的桥梁。传统教材开学第一节课就要学生全神贯注地读呀、背呀、写呀，假期的轻松愉悦与正襟危坐的读背写所形成的反差太大了，孩子们难以尝到读书的快乐。这套教材的编排，从相对轻松的'动口不动手'的口语会话训练到以后的准学习状态，这种阶梯式过渡比较符合孩子们的心理、生理特点，毕竟他们还是一年级学生，喜欢玩，自我调控能力弱……"

作为教材的编写参与者，听到这样的话，看到孩子们高高兴兴的神情，我感到由衷地兴奋。这主要不是为了我，而是为掏出心在编写的师姐杨明明、王燕骅高兴。

一开始，我们就把"学生喜欢"确定为我们的第一追求。我曾是浙江省小学语文六年级课本的主要编写者。当年编写教材，考虑孩子们还是不够。如何才能把《现代小学语文》编写成孩子们爱读的课本呢？编委们确定了教材"兴趣先导"的指导思想，加强教材与学生生活的联系，把学生喜欢作为选编教材的逻辑起点。依据学生真实生活和身心发展水平，遵照学生的认知规律，确定教材的序列、结构和编写方式。重视选文的情趣性、生活性、新颖性、广泛性、科学性和人文性，努力做到文质兼美。

在呈现体裁上，选择学生喜爱的故事、图片、卡通画、童谣、古诗等多元性体裁作为载体，适应这一阶段学生从游戏生活向学习生活过渡的特点；避免使用成人化的语言；在呈现过程中以充满童趣的小标题取代传统教材对教育目标的直露表白。如《开心一刻》、《幽默哈哈镜》。整套教材采用彩页设计，淡化教材的教育痕迹，使教材形态活泼、亲切，真正成为学生自己的书。

‖口语领先与拼音滞后

语文是人们最重要的交际工具。为了凸现这一点，我们高度重视“口语交际”教学，打破了以往短暂的入学教育后就进入困难的拼音学习的安排。

我们率先提出了第一册“口语领先，拼音挪后”的观点，并把它付诸实践。第一册满足儿童情感，强调幼小顺利衔接，重视减轻儿童过重的心理和学习负担。以口语交际为第一周的学习内容，让新生在熟悉校园、同学，学习礼貌用语，听说童话故事中，慢慢走进小学语文。

口语交际的内容选择突出交际性、实用性、童话性，创设了生活、学习中的真实情境，让学生在交际、交流中促进和发展。第一学段口语交际每册 12 组，其中第一册第一板块就是口语交际。先集中教学一周，然后可继续集中教学，也可穿插阅读和儿歌教学，给教师教学提供一定的自主选择空间。口语交际创设了《打电话》、《问路》、《给妈妈一个惊喜》等等儿童生活、学习的真实情境，让学生在交际活动中得到发展。这样的安排，打破了传统教材“学生接受短暂的入学教育后，立即进入困难的拼音学习”的安排；注意和学生幼儿园的学习生活相衔接，让学生在津津有味地听故事、童话，高高兴兴地进行口语交际的活动中，逐渐适应小学语文的学习生活。

接着安排一个月的儿歌、韵文学习。背背儿歌，积累语汇，练练写字姿势，认认笔画，在轻松愉悦的衔接氛围中开始一年级的语文学习。

我们的拼音教学教材安排在愉快的“口语交际”和“儿歌韵文”两个教学板块后学习。不要求掌握和熟记拼音的规律，而把重点放在提高拼读的实际水平上。在整个拼音教学中，只认读,不直呼,不听写字母音节。强调在具体形象的语境中学习拼音，变换原有的从声母、韵母教学开始的结构顺序。尝试按先教整体认读音节，再教声母、韵母。寓抽象的字母学习于有意义的语言文字之中，用学生熟识的汉字带拼音，用儿歌辅音节。

这在2000年来说，是一个非常大胆的举措。而正因为本着“学生喜欢”的宗旨，编写出的第一册现代语文教材赢得了家长、教师的好评，赢得了学生的喜爱。小朋友对《现代小学语文》教材中的“口语交际”更是爱不释手。《动物运动会》是一年级“口语交际”的一个设计。杭州市教坛新秀黄燕老师曾经执教过该课。一年级的小朋友对此表现出极大的兴趣。

下面是《动物运动会》这节课的部分课堂实录，孩子们在其中表现出的参与的愿望及对语文强烈的兴趣都是对教材编写者极大的鼓舞。

师：你们说得真不错。请看，有一些小动物和你们一样也来参加这些比赛了。它们是谁。你认识吗？

(生看大屏幕，认识各种小动物。“土拨鼠、蜗牛、蚱蜢、蜈蚣……”)

师：这些小动物可能会参加哪一种比赛呢？

生：青蛙可能会参加跳远比赛的。

生：土拨鼠参加打洞比赛。

生：河马参加摔跤比赛。

生：蜗牛可能会参加跑步比赛。

生：蜈蚣参加穿鞋子比赛。

师：光一个小动物参加比赛不行呀，他还要有一个竞争对手。

(大屏幕出示另外一批小动物)

师：还有一些小动物也来参加了，你能不能选择两种小动物，让他们参加同一个比赛。

生：黑熊与河马参加摔跤比赛，比比谁的力气大。

生：青蛙和兔子参加跑步比赛。

生：兔子参加跳远比赛，它会遇到青蛙这个对手。

生：跳蚤与蚱蜢参加跳高比赛。

师：播音员阿姨开始播报比赛的名单了。如果你猜对了，可以点点头。

——“蚯蚓和土拨鼠比打洞，比谁打得深。河马和大灰熊比摔跤，比谁力气大。

兔子和青蛙比跳远，比谁跳得远。蜗牛和乌龟比赛跑步，比谁跑得快。跳蚤和蚱蜢比跳高，比谁跳得高。1 号蜈蚣和 2 号蜈蚣参加穿鞋子比赛，比谁穿得快。”

师：你听清楚了吗？能自己说吗？

（学生自由练习）

师：其实动物运动会还不止这些比赛项目呢，你能猜猜看，谁和谁还会比什么？

生：蜗牛和乌龟参加跑步比赛。

生：河马与大象参加吹喇叭比赛。

生：小鱼和鲨鱼参加游泳比赛。

生：不可能的。因为鲨鱼要吃小鱼的。

师：友谊第一，比赛第二嘛。

生：松鼠和小猴子参加爬树比赛。

生：兔子和小狗参加跑步比赛。

生：蝴蝶和飞蛾参加飞行比赛。

生：蜜蜂和蝴蝶参加采蜜比赛。

生：蜈蚣和蝎子比谁的毒汁厉害？

师：这是什么意思？

生：我知道他的意思。哪一个小动物中毒了，蜈蚣和蝎子就帮它解毒，比谁的解毒本领强。

……

从课堂实录中可以看出，学生的参与面非常广，这说明学生对此非常感兴趣；且学生说话的欲望也非常强烈。而教师根据学生之间存在的差异，设计了不同层次的说话要求，并且尊重学生的喜好，联系其已有的生活经验，请他们进行猜测，在猜测时鼓励学生用规范的句式进行说话练习，在反馈中规范他们的语言。“你能猜猜看，还有谁和谁会比什么？”猜测拓展学生的思维，训练学生表达的条理性。猜测也给学生足够的自主学习的空间，使他们在猜测的过程中获得积极的、深层次的体验，并将这种体验与每一位小朋友分享。

“学生喜欢是我们的第一追求。”课本是学生读的。学生又是语文学习的主人，咱们编教材怎么可以不认认真真从孩子们的利益出发呢？只有我们编写者心里有中国的孩子，而不仅仅有外国的斯基和诺夫，一切为中国孩子的母语学习着想，为他们今天和明天的幸福考虑，真正让孩子们爱读，课本才有可能发挥教育教学的功能。

三、落实综合实践是核心创造

语文是人类最重要的交际工具。是工具，就主要不是靠别人讲授掌握，而是要靠工具的主人多次的使用才能掌握。要让学生打好语文基础，提高基础学力和发展性学力，形成语文素养，都需要千方百计开拓学生语文实践应用的渠道。现代小学语文这套教材淡化单项训练，加强综合练习，注重练习的整体性、语言的交际性、表达的创造性。努力设计综合性学习和主题实践活动。

‖语文教材要多层面整体综合

现代小学语文力求体现“多层面整体综合，强化语言实际应用”。

教材实施多层面的整合，首先，是突破学科本位，加强科学精神和人文精神的整合。特级教师王燕骅编写的第五册“综合学习”的“亲身体验”中，“蚱蜢的鼻子在哪里”的小实验安排，既有科学学科的学习内容，又有语言表达的学习要求，同时还渗透了科学思维方式和探究方法的学习，比较好地体现了综合课程的理念。

第二，课文主题的整合，每册每单元有自己的主题，且有部分主题在各册中重复出现，但要求不同，体现螺旋上升的主题升华。

第三，表现为口语交际、阅读、写话与习作等语文能力培养和三维教学目标的整合。特别是课后习题设计和安排，充分地体现了这一点。如第五册第1课《时间像什么》课后第3题的设计：你还能说说时间像什么吗？评一评谁的说法对你最有启发或你最有体会。能不能用上“人们常说，时间像……，但……”编几句小诗。这比较好地整合了知识和能力、过程和方法、情感态度价值观三方面的要求，体现了对学生听、说、读、写能力整体发展的要求。

第四，体现为第二学段开始的“综合学习”和第三学段的“主题实践活动”所呈现的板块整合设计。这是迥异于其他教材的整合建构。“综合学习”不仅仅是从形式上将“口语交际”、“习作园地”和“亲身体验”糅合在一块儿，更主要的是，它从内容上沟通了三者的内在联系，并与该组课文的主题融为一体，形成螺旋式上升的学习循环，它完全不同于传统意义上的单元练习。它的主要功能不是复习、梳理，而是拓展与提升。如第五册《大手牵小手》的“综合学习7”安排的“口语交际”是看望长辈；“习作与运用”安排的是写《——的手真温暖》；“亲身体验”的是给爸爸妈妈（或老师）提建议，努力沟通“大手”和“小手”之间的内在联系。这些设计无论从明线，还是从暗线看，均与单元主题紧密配合，与课文构成有机整体，成为提高学生语文素养的重要组成部分。

第三学段新增的两个“主题实践活动”在学科的整合上、课内外的结合上更有新的设计。

“主题实践活动”由综合实践活动的主题任务、参考资料（三四篇相关文章；网站和索引）、探究实践活动过程和成果展示与评价组成。

主题实践活动是在第二学段《综合学习》“亲身体验”基础上的发展。更强调活动的自主性、探究性、社会性和语言实践的真实性、整体性。希望在主题实践的过程中发展思维，掌握语言工具，学习生活和认识生活，提高学生的语文素养。

它的主题实践的活动任务是个性化的，尽管围绕一个主题，但是具体的实施是弹性有差异的，留给学生的是创造的广阔天空。例如参考资料是自主的，只是学生完成探究实践任务的自学参考资料，是拐杖和依托，参考资料选用几篇、怎么使用，均由学生自主决定。这些内容不列入考试范围。

它的组织实施是灵活的，可以独立完成，也可以和伙伴、亲友、老师一起完成。可以按照单元顺序进行，也可以提前组织准备或延迟。实施时间不局限于课堂，一般也不局限于一周内完成。根据主题实践活动的难易，提供一个参考完成的时间表。时间是各自或各小组在课堂和利用双休日等课余时间完成的。它的评价和成果感悟的写作交流是在课内外一起综合使用的。教师是探究性主题实践活动的组织者、引导者、协助者和欣赏者。

它的活动评价是综合的，实践任务的准备过程、实践过程的评价靠的是自我评价和伙伴之间的互相评价；活动结果则主要依靠展示或运用反馈后的伙伴的、老师的、家长的、社会的评价，获得成功的满足，激励语文学习实践探究的热情。

‖努力开拓实践运用的渠道

就好像自行车是交通工具，手机是通讯工具，语文是人类交际的工具。从来没有人骑自行车是靠听别人介绍学会的。语言这东西，更要靠学生自主地、积极地去实践使用，才有可能真正掌握。正是出于这样的考虑，所以，为了强化语言的实践运用，在教材设计上特别注意语文教材的开放性，和儿童生活、校园生活、家庭生活、社区生活的联系，创设学生四条语文运用的渠道。

第一，注重拓宽自我运用的渠道。如第一册“生字学习”鼓励学生从课外生活中和在其他学科课外运用生字，运用语文。学会留言、问路和指路；第五册“综合学习 1”《遇到失火怎么办》，“综合学习 4”习作练习《为动物设计名片》；“综合学习 6”“亲身体验”安排的对吃水果和使用文具的调查实践；第七册“综合学习 1”的“亲身体验”玩一玩“打陀螺”等传统游戏，调查爷爷奶奶（或爸爸妈妈）小时候玩过的游戏，玩玩“打陀螺”“滚铁环”“过家家”等传统游戏，写写《童年趣事》；高年级让学生“为 2020 年的你设计一张让学校以你为荣的名片。你可以在电脑上制作，然后贴在下面的方框内，也可以直接绘制”等等都注意自我运用渠道的拓宽。

第二，注重拓宽家庭运用的渠道。如第一册的打电话、第三册的帮助家人记账、写留言条，第四册的《大人不在家的时候》学习对各种电话和来人进行应对。第五册“综合学习 7”的《看望长辈》；第十二册制作家谱的练习设计，等等。

第三，注重拓宽学校运用的渠道。如第五册“综合学习 2”的《我该怎么办》，第六册“综合学习 2”“亲身体验”的“好人好事”专栏。第九册“综合学习 6”，让学生和伙伴一起寻访学校的校长、老师，去图书馆或学校校史展览室，收集学校的资料，设计填写学校的简史记录表；或以小队为单位给学校或中队设计一份新星榜（至少 4 人），介绍为学校或中队争得荣誉的“新星”，让别人一看就为你们骄傲；或以小队为单位写一首献给学校或班级的诗、一副对联或一张画。

第四，注重拓宽社区运用的渠道。如第五册“综合学习 8”的习作练习“1. 收集公园里或其他公共场所的环保标语，编一份‘环保宣传语’集锦。2. 写一写：我设计的环保标语（可为学校或社区的草坪、水龙头等设计几条标语）。”“亲身体验”“我的调研报告——用纸巾好还是用手帕好”“试一试。请你也设计一个与环保有关的专题调查方案，例如：对使用一次性筷子的拥护率，对处理废电池的建议，并进行一次实际调查和统计”。第三学段设计的为纯洁家乡的语言文字查找错别字的综合活动等等。

‖ 综合实践活动是核心创造

小学生学语文，重在学习语言、运用语言，而不是研究语言。在真实的生活环境中运用语言，不论是对语言的理解，还是对生活的认识，都是单纯课堂教学和只在作业本上练习所无法达成的。四年级七册“综合学习4”中有一个关于穿街走巷的综合实践活动。要上好综合实践活动，核心是创造。教师既可以组织学生进行“说说老街旧巷”的口语交际活动，也可以让学生写写老街旧巷的故事，还可以进行关于老街旧巷的调查活动。

是呀，数不尽的老街，走不完的小巷，那百年的风雨，尽刻在街头巷尾；那百年的沧桑，尽嵌在坑坑洼洼的青砖里。那是抹不去的岁月痕迹，那是道不尽的人生长短，那是一种文化，是一个城市的象征。我们的学员，杭州市饮马井巷小学的青年教师陈韵就以《走进清河坊》为主题，开展综合学习。清河坊积聚的人文遗产丰富，名店掌故、里巷传闻颇多，古色古香的商铺林立，风土人情保留了杭城悠久的历史文脉，再现了传统的商业街区风貌。

面对着这样丰富多彩、纷繁复杂的历史街区，怎样让学生去选择喜欢的专题去开展创造性地学习呢？

1. 充分保证学生实地考察的时间，激发他们的兴趣，自由选题

学生在脱离了枯燥乏味的机械作业，拿到这样的作业后，感到很新奇。为了保证学生学习及作业的质量，答应他们后半周不布置其他作业，让他们把时间和精力全部投入到实地考察之中去。并允许学生按自己喜欢的方式进行学习。

2. 支持学生各自选择自己喜欢的方式开展合作学习

所有的分组学习都是孩子自己的决定，他们可以五人一个小组，可以两两合作，也可一人单独进行。有一个小组，大部分成员都喜欢采访王星记扇子店，而一个女生却对蓝印花布店很有兴趣。她饶有兴趣地去了，并用录音笔录下了她对店主的采访。这种实践和运用语言的主动，采用录音笔采访的技术，只有开拓语文实践的渠道，才可能使孩子们的个性和综合素质得以提高。

3. 鼓励个性创意，让孩子充分展示才华

有两个活泼的小女孩，伶牙俐齿，老师启发她们：能说会道，可以做小导游呀，至于怎么做，那就是你们自己发挥才干了。几天后一张详尽的色彩丰富的线路图新鲜出炉。在课上，她们娓娓道来，还复印了许多方便旅游的公交线路图，分发给同学们，希望大家利用假日小队的形式，分发宣传资料，让外地的游客能够了解清河坊，走进清河坊。

4. 鼓励学生在实践中创造性地解决问题

三位同学在采访吴越人家时受到了阻碍，店家不愿意接受他们的采访，认为生意繁忙，没有空应付小孩子。孩子们决定再试一次，他们充满创意地用购买店中商品作条件，让店家回答他们提出的问题……当他们采访结束，满载而归时，那份成功感深深地感染了每一个同学。

这样主题鲜明的综合实践活动开展之后，至少培养了学生以下几方面的能力：

1. 培养学生组织、策划、协调能力

整个活动过程，老师仅仅是提出学习任务，只做了适当的点拨和引导，其余都留给了学生合作学习完成，广阔的空间利于学生自己的思考和创造。小组成员之间的研究探讨磋商，又一次使学习不再是沉重的负担，而是孩子需要的、快乐的学习过程。

2. 沟通学生与社会生活的联系

学生纷纷从课堂走出，多渠道、多角度地接触社会、接触人群，从中了解社会、了解河坊街。教学向生活开放的举措沟通了课堂内外、学校内外的联系，密切了同学之间的关系，培养了学生的实践能力。学生从感悟生活、体验生活入手，努力地拓展了视野，广泛地接触了社会，使学习最大限度地贴近生活本身。

3. 提高学生真实运用语言的能力

学生在了解和采访的过程中，在与社会人群接触的过程中，锻炼了自己的思维、交际、表达等能力。为采访一个药铺，就去河坊街四次；采访遭店主拒绝后，用购买商品的方法，让店家接受了采访；为清晰地记录下店小二的独特吆喝声，同学们就坐在茶楼中饮茶，一遍一遍听，一次一次模仿。

活动的过程，使口语攀谈能力、采访摄影能力、社会交际能力、解决问题能力都得到了提高。参与的兴趣、采访的敏锐、灵活的应变都在广阔的社会大课堂上得到有效的发展和提高。

4. 培养获取、筛选、分析、整理信息的能力

从信息论的观点来看，表达是信息转换的过程，是一个外界信息的输

入、储存、加工、编码、输出的过程，其中，信息输入是前提。学生充分参与社会活动，首先要充分了解相关人群，学生们选择采访对象就显示了对于信息的信度的确立，明白尽量要选择有代表性的或典型的采访对象，如在对“吴越人家”采访时，对蓝印花布的生产过程，采取先录音，再根据采访的主题进行整理、归纳，写成调查报告。在采访“太极茶馆”时，学生就提到因为它是生意最红火的店铺，才进行采访。并在收集、加工、处理信息的全过程中，选取了信息中的精华部分、特色部分进行概括，写出了生意红火的原因分析。

5. 提高了学生在实践活动中进行协作学习的能力

现代社会对人有许多方面的要求。能不能和别人和谐有效地合作，可能是占第一位的能力素养的要求。综合实践活动使孩子们的合作变得十分必要和具体。个体的学习和对生活的体验使协作学习交流的基础更结实，采访作业的完成使人人有话可说，课前充分的酝酿和思考使个体学习落实而且扎实。在此基础上进行的合作学习，摈弃了形式化和费时的缺陷，取得了实效性。各组根据采访的内容，由主持人作中心发言，其余根据任务分工补充，发言有序，汇报完整，学生可以充分发表个性化的见解。

这些正是我们希望通过课程改革，通过编写这套教材想要达到的。落实综合实践是我们语文教材建设的核心创造，而老师们、孩子们纷纷反映这样的主题活动真不错！

四、让孩子们参与课本建设

教学是课程传递和执行的过程，还是创造和开发的过程？

新课程认为，对课程的内容和意义的理解不是每一个人都相同，每一个人都在重新解读课程，把课程给的内容转化成自己的课程——不断创造和开发课程的过程。教师是课程的二度开发者，每一个学生也应当是课程的最终创造者。

新课程与其说是改革课程，革课程的命，还不如说是革教师的命，是为了改变教师的生活方式、思维方式、工作方式，最终真实改变我们的课堂，造福于教师的人生和学生的未来。

‖让学生点评与批注

文本的开放性和参与性是引导学生参与文本建设的基本保障。在教材文本的编排上，预留“点评和批注”栏，是体现开放性、保证参与性的一条途径。现代语文教学，非常注重学生的个性化阅读和感悟，注重学生大胆地表达个人的创见和疑问，而“点评和批注”栏是达成这一目的的有效平台。

我们编写的小学语文教材中，就明确地对学生参与点评和批注进行了量化的规定：在第三学段中，每个主题单元的第四篇课文为略读课文，凭借此篇课文，锤炼学生自主阅读、独立阅读的能力。在这篇课文的右侧，留下学生阅读时评点批注的空间。学生可以非常便捷地将他们在预习、独立阅读中即兴的、独特的所感、所悟、所疑记录下来，并在与其他同学的交流中达成共享。如此，可以让学生觉得：教材固然有它的先进性、代表性、典型性，但并不是神圣不可侵犯的，对于教材，我们可以大胆地进行质疑、点评和批注。杭州市崇文实验学校的虞大明老师在执教浙江省义务教育小学语文教材《小镇的早晨》时，曾经引导学生对课文的第一自然段进行了改造。萌生这种念头和想法在于一位学生的针对第一自然段的点评和批注。虞老师在浏览学生的预习时，发现这位学生在课文第一自然段旁边写着这样一句话：现在，大多数城市已经禁止鸣喇叭了，那么，城市的早晨怎么可能是被“短促的喇叭声惊醒的”呢?

因此，虞老师在教学时，抛出了该生的质疑。然后，引导学生如何修改，并且承诺，谁改得好，就将谁的句子替换到课文中。最后，经过学生的交流讨论，确定将一位学生的句子“城市的早晨是被早起晨练的人们悠扬的乐曲声唤醒的”替换到课文中。

学生在这一环节的学习中，参与的热情相当高涨。如果教师能够为学生创设“点评和批注”的机会，如果教师能够为学生创设参与建设文本的机会，学生是很欢迎的。引导学生对文本进行点评和批注，既可以成为学生阅读体验的一种有效参与的学习手段，同时它又是一种语文教育的目的——培养学生“爱读书、会读书、不迷信书”的精神。

‖预留空白走进文本

对教材事先进行处理，预留空白，让学生走进文本，根据上下文和已有经验，进行符合文本基调的个性化再创作，也是学生参与文本建设的有效途径。根据教材特色，可以从以下几个方面预留空白，让学生走进文本，张扬个性和创造性。

1. 主人公留白

浙江省义务教育语文教材第六册有一篇课文叫《手帕》，文章的主要内容是：沈峰在上学路上，把自己的手帕送给一位摔破手的老奶奶包扎伤口。来到学校后，正值检查带手帕的情况，沈峰拿不出手帕但没有说明理由。下午，老师、同学们因为那位老奶奶找到学校，送还手帕才明白了事情的原委，便纷纷称赞沈峰。《手帕》这篇课文，从“情感、态度、价值观培养”的层面来看，主要是让学生学会乐于助人。过去很多情况下课堂教学在达成这一情感目标时，往往会在课堂教学临近结束时，由教师提出一个象征性的问题：我们应该向他学习什么？或者是学了《手帕》这篇课文，你觉得沈峰是怎样一个孩子？虽然，孩子们的“表白”也会令人欣慰，但这样的教学常常可能会停留在“言说”的层面，难以触及孩子的心灵深处。自然，也就会影响教育的有效性。如果这篇课文在呈现给学生时，主人公的姓名是留白的，那么教学就是另外一番景象了：课文的主人公是谁啊？(不知道)，没有主人公可不行，我们可以怎么办？（从班级里找一位同学，将他的名字写进去）那么，你们认为，咱们班里哪位同学的名字补进去最合适？为什么？如此，学生为了解决问题，首先必须了解课文中的主人公具有什么特点，然后再对照本班同学的实际，通过分析、比较，达成问题解决，并且，在此过程中，学生的情感、态度、价值观也一定会受到潜移默化地熏陶与感染。

2. 插图留白

不容置疑，插图也是教材不可缺少的一部分。插图的功能除了美化文本之外，更重要的是文本内容的形象展示。因此，插图具有极强的形象性、直观性。插图的形象性、直观性会帮助学生更好地探究文本、感悟教材。但是，也正是因为插图的形象直观性，有时会减弱文本本身的思维价值。而目前的教材，不论哪种版本，都是完整地呈现课文插图的。如果，将某些课文的插图设置成半成品，或者预留插图位置而不提供插图，那么，教师就可以利用这样的机会，创设问题情境，让学生凭借自主探究，独立或合作完成插图的创作。这无疑也是引导学生参与文本建设的好途径，在这个过程中，课程综合化思想比较容易体现，学生的学习兴趣还得以激发，可谓一举两得。比如，在教学“远上寒山石径斜，白云生处有人家。停车坐爱枫林晚，霜叶红于二月花”时，如果教材中呈现的只是插图的半成品：只画出高大的山峰，黑白叶子的枫树。那么，教学时，教师就可以引导学生凭借对文本的探究，补画上弯弯曲曲的小路，白云，隐藏在白云深处的人家以及将枫树的叶子涂成红色。

3. 文字留白

将课文中某些关键文字先行删除，留下空白，让学生根据阅读上下文所获取的信息以及生活经验，进行尝试性、推测性补写。为学生创设参与文本部分的机会，然后，呈现原文。通过比较，发展学生的思维能力及语言素养。如我们设计的语文第十册《猫与战争》第二自然段内容就是这样留白的：

古代埃及人崇拜猫，视猫为神物。（　　　）古代埃及人正是因为尊猫爱猫备至，才输掉了一场战争。在古代埃及后王朝时期，波斯人入侵埃及。在一次战斗中，波斯将帅深知埃及人的心理，别出心裁地（　　　），当这支古怪队伍突然出现在埃及军队阵前时，埃及军队的统帅犹豫了：不战则亡，战则势必殃及顶礼膜拜的神物。在这两条出路面前，埃及军队最终还是选择了前者——缴械投降。这样，波斯人兵不血刃，轻而易举地赢得了战争。

如果课文中有了这样的留白，在教学时，教师则可以利用这些留白，进行如下教学设计：① 自由浏览，自主质疑。② 尝试填补括号里的内容。③ 全班交流，汇报说理。④ 课件出示原文，比较分析，体会原文的铺垫作用及排兵布局之妙。⑤ 朗读训练。

4. 数据留白

某些课文尤其是说明性质的文章中，经常会运用一些数据来说明问题。像“我国发射多少颗卫星”、“宝岛台湾一年生产多少香蕉”等，如果用括号代替，预设留白，肯定会一举多得：第一，不必担心课文会落伍，因为这些数据是动态的；第二，在预习时让学生去查询，则可以培养学生信息收集的能力；第三，让学生觉得，这篇课文本来不完整，正是因为有了他们的付出，才使得课文完整起来。这样的课文，学生学习起来，一定会有亲切感。

‖二次呈现创设思维空间

有些课文，如果呈现得很完整，反而会缩小思维训练的空间。我们编写的小学语文第十册中的课文《一束白色的栀子花》，因为结尾出人意料，所以非常感人。课文讲述了这样一个故事：女孩在每年生日的时候，都会收到一束白色的栀子花，但是那个神秘的送花人一直没有出现。因此，女孩天天揣摩送花人的身份，连她的母亲也为她的想像推波助澜：

——是不是我曾经为某人做过什么好事，而今他以这种方式向我表示他的谢意？会不会是那位我常常帮他卸车的开杂货店的邻居？会不会是那位老人，在整个寒假里我都帮他取邮件，让他不会有在冰地上滑倒的危险？

就这样，女孩无比欣悦地生活着、遐想着。最后文章的结尾非常含蓄、感人地传递了信息：

我就是在这栀子花香中想像，在栀子花香中成长，一直到 22 岁。这一年，我妈妈过世了，生日里的栀子花也就是在这一年中断的。

我的学员杭州市教坛新秀虞冬玥在天津六城区语文教学研讨会上成功地实现了文本二次呈现，给孩子创设更广阔的思维空间。在印发给学生的教材中隐去文章的结尾。教师前半节课的教学这样进行：

① 自由朗读课文，找出描写母亲为“我”的想像“推波助澜”的句子。② 朗读训练，读出疑问、猜测的语气。③ 发散思维：学着母亲的样子，用上“是不是……会不会……”为女孩的想像推波助澜。④ 理解感悟：虽然我还是不知道栀子花究竟是谁送的。但是，我却收获了一种真切的感觉。这种真切的感觉是什么？（交流——课件出示“我实在无法知道……值得别人关心与爱。”——齐读）

这样教学，有利于将所有焦点都集中指向“是谁送了栀子花”的疑问上，而“母亲”只是“我”幸福憧憬里的一个旁观者，是阅读感知中无关紧要的“配角”。学生在初读时并没有在意这位母亲，而是兴趣浓厚地参与到“我”的揣测中去。并且，结合课文中的“是不是……”、“会不会……”等句式，模仿表述。如此，教学中落实了培养学生的发散性思维、想像能力，提高了学生的语言表述的水平。

在后半段教学中，虞冬玥老师见时机已经成熟，问：“从你们刚才的揣摩中，老师发现了，你们都跟课文中的小女孩一样，是个心地善良、助人为乐的孩子。这束白色的栀子花究竟是谁送的，你们想知道吗？”孩子们急于想知道究竟谁的猜测正确，于是异口同声地高喊：“想——”她轻轻点击课件，《鲁冰花》的悠扬乐曲声响起，大屏幕上，课文的结尾随着教师的朗读，逐字展现。

朗读的时候，老师的声音哽咽了；课堂上，先前激烈热闹的气氛荡然无存，取而代之的是凝重。课堂上是孩子们一张张神情严肃的脸，一双双热泪盈眶的眼。她问孩子们：读了文章的结尾，你们一定知道了栀子花是谁送的了，你们有什么想说、想问的吗？当老师让孩子们替那位女孩向母亲说几句话的时候，孩子们饱含深情地说：“妈妈，你放心地含笑九泉吧！

我会记住您的教诲的，做一个因为关爱他人而享受幸福的人；妈妈，您安息吧，我会在心中永远珍藏您送给我的栀子花的！妈妈，您用栀子花告诉我，要事事为他人着想，我永远爱您！……"

孩子们的眼泪是需要真实的、强烈的感动作铺垫的。文本的二次呈现是最大的成功。如果结尾不是延后呈现的，学生还会有那么高的热情，为小女孩的想像推波助澜吗？如果未曾进行"推波助澜"，当孩子们知道栀子花是母亲送的时候，会那般的感动吗？答案应该是非常明显的。教材要善于为学生创设思维碰撞、恍然大悟的机会，这样的学习，才可能会刻骨铭心。

五、天上不会掉馅饼

‖美味的馅饼是自己做出来的

天上不会掉馅饼，美味的馅饼是自己做出来的。课改不能坐着等谁给我们什么，而是需要弄潮儿在实践中去摸索去提炼。今天的课程改革不是天上掉下来的，是从几代人研究和宝贵的实践经验中提炼出来的。

1987年摸索上的科学实验作文《烧不破的手帕》，到20世纪90年代成了浙江省义务教材中第十一册的习作训练内容；当时我在班里搞的说话训练"电影票该怎么发"也成了浙教版的"听说训练"中的一次训练。

在20世纪80年代，我开始在想，能不能再试着组成各个学科相融的主题单元教育？我想，第一，学校教育是个整体，各学科之间理应相辅相成、相互支持，形成教育的共同体。第二，语文是活生生的语言现象，很难肢解为一个个部分，进行部分的训练。以前设想"举一反三"，以一篇课文为例子，似乎精读了一遍，就认为孩子能掌握解决问题的方法。实践下来，至少在我的班不行，觉得那种想法不太实际。真的要孩子领悟语言的一点规律，把语文知识变成孩子们自己能够运用的本领，可能并不在于讲深讲透，可能需要融三为一，或者融十为一，需要加大孩子的阅读量。第三，需要提高语文教学效率，降低我们的教学期望。要增大孩子的阅读量，又不能增加学生的语文学习时间，不换个脑筋怕是不行。课本上的文本要上好，但是那些微言大义可能就需要少说几句。增加的文章，不进入考核，连生字词都不需要硬抓巩固率。说到底孩子的语文能力不是我们教出来的，是孩子自己学出来，读书读出来的。

有了这样的考虑，才有了我在 1986 年一个学期教 54 课语文书的举动，有了和其他学科教师的协调，将思品教材（我是思品教师）、自然常识教材（其他教师）和语文教材综合组成教学单元的尝试。也才会要求常识老师调整教学顺序，配合进行教学。

在 20 世纪 80 年代，我在三年级第五册做过这样的尝试，下面是当年备课的记录：

第二单元

教学目的：

1. 教育学生热爱大自然，热爱科学，热爱生活。

2. 了解海底和壁虎、犀牛、河马、长颈鹿、青蛙等动物的知识（外形、特点、习性等），扩大知识面。

3. 提高阅读理解力，懂得仔细观察是认识事物的重要方法之一，激发观察周围动植物的兴趣，能写出自己熟悉的动物吃食的特点和经过。

4. 学会 49 个生字，68 个词语，3 个多音字，会辨析四组词语。

5. 掌握“总—分—总”的结构方式，训练按提示分段，背诵第五课三、四节。

6. 继续试行单元两次练习的方法。

教学篇目：

1. 海底世界	长山岛趣闻	（五册课外读物）
2. 壁虎	动物怎样吃东西	（五册自然课文）
3. 珍贵的东西	奇异的蟹	（八册课外读物）
4. 小青蛙	斑鸠	（五册课外读物）

动物怎样保护自己（五册自然课文） 科学技术威力大（五册品德课文）

单元参考书目：

《海洋的秘密》 《水晶宫的歌声》 《动物趣谈》 《庄稼的卫士》《漫游世界之最》

教学时间：

1. 17 节语文阅读课 2. 两节阅读指导

3. 两节口语训练 4. 两节作文课

5. 一节思想品德 6. 两节自然课

今天回顾在 20 世纪 80 年代走过的轨迹，实际上已经在尝试主题单元的教学方式了。当时大胆地对原有教材进行手术，不只是自己想改革想探索，不是因为自己胆子特别大、水平特别高。不是！

是时势逼我们进行。邓小平的“三个面向”是最有力的武器。这不是套话、假话。这是当时中国基础教育的客观实际。教育要面向现代化、面向世界、面向未来。当时世界教育的潮流是什么？学科之间的互补综合是一个趋势，讲究让学生在生活和社会实践中学会学习也是一个潮流。在这样的改革背景下，杭州市天长小学作为实验学校，自然一马当先冲在最前线。浙江省高校的学者也纷纷响应号召，到第一线指导教育教学改革。当年杭州大学教育系的专家，国内研究最优化的权威、著名教授张定樟先生，带着研究生郑继伟（现在是浙江省教育厅的副厅长），到我们天长小学合作进行《小学生最优发展综合实验》的课题研究。正是在这样的时间、地点，我才会去尝试主题单元的综合学习，想把其他学科整合进来，包含自然、语文和思品，从课内到课外，从而切实培养学生的语文素养。当时的操作是与自然老师协调，调整他的教学顺序，补充读物，不求甚解，不进入考试，思品课是自己教的，可调整。记得那些孩子也特有荣誉感，认为比其他班多学了一些东西。

朦朦胧胧的跨学科、相互支持、恰当综合实践的想法，绝不仅我一个。不说其他地方，就说杭州市天长小学，我的师姐、特级教师杨明明就是一个。也是从80年代开始，她是天长小学《小学生最优发展综合实验》课题组的主要实验教师。她搞的《话说中秋》等等系列综合实践活动，当时就有很大的影响。我们当年作为一线教师是不可能有完备、深刻的理论阐述的。但是，重要的是老师们在实践，他们心血智慧的毛胚，为专家学者的理论提炼和精制的打磨提供了机会。在十年、二十年前，中国有多少有志的骨干教师在朝这个方向实践、探索、总结啊！没有第一线改革勇士们的奋斗，怎么会有今天的课程改革？

正因为有当年的改革付出，起步比较早，内容比较多，所以才为我们今天准备了烹制美味馅饼的材料，为新课程标准下面的综合学习、口语交际、亲身体验，特别是高年级现在的主题实践活动，做了一些铺垫。

天上绝对不会掉馅饼，世上绝对没有免费的午餐。让我们大胆地、充分地到教育改革的最前沿去实践、去反思、去总结，亲身感受改革的过程，获得经验，把经验提炼为精华。那么我们再读《语文课程标准》将会变得更亲切、更具体、更深刻、更可操作。因为这时支持理解的早已不只是文本的词句，而是我们语文教育教学的整个经验世界。

‖ 硬着头皮坚持试验

我是一线的普通教师，优势不在系统的理论知识，而是第一线实践的体验感悟。我研究语文教育教学，首先是为了我班的学生得益。我并不狂妄地以为我是在创造发明什么“放之四海而皆准”的真理，在探究似乎造福亿万学生的原理。我知道一个教师总是有局限的，一种经验也会有明确的适用范围。但是只有实践才可能上升为经验，鲜活的经验才可能为理论家们的基础理论和原则的提炼、概括添加原料，才可能让有用的东西为更多的老师和学生带来欢乐。

20世纪80年代初，课堂常规的默认标准是：上课得坐得笔挺，双手放在背后，不论什么都得举手，得到老师同意才能有所动作。除此均为异端。可我是个不安分的人，总想在沉闷的语文课堂教学中搞点什么，走出自己的路。一个人，难得的是有自己的想法。做教师对教育教学应当有自己的想法和追求。那时，我从报章杂志上看到著名教育家上海育才中学校长段力佩先生的启发式教学。育才中学的学生在课堂上互相切磋议论，课堂气氛十分活跃，学生学得高兴，教师也感到教学效果不错。当时我三十多岁，胆子一大，决定也试试这种新的好方法。开始在班级上课，学生高兴我也感觉良好。告诉学生自己有问题想提，站起来问就行。要提问的同学多，就听别人问，别人将你的问题问了，就可以坐下。上课觉得同学回答不完整，有话想说，不必举手，直接起立补充就行。课堂教学的中心问题，我也开始把研究解决问题的权力和时间给了学生。1983 年杭州市“语文教学研讨会”，我上《航天飞机》。一上课“哗”学生自己起立提问一大片，七嘴八舌地质疑问难。课堂上围绕孩子的问题，先让学生自己读书画找、思考，再 4 人小组一起研究讨论，最后全班交流汇报。教室像茶馆一样，叽叽喳喳一片孩子们的声音。课上得活跃，学生十分兴奋，也很出彩。

可是课后，老师们对这 4 人小组讨论议论纷纷。有的认为课堂气氛活跃，学生动起来了，不论有什么问题，但学生思维活，主动积极说话、讨论总比只带耳朵听要强。语文学习，毕竟学生是主人。很幸运的是当时我们天长小学占主导地位的是赞成派。同时也有许多老师，包括一些有影响的学者专家，并不认同。老师们说，课堂像菜场，学生的声音太吵，坐没有坐相，举手也没有规矩，你能控制得住课堂？我们那儿这样做，教室不乱套才怪呢！有的说，小组讨论效率太低。一个问题要那么多时间讨论，让优等生说说不就得了？你又不是笨嘴拙舌的不合格教师，你说起来一套一套的，肯定比学生说得清楚明白、简洁生动，为什么要这样绕弯子？还有的不客气地说：“我就坐在你们学生的附近。你让他们讨论。我就听到他们在讲废话。这课堂就像茶馆一样！好什么好？”许多人将它贬为“茶馆教学”，是“浪费学生时间精力”，“华而不实”……直至 90 年代中期，还有专家对此不以为然，认为小组讨论的学习方式问题比成果多。一直到国外的合作教学介绍到国内，大河上下，长城内外，从南到北的课堂，“个别学习、小组讨论、全班交流”，才几乎成为老师们的共同选择。尽管合作学习、“小组讨论”还有说不清、道不明的矛盾和问题。但现在已经不是要不要的问题，而是如何将小组讨论变为真正有效的合作过程，提高合作学习的全面效益。

当时我提倡4人小组合作学习、问题讨论，面对责难说不紧张是不老实。我只是三十多岁的普通教师。现在冷静下来想，一个人有自己的想法很重要，有了想法能学会倾听别人的想法也很重要，倾听了学会分析判断更重要。这么多人议论一个小老师的做法本身就是一种幸福。这种经历本身也是一种财富。最可怕的是教学研究没有人议论，要么是人们不敢议论，要么是完全没有议论说话的兴致。那么多人议论起码说明他们还信任我，还认为这种改革比较重要，需要认真慎重地进行。我首先要专心仔细地倾听，其次是认真地学习思考，然后是继续实践，最后是修改完善或扬弃。我一方面总结小组讨论学生欢迎、自己满意的内在原因；一方面读书钻研，力争在理论上搞明白小组学习的重大意义。自由提问说话，4人小组讨论，直觉告诉我学生动起来了，变教师和个别学生的活动为大家活动；变只带耳朵的听，为多种感觉器官的“读读、想想、听听、议议、写写”。一个人解决不了的，大伙一起商量解决不是挺好吗？把课堂发言权还给学生，不是比事事、时时都得教师批准才能说话要民主？学生喜欢，实际效果不错有什么不可以？我到处查找资料请教后知道：只凭听，信息的获取在5%~20%之间；多种感官同时作用，信息的获取率大幅度提高；学习效率最高的是当小老师，在教会伙伴的同时获取了最扎实、最多的信息。而课堂教师和学生一对一的问答，哪怕尖子学生说得百分之百的正确，绝大多数学生只处在听的位置上，效果常差强人意。小组讨论学生心理松弛，说话大胆，交流自然。讨论交流的不是物品而是思想、情感和语言，常常会变成1+1大于2。要发挥小组讨论在全体参与中的积极作用，一是时机要选择正确，一般应放在个体学习之后，要选训练重点，选那些学生有话可说、想说但多数又说不全、说不好的讨论，发挥伙伴参与的互补效应。全班学生平等自由地参与，又说又听，在和谐自主的参与中，多种感官作用下，理解由片面变成全面，形象由模糊变得清晰。在语言交际的实际操作中，使训练落实，学生意会变为言传。二是小组讨论“宁少勿滥”，每次时间适可

★就是这些孩子给了我坚持试验的勇气

而止。应在每组还有个别话未完，意未尽时结束，切不可等所有组说完才转入下一环节。不然，不仅造成大量的时间空耗，还会破坏良好的课堂气氛。苏联教育家维果茨基调查了1~9年级的学生，认为每周学生在课堂上独立表情达意的时间平均不到2分钟。我们的课堂，那些被称为后进生的孩子们，在课堂上是被遗忘的、沉默的一群，可能每周连一次独立说话的机会都不会有。小组讨论将会在根本上扭转这一局面。

25年的改革实践沉淀一种认识：有生命力的新东西有一个成长完善的过程，初生不会是完美的；传统的观念、习惯势力本能地会对新改革进行抵触，人们（包括改革者自身）认识和接受也有一个过程。改革中有怀疑、批评、指责、非议是必然的，说者并不一定心存邪念，很可能是对事业、对学生、对改革者的一种关爱。有人盯着你，议论你，批评你，既是教育教学改革的必然，也是人生的一种幸福。人应当在他人的支持与批评、合作和争辩中丰富自己，获得成功，不断长大。

‖坐冷板凳与赶时髦

新世纪为了提升教师教育的质量，我们教师进修学校给每个教师配了一台手提电脑。有的老教师内向，用手提电脑很谨慎，绝对不在高手前出丑。我若无其事，混充高手！早上上班，我同那帮毛头小伙子一样，斜背着电脑，飞踏着自行车上班。听课时，也和那批高手们一样，坦然地打开手提记录。2002年杭州市西博会上我一本正经用手提演讲《问题教学与探究性学习》；干训班、全省的语文教学观摩会上我会采用视频方式进行《语文课程标准解读——目标 自主 开放》的讲座。当看到教师们津津有味地观看特级教师王崧舟、金剑辉、曹晓红走进新课程实验的课堂教学片断，真实深入地理解课程标准时，我觉得上至教育厅张绪培副厅长，下到新教师班学员叫我“时髦老头”，不是嘲讽，而是一种鼓励。

是啊！快六十啦，为啥赶时髦呢？不赶不行啊！我在岗位一天就得学习一天。全国著名特级教师、教育部数学课程标准核心专家组成员、教师进修学校朱乐平校长常常这样说：“再忙也不要忘记自己要进步。”“活到老，学到老”不是口号，是人生的一种追求。计算机的出现已经改变了我们的生活和教育，我们搞教育教学研究，实践教师教育的，怎么可以不赶这个时髦，不学这个本领？计算机是知识的窗口，是交往的平台，是工作的帮手，是最生动、最尽职的老师。它可以迅速帮助我们寻找资料，可以无限制地复制修改，可以将课堂教学通过视频动态地呈现在老师们的眼前，让案例变成教师教育互动的最实在的资源。我当然要尽力掌握它。本身年纪大，记性差，动手能力就打折扣，再顾虑重重，怎么学会？忘记了，搞不懂不怕，问！而且在公众场合大声地问。有一次，观点报告时有位同志在链接上出了问题。我大声问年轻人都知道的幼稚问题“怎么链接”？我不怕年轻人笑我“弄不灵清！”

要开拓创新，就要学会自我超越。人是有惰性的，需要不断加压。我一直要求自己每年必须要有新的研究收获。写得不成功的，我也留着，经过一段时间的学习、思考、实践，再重读分析会发现新问题，找到新感觉，提炼出新成果。有意义的小学语文教学改革研究应当有时代的和实践探索者的个性特征。只有在学习借鉴前人、他人的理论、经验的基础上，又不迷信书本和权威，有创造的胆量和勇气，研究才更有价值和质量。追逐计算机的时髦，努力用计算机、摄影机作好教学研究和师训的工具，就是最近的一次自我超越。1997 年前讲座就靠一张嘴和实物；1997 年后，我学会了在计算机上写论文；2000 年后，教师教育抛弃了满堂灌的讲座，实践着互动的师训，我学会了灯片制作；2003 年学会了网上上传、网上搜索资料和视频案例制作……

当然研究还需要学会坐冷板凳，要有韧性。1981 年当我确定将语文教育教学最优化作为长远的大课题来进行研究时，我知道这将是漫长的过程，很可能到生命尽头也不一定能解决问题。但只要有咬住青山不松口的韧劲，甘坐冷板凳，守得住寂寞。坚持啃下去，总会成功的。

20多年实践，教会了我相信时间，守得住寂寞。真想为孩子们着想，研究问题深些、实在些，常常当时是不讨巧的。因为许多人还没有注意它、理解它，你得到的评价往往不高。但时间会说明一切。“玩玩说说”课、“弹性作业”，小组的合作学习、分层次的弹性作业、开放式的作文教学、大胆地引导学生用自己的笔去干预生活……这些20年、10年前实践的东西，直到今天依然有活力，有光华。如果功利地跟潮流、贴时尚、走捷径，可能当时能“卖个好价钱”，蒙个好奖。然而过不了几年，什么都不是。

搞研究都想成功。

首先，成功青睐勤于实践，乐于投入的人。1980年到1990年，正是我35岁到45岁的人生黄金期。我几乎天天超负荷工作。周末、假期，构思新的突破方向，在实践的思考中苦练着智慧和汗水的结晶；清晨、午休，用自备的录音机给学生放配乐散文、课文朗读、相声名曲，尽量拓宽学生的智力背景，营造最优化的学习氛围；白天我会邀请领导、老师、家长听课，共同参与研究；夜深人静，整理数据，修改刻印习作选……任何成功的教学改革都会在提高质量的同时，减轻师生过重的身心负担。但我更清楚，任何教学改革的成功，都需要探索者全身心的投入，艰辛的苦熬，要燃烧生命，把汗水和智慧提炼为科学的结晶。

第二，成功属于有清醒头脑和科学态度的人。光有拼命三郎的劲头是不够的。要学会分解，先易后难，积小胜为大胜。《小学语文教学的最优化研究》我就分成总构思、课堂教学、小学作文教学、语文作业系统、阅读教学、听说训练、语文考核、学生参与、活动课程的最优化研究等分课题，逐年逐个进行实践研究。我有一个研究的“战略方针”，经常和学员们、朋友们说。那就是“专拣软柿子打”。自己各方面的实力还不够强大，就得清醒，我还不具备打攻坚战的实力，要挑自己能啃得下来的骨头啃。要么不打，要打，一定把这软柿子给打下来，也让成功跟着我们走。我们把课题分解了，难度下来了，研究更容易集中。20世纪80年代，6个子课题完成，获省市九项教学科研成果或优秀论文奖；90年代，完成两个子课题，获全国、省市6项教学科研成果或优秀论文奖。研究要勤奋，头脑更要清醒。不是先实践后研究，而是在研究层面上的实践。每个学期，在语文书上，根据研究计划和自己的爱好、时间精力，确定第5、6个课题为我的研究重点，把工作区分为常态与研究态，确保研究的顺利进行。

第三，研究要成功，就必须善于读书思考。读书，就要认真反复地读名著,努力领悟前辈教育家的思想精髓。巴班斯基的教育过程最优化，赞可夫的一般发展，布鲁姆的目标分类学，陶行知的儿童大解放，叶老的“教是为了不需要教”，袁微子的语文教学的思想，朱作仁教授的真实、朴实、扎实……我都学过,摘过卡片,仔细思考过,实实在在试过。读书，不光读理论，还要认真“读人”。一个名教师就是一本内涵十分丰富的人生教科书。我十分珍惜外出教学时向前辈、同辈和后生听课学艺的机会；抓紧时间虚心学习讨教,寻找差距；一有机会，我也会从学员、新教师充满活力的身上汲取活力。在所有学习中，我最重视的是读学生。所有有价值的研究都源于我的学生。学生课堂内外的喜怒哀乐，眼神话语都会给我研究的灵感。学生是教师永远读不完的经典，永远不会穷尽的科研课题，他们身上有取之不尽、用之不竭的动力。读书要诚心虚心，又要独立思考；应当站着读书，不能趴着读。站在巨人肩膀上攀登，应当保持自我，读出个性，进行个性化的研究。

第四，研究要成功，必须注意积累资料。从某种意义上讲,教育教学研究的状况如何，是和研究者的资料占有与分析梳理分不开的。20世纪70年代末，有了进行语文教学研究的想法后，我制作了许许多多的资料卡片，集了许许多多的剪报资料。20多年了，我的备课笔记至今保存着。80年代后，作为研究状态的课堂教学我多少都写些教后记；进行的教学改革，我除了留下自己课堂教学的录音录像带，还尽可能地留下了学生的试卷、报纸、习作选和录音带，以及学生创作的童话、寓言、故事、相声等；进行等级制研究，保存了大量的问卷调查资料和统计分析……有了资料积累，提炼才有基础。

再忙，也不要忘记自己要进步。与时俱进，得做到老、学到老，不要坐在老板凳上自我陶醉昨天如何过五关斩六将，惦记明天能得到什么。做就是意义，就是目的。实践之树常青。只要有咬住青山不放松的韧劲，坚持啃下去，又有与时俱进的锐气，研究终究是会成功的。实践将证明研究的意义，时间将证明实践的价值。

第九章

为孩子用好人生日历

一、孩子是我的人生读本

‖ 学生催化新的改革

1981年后，我想寻找中国小学语文最优化的路。开始了艰辛的攀登，有时几乎达到了食不知味、夜不能寐的程度。这样做当然是为了对得起培养关心自己的组织、领导和许许多多的老师，是为了不辜负这个好时代。但支撑我研究、不断启发我产生灵感的还是孩子。比如我在2003年西湖博览会上展示的科学小实验作文模式，很多老师听了拍手叫好。但这科学小实验的习作教学模式，最早就是我的学生——天长小学“小才女”周克歆催化的。

1983年，周克歆读小学四年级。有一次我在她的日记中，看到一个奇怪的题目——“4加4等于多少”。我想：4加4当然等于8了，这还用问吗？可再读下去才明白，原来，她的工程师爸爸在星期天给她出了一个题目，问“4mL酒精加4mL水等于多少？”孩子一扬头就答“当然是8mL”。可是她爸爸却诡秘地让孩子自己去做做实验。周克歆好奇地把4mL水倒入

4mL 酒精中，却发现结果不是 8mL。这实验激起孩子浓厚的科学兴趣和探究欲，她觉得这样的研究很有意思，所以有话可说。当然写起文章来也就洋洋洒洒毫不费劲了。

看着孩子行笔流畅的实验小报告，我爱不释手，得！这科学小实验符合小学生求知欲强、爱动手的心理特点，又可以为孩子的习作提供感知体验的机会、写作表达的素材，我为什么不可以尝试着进行这类作文教学的试验呢？于是，我经过改造，把它上成了科学小实验作文课，为更多的孩子服务。这种课型果然受到了孩子们的热烈欢迎，我享受到了成功的快乐。

1987 年，我在西安召开的全国作文教学研讨会上，成功地上了两节作文课——《抓住题眼 叙述具体》，其中就用上了“50 加 50 等于多少”和“烧不破的手帕”两个实验。上课时，我问学生：“50mL 水加 50mL 酒精等于多少毫升？”学生们异口同声回答：“等于 100。”我在黑板上画了一个大大的钢叉，学生们见了，不由地大喊“啊？”看得出，个个都很不服气，觉得不可思议。因为他们从二年级开始就知道 50 加 50 等于 100，而酒精和水都是透明的溶液，这两样加起来怎么会不等于 100 呢？我制造了悬念，激起了孩子们的认知冲突。是这强烈的认知冲突激活了学生的学习兴趣。然后，我请一个学生上台把 50mL 的水加入 50mL 的酒精量筒里。我问学生：“等于多少？”学生一边嘴里喊着“等于，等于……”一边眨巴着眼睛看着量筒里的水慢慢升高。“等于……等于……等于 95 到 96 之间。”我接着问：“那么还有一部分去了哪里？张老师的量筒没有漏啊，而且都倒完了，这 4mL 水到底哪里去了？”学生们用茫然的眼神看着我，仿佛在问：“是啊，到底到哪里去了？”这时，我把谜底揭开，教会学生做这个实验。学会了这个实验后，我又让学生们按这个方法去做第二个实验“烧不破的手帕”……整堂课孩子们都处在异常兴奋之中，习作成了孩子们精神的享受，语文成了这样有生命、有吸引力的东西，下课的铃声都对孩子失去了吸引力。那一张张亢奋的笑脸诠释着科学小实验作文的无限生机和活力。

科学小实验作文后来成为新世纪一种新颖而受教师和学生欢迎的教学模式。它不是我一个人的作品，它属于我和我的学生。科学小实验教学模式不仅关注儿童的写作表达，更关注的是儿童朦胧的科学实验的意识产生；是儿童投入科学实验的热情；是他们主动、自主地在课内外进行各种科学实验过程中，追求新奇、渴望求知、与伙伴合作、与他人沟通的实践感受；是活动中释放的大胆思想和艰苦研究实验而又快快乐乐的心境。

‖ “谈天说地”和“玩玩说说”的诞生

20世纪 80 年代初我试验开设了在省内外有影响的两种课型“谈天说地”和“玩玩说说”。这改革最初的驱动力也来自于学生。

“谈天说地”当时一亮相就吓了人家一大跳。中国有班级教育以来还没有这样另类的课型。20 世纪 70 年代末，人们并不重视孩子们的听说能力，因为试卷中无法反映。可小学是一个人语言发展的黄金时期，不管怎么说先要把课文规定的训练抓起来。《我的战友邱少云》、《孙悟空三打白骨精》都要求复述，可复述的同学一上台，下面同学就马上翻开书对照。把复述当作背诵，怎么叫人不害怕？怎么突破这个语言训练中的瓶颈？

有一次中午，我在操场上闲逛，忽然看见我们班的一群孩子围在一起，手舞足蹈地在讲话。我走近一听，原来他们在谈论昨天晚上的电视，个个都讲得眉飞色舞，语言非常流畅。只是当他们发现我站在他们背后时，说话才开始结巴。从这里，我悟到两点：第一，学生天生是喜欢相互交流，从中获取信息和快乐。如果语言训练方法主动吸取或改造学生喜闻乐见的形式，训练的情况就会发生变化。第二，假如教师不能调整好和学生的关系，将会由促进学生语言发展的动力，变成延缓学生语言发展的阻力。要使儿童学会复述，能大方地进行口语交际，首先要让学生敢开口，只有敢开口，才有可能会说；只有会说，才有可能善说。如果学生一直不说，始终把嘴巴闭得紧紧的，老师一厢情愿的教学设计，就都将统统被抛入汪洋大海。于是我根据孩子们说话的兴趣，开始进行“谈天说地”口语交际课的尝试。

“谈天说地”课的过程是这样的：我课前请孩子自己准备说话材料，可以拿报纸杂志上来，说不下去，看看读读再继续说。说话可以是几十秒，也可以是一两分钟。“谈天说地”的谈话内容先从大家漫无边际地说，再到进行专题“谈天说地”会；谈话要求从只会介绍转述报刊信息，到观察身边的生活，根据生活事件进行梳理说话，最后发展到自己说完以后能大方自如地应答别人的提问，就好像进行一次班级的答记者问。

一段时间下来，孩子们不再害怕说话和复述了，有时还争先恐后地围绕着问题展开辩论，我感到这种来自于学生的“谈天说地”课，终于开始作用于学生了。我不仅为孩子们的语言能力得到发展而感到欣慰，更为他们视野的开阔、经验世界的丰富而兴奋。语文就应当如此。不只是语言文字的游戏，应当是孩子们经历、感悟生活和人生的过程。谈天说地，他们一方面全方位、自主地阅读、搜寻着书面的知识——报刊中的新闻、生物王国的故事、社会的趣事逸闻，另一方面用孩子天真稚嫩的眼睛观察、收寻真实发生在家庭、学校和城市的变化，领略这个多彩的世界。“谈天说地”改变了他们从家门到校门两点一线的生活常态，从课本和作业本的往返，进入到五彩的世界，进入到真实的生活。孩子们的脚站得更坚实、更高，眼睛看到的世界更丰富、更精彩，生活的经历感受更广阔、更现实。看起来似乎是一种说话训练，可实际是全新的孩子身心健康成长的崭新平台。一年实验下来，从家长到孩子，从语文到其他各学科都欣喜地接纳了“谈天说地”课。

一个难题解决了，第二个难题又摆上了研究的日程——怎样让中年级学生快乐地从口头说话过渡到书面习作？

1982年，我第一次接了一个三年级的班，第五册《群鸟学艺》一课要求学生用“先……接着……再……然后……最后”，有顺序地说一段话。嘿！有的孩子用一个词造句都可能犯愁，一下子有顺序地说一段话，该做怎样用心的设计，才有可能让所有的学生眼睛发亮地进入说话训练，顺利地完成说话任务呢？低中年级是儿童口语训练的黄金年段，我可千万不能耽搁了他们呀！

我在寻找全体孩子眼睛发亮的时刻。有一天下课后，我从游戏中看到了所有孩子们发亮的眼睛。他们神采飞扬，眼睛洋溢着笑意，互相惬意地交谈着，包括上课从来不说话的小奕。游戏、玩乐应当是低中年级学生高高兴兴又切切实实进行口语训练的最便捷的凭借。

我设计了第一堂“玩玩说说”课——《自画像》。那天孩子们见我手中拿着两个面具，两瓶红墨水，两支毛笔，都好奇地问，张老师上什么课？一上课和孩子们说，从今天开始我们上一种新课——“玩玩说说”课。我们一边玩，一边说，看谁玩得最开心，看谁说得最流利。今天我们玩的是自画像，谁愿意玩？孩子们睁大了眼睛，兴奋地举手喊：“张老师请我！请我！”强烈刺激孩子们大脑皮层的是“玩”，他们已经完全忘记这是上课，而且是听说训练课。今天回过头去看，恰恰就是忘记是学习的学习，才是孩子们最有效的学习。当他们处在无意学习的状态，明明是学习，可他们当作玩。这时他们的情绪最放松，思维最活跃，语言最流畅。这种学习氛围常常会使每个人的潜力得到充分发挥。当两位孩子一带上面具，说话训练就自然开始。孩子们在下面笑着说“蒙面人来了，蒙面人来啦！”我一边在黑板上写“先……接着……再……然后……最后”，一边让台上的孩子在面具上画画。每画一笔，课堂就爆发孩子们欢乐的笑声。有的说“他画的是猪八戒的大耳朵”，那个说“他的耳朵像把大扇子”。最后我问，“今天玩得开心吗？喜欢，回家就和爸爸妈妈再玩一次，把今天我们玩的说给爸爸妈妈听。聪明的孩子，可以把他们画自画像写下来，好吗？”下课，孩子们围在我身边，问得最多的是“张老师，下次‘玩玩说说’课什么时候上？”第二天我收到了全班孩子的习作《自画像》，人人都成了聪明孩子。这“玩玩

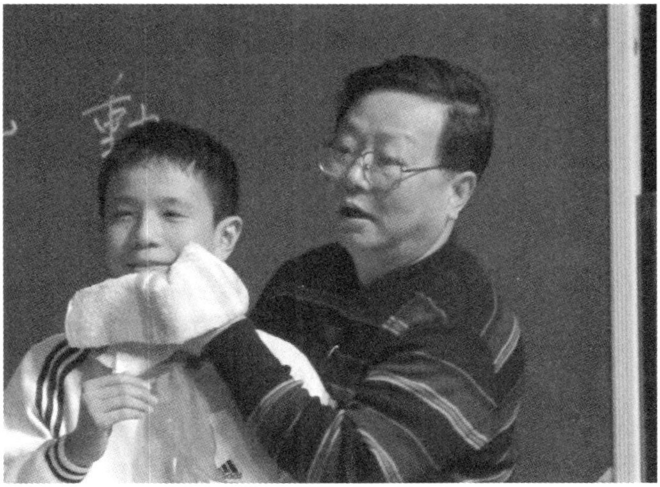

★与孩子一起游戏

说说”课，把《群鸟学艺》训练的困难化解得无影无踪，我找到了一种让孩子们快乐说话习作，享受欢乐童年的途径。这两种新课型的建设，让我感慨：

搞教育研究，只读理论书籍是不够的，只虚心学习名家的东西也是不够的，必须认认真真地读学生，向学生学习。学生才是永远读不完的经典，永远不会穷尽的科研课题，永远不会衰竭的研究动力。

‖ 蹲下来和孩子对话

教育的核心是“爱”，教育的民主是对孩子的尊重。这些道理说起来大家都懂，但真正用事实来触动我认识到这一点的，还是孩子。

1987年春天，我评上特级教师不久，区教研室的王燕骅老师就来找我，希望我在全区语文教学研讨会上开一堂课。我觉得特级教师应该为全区教研发挥点作用，所以，二话没说，就答应了。

上什么好呢？许多老师劝我上“玩玩说说”课，因为我上“玩玩说说”课是拿手好戏，《自画像》、《吹鸡毛》、《斗鸡》……随便哪一个，在自己班、兄弟班上的效果都不错。可是我想，这次是阅读教学研究，上这不合适。于是，我按课程进度，选择了上《一个粗瓷大碗》。

这篇课文记叙的是抗日联军政委赵一曼严格要求自己，不搞特殊，一切为部队、为战友、为伤病员着想的故事。“那些日子非常艰苦，抗联部队几个月来都是靠野菜、草根、橡子面充饥”，“团长、政委和战士一样，嘴边有几个月没沾过粮食了”。炊事员老李好不容易搞来了一点粮食，开饭时，他用粗瓷大碗给赵一曼盛了满满一碗高粱米饭，可是赵一曼首先想到的是没沾过粮食边的病员，并悄悄地把满满一碗高粱米饭换成了半碗野菜粥。

在备课过程中，老师们都说这篇课文难上，课文情景和现在孩子的生活体验差异太大了。甜水里泡大的孩子，他们没有吃不饱的经历。他们是不要吃、不想吃、挑食吃。孩子们不稀罕粮食，不少孩子甚至厌食。在他们看来高粱米饭有什么好吃？还不如野菜粥好喝，马兰头、荠菜浇上麻油不是蛮好？换成半碗，不用吃满满一碗，那才好呢……这种现实存在的突出矛盾还真不好解决。但是我想，进入课本的文章，我们就该认真研究，不能因为难就不上。

课一开始上得挺顺，首尾两部分处理得干净利落，效率很高，学生情绪也挺好。进入教学的难点部分了，我问："赵一曼手里捧着炊事班长给的这碗高粱米饭时，会怎样想？怎样说？怎样做？"这个难题一提出，班里许多孩子们都举起了手。我还是选了班级中最能干的孩子，副大队长杨晓辉。他是浙江省的故事大王，平时上课说话特别溜，还在电视剧《半块红纱巾》里担任过二号主角。现在该让尖子发挥作用了。可他站起来只说了半句话——"赵一曼捧着这碗高粱米饭又想吃，又不想吃……"我的心便"咯噔"一下，赵一曼是共产党员，是抗联政委，是民族英雄，怎么会有这种念头？我立刻打断他的话，笑眯眯地说："哦？杨晓辉，赵一曼捧着这碗高粱米饭会像我们有的同学捡到东西一样，又想交，又不想交吗？请坐。"杨晓辉张张嘴，想说又没有说，坐下去了。我再问班里的其他同学谁能来回答问题时，班里就再也看不见高高举起的小手了。可当时，我还没意识到"故障"的严重性，就说："这个问题确实比较难，请同学们打开书，再读读这几段，读完以后 4 人小组讨论一下。"在同学们读课文的时候，我就下去问学生："呆会儿，你说好不好？"得到的回答都是摇头。我知道杨晓辉是尖子，同学们哪个不明白？他今天才说了半句，就被老师请坐打下去了，他们还敢自找没趣？孩子们当时可能是这样想的，但我却一点也没有意识到。就这样，从这个问题的回答开始，课堂气氛发生了微妙的变化。虽然这个问题最终是解决了，但孩子们求知的欲望，参与的积极性明显下降。尽管师生对话还在继续，但已经没有了激情和情感思维碰撞的火花。不温不火，像温吞水一样的气氛一直笼罩到教学结束。作为一名刚评上特级教师的人，我的脸上开始有些挂不住了，真的感到非常窝囊。

这究竟是怎么一回事呢？是我课堂驾驭的能力不够吗？回想自己刚刚在广州上过的《琥珀》、《草船借箭》，学生都很愉悦兴奋，高潮迭起，参与积极性很高。这似乎说明我在把握课堂上应该没有太大的问题。是孩子们的语文学习能力不行吗？就是这班学生，在省教育厅的老师来听《吹气球》时表现非常出色；儿童个性化的、生动的语言自然流淌，课堂彩球飞舞，师生欢声笑语不绝于耳。这证明了他们参与学习的积极性、主动性，接受文本的思维和语言没有问题。是教材的选择问题吗？同样是这篇课文，在其他班试教时我上得也很精彩……问题到底出在哪里呢？我思考了两三个月。

直到有一天，我在读报纸时偶尔看到“时间是最公正的，无论你是国王还是乞丐”这一段话时，突然顿悟！我联想到赵一曼的那碗高粱米饭。是啊，时间如此，饥饿不也如此？饥饿是一种生理现象，只和人的生理状况有关。无论你是抗日联军还是日本鬼子，都会有饥饿的时候。饥饿是不分卑劣和高尚的。

问题就出在我的身上！是我的形而上学在作怪，是教育思想不正确！自以为赵一曼是共产党员，是抗联政委，是民族英雄，所以，我希望孩子们一出口就回答：“赵一曼想，我是共产党员，是抗联政委。我们剩下的粮食不多了，我不能吃，要留给伤病员吃……”在试教时，不是自己带的班，学生回答我也没有刻意选择对象，对孩子们的学习活动我比较宽容，所以没有出现问题。而在公开课时，我潜意识里记着头上那顶特级教师的帽子，生怕出错，所以选择了最优秀的杨晓辉回答，他刚说了半句话我就打断，并且是把孩子的理解引导到道德品行的对比中，更加重了其他学生继续回答的心理负担。课上砸了，活该！

施良方的《学习论》中提出“学习是一个不断纠错的过程”。没有错误何必学习呢？而我恰恰忘了课堂应当是出错的地方，忘了错误也是一种很可贵的鲜活的教育教学资源。一个优秀的教师不在于他的学生在课堂上的回答有没有错误，而在于怎么样应对和引导，帮助孩子认识和纠正错误。这次的失败是我对课堂教学理解的偏差，是我对学生主体的学习活动缺乏足够的尊重，是我的教学民主意识薄弱。想通了，我在那天下午放学时，留住全班问杨晓辉：“那次在上《一个粗瓷大碗》时，你到底是怎么想的？为什么说赵一曼又想吃，又不想吃？”杨晓辉说：“前面书上不是说抗联战士已经断粮好几个月了吗？他们的肚子多饿啊？赵一曼捧着这碗香喷喷的高粱米饭，闻到那个饭香，肚子咕噜咕噜在叫，多想吃啊！但是她又想粮食不多了，我不能吃，得留给伤员和病号吃。赵一曼就把手中的高粱米饭，倒入了饭桶，盛了半碗野菜粥。”

这是多么精彩的一段话呀！饥饿是人的生理行为，是没有政治色彩的；而在饥饿面前如何做，各色人等却大相径庭。当时，只要我能宽容一点，民主一点，蹲下来耐心听完他的发言，课文前后的意思不就贯穿在一起了吗？伙伴的成功会让课堂气氛继续保持热烈而积极的氛围。唉！一个不经意的反馈，丢失的是孩子们参与学习的热情，这是多么惨重的损失呀！

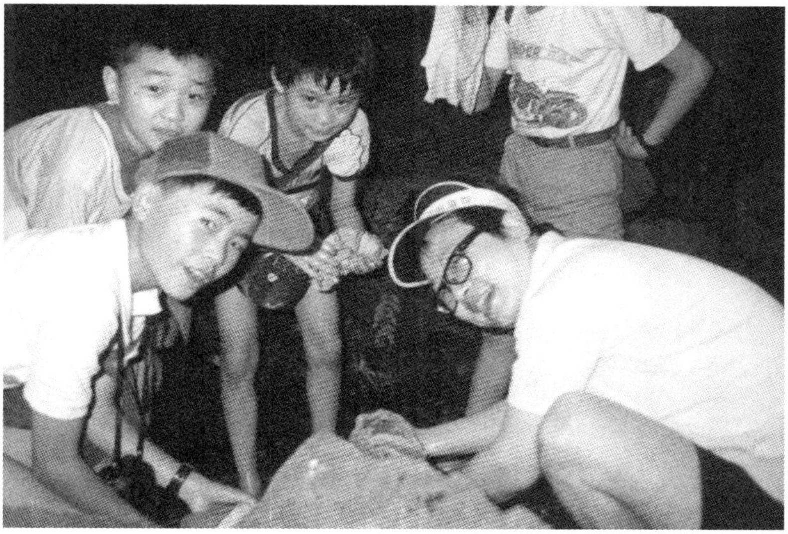

★1989 年和孩子们在虎跑泉汲水洗脸

杨晓辉的回答让我明白了：教育应当是一种无功利的劳动。面对着孩子们那种无邪纯真的眼睛，我们真的应该抛掉所有和教育教学无关的负荷，蹲下来和学生对话。给学生多一点尊重，对学生多一点理解，对差错多一点认可，如果我们把差错当作课堂动态生成的重要资源去开发它，我们的课堂就会呈现出生命的活力，我们的孩子才会永远保持学习的张力和热情。

儿童，才是我人生不竭的动力。他们的善良和天真，会在某一个瞬间感动我；他们的知识和特长，会在某一个空间震撼我。我们老师在人生经验、知识结构体系上，当然应当比个体的学生优秀，但我们同样应该看到孩子身上的闪光点，教师和学生应当互为人生读本。做老师应当会读书、读人、读生活。读人很重要的一点就是读学生。

二、从反思超越自己开始

‖要教会读书

耳朵是用来听世界万物的声音的，主要是听别人说话的。人在潜意识里可能都比较容易接受顺耳的好话。可一个人只会听、只想听好话，一定不会有太多的幸福。批评和刺耳的话，一开始难听，听明白想清楚了，就会变成一笔财富。哪怕别人说得不正确，也总能告诉我们一些信息，一些思考问题的思路。

我教的班级都提倡孩子们读书读报，听广播看电视。一接手的班级，不少家长开始都不认同。特别是孩子淘气的、爱玩的，家长更反对。他们认为，学校里的书都不好好读，平时的作业孩子们做得都很吃力，想偷懒，现在老师一提倡去读闲书，那不更糟糕？好，咱们谁想通谁先做，让事实来说话。我在三年级增加了课外阅读课。我用故事和问题激发学生强烈的求知欲和浓厚的读书兴趣。指导他们学习重点摘录，分类笔记，制作卡片，写读书笔记，逐步培养孩子们良好的读书习惯，注重提高阅读能力。用好书影响孩子们的课内学习，用兴趣制约淘气贪玩的孩子。四年级下学期，我进行了综合调查分析，让事实说话。

全班45人，订书报205份，共33种，人均4.5份，最多的8份，最少的订1份。一个学期全班读书1 135本，人均25.2本，最少的读了3本书。两年来，35.5%的学生掌握了熟读、浏览和跳读的不同读书法；44.4%的学生开始有了最简单的做读书摘记的习惯；近80%的学生初步学会了写读书笔记，在杭州市红领巾读书读报心得笔记比赛中，有5人次得一等奖，5人次得二等奖，9人次得三等奖，有两人荣获全国红领巾读书活动先进个人称号。人人都会制作读书卡片。90%的学生初步学会利用图书报刊独立编报的知识，有 13 人的小报参加杭州市的红领巾办报比赛，一人获一等奖。

强化课外阅读，孩子们的知识面宽了，语汇丰富、认识提高，习作就方便。那时学生非常关心大兴安岭森林大火的消息报道，在教室的墙上贴着全国地图。他们天天听新闻联播关心黑龙江的森林大火。因此这些三年级学生也会多角度、多题材地写《解放军真好》、《揪心的大火》、《假如我会变》等习作。

更有意思的是以下的对比调查结果。

组名	男	女	全册生字听写		期末口试		语文大考	
优生	6	4	95.5	均分 89 分，错1字扣1分。	9.15	均分 8.39 总分 10 分	94.7	均分 87
后进	3	6	69.6		7.27		77.6	

组名	订书报数	读书量	掌握熟读、浏览、跳读方法	有笔记习惯	做卡	摘录	写心得笔记
优生	4.7（份）	30（本）	8（人）	9（人）	10	10	10
后进	3.8（份）	13.8（本）	只会浏览	无	9	7	1

赛级 / 组名	区级	市级	省级	全国	习作发表情况	视力情况
优生组	3	13	6	4	10人　22 篇	8人正常近视 2 人
后进组	无	1	无	无	1人　2 篇	7人正常近视 2 人

如果说这优生组和暂时后进生组的差别，还有许多是原有条件基础的作用，那么再看以下两位同学的调查分析结果。

姓名	性别	四上语文期末考试（班级均分 88 分）	四下期中考试（均分 85.3 分）	四下全册听写（均分 89 分）	四下口试：总分 10 分（班均分 8.39）		四下期末考试
					朗读	问题（班级均分 3.81）	
小陈	女	90	87	94	5	3	73
小王	女	77	83	89	5	5	88

在同样的班级，同一个教师教学，两位智力差不多的学生为什么语文学习成绩走着相反的方向？看下面的调查，可能会找到一些问题的答案。

姓名	订书报	学期阅读量	读书方法			笔记习惯
			熟读	浏览	跳读	
小陈	4份	7本	不会	会	不会	会制卡片，做重点摘录但没有习惯。
小王	4份	35本	会	会	会	有笔记习惯，会制卡片，分类笔记、写心得

当我将这些告诉给家长，家长慢慢认同好孩子应当“爱读书、会读书、不迷信书”的说法了。

可是没多久矛盾又来了。有家长说，我这个孩子书看了不少，可是作文仍然不会写，语文成绩还是老样子，这怎么办？

怎么办？先调查了解，情况清楚了再说。一问这样的学生，常常有这样的情况：

第一，孩子爱看的书（科幻书、侦探书），家长不让买。家长给孩子买的书，孩子不要看。家长都爱孩子，可太想读书立竿见影，太功利了。给孩子买的是《走向大学（小学卷）》、《同步训练》、《作文大典》。读书的主人是学生，他们不爱看，除了花钱买气受，不太会有什么收获。当然孩子买书需要沟通，需要引导。家长建议买的书和孩子自主买书可以结合起来，家长也可以启动激励的杠杆。认真读书，读书有效（不是指惟一的分数，而是包括兴趣、说话、知识、习惯、行为等等方面发生的积极改变），就该奖励继续买书。

如何检查指导？首先可以要求孩子看了书能向家长汇报收获，哪怕是对话，既是对阅读的检查消化，也是对孩子语言的积累和表达训练，还是孩子和家长亲情沟通的自然方式。其次可以鼓励孩子做摘录卡片、笔记。最后家长推荐的，而孩子暂时不感兴趣的书，家长自己要去读，将吸引人的部分，不经意地在饭后茶余聊聊，当孩子兴奋时，告诉他，这些都在买来的书里。

第二，读书吸收是一个过程，需要耐心。一口吃不成一个胖子。我想起英国人萧伯纳说的话，英国人终身不读莎士比亚，不是人们否定作家，而是幼年时，老师逼迫他们背诵的结果。愉悦的漫不经心的课外阅读，一旦变成功利性很强、目标太过明晰的东西，读书就一定会失去思想的愉悦，就可能变成负担。其实人家的东西要变成孩子的血肉，要靠慢慢消化。那些大家，例如贾平凹《一只贝》几百个字，很可能花费了他几年生活的感悟。我们怎么能盼望，孩子几天的读书就都能化为自己的认识和语言呢？这当中，需要家长在孩子读书的初始阶段，也花些时间读读，针对孩子读书粗枝大叶，不会熟读，不会重读，只浏览了解情节的缺点，采用装糊涂、做对手提问的方法，让孩子意识到不足，改进读书方法，逐步养成好习惯。

我相信只要让孩子们爱上书，再慢慢会读书，并由此养成良好的习惯，语文素养会不断增强的。萧伯纳所忧虑的现象，在中国应当不会出现。

‖只爱语文课不是成功

在杭州市天长小学的27年，我萌生和发展了许多有关语文教育改革的想法，以至于我的语文教学受到了许多同学的欢迎。这是我在1988年8月制定的五年级第一学期语文教学计划和设想中，关于班级语文兴趣小组活动的部分：

1.《小草》文学社负责：佳作欣赏栏，每周换文；未来作家习作栏，一学期两次；负责征文通知、收集；负责每月优秀习作挑选打印。

2.《小博士》读书组：负责《知识天地》栏卡片收集、挑选、张贴，每周更换一次内容，每次 12 张卡片；负责竞赛的组织、出题和发奖，举办一次阅读知识竞赛，先每人参加，再选最高分的 8 人，进行男女对抗赛。

3.《小灵通》记者组：负责每周两次的黑板简明新闻报道（中队的、学校的、社会的）。

4.《笑林》相声团：一学期每人负责排两个相声，每人至少在中队和兄弟中队表演两次，有能力的自己创作相声。

5.《小百灵》演讲团：负责课文表演，中队节目，诗歌朗诵。每月在中队或兄弟中队朗诵诗歌或讲故事或演节目一次。

6.《家乡好》旅行组：每学期至少活动一次，完成三项作业：活动计划、习作、口头汇报。

……

这些小组要求由孩子们自由报名组成，一般每组有五六名成员。每个孩子可以根据实际情况参加 1~2 个小组。其中《家乡好》旅游组可以成立若干分组。

这个计划在全班公布后，孩子们的参与热情可高了，有时为了完成一次相声演出，甚至不惜放弃休息天和父母一同出游的好机会。

与此同时，我也经常抽空和孩子们外出活动，一同体验美好的生活：我会趁着杭州难得的大雪天，大胆地带孩子们到孤山滑雪、打雪仗；我也会像老顽童一样和孩子们拉着快乐的风筝，在杭州市青少年宫广场与孩子们比赛风筝放飞的姿势和高度，让快乐的心情随着翻飞的风筝飞扬……我不怕雪水会玷污孩子们的衣裳，严寒会冻着孩子们娇嫩的手脚，我只是不想放弃这大自然的馈赠，不想丢失这天然的教育沟通时机。我要让孩子们自由地放飞心情，让孩子们银铃般的笑声萦绕在西湖的山水之间，让孩子们在欢乐的活动中真正领悟李大钊所说的“学要学个踏实，玩要玩个痛快”的道理，让孩子们有机会自由地放飞想像，用奔跑的汗水和真切的体验为学生的习作练习做好应有的铺垫……

这些活动的安排，密切了我和孩子们之间的感情。但是使孩子们爱上我语文课的更重要的原因，还在于我会在进行小学语文生活化的课堂探索时，经常打破陈规进行尝试教学。比如我在三年级上《葡萄沟》时，会将买来的新疆葡萄干让全班学生品尝，使学生在甜津津的葡萄美味中，去寻找地图上的新疆吐鲁番葡萄沟；再从地图上的葡萄沟转移到学习课文中语言文字所描绘的葡萄沟；我会努力引领学生走进文本，和葡萄沟热情好客的乡亲们一起，观看满山沟各色各样的葡萄，了解在荫房中晾干葡萄的诀窍，品尝各种香甜的水果。我会让孩子们在讲台前商量准备，表演东郭先生和狼；我也会让孩子们依照《植物妈妈有办法》中的诗句，大胆想像，让孩子们移位，写《莲子旅行记》、《蒲公英飞翔》……

孩子们都爱上了语文课：有的同学由喜欢语文课而喜欢上了我这个特别的老师；有的孩子由喜欢我这个懂他们心的老师，而爱上了语文课，我感到非常欣慰。但有一次，一个家长碰到我说："张老师，你真有办法。原来我们的孩子很喜欢数学，现在变得不喜欢数学，而专门喜欢语文了。"

言者无心，听者有意。我从一位教育者的专业角度，好像咀嚼出了这句话中有什么不对劲。虽然这位家长在夸奖我的语文课，但实际是不是在提醒我：张老师，你是班主任，你有责任协调、引导学生的全面发展。现在你组织的活动中，语文学科意识过强，虽然学生喜欢上你的语文课，但无形中可能阻碍了学生数学等其他学科的发展，这和小学基础教育的目标——德、智、体、美、劳的全面发展教育思想是相违背的……我忽然感到自己原有的一些欣喜消失了，我有必要尽快纠正这种不应当发生的教育偏差。

事后，我找来了这个孩子，我对他说，浇灌地基，需要水泥、黄沙、碎石和钢筋，只有钢筋，地基能牢固吗？小学学习，就是在为构筑知识大厦浇灌地基，这个地基，需要语文、数学、美术、音乐、体育等多门学科的支撑，无论偏废了哪一门，今后的知识大厦都会不够稳固。张老师是语文老师，但张老师不希望你们只喜欢语文。如果你们只爱语文，就不是张老师的成功，而是张老师的过错。张老师希望你们学好每门功课，把知识的地基夯实，今后得到更全面地发展。为了配合这种思想的实施，我还迅速地建立了数学等其他学科的学习小组，并尽可能地保证学生参加学校的合唱团、体训队、华杯赛集训队等的正常活动。因为我不想让学生在语文学科上的成绩和进展，建立在牺牲其他学科学习的基础上，这不是成功，而是我作为语文教师的一种过错。

没想到，全面发展的教育思想说了这么多年，而真正令我开始反思、引起触动并采取有力措施的，还是这样不经意的一句话。就是这句话，使我对教育教学再一次加深了“人的发展”的认识——我真正从一个人的全面发展来从事我的工作了。

在《河南教育》1989 年第 11 期《小学语文教学最优化的总构思》的文章中，我这样表达：

“学校是个整体，语文的优化只有放置在学校改革的大背景下，在整个学校教育改革的指导和协调下，才有希望获得圆满的效果。脱离学校教育的整体，只研究单科的教学优化是不现实、不彻底的。优化语文教学必须打破自我封闭、孤立的教学状态，把语文教学变成向学校各相关学科、向社会生活开放的系统。要辩证地认识语文教学的地位作用。学校是个整体，但整体的各个部分并不是均等的。语文是小学占时最多的学科，它有极强的思想性、工具性和基础性，它在小学生合理的知识结构中占有十分重要的位置。语文学不好，常常拖其他学科的后腿。从小学生年龄特征和认识规律来看，小学也是他们学习语言的最好时期。实现语文教学的优化，是学校教育改革不可缺少的一部分。它的优化必将推动其他学科乃至整个学校的教育改革。同时，我们又必须认识到无论语文如何重要，在实施优化时，决不能削弱或牺牲学生其他学科的学习，损伤学校整体教育的功能。倘若我们语文优化教学后，所教的学生只爱语文而讨厌学习其他学科，这只能证明我们试验的失败。”

‖研究实验要开放

我从 1981 年开始进行小学语文最优化的课题研究。但说实在话，我的研究是不严格、不规范的。人家说实验讲究对比，控制相关因子，实验才有说服力。但我始终认为，基层学校的教育科研最多是准科研，不可能是自然学科那样严格意义上的实验。科学实验允许，也需要破坏性试验，教育能在学生身上进行破坏性试验吗？我从事的所有研究只是为了学生。只要对他们有好处，实验就不关注横向对比，不对同年级或其他年级的教师封闭。如果我们使用的方式方法，对孩子的自身发展有好处，他们能在我们的教学实验中受益，发展得比同龄孩子更快更好，我们的实验就是成功的，就是值得向更多地区进行推广的。

我的课题研究从一开始就自觉不自觉地在按照行动研究的方式进行。我尝试组织了“玩玩说说”课，自己班的学生很喜欢，隔壁班的同学也很喜欢。我就把自己的教案，自己在探索中取得的经验告诉对此感兴趣的老师。我不想封锁成果，不想通过实验数据的对比来说明自己的成功，别人的失败。我只想和更多的老师一起寻找对小学生有效的教育教学方法和途径。因此，我把谈天说地、四人小组讨论、不举手发言等教学方法，无论成功的、失败的统统说给老师们听，和老师们一起交流。如果大家感觉不妥，我就在思考中改进，如果大家觉得方法可行，就一起进行尝试。有好经验一起分享，使更多的孩子受益，不是很好嘛！

记得 1985 年我搞了一次查找错别字的主题实践活动，效果很好，我就把这个经验写进了总结和老师们分享。第二年，我的老同学——周武老师，就是那位提出“第十名现象”的优秀教师，就在我的基础上改进了这个语文学习活动。他们班的学生不仅查找错别字，还做了一个活动统计，并给当时的杭州市市长钟伯熙写了情况反映信。市委市政府很重视，市委副书记作了批示，钟市长还给孩子们回了封热情洋溢的信。《杭州日报》把学生的批评建议信和市长的回信一起登了出来。我们天长人都很高兴，我觉得更高兴。因为我们所营造的开放式的研究氛围，能推广老师的研究成果，能深化老师的课题研究。你看，就是一次主题实践活动的推广，就关注了更多学生的语言实践运用能力，提高了更多学生的语文素养。这样的研究试验，才是真正作用于广大学生的，是为孩子的成长负责的，我更加明确了开放课题实验的意义了。

无论教学还是科研，都得肩负起对学生的责任，对社会的责任。要始终把学生的发展放在第一位。教师今年没有教好明年再教。但孩子的人生没有返程，孩子一年的失败也许就可能造成一生的失败。我提醒自己：要继续深化教育的研究实验，要更好地把研究成果与老师们分享，如果实验有更多、更好的成功经验，就会使更多的孩子得到更好地发展。为了孩子，我必须在教育研究的路上走得更好、更远。

三、爱与被爱都是幸福

‖ 和年轻人一起成长

著名教育专家杨再隋教授曾经这样对我说："张老师，这些年你们浙江的年轻人了不得啊！最近在北京'语文课程标准研讨观摩会'去上课的近一半是你们浙江的年轻人。王崧舟、虞大明、盛新风的课反响都很好。北京那个很活跃的吉春亚原来也是你们浙江的。崔峦老师还对你们杭州的曹晓红很关心呢……我们安排一个时间，你带弟子们到湖北来，我带湖北的青年人到杭州去，一起交流互动如何？"

的确，浙江省教育厅从20世纪90年代中期，就加大了对优秀中青年教师培养和使用的力度，特别从1998年第7批特级教师的评选开始，果断地向优秀中青年教师倾斜。一个具有前瞻性的好政策，造就了一批浙江省基础教育的才俊！三十来岁，风华正茂的年轻人成了万人瞩目的特级教师，他们在浙江省基础教育的平台上，热情洋溢地演绎着新时代的教育人生。有了这样的

★和曹晓红、王莺、虞冬玥、陈建军在一起

宏观背景，我和我的学员曹晓红、虞大明、王莺，师徒4人才可能6次代表浙江省在“全国小学语文研究会”举办的“全国阅读和作文教学观摩会”上上课。这是全国小学语文界的一个奇迹，这是我们浙江基础教育的骄傲，这是我们上城区的光荣。我真心地爱着这群年轻人，真心地爱着这些“可畏”的“后生”。因为在和这群年轻人的交往中，我重新获得了生命的激情，重新感受了青春的活力。他们的反叛、创造、进取，重新点燃了我生命的火焰。说起他们，一张张鲜活的面孔就会跃然于我的眼前。

虞大明——杭州市崇文实验学校的副校长，一个才华横溢的性情中人。1991年，一次偶然的教师培训课堂上，我注意到他的素质很全面，是一块做教师的好料。我就开始有意地培养他。当我第一次请他为区里三年级的语文教师讲课时，许多老师都感到惊讶，既为他标准的普通话和流畅的表达，也为我不拘一格大胆地挑选人才。那年恰好我爱人是这个年级的语文教师。她诧异地问我，怎么找了这么个嫩芽芽给大家讲课？但我相信，他不久就会令人刮目相看。

果然，区里组织语文骨干教师研修班的学员到江苏丹阳上课，惟有他主动报名。虽然新手上路，他到丹阳执教的《神笔马良》没有上好，但他丝毫没有气馁，像一只不怕虎的牛犊，回来继续进行试教。几次下来，我欣喜地发现，他的课越上越精彩。

1994年，上城区教育局园丁工程启动。我和他有了正式的师徒名分。当年，他在金华以一堂声情并茂的《董存瑞舍身炸暗堡》，夺得了“浙江省青年教师阅读教学比赛”第一名。1995年，在沈阳“全国首届青年教师阅读教学大奖赛”上，他执教的《狼牙山五壮士》，为浙江省赢来了第一个一等奖，也成为浙江省第一个在上海《小学语文教师》出个人专辑的年轻语文教师。那年他才22岁。

有人不服气，说：“虞大明只是靠师傅备好课，这样上课谁不会？”真是站着说话不腰痛，看人挑担不费力。成功是用汗水和智慧浇灌出来的。课前参谋千千万，课堂上课要自断。没有自身的功力怎么可能成功？“全国青年教师阅读教学大赛”一等奖得主有60多位，还敢于或者说还能第二次

★虞大明获全国阅读教学一等奖后，一起讨论今后发展的计划

在“全国小语会教学观摩会”上上公开课的只有几位，他就是其中的一位。

他的大胆进取，勇于开拓，还表现在对自己的不断否定，对导师的超越。他的《庐山云雾》先后有4个版本。2000年上《景阳冈》，敢于将我刚在厦门成功演绎的教学设计放在一边，大胆地和我们讨论将建构主义的学习理论，变成可以触摸的“自主、合作、探究”的学习方式，变成可以冷静操作的教学行为。那次的研究课是我听过的他的课中最出色的。这不仅要有教育教学的实力，还要有真诚和坦诚，要有做人的人品。不然，您敢这样和师傅讨论八字没一撇的改革吗？我事先根本没有想到他这样上，就是想到也未必认为他能上好。而他说：我愿意做担风险的弄潮儿。

就在人们还在为他的《景阳冈》喝彩之时，虞大明又开始了新的里程。半个月后，有人找他上课，他说：“我不上《景阳冈》，要换一堂课。”他不愿把已有的成功当作固守的平台安然躺卧，更不想把它作为终极产品。他宁可整天沉浸在语文教学的王国里，琢磨课堂教学艺术并为此熬夜到凌晨，也不愿从此故步自封，驻足不前。这是鼓舞我的一种精神。这就是勇于开拓创新，就是与时俱进！

当然，任何人的成长过程中都会有迷茫和困惑。虞大明也曾对我说，有时候，伏案备课，竟然三五个小时过后还一无所获，这是不是“黔驴技穷”，不会备课、上课了？

我告诉他，这是成长中的高原现象，很正常。这仿佛是一个关卡，闯不过去，就进入了“停滞期”，闯过去了，则海阔天空。“如果说成功执教

‘写景抒情类’课文是你的第一次自我超越，‘想像作文训练’是你的第二次自我超越，那么现在，你正面临着第三次超越。当然，这次超越也是最困难的，需要新的理论、理念的支撑，光靠感觉是无论如何实现不了的。你要坐下来读书，钻进去思考，沉下去实验”。虞大明领悟了，并成功地超越了，他用物化的成果证明了他人生的精彩。他应邀北上南下，东奔西走，上了百余节观摩课，作了近百场学术讲座。在小学语文界，虞大明逐渐成了一种风格的代名词。他的课，到位、有味、个性化，新招迭出，学生欢迎，屡获专家和同行的好评。不仅如此，他还用许多成果证明了优秀教师不只是会上课。2003 年，他参与主持的《新班级教育》获得浙江省人民政府基础教育成果一等奖；他撰写的《走过 10 年》一书由少年儿童出版社出版。这一切来得真是不容易。虞大明的可贵之处在于，当别人还不敢想的时候，他想清楚并冲上来了。他不仅坚定不移地信仰着，而且坚持不懈地实践着，与时俱进地反思着。

曹晓红——一个很感性的人，一位潜质极好的教师。2000 年，她刚满 30 岁，就成了浙江省第 7 批特级教师中最年轻的一员。她是教育部国家级名师培养人选，也是浙江省承担教育部语文学科课题的第一位小学教师。是她的《小学品评式阅读教学研究》的课题，给杭州市天长小学更多充满潜质的年轻人带去了提升的可能。

进入新世纪，她在低中年级教学，经常遇到孩子们的识字问题。

低年级孩子究竟应该如何学习生字？集中识字，分散识字，随课文识字，各种经验，各种方法，孰是孰非？中国那么大，地域和经济发展有那么多层次，学生学习汉字的不同

★师徒共进

阶段，各种识字方法自然会找到它们的用武之地的。不过所有的识字方法，在今天我们采用的时候是不是都应当考虑：第一，这个办法对儿童的发展是仅仅在一个纬度上起作用，还是关注了儿童生命发展的全部要求？第二，这个办法是只对学生今天负责，还是兼管孩子明天的发展？

听说有一种很时尚的幼儿“识字法”，三年幼儿园能学 4 000 汉字。我实在感到惊讶。假如这是“天才教育、精英教育”研究的一个项目，尚可理解。因为高智商的那部分孩子，在大量资金、设备和研究力量的支持下，还是有可能达成的。而且要想真正作为“天才教育、精英教育”的研究项目，它应当而且必须有和它幼儿园学会 4 000 汉字相衔接的小学教育。不然就会隐患无穷，是对高智商儿童生命的浪费。

倘若幼儿园识字 4 000 个，是一种大众教育的识字方法，是面向大多数孩子的汉字学习经验，那么，我不是怀疑，而是明确的反对。试问，4 000 个汉字，平均每个学期 650 个汉字以上。那些大小便都不能保证完全自理的幼儿，却要在每节语言课中至少认读六七个汉字，全体幼儿可能做到吗？这样的幼儿园，幼儿们还有欢乐可言吗？这样的试验是把幼儿园教育小学化推到了极致！必将把“厌学的恐惧”迅速蔓延到幼儿身上，我连想都感到可怕。就是那些以丧失天真、欢乐和健康为代价获得 4 000 识字的幼儿，当他们进入小学学习时，这种畸形发展的“基础”，将会让大多数孩子对学习失去兴趣。请想想，作为一个正常的孩子，谁会对天天吃炒冷饭有食欲？这 4 000 个早已掌握的汉字，已经把义务教育阶段需要学习的 3 500 个汉字囊括在内。有哪一个孩子能有耐心吃上九年的“冷饭”？没有兴趣的学习会给孩子一生的发展造成致命的伤害！

关于这种对低年级识字教学的肤浅认识，我和曹晓红对话过。她是一个敢于尝试的人。她认为“低中年级阅读教学中的识字教学可以寻求突破，尝试变革，来一个后置，即生字的教学放在全文的讲读、理解之后进行”。今天再来看这种主张，似乎也没有什么大不了。《语文课程标准》下的不少新教材都这样提倡：读写分开，先认后写，多认少写。但是，那是发生在世纪之交。一个刚刚评上特级教师的年轻人，这样发起冲击，议论和压力是很大的。好在，毕竟是浙江省名师班的学员，她是思考后再实验，已经远比我20世纪70年代末，凭直觉，先干了再说，要高明得多。曹晓红认为低中年级后置识字是基于以下的认识和实践：

1. 应赋予语文课一个更精美、更合理的结构。低中年级的语言学习依托于故事情节。而以往的集中识字在这一点上是欠缺的，随课文识字，师生常常处在阅读的语言环境的“时断时续”“进进出出”的状态。后置识字有可能解决这个问题。

2. 教学应促进学生理解（意义）记忆的发展。伴随学生课文的学习，内容的感知，词语句子的理解，生字的熟悉和理解就在其中，意义识记的含量会大大增加。

3. 应充分利用学生的无意注意来提高学习的效率。后置识字是“延时记忆”。反复的阅读，将前期的无意记忆和后置时的有意记忆结合，识字的效率更高。

4. 教学应为学生各方面素质的发展提供空间。后置识字，让学生课外阅读没有负担，排除识字的心理障碍，知道一些字不认识，照样可以阅读理解。提供了学生阅读发展的更大空间。

深入的思考有利于催生成功的实验。一年多的心血提炼出《低中年级阅读中的识字教学新突破——后置》。通过对全班47人有关后置识字的问卷调查，结果显而易见：喜欢生字放在课文学完后再学习的36人，占76.6%；觉得识字放在课文学完后再学速度更快，记得更牢的39人，占83%；认为自己对后置识字习惯的41人，占87.2%；认为后置识字不影响课文学习和理解的45人，占95.7%。有了这样的研究结果作依据，曹晓红还有什么理由不采用后置识字呢？

顾泠沅先生曾经说过：以教育改革为目标的研究，离不开经验反思这条主线，然后多法并用、各法互补，这有助于教育理论与实践的有机结合。很多事例表明，这种做法具有较好的现实可行性，同时能激发广大教师的群体活力。教育改革的实质在于追求教育实践的合理性，合理性是目的性与规律性的统一，这种追求本身就是经验反思的根本动力……研究认为，经验加反思是一线教师教育科研的最有效的途径，是教师在已有经验基础上的主动建构……在教育科研的过程中，引导教师从经验中学习，在反思中成长。

培训教师我很快乐，因为我天天看到学员们在岗位上成长。单从教师进修学校语文组出去的，就有王莺、高军玉、陈岚、徐雪峰，他们都成了基层学校的校长，带去了进修学校的文化，在基层的语文课程改革中发挥着重要作用；其他还有曹晓红、虞大明、陈建军、陈利莹、沈晓红、虞冬玥、何春兰、葛永腾、茅琼华……这些学员都在校长、中层干部和骨干教师的位置上努力攀登；目前在进修学校内部，还有一批出色的年轻人吕芳萍、缪华良、吴晓玲……他们在实践中磨炼着硬朗的肩膀，努力用自己的心血积极参加搭建上城教师教育的大厦。

我羡慕，甚至有时会嫉妒他们；我爱他们，常常将他们当作自己的孩子；我敬畏他们，因为他们正以更快的速度做着和我同样，却比我更有新意、更有成就的事业。他们生活在一个鼓励创造的年代，也处于一个善于创造的年龄。他们敢于不断超越，也愿意承受别人的曲解。他们跌倒后马上又会坚强地爬起，在更高层次上继续丰富和超越自己。我有幸通过跨世纪园丁工程，天天与这些年轻人相处，不断地从他们那里获得鼓励和鞭策。假如要说感谢，得首先感谢这些可爱、可亲，和我儿子同辈、充满智慧和活力的年轻学员。正是他们使我在60岁还有可能保持着思想的活力、学术的锐气。我爱这些可畏的青年人，并愿意借给他们肩膀，成为他们前进的阶梯。

‖ 在事业和家庭中寻觅

幸福是什么？幸福是一种心态，一种感觉，一种对自己、对生活、对人生经历的体悟，是价值观的自我鉴赏；幸福是一种自己可以感受的美好，是时时涌上心头的感恩，是一种实实在在的存在。和成功相比，幸福是个相对轻松的话题。因为成功是他评的，而幸福是自品的。她不在别人的嘴上，而扎根在自己的内心。至少可以这样说，十一届三中全会以来，特别是最近这十多年，在寻觅语文人生的过程中，我深切地感觉到——幸福是一种真实的存在，而这种存在首先来源于爱。

那还是在20世纪60年代，一次，在厕所里，我突然发现学生郑勇的小便颜色不对，黄得怕人。我非常关心，不仅关照孩子回去告诉家长，抓紧看病，还不无冒失地和家长取得联系（他家长是主管全省卫生医疗的领导），请他们带孩子去医院看看，我怀疑孩子可能染上了黄疸肝炎。最后家长告诉我，他们没有留意，孩子的确患了黄疸肝炎，已经住院。家长的感激让我欣慰，更让我感受到了教师尽责后的幸福。

结束十年浩劫，生活开始正常。那年我班有个胆儿特别大、爱闹事的孩子，叫钱敏。四年级时，他和班主任老师拧上了，居然爬上二楼的木扶栏对着老师嚷，你再说我就跳下去！他父亲倒是一个很不错的干部。可在淘气的孩子面前也真的想不出什么办法。我也很头疼。但我没有丧失信心，我觉得孩子虽然很淘气，但本质并不坏。现在的问题是要寻找撬动的机会。

四年级暑假结束，机会终于来了。在开学前的小干部会议上，他的小邻居说，听说，钱敏暑假在向阳游泳池捡了一块手表。马上，我找钱敏问，迅速了解了事情的缘由。那天他在更衣室冲洗准备回家的时候，捡到一只七八成新的上海牌手表。他把手表交给了游泳池的管理人员，还打了收条盖了公章。事后他又让人打电话询问。据说，失主已经把表领走了。他急匆匆从家里取来的收条证明了这一切。

下午我就打电话询问游泳池，再次证实了孩子的真诚和善良。于是我和失主联系，介绍了孩子的情况，希望他们配合，帮助我们把握这次机会，让孩子享受一次全校师生的尊重，让他抬起头光荣一次、高兴一次！让这次偶然，变成成长的新的契机。两天以后，失主很配合地送来了大红的表扬信，送来了表示感谢的文具盒和钢笔。学校的红领巾小广播，播送着钱敏拾金不昧、做了好事不张扬的动人故事。连续的表扬，天天能遇到伙伴、老师的注目礼，为孩子带来了重新认识自己、重新设计自己的最好机会。

他终于变了！从许多人认为的“坏孩子”，变成了小干部。长大后成了《文汇报》的记者，然后又调入了新华社打理一份杂志。我又一次感受到了幸福。

我这样找上门去，寻求游泳池的配合，要求失主的感谢，不是为了我自己，也不是为了什么班级的荣誉。我是真的感到这个刺儿头转变的机会来了。我必须一把抓住它！为了孩子的今天，更为了他明天的幸福！他必须迅速从原先那个圈子里分离出来！教师有责任以专业的眼光去开发各种教育资源，为孩子的生命成长去尽可以尽到的一切责任。

林晓爸爸在非洲援外医疗队工作期间，被发觉得了肝癌，三个月后就英年早逝；柯杰一年级就失去了父亲；舒凡父母远在冰城哈尔滨，他和外婆相依为命……我知道他们更需要理解、尊重和关爱。生日，我为他们送上小礼物和真挚祝福；周末、假日，我请他们到家来玩儿；平时，我找他们一次次谈心面批，让他们享受比同伴更多的爱。在我这样的关注下，柯杰三年级写的《称金鱼》一文，获得“全国未来作家大奖赛”二等奖；林晓6年的学习中，有7篇习作发表，获得过8项区以上竞赛奖，其中两项为全国一等奖，并以杭州市总分第二的成绩进入杭州市外国语学校；舒凡先后发表了3篇习作，她在读初中时，回到了父母身边，成了初中班的语文课代表，她鸿雁传书，一次次念叨着杭州、学校、老师和同学，念叨着对成功滋味的体验。这些经常会使我心里升起一种不可名状的喜悦：工作是一种美丽，给予是最惬意的幸福。

假如说热爱学生已使我感到幸福，那么被学生热爱就是教师更大的幸福。当我过去的学生家长告诉我，哪个班的小男孩成了杨振宁博士的研究生，在大洋彼岸攻读学位时；当孩子们用闪烁的彩灯、欢庆的鞭炮、喜悦的掌声迎接我病后参加联欢会时；当我收到天南海北飞来的学生和学员的问候和祝福时，我很幸福。记得有一天快下班的时候，学生让我晚上6点45分看浙江文艺台节目。准点打开电视，发现是她为我点了姜昆的相声片段，并用这样的语言“张老师，您辛苦了！希望您劳累一天后，回到家里能听听相声，笑一笑……”来祝福我时，我仿佛看到了孩子赤诚的心，真切地享受着被爱的幸福。

幸福真的无处不在，特别是当她与亲情融合在一起时，就更成为巨大的力量，冲决着我的泪腺，使我回味隽永，情不自禁。

我的岳母大面积脑梗塞，瘫了5年，神志不清，生活不能自理。但让人惊讶的是，神志不清的老太太在潜意识中，居然对我这位女婿很是照顾。每当我去照看她时，老人总是特别安静，不吵、不闹，很“乖”。我爱人照顾她，晚上她要小便七八次，我照顾时，她只解两次。有一天黄昏，我边照看她，边写文章。老人突然不停地对着我“唔、唔”地叫，似乎在提醒我什么。“想喝水?”摇摇头；“饿了?”摇摇头；“小便?”摇摇头。我揣摩不出老人的意思，忽然发觉老人的目光盯着电灯。我连忙把灯打开，老人才安静下来。啊！原来老人看我忙着写东西，怕光线太暗，在嘱咐我把灯打开……

还有那个3岁的小孙女。在一个冬天的晚上，我去倒垃圾。因为孩子正生病，再加上吃饭不乖，我就不想带她去，说了一声“我倒垃圾去了，”就关门走了。刚走到转弯口，就听到里面传出她的哭声。我没有在意。回来后，见爱人抱着还带着泪水的小孙女，动情地对我说：“小东西真乖。你去倒垃圾，她在沙发上给你拿衣服。捧着那件大人衣服，跌跌撞撞，叫着爷爷。发现你走了，马上哭了……”我抱过小东西，一股热流涌上心头。我亲着孩子问：“为什么去拿衣服?”她眼眶里饱含着晶莹的泪，说出的话像一股暖流：“外面冷……”

我脑海里不禁浮现出小孙女捧着我的外套，一半在手上，一半拖在地上，急急地向我奔来的情景。

★孙女给爷爷捶背是最幸福的时刻

才一丁点儿个嫩芽芽，在病中要别人照顾的娃娃，居然主动地为我抱衣服，怕我出门冻着，这是多真、多美的亲情啊！刚学会说话的和已失去语言功能的人都能够这么关爱我，关爱着他们的家人，这不是幸福是什么？这种幸福常常洋溢在我的心中，让我温暖，让我陶醉。感谢生活，赐予我如许幸福。

生存在相对的成功与绝对的幸福中的是我至爱的事业。我有高血压家族史，母亲66周岁前一周，因脑溢血离开了我们。三姐55岁退休前，因脑溢血倒在办公桌前。我也有13年的高血压病史，曾经出现过让我迷迷糊糊感受生命威胁的244/142的血压记录。朋友们和家人都说，好收山了，差不多了。但我还是无法停止自己的脚步，虽然我也知道自己很平凡，也明白生命是世上最珍贵的，是不可替代也无法复制的。但拼命工作已经成了我的一种活法、一种惯性、一种无奈。因为我始终认为：

事业蕴含生命的意义，忙碌体现生命的价值。既然社会和事业需要我，我就仍将累并快乐着，并且仍将体会着切肤的失败、争取着相对的成功、珍藏着绝对的幸福。

‖ 永远的感谢

人老易怀旧。眼前的事情很容易忘记，过去的事情却常萦绕在眼前，历历在目。特别是那些伴随我成长的人和事，使我常常心怀感恩。种子生长发育需要条件。我的一切，都离不开这个时代，这方沃土，这里的“神圣”和“百姓”，这里的风风雨雨……

首先，我感谢这个伟大的时代。我身上这种不断奋发的精神和活力，是这个时代赋予的；我想创新，标新立异，也是这个时代提倡的。我被肯定与赞扬的一切，如果前置30年，不要说根本没有现在这样的物质条件和技术支撑，就是思想精神也是压抑的。今天所做的一切，在那时轻则批判，重则扫地出门，戴帽处理。谁还有实现先进的教育理想的机会？你敢钻研国外，特别西方教育家们的理论学说？你敢提倡多元价值观、张扬学生的个性？你敢不经过支部的批准自己去写什么论文，搞什么课题？是十一届三中全会实事求是的思想路线，是改革开放的25年，让我一个普普通通、平平凡凡的小学教师重新焕发了生命的活力，有了再活一次，再加油干一次的冲动和韧性。我感谢“十年浩劫”的磨难。人遇到苦难，战胜了；人经过失败，站起来了，那么这个苦难和失败就是财富。我年轻时十分张扬，自以为了不起，再加上当时杭州市天长小学是杭州惟一的实验学校，在这个特殊的环境，人的眼睛常常会长在额头上，很狂妄。但现在这气味在我身上大致是找不到了。这就是“十年浩劫”给我的馈赠。

如果没有在“十年浩劫”中吃过苦，跌过大跟头，人就不容易长记性。那就不是今天的我，对别人的错误，我就不会这么宽容和理解。只有真正吃过苦，并从苦中明白事理，辨出苦尽甘来，这苦才没有白吃。想通了，人生五味，苦是其中的重要一味，幸福的人生能少了它吗？

其次，我感谢这方土地和这方土地上的人。上城区是杭州中心城区，原来只有八点多平方公里，可却有多任懂教育、爱人才的教育局局长：何容、金平一、方莉……在这块土地上曾诞生过十几位特级教师，天长前后出过罗云仙、杨明明、孙迪如、章鼎儿、曹晓红、王莺、俞国娣、杨薇华、我和我的学生丁杭缨10位特级教师。我就处在这样一方土地之上，处于这样一个群体之中。

我感谢天长小学的老校长李承龙。他是全国劳动模范，是全国著名的教育专家。他几乎把一生的时间和精力都耗费在了天长小学品牌的铸造中。改革开放以来，教育部第一次评选教育科研成果奖，李承龙校长领导的《小学生综合优化实验》就获得了一等奖。尽管我们说名校靠名师，名师是学校的对外窗口，是学校的顶梁柱，但是校长是办学的灵魂，是学校的旗帜。天长小学那么多特级教师和优秀教师的成长，没有李承龙可能吗？“十年浩劫”时，我是全区的铁杆倒李承龙派。但1984年浙江省第三批特级教师推荐时，他依然以一个共产党员的党性，秉公办事。我当时患肝炎在家休息，他拿着推荐单到我家，诚恳地说，经过全校民主评议，党支部和学校行政决定推荐我为第三批特级教师候选人。这太出乎我的意料了！1984年试行的是党支部领导下的校长负责制。李承龙是党支部书记，否决

★和李承龙(中)校长一起接待台湾同行

我的理由太好找了。可是他没有。“代表组织郑重推荐他的竟是他过去坚决要打倒的校长!”消息传开，上上下下说什么的都有。毕竟“举贤不避仇”，说说容易，实施是难的呀！两年后我被批准为特级教师，李承龙校长作为全国劳动模范上了北京。在这里，我看到的是一个共产党员的气魄，一个忠诚于教育事业的校长对事业和人才的一种承诺。

我感谢罗云仙老师，她是天长小学的老教导主任。我到天长小学就是罗老师挑的。1981 年她批准为第二批特级教师。那时候我每周两节课，带着小凳去听罗老师的课。她就那么平和、宽容地让我去听课“偷拳头”。当时她是杭州市人大的副主任，公务、教务都极忙，却在百忙之中接纳了我。

我感谢天长的文化，自由民主、活跃争鸣的空气，每次教学研究活动，老师们各抒己见，允许走自己的路。我搞小学语文教育教学的许多改革，在今天看来是正确的。但是在当时，的的确确太超前，太“另类”。能坚持这么长的时间，是因为当时谁也没把我当怪物。学校的同事能无私地批评我、帮助我；也并不因为我评上特级教师了，就不再提出意见和建议。

再次，我感谢我的导师群。退休的杭州市教研员特级教师宋寿朝老师带过我多年。尽管没有文件确认，也没有举行过什么仪式，但在我的心里他一直是我的导师。在我起步的时候,是他经常和我研究课堂教学的改革，给我好多忠告和无私的帮助。我第一篇论文是经他推荐发表的，现在我和学员们讲的许多话，也是宋老师当年跟我讲过多次的。我从他那里学到了做人的真诚朴实、待人的热诚坦荡。可以这样说，没有他的引领和鼎力相助就不会有今天的我。我研究小学语文教育教学改革，想走中国小学语文的最优化之路，浙江大学研究最优化教育的专家张定樟教授多次来听课，肯定我的课是真的像“最优化”，并鼓励我把实践的成果、心得变成一篇篇论文。著名的全国小学语文教育专家杭州大学朱作仁教授和湖北人大常委、华中师范大学杨再隋教授为了提携第一线的教师，常常带领我们到外地讲学，为我的教学取得的成果擂鼓呐喊，褒奖宣传；已故的浙江省教育厅副厅长李志强教授，现在年富力强的浙江大学的盛群力、刘力教授，浙江教育学院的小学教育系主任汪潮教授等专家学者对我的实践和工作都非常支持，他们的无私帮助和倾力提携都让我感动不已。

上城区教师进修学校是我成长的乐园。本校特级教师就有6位。将一生精力花在研究小学数学上的功勋教师、特级教师，老校长张天孝，很有思想的教育部《数学课程标准》编写组的核心专家、校长、特级教师朱乐平，全国著名语文特级教师王燕骅、杨明明和施民贵和我就在一个语文组里，我可以天天感受他们深邃的思想的影响，执著追求的鞭策。处在这样优越的人文环境里，时时会有人推着你前进。其中我和王燕骅、杨明明二

★和特级教师张天孝、王燕骅、杨明明一起在美国考察

位师姐相处的时间最长。我和杨老师都是“天长”人，我一直钦佩她诗人的气质、对事业解不开的情结、对工作惊人的热情以及保持自我的勇气和决心；我也十分敬重我的入党介绍人、师姐王燕骅的人生态度，以及她对事业的那份执著、待人接物的那种热忱。她们是我同时代的人，是我的学长、师长、首长。她们的道德文章一直会激励着我走下去。在改革开放的25年里，我有机会聆听过李吉林、朱雪丹、程玲等老一辈名家的课堂教学，曾与贾志敏、左友仁、陈文章、于永正、支玉恒等教育界精英一起探讨教学艺术，也曾从窦桂梅、孙双金、王松舟、曹晓红、虞大明这些后起之秀身上汲取活力。

我感谢我的学生，他们是我的“老师”。我所有有价值的教育教学改革研究的课题和成果都源于我的学生，学生课堂内外的喜怒哀乐、眼神举止都会给我以研究的灵感……

我感谢儒雅诚恳的《浙江教育》的老主编汤新祥，他为他人作嫁衣裳的无私和坦然直到今天还使我难忘。我感谢家人的理解和牺牲，感谢上苍给我的经历，感谢一切陪伴我走过昨天、走到今天的人和事……

一个人的成功离不开个人的天赋和努力，但是任何成功都是多因素的产物。绚丽的锦绣只靠一种丝是织不成的。现代社会想靠单枪匹马走天下，也只能成为神话。学会感谢这是给成功的敬礼，也是夺取新成功的订单。我感谢所有为我的成功做出铺垫的人，我会把这种关爱继续延续到我的学员和学生身上，因为爱与被爱都是非常幸福的。

四、名师研讨会不是休止符

‖成功是相对的

1986年，离我40周岁还差1个多月，喜从天降，浙江省人民政府发文批准我为第三批特级教师。如果按照当时通行的说法，减去“十年浩劫”的时间，我应当说是非常年轻的。再加上我是南方人，圆脸庞，所以看起来显得格外年轻。因为杭州市天长小学是全国颇有影响的名校，所以我上的公开课、研究课相对多一些，我的知名度也就相对大了一些。不了解我过去的人常常会产生一个错觉：这小子有背景，瞧这一路多溜！天晓得，虽然我看起来很幸运，但我的人生也很丰富，就像一本长篇小说起伏跌宕。成功与失败犹如人之项背，总是相依相存，无非我现在展示在人前的，总是美好的一面多一些罢了。不信，请看我在语文骨干教师研修班上给学员们看的两张履历表。

这一张履历表是真实的：

1945年9月20日生于扬州一个大家庭，兄弟姐妹8人，我排行老六，1948年随父母迁入杭州。1950年进入杭州市安定小学读书，多次转学，最后在杭州市邮电职业学校初中毕业。1960年考入杭州师范学校，1963年以杭州师范学校优秀毕业生的身份，被优先挑入天长小学工作。1964年开始执教公开课，做杭州师范学校实习生的指导教师。1963年到1966年带的两个班级先后被评为上城区三好班级、杭州市优秀中队。1978年进入杭州市教育学院，进修大专，1982年以11门成绩优秀，1门85分的成绩毕业。1979年在《教学月刊》发表第一篇教学论文《千方百计调动学生学习的积极性》。1981年开始进行《小学语文教学最优化》的研究。1983年在“浙江省第二届小学语文研究会”上作《语文课堂教学最优化的尝试》的介绍，以后开始到外地讲学、上示范课。

★师者风范

1984年经学校推荐申报浙江省特级教师，1986年被浙江省人民政府授予特级教师称号，被杭州市教委聘为首批小学高级教师，是杭州市历届小学教师职称评委会委员。1987年到1997年担任10年杭州市政协常务委员。1988年4月被评为中学高级教师。1990年8月调入上城区教师进修学校、教研室。1994年11月7日入党，1995年8月承担副校长、科研室副主任工作。1997年8月担任书记……我到过全国23个省市自治区讲学上示范课，省内去过3/5以上的县区，听过我课的有十几万人次，专著和论文前后得到过20多次全国和省市的奖励，拍摄的课堂教学录像光盘有几十个小时……从这些材料看起来，我的人生似乎很风光，一切好像很顺畅。

那一张履历表也是真实的：

1950年读小学一年级，时年5岁，小扬州人听不懂杭州话，因语言障碍留了级。1957年小学毕业，到今天我也不知道为什么进了一所不很正规的学校——杭州市邮电职业学校。1961年我提出入团申请，到1963年春毕业的前夕，班级团支部审查大会才得以多数票通过。1966年，我在“文化大革命”期间，因走“白专道路”而挨批判。“十年浩劫”中又站错了队，真诚幼稚而积极狂热地响应毛主席的号召，参加批判“走资本主义道路的当权派”等运动，有意和无意地伤害了不少领导和老师，甚至包括我的父亲。1976年，在教师普遍调整工资时被暂缓一年，并到学校印刷厂劳动锻炼一年。1977年回学校教语文，做班主任。1984年开始担任学校语文教研组长，当年患肝病，病休4个月。1986年因语文教育教学改革的观点做法和学校领导有分歧，开始4年的磨合。从1963年就提出的入党申请，几经周折，一直到1994年才被批准，前后历时31年。从这张表看，我的人生是起伏跌宕的。然而只有这两张表合在一起，才构成我真实的人生。

人生真实的成功常常会遭遇挑战，1997年8月，我就面临着这样一个突如其来的挑战：我被任命为进修学校的党支部书记了。

说来可能不信，我刚入党那会儿，的确有人当面问我：“你是党员？”现在听说我当了书记，又有我自己带的学员问我：“你当书记？有没有搞错哦！”当看到我确认的表情后，他们就忍不住哈哈大笑。这也难怪，因为我是个性情中人，平时说话不上“栓”，爱提意见、建议，喜欢说“我认为”“我觉得”“这不好”，不像那些成熟严肃，不苟言笑的政工干部。在大多数人的心中，一个卓有成就的特级教师，年过半百去学干政工，好像业务专家去做务虚的思想工作，会白白浪费生命。可是，现在这旁人觉得难以理解的事儿却偏偏就落到了我的头上。

的确，按我以往的个性、思维和工作方式，不是改革开放的年代，不要说当书记，即便是入党也是很难的。毕竟，党支部书记，不是说业务能力强就能够胜任的。让我担任书记，我的入党介绍人、老校长、师姐、著名特级教师王燕骅也有过担忧。因为当书记要找人谈话，做烦琐的思想工作，要学会不顾亲疏地认真倾听……这就要我学会放下手中的业务，减少讲座、上课、写论文的时间，把时间花在和群众的谈心上，花在有计划地做好组织发展工作上……，我还得带头正确处理好政治与业务的关系，找准自己的角色位置，从全心全意为人民服务的高度做好书记的工作，争取把自己人生的价值裂变为更多教师人生的精彩和光华。

面对这样的挑战，我选择了正视面对。为了给中青年教师更多的锻炼和机会，我开始学习说“不”。将不该挑的担子让中青年教师继续挑，将不能负的责任给中青年同志试着负。我要在我退休之时，给进修学校的中青年教师留下一个坚实的展现才华的舞台，一片灿烂的成长蓝天。

别说，担任书记七年，对我的帮助还真大。我的人情味浓了，脾气好了，考虑问题也慢慢周全了。我逐步学会了弹钢琴，学会了倾听不同意见，进行换位思考。在这段时间，进修学校支部先后发展新党员 7 人；进修学校党支部被评为区先进支部；2003 年我被评为区十佳校长（书记）、杭州市优秀党务工作者……，与此同时，我还不断探索着全区学校干训的新思路、新模式……新角色的变换，造就了我另一方天地里的成功。

是的，在许多人的眼里，我是成功的，我有条件选择在功成名就的辉煌时期全身而退。但在我看来，成功是相对的，是流逝的。成功和失败是可以相互转化的。有的成功像是失败，有的失败却虽败犹荣。没有人会永远成功；在有志向的人身上也不会终究是失败。成功不会永远属于一个人，而且它只铭刻在昨天，只存在于社会和人们对你某一方面或某一瞬间做过的比较客观的评价中。她可以是永远的追求，但不是预告明天的结论，更不是人生意义的全部。我不会在别人所认定的成功中陶醉，我只想在学生和家长的笑脸和心坎里，不断追寻成功带来的美丽。

‖教改也要付出代价

1981年开始语文教育最优化的研究，一眨眼20多年过去了。实践给了不少成果。大胆创设的“谈天说地”课“玩玩说说”课，都已经在省内传开。1983年最优化的第一篇论文《语文教学最优化的尝试》在莫干山省第二届小语会年会上作了15分钟的观点介绍，引起大会的轰动，而后获得浙江省教育学会1980—1984年科研成果二等奖。这段时间我几乎每周都有对外的公开教学，听课老师络绎不绝，教学改革开端良好。不久，《语文作业的优化探索》、《小学作文教学最优化研究》等课题纷纷获浙江省、杭州市的二、三等奖；20世纪90年代编写六年级语文课本在全省使用，主编的《猪八戒学作文》录音带获1998年国家新闻出版署和教育部全国第二届优秀教育音像作品二等奖；1998年、2000年、2003年连续三届论文获中国教育学会小学语文教学研究会论文（论著）一等奖。主编的《现代小学语文》实验教材2001年就由科学出版社出版，新课程标准下的全国小学语文教师继续教育教材师范司审查通过的《现代小学写话与习作教学》也由语文出版社在2002年出版。别人看来似乎我教育改革的成绩不小。

其实，天上不会掉馅饼，世上没有免费的午餐，任何事情都需要付出代价。语文教育改革的研究也如此。

每当你高兴起来，问题就来了。不知道是客观事物的内在联系还是偶然巧合，一下子四件事撞在一起：刚送走的毕业生黄宇被杭二中选入代表队赴北京，为夺得全国16城市语文竞赛冠军出了力；班里的周自明作为浙江代表团副团长去中南海参加全国少代会；可儿子却在初三升高中的节骨眼上，由于考分不佳被淘汰；我的肝功能异常，表示质地的指标超出正常的五倍，终于病倒在家。有人感慨地说，“隔壁儿子跳龙门，独养儿子扫出门……”在强大的冲击波面前，我失眠了。

1981年我儿子以优异的成绩从天长小学考入省重点中学杭州市第二中学。当年我的小学语文教学最优化的研究开始。教学工作和读书研究变得更忙。超负荷工作不是偶尔为之，而是工作常态。当年孩子考入重点中学，我以为进入了保险箱，很少过问他的吃饭、活动和学习。孩子从一大早出门，往往和我同时汗淋淋地回家。晚上，我进入备课，读书，研究，写论文，常常到夜深人静。孩子哪怕有什么问题，看到我一头扎在作业本的小山里，也欲言又止。我是语文教师，经我推荐发表的小学生作文几百篇，可我的孩子却从来没有摊上一次这样的机会；我辅导面批过的学生成百上千，可我孩子六年中学，和他讨论作文只有惟一一次，是班级推荐参加学校的比赛；我仔细关照过许多学生的吃饭，为了纠正偏食，几乎盯着他们，直到纠正为止，可是我却不知道孩子在初中三年常常不吃中饭，在操场和同伴们追逐着心爱的足球，以致膝盖骨变形；我和许多家长像朋友在走动，可是我却从没有主动到中学看过自己孩子的老师……

我在天长小学的口碑不错，同事们都会称我是模范丈夫、好父亲。大家常常看到中午我在菜场买菜，假日在学校的青石板上刷洗床单衣裳。但是我知道，丈夫模范不模范，父亲好不好不是外人评价的，完全是由当事人一票决定的。说真心话，改革开放25年来，为了这牵肠挂肚的语文教育教学，为了我教的学生，付出的代价也真的很大很大，以致今天想起来，我心里还隐隐作痛。这代价不是改革的错，主要是我的错，认识的偏差，能力的低下，无法在工作和家庭，在孩子和学生之间弹奏一曲和谐的协奏曲。

我爱人是一位任何校长见了都满意的好老师。她关爱所有的学生，尽责而本分，投入而无悔，耐心而顶真，虽然她没有我出名，但是她拥有家长和学生们真诚而久远的爱。至今她退休都七年了，家也搬过三次，但依旧经常收到许多届学生的问候和祝福。可惜她身体太差，那时候常常由于超负荷工作，昏倒在课堂。我的任务只是送她到医院急诊，然后等她刚倦倦地苏醒，我就急急地背她进岳母家二楼的小屋，歉疚地请岳母照顾，然

★和爱人在湖滨品茶

后匆匆离去。因为还有学生在等着我。她没有因为我得到什么，甚至没有得到可以得到的语文教育教学上的帮助。因为我实在太忙了。

我不是一个吝啬付出的人，可是爱人常常会嫉妒地说："别人和你讨论教案，你那么耐心仔细；我问你，你心不在焉；和你说事，你还问我能不能简单点，是不是我还要打好草稿和你说话？""区里其他老师常常说，你们阿万说话怎么怎么幽默风趣，人怎么怎么和气，脸上都是笑容，我怎么听不到，看不到呢？我怎么只能看到你一脸的疲倦，晚上桌子旁的背影，怎么只能听到你的埋怨？……"

2003年西湖博览会是我语文教育人生值得纪念的瞬间，2003年我作为《国家基础教育资源库》小学语文的主编，协助杭州市30多位中青年优秀教师，把他们对语文课程标准的理解和实践，拍摄成44课时的光盘，送上了卫星电视，加入了网络。我还完成了国家新闻出版总署十五重点课题《中国名师》项目的设计拍摄任务——《张化万小学语文教学专集》12小时的系列光盘制作出版……可是，就在年底，长年体弱孤独的爱人，第二次住院，被专家们判为患了一种可怕难治的怪病……

看着爱人委屈和期待的目光，听着实在和合理的话语，我只有愧疚和不安。有时甚至自责我是否太自私，太残酷。当年以为，这是牺牲小家为大家，牺牲孩子为学生的"高尚"。简单地以为自古忠孝难两全，以为一心扑在工作上，顾不上孩子家庭是一种悲壮的必然，以为人生的全部目的就是工作，就像工蜂在采花粉，酿香蜜。

其实生命不是这样，生活不是这样，教育教学改革也不是这样。

孩子不是我的个人物品。他也是学生，有权力获得学生发展过程中所有方面给予的爱和支持；可是他没有得到父亲应当给予他的那一份。我也是家长，我有义务尽到父亲全面关爱、扶持和引导孩子的责任，可我没有尽到。马克思在筹划国际共产主义运动的繁忙中，每周都会给自己的夫人和孩子时间，陪他们玩乐和学习。这正证明伟人的睿智和人格的光辉。

我没有能这样做，只是说明我的无奈和无能。人生的幸福不只是工作的快乐，尽管工作的快乐是人生第一位的。幸福应当由事业、爱情和家庭组成。可能生活就是如此。世上原本没有绝对的得，也没有绝对的失。我为25年的教育教学改革付出了代价。但往事无法弥补和改变，我不后悔，我珍惜真实而有残缺的人生，努力让留下的今生尽可能少些遗憾。

‖用好人生的每一张日历

2003年11月，我迎来了人生最难忘的时刻——杭州市西湖博览会名师名校长论坛——《张化万小学阅读与作文教学研讨会》顺利开幕。

★2003年11月在杭州市西湖博览会《张化万小学语文阅读与作文教学研讨会》上作报告

1000多人的大会，汇集了全省的小学语文特级教师，优秀中青年骨干教师。会议结束后，许多朋友对我说："开幕式上，那么多荣誉证书围成的，庆贺你从事小学语文教学40年的蛋糕车一推出，主持人虞大明的声音就哽咽了，我们很多人的眼泪都也涌到眼眶里了。""上城区的环境真好！

做人做到你这份上真不容易，若能像你一样，生命也就有意义了！”

的确，受到这样情绪感染的教师不止一人。研讨会结束后，就有老师在邮件上这样告诉我：“晚上7：30，带着旅途的劳累回到家中，我竟然还是那么激动！为您。两天的收获与感慨盈满我整个身心，给您写信，马上！我居然会有如此的冲动！（多少年没这样的冲动了）为自己！心里期盼着和您对话。作文教学，作文教学，多少次尝试无门的懊恼，多少次‘理还乱’的苦痛，多少次我徘徊彷徨，今天忽然恍然大悟，柳暗花明！脑子里蹦跳出无数的火花，它让我兴奋，让我欣喜。由衷地感谢您，敬佩您！鄞州区教师进修学校　吴文波”“听了您上的课，激动万分，回校以后即兴写了《听课三得》。……学生真正在玩中学，乐中学。是欢天喜地地学作文，写作文。……细细品之，张老师的作文教学不是偶有所得、即兴发挥，也不是漫天撒网、隔靴搔痒，而是师生间精神上平等，师生间金石相击的火花迸射，以情生情的心潮相逐。”“参加您的活动回来已两个星期了。然而，活动过程中的每一个细节都还时时萦绕在心头。这次活动，不仅让我们领略到了您高超的教学艺术，更是让我们得到了美的熏陶——教学艺术之美、语言艺术之美、人文美、人情美……让我们受到了爱的教育——师生之爱、朋友之爱、夫妻之爱……您知道在回来的火车上，我们一些女教师是怎么说的吗？‘像张老师这样事业、家庭双丰收的，才叫真正的男子汉。’‘张老师向他的夫人献花的时候，我比他的夫人还激动。’……确实，张老师，这次研讨活动的意义远远超出了教学这一领域，它对参加活动教师的整个人生观都会发生重要的影响。赵培敏 2003年11月18日”……

当赞颂的乐曲消失，我的心情又开始趋于平静：我在小学语文这块园地耕耘了40年，走过全国23个省市自治区，执教公开课、研究课数百场，前来听课听讲座的教师达十几万人次。2005年六十花甲，还能这样继续向前吗？西博会上的研讨会成功结束，是不是意味着我的追求该画上一个休止号，把挂鞭留在西博会美好的记忆里了？

不可以，西博会不应当是我事业追寻中的休止符。我无法一厢情愿地延长生命的长度，但我可以拓展生命的广度和深度。感谢党的政策，如果一切顺利，我还可以正常工作6年时间。我没有资本也没有理由潇洒地挥霍余下的岁月。我要用好人生的每一张日历，了却自己的几个心愿。

第一，我要还债。健康地多活几年，我才能还清情债。

先就想起了她——风雨人生相伴35年的妻子。每当午夜梦回，听着老伴均匀的呼吸，我脑子里就会突然冒出这样一句歌词“拿什么奉献给你，我的爱人”。在这共同走过的35个春秋中，作为一名小学教师，我给了爱人什么呢？物质上，我35元一个月的工资几乎拿了整整10年。爱人怀孕时，我不懂事，再加上囊中羞涩，竟没有为她买过一次孕妇要吃的水果和零食。惟一有印象的是她因怀孕反应常常在母亲家吃咸菜；她生孩子的时候，我竟然“革命”得还在学校上课,直到通知爱人已经灌氧有危险，医生需要我签字，才赶到痛了三天的爱人床前。产后，是虚弱的她每天抱着儿子上下班。下雪天，她一手抱孩子，一手撑伞，儿子脱落的小红棉鞋是好心人牵挂在石贯子巷木门的圆环上，而我竟然会荒唐地睡觉！

人到中年，工作负担更重，如山的任务，紧迫的时间，常常使我忙得只恨分身乏术。那时我恨不得像孙悟空变成几十个。为追回那十年而废寝忘食。她每天回家看到最多的是我伏在书桌前的背影，连夫妻间的倾吐述说都常常变成偶然。有时我甚至会无情地要求她“把话说简单些”。我的幽默诙谐、微笑和大度好像都已经在课堂，在孩子们、学员们身上支付完毕。每天，当我的工作可以告一个段落时，时针已经过了11点，病弱的她祈盼一天，刚想说些什么，我已随梦中的列车出站……

真的，我很愧疚，自己常常因为工作的原因而忽略了她的感受。到如今，我们都已领悟：爱情不是对象，而是一种关系，靠时间和付出来培育。婚前它是恋情；婚后它是夫妻相知的感情；到老了，是相濡以沫，共同牵手走完人生的恩情。现在她全身是病，一种专家们都头痛的怪病又缠住了她……我想还债。用往后的时间来陪她，用我所有的真心来偿还她曾给我的情谊。只是不知道是不是足够？是不是真正能够还清？

我想陪着她一起看着可爱的孙女上学、工作，一起喝上孙女的喜酒；我想多抽一些时间陪体弱多病的她，手牵着手，饭后散步，假日出游；我想跟新老朋友们一起登山游湖，踏青聊天，重新酝酿香醇久远的友情……假如人生可以数字化分配，那么剩下的人生，我愿意付出第一个三分之一，以归还前生的情债。

但还债不是我人生祈盼的全部。毕竟我还在工作，我还有一千个、一万个理由，健康地享受生活。但若离开了享受语文，生命还有多少价值？我愿在有生之年继续为一生挚爱的语文教育尽一丝绵薄之力。因此我的第二心愿是编好小学语文教材。

今年初我曾收到一封小学生的来信，封面上一笔一画的字迹“河南省焦作市解放区焦西小学”一下子映入眼帘。一看就知道是个低年级孩子的来信，我立即撕开了信封的一角，从中取出了两张叠得整整齐齐的信纸。原文如下：

尊敬的《现代小学语文》编委会（的老师们）：

你们好！我是河南省、焦作市、解放区、焦西小学、二三班的一名学生，叫裴冉。在此，我向你们拜个年，新年好！

尊敬的《现代小学语文》编委会（的老师们），你们编的这套教材，我非常喜欢！这套教材是众多教材中的一颗璀璨明珠。然而太阳虽灿烂，可是有耀斑。你们的这套教材中的明珠，虽然璀璨，然而有个小小的瑕斑。因为我太爱这套教材了，不想让这套教材有一丁点黑点，所以给你们把这个黑点指出来：一是个别标点符号书写不规范。我们知道省略号是占两格的位置，可是《现代小学语文》第三册课文第二课《魔术窗帘》中的省略号却占了三个到四个字的位置。其他课文里省略号也是如此不规范。二是课本中的补充教材第七课冯雪峰爷爷写的《猴子的一把豆》，这是一个知识性的错误。课文的意思是猴子为了寻找那一粒掉下的豆，放下手里的一把豆。那粒豆不但没找着，回来后，那一把豆被鸡子吃光了。岂不知，鸡子是不吃豆的。

尊敬的编委会（的老师们）：我感谢你们的这套教材，它让我学到了好多科学知识。比如，我从课文第十七课《鸟与兽》中知道鸡属于鸟类，没有牙。我还听人们说，鸡子有时吃些小石子，利用石子的摩擦帮助消化。

因为豆既光滑又结实，鸡子很聪明，本能地知道它们不好消化，所以不吃豆。我又问了几位农村的爷爷、奶奶，他们也说鸡子不吃豆。我们这里还有一个美丽的传说，传说豆是鸡子它大舅，所以鸡子不吃豆。不管是从科学角度讲，还是传说所说，反正鸡子是不吃豆的。

尊敬的编委们（老师们），你们是专家，是教授，我知道你们的工作是一丝不苟的。也许我提的缺点是不正确的，请你们给我指出来，我会非常感激你们的。因为我深深地懂得“三人行必有我师”的道理。尊敬的编委会的爷爷奶奶们，你们可要培养我这个“初生的牛犊”呦！请来信不吝赐教！

此致

敬礼

学生　裴冉

2004 年 2 月 5 日

二年级的学生，居然能独立地（假如教师和家长介入，标点符号和文句将更规范）向编委会发出这样一封稚气而大胆、有理有据的批评建议信。这不是可以说明咱们的教材还是很受孩子们欢迎，很有希望吗？一遍一遍读着这稚嫩的语言，感受着这份稚嫩的关注，脑海里不时地回忆起编委会编写的最初时光：街头巷尾爸爸妈妈、爷爷奶奶车后载着的，牵手拉着的娃娃们笑着念着的是《现代小学语文》的韵语古诗，是口语交际中的有趣的童话故事；《钱江晚报》《都市快报》等等新闻媒体报道的家长老师对这新课本的喜爱和欢迎；著名教育家霍懋征、邵宗杰在咨询会上飞扬的神情和宽慰的深情……心中涌现的是作为编者的那份责任。在岗的最后一段时间，我要和编委会的王燕骅、杨明明、施民贵、滕春友、曹晓红、王莺、俞国娣、虞大明、吕芳萍、缪华良、吴晓玲、陆宏英、陈岚等专家们、师姐们、后生们同心协力，铆足劲尽快把立项报告呈上去，批下来，让这套实验了 4 年，成千上万学生喜欢、家长称赞、老师叫好、专家肯定的教材真正为孩子们服务，把一辈子追求的语文教育改革的人生理想变为现实。

这才是语文教师人生最大的享受，真正的幸福。我愿把留下的三分之一的人生日历满满当当地付给它。

第三个心愿，我还想和一批青年教师做伴。趁我还做得动，还没有背时糊涂，把自己有关教育教学的成功与失败的反思与他们讨论对话，为他们献上我最后三分之一的人生。在我的生命中，小学生的声音是我最愿意听到的声音，语文课堂是最使我感受到生命光彩的场所。我最愿意做的事情，就是和学生、学员交往。一生中，最让我兴奋的莫过于听到学生的成长、学员的长进、上课的成功、论文的发表获奖、家人的幸福等消息。是他们，让我发觉了生命的意义，工作的美好。他们的乐事和幸福，给我注入了青春的血液，平添了一份蓬勃的活力。我要和5~10个青年教师结伴而行，我要同新秀们亲密地接触，我要和培训班的老师们互动对话，从第一线老师身上汲取智慧和力量。我将调整登台上课的频率，尽可能地把舞台让给中青年，而自己做好舞台记录，欣赏他们稚嫩却洋溢着锐气和突破的人生。我会和年轻人融为一体，共同铸造语文课程改革新的辉煌，度过生命中美好的黄昏。我的人生会因年轻人的活力、智慧和关爱而变得多姿多彩。我的人生的日历将在和老师们共同的喜怒哀乐中轻轻翻过。

真实的生命，总有缺憾。人生的跋涉应有曲折。人生由昨天、今天和明天构成。再辉煌的昨天也终究是历史。忘记过去，特别忘记失误和过失，不是清醒的人生。沉醉在过去，不论是潦倒苦痛，还是辉煌灿烂，都是人生的浪费，至少是惰性的反射。向往美好的明天，是支持人生的理想。许多磨难为了明天

★珍惜今天，善待生命

都可以忍受。但是明天又毕竟不太好把握。明天等待我的究竟是明媚的太阳，还是人生的终点，真的不太好说。惟一可以把握的是今天，属于自己支配的实实在在的时空。我不奢望明天是什么，但将踏踏实实珍视今天的分分秒秒。尽管我已经没有年轻人的敏捷，中年人的睿智，但是我会善待自己的生命，老老实实地用好人生每一张日历，为自己，为家人，为学生，为一生寻求的享受语文的人生理想。

附录一

他始终把作文教学放在特定的时代背景之上

——给 2003 年杭州市西湖博览会《张化万小学阅读与作文教学研讨会》的贺信

张化万先生并转张化万语文教育研讨会全体同仁：

得悉张化万语文教育研讨会成功举办，十分高兴，特向会议致以热烈祝贺。

张化万先生从事小学语文教学实践、教学研究凡四十余年，以其敏锐的思想、独特的视角、显著的成果，在我国小语教坛上独树一帜，是一位很有影响的小学语文教育专家。

他的语文教学，尤其是对小学作文教学，建树甚多。他始终把作文教学放在特定的时代背景之上，和历史血脉相连，和社会息息相关，与儿童的生活世界相融，与儿童的精神世界相通。每一个人都是特定文化影响下的人，都是特定社会关系中的人。作文，作为儿童语文素养的集中体现，必须放宽视野，调整视角，调适心态，打开思路，让儿童饶有兴味地和心灵絮语、与世界对话，想像飞起来了，思维活起来了，语言活起来了，喜怒哀乐跃然纸上，酸甜苦辣尽在其中。这就是张化万作文教育观的一个侧面。

张化万先生的语文教育思想十分丰富。我与他虽有较多接触，但研究不多，了解不深。正如他的名字一样，“一”可以“化万”，“万”又必须归“一”。“一”乃语文教育的“本体”，说千道万都是为了提高学生的语文素养，这就是语文教育的“本体”、“个性”、“特质”。顾此，则可以演化、繁衍出多姿多彩的语文教育艺术之花，结出丰硕的语文教育之果；舍此，则将使语文教育变调、变味、变质、异化。一可以万，万必归一，这也许是语文教育研究的辩证法，也是我从张化万先生语文教育研究中得到的一点启迪。

近些年来，张化万先生注意提携后生，培育新秀。在他周围已涌现出一批在全国有影响的教坛新星群体。这种新型的师徒关系，造就一批“小张化万”、“超张化万”，使张先生的语文教育思想得以发扬光大，教育生命得以延续，这是十分可喜的现象。吴越文化、西湖文化滋养了一批又一批名学名人。西湖文化和语文教育的沟通，必将使张化万先生的语文教育思想在新时代谱写与时俱进的新篇章。祝会议圆满成功！祝与会老师们快乐健康！

华中师范大学教授　　杨再隋

（湖北省人大常委 湖南小学语文版主编

全国语文教师继续教育学会副会长）

2003年10月25日于桂子山

附录二

让教学充满活力 使课堂时闻笑声

——深受小学生喜爱的张化万老师

朱作仁 浙江大学教育学院教授

张化万同志是我的一位老朋友，常常随我外出讲学，并上示范课。他幽默诙谐的教学语言，使学生充满欢乐的笑声，给人留下很深的印象。

化万同志敬业爱岗，勤奋进取，求实务实和大胆探索的精神，令人钦佩。39年来，他在小学语文教学改革上成果累累，令人瞩目。他，作为特级教师、中学高级教师，经验丰富，有独特的教学风格。近20年来，他的论文曾多次获全国及省市一、二等奖。在全国小语界有相当高的知名度。80年代初，他率先开设“谈天说地”课、“玩玩说说”课，引导学生课内实践“读读、想想、划划、议议、写写”的学习方法并开展四人小组合作学习的形式，同时提出分层弹性作业实行个性化教学等观点，颇有新意，现在已被全国不少同行所采用和认同。他的教风朴实自然，语言风趣生动，训练扎实有效，反馈及时机敏等为同行所赞赏。曾先后应邀赴全国20个省、市、自治区及本省近半数县市区讲学、上示范课，师生交口称赞，常引起轰动。中国教育电视台及山东教育电视台曾多次播放《张化万作文教学》和《张化万阅读教学》电视节目。

化万同志最有特色的是写话与习作教学的最优化研究，是我国小学作文教学改革的积极开拓者。他提出开发生活中的习作资源，习作教学要生活化，实践化；鼓励学生上街找错别字，自己制卡、办小报，甚至给市领导写信、编书出版；他要让写话与习作成为儿童多彩生活的一部分，并将游戏、实验、表演、谈天等形式引入课堂。他实践探索了多种教学型式，有命题作文式，感悟独白式，科学实验式，交际应用式，放飞想像式，游戏表演式，专题研究式，读写结合式……

化万同志非常注重让习作适应儿童生活和心理过程，使“儿童喜欢”习作。把儿童平常生活中的“玩玩说说”和“吃吃说说”等引导到习作教学课中，使喜闻乐见的游戏和表演成了驱散学生习作恐惧症的良药。如学生在习作课堂上玩“吹泡泡”的游戏，连最迟钝的孩子的眼睛里也会放出光来。这种游戏和表演成了调动儿童所有感官进行观察感知、自我感悟、思维训练和言语表达的外在诱因和动力。

化万同志还将学生的语文学习与生活中的科技小实验有机结合，引导学生人人关心，又带着各自独特的体验，主动参与习作过程。去年他在全国小语会天津会议上执教的《摔鸡蛋的学问》即是一例。课中每个学生带着好奇、疑惑的心情，经历科技小实验过程，激活了想像力，变“要我写”为“我要写”。这样，使每一个学生珍视各自的独特感受，大胆地进行个性化表达。课堂上有的学生想改变鸡蛋的位置；有的想法改变“地面”，让鸡蛋跳水，安全不破；有的在空的花篮下垫着海绵，鸡蛋装在小布袋里，把小布袋拴在篮的提手上；或用两块海绵将鸡蛋包起来，用线捆住，用油纸袋做了一个降落伞，系在上面，让它增加阻力，防止摔破等等。这种焕发学生生命活力的习作课，融科技教育、想像创新、思维训练、口语交际以及书面表达于一体的综合学习课，引发了学生由衷的笑声和流畅的表达，值得称道。

不但学生非常喜欢化万同志的课，而且近十年来，他还甘为人梯，高瞻远瞩，倾全力培养青年教师中的后起之秀，带出了一批省市教坛新秀。虞大明、曹晓红、王莺和他自己师徒四人五次在全国小语会上执教观摩课，为浙江小学语文教学争光，令人称道。更难能可贵的，化万同志对教学、对事业最优化研究的追求。他曾说“最优化不是最理想化”。他营造的是开放式的教学，着力的是学生基本的道德情感和语言文字能力，以及学习方法和良好习惯的培养；追求的是学生个性健康和谐的发展；讲究的是教学效率的提高。新世纪，他正全力从事跨世纪的学科带头人的培养工作，并进行《现代小学语文》实验教材的研究建设和实验开发。化万同志的最优化教学研究没有止境。

（原载《小学教学设计》2002 年第 6 期）

附录三

提升小学作文教学的品质

——从张化万老师作文教学中得到的启迪

汪　潮　浙江教育学院小学教育系主任、教授

大凡听过张老师课的人，无不为他精湛的理念和高超的教艺所折服。其实，更为重要的是，从他身上我们看到了提升小学作文教学品质的基本思路。

‖开放性的作文教学体系

基于对小学作文教学40年的经验和研究，张老师明确提出了小学作文教学改革的新观念：“世界是多元的、五彩的，我们的思维应当是开放的、多维的、创新的。”这为构建开放性的作文教学体系提供了理性支撑。这从更深层面上启示我们：作文教学改革和发展的视野不能仅仅局限于作文教学自身系统，而应触及整个社会大系统，从中得到思维上的启迪。张老师说：我国的文化、经济、政治都在朝着开放的方向发展，教育也应该是开放的，小学作文教学也应该如此。

在现代汉语中，“开放”一词的意思是“解除封锁、禁令、限制。”张老师认为：小学作文教学的“开放”是指作文教学向学校各学科、家庭和社会开放，注重教学与外部各个方面的联系，是个相互实施积极影响的开放的教学体系。开放性作文教学体系是针对传统作文教学“课堂中心、书

本中心、教师中心”的封闭性弊端提出的。传统性作文教学的封闭性根源主要是：教学与社会生活的脱节，教学与学生的主体性脱节。开放性作文教学是与现代生活大系统和学生生活经验小系统相贯通，力求把作文教学建立在相互联系的两个系统上，促进学生在更加宽泛的智力背景下主动发展。

据此，张老师提出了建立开放性作文教学体系的基本思路：

1. 作文教学向生活开放。张老师认为：学校是社会的细胞，要使作文教学的过程逐步变成学生走向社会的“第一生活场景”。让学生走进沸腾的生活，去参与生活、认识生活、学习生活，从五彩的生活中去挖掘取之不尽的写作素材。张老师提出：作文教学要向学生的家庭和社区开放，充分利用家庭、社区、家乡的自然资源和人文资源，努力实现作文教学的生活化。

2. 作文教学向学校各科教学开放。张老师认为，作文教学不能囿于作文本身，应该与学校的其他学科教学联系起来，相互渗透，形成一个和谐的教学整体。首先，作文教学要向整个语文教学开放，渗透到语文教学的整个过程及各个环节，使听说读写形成统一的开放的训练体系。具体表现为：听写结合、说写结合、读写结合。其次，作文教学与其他学科开放，加强与其他学科的沟通，充分利用各学科之间的差异这个资源。尽管各学科的教学任务、性质各有不同，但不应割裂，更不能人为对立，争时间，争学生，应当主动向各科开放，相辅相成。张老师提议：向数学课开放，编写游览预算计划书；向音乐课开放，编写儿童歌词；向现代信息技术开放，利用电脑写作、网络习作；向劳技课开放，为家庭设计节日菜单及制作说明；还可以向综合性学习开放，写专题研究报告。

3. 作文教学向研究性活动开放。张老师撰文提出：研究性活动关注的是学生投入研究实践活动的热情，是他们独立主动地在课内外获取各种形态信息的实践，是他们和伙伴合作、与人沟通的习惯，是他们朦胧的科学实验的意识的产生，是活动中释放的大胆思想和艰苦研究实验又快快乐乐的心境。为此，他曾为六年级设计研究性作文活动方案：研究性小实验课题是《猫是左撇子还是右撇子》。安排三次实验：第一次用皮球向猫滚去，第二次用毛线团抛去，第三次把鱼放在猫前。观察三次实验时猫的哪只脚先动。根据观察记录，写出研究报告。还有诸如蚯蚓再生能力的实验、植物果皮的作用实验、阳光对种子发芽影响实验等。这样，就把作文教学与培养学生的实践能力、创新精神联系起来了。

4. 作文教学向“全域”开放。把作文教学放在全局、全过程、全领域的背景下，把作文教学的触角深入到更加宽泛的视野。中国教育电视台第三套节目《名师讲坛》2000 年曾全面介绍张老师关于小学作文教学“全域”开放的基本构思：

(1) 老老实实“记录昨天”。这是传统的“过去式”基础作文训练内容。让学生挖掘记忆，去写学生熟悉的人、事、物、景。这种训练有诸多要求，但关键的是真情实感、清通具体。

(2) 大胆实践“写好今天”。这种训练以学生的发展为本，是“进行式”的训练，具有很强的操作性、实践性和应用性。例如，主题调查报告、科学实验记录、语言交际应用等。这种训练不仅使学生获得写作成功的快乐，更多的是体验到写作的社会责任感、使命感，还锻炼了学生的多种整体素养。

(3) 展开想像“描绘明天”。这是一种“未来式”训练，它注重的不是按已知的知识和逻辑评价学生习作的内容，而是关注学生心灵的塑造、独特的语言表达、大胆的想像能力。这种训练除了看图作文、改写诗文、课文续写、童话寓言等训练，还要借助现代教育技术手段，依据现代科技知识进行想像创造。

综观张老师关于开放性作文教学体系的论述，我们可以领略其主要风采：(1) 充满现代气息。开放性作文教学体系具有显明的时代特点，永远与时代的特点相适应，并随着时代的变化而发展。那种传统封闭的作文教学体系将逐渐被时代所抛弃。(2) 适应社会发展。开放性作文教学体系向社会生活大系统开放，密切联系现代社会实际，促进学生适应现代社会生活。作文与生活联系，不仅使作文固有的语言文字表达训练健康进行，还直观地让学生感受到作文的社会现实意义，激发写作欲望。(3) 凸现全程理念。开放性作文教学体系不只是某一内容、某一环节、某一方法的开放，它是教学全过程的开放，包括教学观念的开放、教学主体的开放、教学目标的开放、教学内容的开放、教学时空的开放、教学过程的开放、教学评价的开放等等。张老师认为："小学作文教学不是单纯的语言文字的技巧训练。它不仅要让学生懂得写什么、怎么写，还要让学生明白为什么写，要在学作文、写作文、改作文、用作文的过程中，让学生认识世界，热爱生活，运用语言，适应社会发展。"

‖现实性的作文教学资源

小学作文教学的现实问题是：为什么写、写什么、怎么写。其中最基本的是"写什么"。常言道：工人炼铁需要矿石，农民种田需要种子。就是说，一切物质生产都离不开原材料及其加工。精神生产虽然不同于物质生产，有其自身的特点，但同样需要一个从"原料"到"产品"的生产过程。小学生的作文是一种特殊的精神生产，离不开有关资源的积累和使用。辩证唯物主义认识论认为，从本质上看，人的意识是人脑对客观世界的反映。作文是小学生意识活动的产物，不管是客观的记实叙事，还是主观的议论抒情，从根本上说都源于客观现实。

追溯张老师的作文教学经历和论述，不难发现关于作文资源的三个基本观点：

1. 回归生活的作文教学生态观。这种观点，从本质意义上说，就是强调自然、社会和人在作文教学体系中的有机统一，使自然、社会和人成为作文教学的基本来源。现代作文教学生态观的基本观点是：

（1）作文与自然联系起来。作文教学应向自然界开放，与自然融为一体。应该使学生有机会走向自然，并在感受、探索自然的过程中，谋求人对自然的责任、保护和关爱。在张老师的作文教学设计中，引导学生走向大自然进行习作训练的项目不胜枚举。

（2）作文与生活联系起来。作文教学应直面社会，与生活融为一体。即使作文教学与学生生活和现实社会实际之间保持密切的联系，又使实践和生活成为学生个人发展的源泉。张老师为学生的作文开辟了多种生活渠道：为班级发通知，向校长写建议书，为学校的艺术节设计海报、广告词，为城市建设提建议，投诉违纪违法事件等等。

（3）作文与自我联系起来。作文教学应向自我开放，尊重个人的感受、体验和价值观念，关注人的自我认识、自我选择、自我意义、自我创造。在向自我开放的作文教学体系里，学生不再是知识的被动的接受者，而是知识的追求者和探索者。张老师提出，要把培养良好的读写习惯作为语文教学的重要策略。他认为学生读写学习的重要习惯主要是：独立自主地读书看报、收听广播看电视的习惯，重读、跳读、精读、猜读的习惯，把观察到的情况用一句话记录、作素材笔记的习惯，做资料卡或剪报等词句段积累的习惯，认真读题审题的习惯，限时作文、快速作文的习惯，让耳朵做“老师”、自己当堂修改、请别人修改的习惯，保存作文本的习惯，主动应用语言实践的习惯。

2. 动态生成的作文教学内容观。有关作文教学内容的规定是一个预设系统，而不是既定系统。师生不仅是作文教学资源的实施者，而且还是作文教学资源的开发者、设计者。在作文教学的实施过程中，教学理念是生成的，教学内容是生成的、教学程序是生成的，教学方法是生成的，教学质量也是生成的。张老师倡导的“一题多做”，就是动态生成作文教学内容观的具体做法之一。例如，第十册《基础训练 4》的作文是《我的家乡》，教学后张老师先安排学生写《我的卧室》，讲评后让学生写《我的母校》，再写《我们的大院》或《一条小巷》。

3. 资源开发的教师作用观。新课程改革把教师从“教育方法”时代带入“教育内容”时代。在新课改条件下，只传授知识的是合格的教师；同时又传授方法的是良好的教师；在二者基础上提供教学资源的是优秀的教师。教师不仅是作文课程的执行者、使用者，同时还是课程的建构者、开发者。这在张老师的作文教学中得到了充分的体现。

第一，教师是课程的建构者。张老师的作文教学无论是内容的设计还是方法的选择都具有弹性，留有明显的拓展空间。他认为，教师应根据具体的教学情况适当调整课程目标、结构、进程和方式。对于同一个课程内容，可以建构不同的实施方案，有的可以通过认知去解决，有的可以通过体验去完成，有的则通过综合性活动去实现。张老师经常让学生在一个时期围绕一个中心主题或一个训练科目，进行记叙、说明、抒情和实际应用的系列训练。例如，中高年级可以在教师节前后一个多月里，让每一个学生拟订一个活动计划，发一份慰问老师的小组活动通知，摘录老师的名言警句，写一篇教师节活动的记叙文，赞颂一位熟悉的好老师，自己写或抄录赞美教师的诗歌、散文等，最后让学生把以上内容编成一张报纸。中高年级还可以进行主题作文训练，例如，城市的交通、环保等问题的专题作文，可在一段时间内让学生寻找资料、调查、整理和写作。

第二，教师是课程的开发者。传统作文“旧课堂”恪守的“三中心”是：以课堂为中心、以课本为中心、以教师为中心，当今已日益暴露其弊端，突出的是课堂教学严重地脱离社会现实生活和学生的实际。这种学非所用、“书呆子”式的教学模式有人戏称“世外桃源”。张老师经常有趣的比喻说：作文是现实生活、未来生活的“镜子”，教师应大力开发“现实性”的作文教学资源。分析张老师的经验，“现实性”作文教学资源开发的基本点是：

（1）发扬作文教学的生活意义。社会即课堂，生活即教师，要加强作文教学全过程与社会、生活的联系，增强作文教学的针对性和实用性，增添和唤发作文教学的生活气息。

（2）弘扬作文教学的现实作用。作文教学固然要传授人类积累的文化知识，但应与当前现实紧密结合，这样的知识才是活的。只有把作文教学与现实联系起来，才能使学生对作文乐而忘疲，兴趣盎然。作文教学要从“世外桃源”式教学走向“实话实说”式教学。

（3）张扬作文教学的未来价值。作文教学的情形与英语的时态可以类比，既有“过去式”，也有“现在式”，还有“将来式”。作文教学也要为学生的可持续发展、终身发展的“将来”服务。

张老师认为：《语文课程标准》只给出了基本的课程内容和要求，教师还应大力开发和利用新的课程资源：既要开发校内资源，又要注重校外资源的开发；既要开发显性的课程资源，又要注重隐性课程资源的开发；既要开发近距离的课程资源，又要注重远距离课程资源的开发。张老师特别注意生成性作文课程资源的开发。随着教学进程的推进，某些偶发事件、情感的闪念、思维的火花、学生的观点等都可能是新的作文课程资源和教学内容。

‖主体性的作文教学理念

张老师作文教学之所以能取得令人瞩目的效果，一个很重要的理念是把原本是哲学上的主体概念引入作文教学领域，并进行了操作性的实践。张老师曾说过："我所有有价值的教育、教学改革研究课题和成果都源于我的学生。学生课堂内外的喜怒哀乐、眼神话语都会给我们研究的灵感。"可以说，主体性思想有力地促进了作文教学理体系的改造和构建，如果以主体性理念作为改造传统作文教学的基石，那么现代作文教学体系的发展将会有根本性的突破。

（一）学生主体的新认识

在作文教学中，主体指的是投入教学过程并对教学活动具有支配、控制、决定作用的人。传统作文教学把主体定位于教师，学生的一切言行围绕教师指令，哪能表达自己的真情实感，又哪能写出自己的内心体验。张老师把几十年的语文教学追求归结为一个目标："为了孩子研究，研究一切孩子。""学生身上有教师永远读不完的经典，永远不会穷尽的科研课题，他们身上有取之不尽、用之不竭的动力。"为此，他曾多次大声疾呼：学生是作文的主体，把作文的主动权交给学生。

原先教育界从 4 个层面认识学生的基本特征：学生是活生生的人、学生是发展中的人、学生是全面发展的人、学生是以学习为主要任务的人。这固然是合理的，它揭示了学生与成人的不同特征。但是，这种认识局限于学生自然属性和个体性，忽视了学生的社会属性和群体性。张老师的作文教学实践引导我们从更高层次、更深内涵上提升了对"学生主体"的认识。

1. 学生是现实社会中的人。学生的生活是一种现实，一种复杂的现实，这种现实构成一个社会。学生主体性的发挥离不开现实社会的制约。如果离开现实社会去理解学生主体，是不真实的、不深刻的。张老师积极倡导作文教学与现实的紧密联系：让学生学习生活、认识生活，在生活中获取感受和素材，用自己的笔去写生活。例如，指导学生上街找错别字，并向有关单位发“整改信”；引导学生自办报纸、自编习作选等。

2. 学生是有差异的人。根据学生的个别差异实施因材施教，这是具有中国特色的基本教学准则。语文教学受学生的个别差异制约，如果能长善救失，就能提高教学效率，如果教学与学生的个别差异不适应，必然阻碍学生的发展。这就是语文教学与学生个别差异之间的本质联系。但在很多场合，这条基本准则却被人们忘却了。张老师在一篇文章中写道：“我不妄想孩子一刀切齐步走的大提高，但期盼所有孩子起步走、向前走，在各自基础上层次各异、速度不同地提高进步。”这是多么的形象又多么的富有哲理！作文教学如果建立在学生差异性基础上，尊重学生的个别差异，就能促进学生有差异地发展。

张老师提出在作文教学中根据学生的差异性进行因材施教的基本思路是：（1）针对学生的不同起点，提出不同的训练要求。每学期开学，把一学期的作文训练要求、训练题、评分要求、各类学生的训练量打印发给每个学生和家长，让学生根据自己的写作水平自由选择一组进行训练。（2）增大命题作文的选择性，完成作文时间的伸缩性。在学生遇到个别命题实在不感兴趣时，不强迫硬做，允许学生换题习作，把此题移到下次习作或移入自由作文时补做。优生可以加速习作，在课内提前完成后，可以任其自由读书及作业。中下生允许减速学习，可以比优生晚交作文，只要在下次习作前交就可以。（3）充分发挥学生的才能，有针对性地指导、批改。在习作前，可以选择一些尖子生先行习作，示范引路。在习作批改时，要十分注意发现学生本次习作和前次习作相比所显现的进步。对写作能力较强的学生，张老师就让他修改其他同学写作中的不易发现的缺点。而对有些程度较差的学生，张老师则让他们找其他同学写作中的优美词句，从而丰富自己的词汇。

3. 学生是文化中的人。文化是一种流淌于人的血液中的精神底蕴。生活在一定文化背景下的人，必然有相应的文化意识、文化精神和文化性格。文化有传统文化和现代文化之分，有中国文化和外国文化之别。新的“文化观”对作文教学提出了新的要求：弘扬现代中国文化，继承中华传统优秀文化，尊重各国、各民族的多元文化，在各种文化的相互碰击、交融中提升作文教学的品味。为此，张老师提出了一个很前瞻的观点：学生的作文是一种文化，作文课堂教学也是一种文化，作文教学要为建设中国的现代新文化服务。

（二）学生主体的新观念

根据研究，“学生主体”的基本内涵是：（1）学生主动地、生动活泼地得到各方面的发展。（2）考虑学生发展的“关键期”，提高教学效率。（3）促进学生可持续发展。可见，“学生主体”的核心是学生的发展问题。邓小平曾经指示“发展是硬道理”，张老师也曾经说过：“学生作文能力的发展是作文教学的硬道理”。

为了学生的发展，为了学生作文能力的发展，作文教学必须树立主体性教学观念，其主要思想是：

1. 作文教学价值观：关注学生的整个生活世界和精神世界，促进学生全面发展和个性发展。张老师认为：“不盲目地追求语文学习的班级高均分，却希望学生在知识、能力和学习的态度习惯以及学习方法等方面协调和谐的发展。” 作文教学不仅要为语言文字训练的“部分”而教，更应该为学生素养发展的“整体”而教。为作文而作文，是提不高作文水平的。为完整的人而作文，才是理想境界。这种认识是张老师多年来形成的“语文教学整体优化”思想在作文教学中的具体体现。

2. 学生观：充分尊重每一个学生的主体地位和主体人格。作文教学既是学生在教师指导下的学习过程，更是学生主体发展的过程。在这个过程中，要引导学生主动参与、全员参与、全程参与、全面参与，做学习的主人。张老师的每一堂作文课，不管是作文教学展示课，还是平时的随堂上课，无不充满儿童的情趣。张老师认为，玩是儿童的天性，是儿童健康发展身心的主要方式。所以“要学生对作文有兴趣，学生首先要玩得有趣。”在作文讲评课上，张老师一反历来由教师讲评的做法，把评改的主动权交给学生，让学生在老师的指导下，自己修改，做作文修改的主人。张老师经常告诫我们：学生不会修改作文，不能算是真正学会作文。

3. 师生观：强调师生之间的互动、对话、协调，正确处理学生“主学”与教师“主教”之间的辩证关系。在张老师众多的作文课堂教学实录中可以清晰地看出，师生之间的交流是亲切的、自然的、充分的。早在1981年，张老师就开设了很有特色的“谈天说地”课，在课上完全以学生为主体，教师并不指定发言同学，只是一个参加者、指导者。在学生毕业调查中，几乎全体同学一致表示最喜欢上“谈天说地”课。

4. 作文教学质量观：作文教学的质量主要不是反映在教师的水平上，而主要反映在学生的发展上。作文教学质量要落实到学生主体身上，构建以学生主体性发展为主要指标的质量评价体系。对此，张老师在《福建教育》2000年第5期发表题为《小学作文教学改革的新思维》的文章，提出“关注人性本真，发展儿童语言”的作文教学质量要求：“我们不需要将‘观点正确，思想健康，中心明确，立意深刻’等列为小学作文教学的要求。对学生作文的思想性应当有信心，不能脱离实际地要求学生立意的深刻新颖，更不能只关注作文训练的文字技巧和形式，忘记了作文教学的育人目标。”“作文训练自然有写作技巧、布局谋篇、遣词造句的要求。但是小学作文教学语言训练的中心任务是发展儿童的语言。因此，根据儿童语言发展的实际，不要强求儿童选材典型，结构独特严谨；不要希望全体学生的作文文句生动优美。但是必须要求学生作文文句具体清通。”

‖ 对话性的作文教学情境

语文是重要的交际工具，作文教学应该在交际的情境中进行，在对话中提升。张老师认为，优化作文教学要十分重视建立民主和谐的师生关系，这种关系主要是通过“对话”形成和发展的。

作文教学应在师生平等对话的过程中进行，这个过程是学生、教师、文本之间对话的活动，这种活动不但是因文会意的理解，而且是以文会友的对话。学生和教师都是文本的读者，都要与文本的作者对话，这是一种全方位、跨时空的交流。“平等对话”是一种教师与学生、学生与学生之间对话式的相互作用。依据张老师的作文教学经验，我们可以进一步提炼出作文教学“对话”的基本要求：

1. 师生之间的对话是平等的。张老师既摒弃传统教学以教师为轴心，学生绝对服从教师的“教师中心论”，也不主张以学生为轴心，教师无原则迁就学生的“学生中心论”，认为师生的地位应该是平等的。张老师把这种平等关系比喻为：要获得天平上的准确度量，两边就必须是平衡的。在教学中，教师和学生都是主体，双方是平等的、合作的。在师生平等的情形下，学生才可能活跃思维，畅所欲言。在张老师的作文课堂教学中处处闪烁着师生平等对话的风采：教师为学生服务、师生交流合作、教师把学生抱在怀里……

2. 师生之间的对话是互动的。这种对话是一种双向交流，双方是相互促进的，这叫“教学相长”。通过互动实现多种信息的沟通、汇聚和融合，从而提升境界或克服偏见。互动是一种师生“共同”的活动，不仅促进学生的发展，而且也促进教师的发展。这种情形可以概括为：时空共有、内容共创、意义共生、成功共享。这在张老师关于一年级《打电话》的口语交际教学设计中表现较为充分：接入电话、创设情境；议论电话、了解要求；现场通话、互动交际；自由通话、多向交际。追溯张老师的作文教学历程，我们发现，师生之间的互动依赖于3个技巧：一是“倾听”。倾听的目的是为了吸收。倾听时要能根据对方的话语、表情、手势等，理解对方的观点和意图。倾听的基本要求是专注而耐心：“专注”要求对话时聚精会神、专心致志。“耐心”要求对话时内心平静，不打断对方的话语。二是“表达”。既要关注表达某个观点的内容，又要注意表达的形式和方式。表达要有中心，有条理，有依据，而且要注意表达的表情和语气。三是“应对”。在互动性的对话中，要根据需要及时调整自己的表达内容和方法，灵活、迅速地处理偶发事件。

3. 师生之间的对话是有意义的。作文教学中的对话不同于日常生活中的“聊天”或“传话”，而是一种启示、一种提高，这是意义建构的活动。根据对张老师作文教学经验的初步分析和归纳，“意义建构”取决于4个要素：第一是“吸收”。能接纳对方传输的有意义的信息，并迅速转化为自己的营养。第二是“宽容”。容纳对方的不同观点和意见。第三是“思考”。师生双方各种不同观点的碰撞，可以给学生或教师以新的启迪，引发学生更深入的思考。第四是“提升”。通过平等对话，取长补短，改变原有的知识结构，促进新意义的生成。

4. 师生之间的对话是全身心的。作文教学的最终目的是促进学生的发展，而发展是带全局性的。师生之间的对话既有日常交际意义上的对话，也有教学意义上的对话，还有心理学意义上的对话。更重要的是，“平等对话”是一种心灵上的交流。用张老师的话说叫：“用心写作文”、“用心教作文”。正是由于这种“心”，使得张老师的作文课堂活了起来、动了起来，充满了新的生长点。

5. 教师是平等对话的引导者。要提高师生对话的实效性，教师的主导作用不能忽视。教师的主导作用主要表现在对作文教学的组织和引导。“平等对话”不是体育活动中“平移”性的抛球和接球，而是一种指向明确、高效率的交流。根据任庆世先生对张老师一堂作文指导课《抓住题眼，叙述具体》的分析，教师在作文课堂上发挥的作用主要表现在三个方面：(1) 点明作文训练的主旨；(2) 创设作文训练的意境；(3) 点拨作文训练的关键。张老师深刻地指出：在以学生为本的今天，不能忘了教师的重要作用。

‖过程性的作文教学设计

张老师认为：作文教学低效，一个很重要的原因是作文教学设计“有头、有尾，而无身”。这个“身”就是“作文教学过程”。努力展示作文教学过程的“风采”，是张老师提升作文教学品质的重要思想。

1. 树立作文教学过程意识。张老师坚持“意识决定行为”的基本观点，并对作文教学过程意识进行了积极的探索。学生的作文活动，是由作文目标、作文过程、作文结果和作文评价四个因素组成的。其中作文过程指的是在作文的整个序列中对内部关系的动态分析和程度的展开。学生的任何一篇作文，都要经过特定的、合理的过程。作文训练的有效性是以作文过程与作文结果的一致性为前提的。作文过程和结果同样重要：只有合理的过程，才能带来正确的结果，而结果可以验证并促进过程的合理化。作文教学是一个过程，而不只是一个产物。作文教学应重视研究学生习作的过程，而不只是囿于结果。任何有价值的作文教学，都要经历一个从少到多，从片面到全面，由浅入深，层层递进的过程。所以说，扎实的作文训练有赖于过程的合理的展开。我们不仅重结果的认识，更注重过程的认识。正如德国教育家第斯多惠指出的："一个真正的教师指点他的学生的，不是已投入了千百年劳动的现成大厦，而是促使他去做砌砖的工作，同他一起来建造大厦，教他建筑。"

根据对作文训练横向流程的认识，张老师特别注意以下过程和环节：(1) 抓习作前的观察和积累。公开习作计划，努力将教程转化为学生习作的学程。拓宽智力背景，使学生吸收新信息，表达轻松流畅。(2) 抓习作的指导和讲评。让学生有所为而作，有所序而练，并重视思路的开拓和知识迁移。(3) 创设学生习作实际应用的机会。培养学生习作的自信心和乐趣，增强社会责任感。

2. 作文课堂上展示过程。作文课堂应遵循作文发展的规律，设置合理的习作程序，提供学生习作的最佳环境。张老师提出：作文课堂教学必须创设良好的习作情景，让学生经历过程，在尝试实践中知道"知识从哪里来？知识是什么？知识又到哪里去？"。以五年级《学写启事》的教学为例，展示一下张老师让学生在尝试习作中体验知识全过程的基本设计：(1) 创设情景，导入课题。(2) 明确要求，尝试习作。(3) 交流习作，讨论要点。(4) 变换角度，练写"招领"。(5) 交际应用，分层作业。这样的作文教学，把完整的知识学习过程变成为学生自主尝试的过程。学生不仅容易掌握写启事的写作技巧，而且能真实地受到创新意识和科学方法论的启迪。

3. 引导学生回顾过程。张老师在有关作文教学讲学时多次提出：学生作文水平的提高 = 多读多写 + 反思。作文教学不能满足学生对习作知识的掌握，而且要训练学生的过程，在训练过程中经常引导学生回顾和交流习作过程。每个学生所经历的习作过程、思维过程不尽相同，每个学生在同一习作过程中所运用的思维方法也不相同。因此，引导学生总结和交流习作过程，则可使每个学生的作文过程得以延伸，起取长补短的作用。

研究发现：当思维结果和思维过程存在不一致时，引导学生回顾自己的过程显得更重要。有些学生尽管已经获得了结果，但并不意味着他们的过程是合理的，方法是正确的。这时，与学生一起检查过程，有助于不为表面知识所蒙蔽，而看到过程中的不合理性，使结果与过程和谐统一。

指导学生自己发现习作缺陷的原因，是引导学生掌握习作过程的重要方面。张老师认为：学生习作中的问题，除偶然的疏忽外，通常有其特写的程序和方法上的根源。教师要分析这些根源，引导学生独立探索和消除缺陷。一般来说，学生找到缺陷的具体根源，也正是找到了由已知到新知的正确结合点和正确的习作过程及思维方法。

张老师对小学作文教学的贡献是丰富而有特色的。既有丰富的教学实践，又有深刻的理论阐述；既有宏观的谋略，又有微观的设计。从《小学作文教学的最优化研究》的论文到《小学作文系列训练教例》《小学作文教学心理学》《现代小学写话与习作教学》专著的出版；从录制卫星远距离继续教育教材《张化万小学作文教学专辑》到主编《小学作文名师名课选萃》；直至教育电视台《张化万小学作文教学》的反复播放……当我们在为张老师小学作文教学上取得成绩而喝彩的时候，不要忘了张老师那发自肺腑的教诲：“任何有生命力的教学改革都会在提高质量的同时，减轻师生过重的身心负担。任何教学改革的成功，都需要探索者全身心的投入，艰辛的苦熬，要燃烧生命，把汗水和智慧提炼为科学的结晶。”

（原载《教学月刊》2003 年第 11 期、12 期）

附录四

试论张化万先生的作文教学取向

浙江省小学语文教学研究会副会长
杭州市拱宸桥小学校长特级教师 王崧舟

张化万先生是全国著名的特级教师，在全国小学语文教育界享有很高的知名度和美誉度。中国教育电视台及山东教育电视台曾多次播放过《张化万作文教学》、《张化万阅读教学》等电视系列专题片。

秉承“为了孩子的未来研究，研究关系孩子成长的一切，帮助一切孩子健康成长”的育人信念和教学宗旨，在语文教学这块广袤肥沃的原野上，张先生勤于实践、勇于开拓、敏于发现、乐于提炼，取得了一系列个性鲜明、影响深广的教学研究成果。诚如全国著名语文教育专家朱作仁先生所评价的那样：“39 年来，他在小学语文教学改革上成果累累，令人瞩目。”

张化万先生的语文教学研究成果是一个底蕴丰厚、品位卓越的学术宝藏。其中，最具特色、最富创意、最有影响的当数他的写话和习作教学实践和思想。纵观张先生的小学作文教学，无论是他所追求的作文教学取向、作文教学理念、作文教学目标，还是他所建构的作文教学策略、作文教学机制、作文教学评价，无不体现了他自己对作文教学的独特思考和探究，洋溢着浓浓的张氏色彩、张氏风格、张氏气派，在全国独树一帜、光彩照人。

考察张化万先生的作文教学思想，我们不能不首先关注他的作文教学取向。大家知道，作文教学取向是教学价值观在作文教学中的直接体现和本质反映。简单地说，就是什么样的作文教学对学生来说是最有价值的。作文教学取向深刻而系统地指引着作文教学实践和改革的方向，可以这样说，有什么样的作文教学取向，就会有什么样的作文教学目标、作文教学原则、作文教学策略、作文教学流程、作文教学评价；有什么样的作文教学取向，就会有什么样的作文教学个性、作文教学艺术、作文教学风格、作文教学流派、作文教学境界。

我们研究张化万先生的作文教学取向，不仅是因为在过去的研究中，人们都较少关注过张先生的作文教学价值观，因而不能深刻把握他的作文教学本质和意义；更是因为，作文教学取向实在是张先生作文教学思想的核心和灵魂，可以这样说，如果缺失了属于张先生自己的作文教学取向，也就不可能有真正意义上的张氏作文教学思想。

‖张化万“个性化发展”作文教学取向的基本内涵

我们知道，传统意义上的作文教学，其取向大多在共性化的训练上。基于这种取向的作文教学，强调训练目标的统一、强调训练规格的标准、强调训练流程的预设、强调训练结果的达成。最终导致作文教学中充塞着伪圣化的情感、功利化的思想、成人化的表达，惟独丧失了学生自己的个性。有鉴于此，张化万先生旗帜鲜明的主张“必须摈弃知识本位的传统观念，以人的发展为本，尊重学生自主发展的权利和个性差异，进行认真而有效的作文教学改革。”他主张作文教学要减少对写话和习作的种种束缚和限制，为学生提供广阔的表达空间；他主张作文教学要特别重视学生的自由表达，在表达过程中培养学生的创新精神；他主张作文教学要激发学生丰富的想像力，鼓励学生写想像作文。这些理念的弘扬、策略的设计，集中反映了张先生主张“个性化发展”的作文教学取向。

1.“个性化发展”取向的作文教学，就是张先生主张的“关注人性本真，发展儿童语言”的作文教学。在谈到作文教学目标的重新定位时，张先生明确指出：“对学生作文的思想性应当有信心，不能脱离实际地要求学生作文立意的深刻新颖，更不能只关注作文训练的文字技巧和形式，忘记了作文教学的育人目标。”他还深刻指出：“如果小学生的作文失去了心灵的自由和本真的情思，立意愈高，人格将会愈低。”此言可谓振聋发聩、一针见血。张先生在谈到作文训练的语言要求时指出：“小学作文教学语言训练的中心任务是发展儿童的语言。”“让学生用自己的语言作文，是作文教学语言文字训练的关键要求。”“用儿童语言表达儿童生活和情感是顺畅的、自然的、优美的。”这种对儿童语言的尊重，是作文教学中对儿童个性尊重的最好体现。对此，我们也不难发现，“个性化发展”的作文教学是以尊重学生个性为基点的作文教学。

2.“个性化发展”取向的作文教学，就是张先生倡导的“激发交往动机，走向目标完成”的作文教学。张先生认为：“儿童写作文不光是语言学习的需要，还是为了健康自然地宣泄感情，和别人沟通。必须让学生的作文有更多的倾听者、欣赏者，让学生得到情感满足。在沟通应用中，培养学生良好的交往习惯，提高学生应用语言文字的意识、交往实践的情感调节能力、自控能力，获得成功的心理体验，懂得写作文的意义，明白写作要求，增强社会责任感。”为此，张先生主张要“想尽一切方法，提倡学生用学会的作文本领去干预班级、学校、家庭和社会生活。”他认为“小学生的作文应用应当是多层次、多渠道、多形式的。可以鼓励他们在家庭、班级、学校、社会等四个不同的层面尝试模拟的和实际的运用。”他特别指出：“只要有助于学生语言的实际应用的一切可能的办法、形式、机会，我们都没有理由放弃。”显然，参与生活是“个性化发展”取向的作文教学的重要特点。

3.“个性化发展”取向的作文教学，就是张先生追求的“培养兴趣习惯，促进一生发展”的作文教学。张先生一再强调：“兴趣是最好的老师，兴趣是最直接的学习动力，兴趣是健康美好的情感。学生对写作训练有浓厚的兴趣是教学的最大成功。”细细考察张先生的“兴趣说”，我们发现，他所谓的“兴趣”其实包括“兴趣、志趣、乐趣”等三个层面，这就赋予了“兴趣说”以更丰厚的内涵。为此，他提出“让学生玩得有趣，老师课要上得有趣，作文评价交流的方式方法要有趣”等主张。需要指出的是，张先生并不是“唯兴趣论者”。在强调激发作文兴趣的同时，他还十分强调“为了儿童一生的发展着想，作文教学一定要在培养学生良好的读写习惯上下功夫。”这种朴实主张的背后，是张先生对作文教学取向的高屋建瓴的审视和高瞻远瞩的关怀。

总之，以“个性化发展”为根本取向的作文教学，是尊重和张扬学生个性的作文教学，是从学生现实生活出发、为了学生可能生活的作文教学，是注重培养学生的创新精神和创新人格的作文教学，是全面提高学生的语文素养的作文教学。

‖张化万“个性化发展”作文教学取向的主要策略

为贯彻“个性化发展”的作文教学取向，张先生对传统的作文教学做出了一系列的改革和调整。研究他的诸多课堂作文教学案例，我们不难发现，以下三个方面的教学策略集中折射出他的“个性化发展”的作文教学取向：

1. 积极鼓励学生的个性化思考。西哲笛卡儿有一句名言“我思故我在。”从作文教学的角度看，这个“在”就是作文需要描述和关注的对象。由于“在”的混沌、模糊、不确定性，由于受传统作文的种种陋习和积弊的影响，这个“在”并不能够自发地从学生语言中跳跃出来，成为一种无限美妙的“我”之“在”。所以，作文必须有“我思”的切入。只有“我思”的触角才能掀开“在”周围的各种迷雾，使作文成为“我在”的一个强有力的载体和平台。

研究张先生的经典作文课《摔鸡蛋的学问》，我们发现，这一课有别于传统作文课的一大亮点是，课前张先生给学生布置的一项特殊任务：把鸡蛋从四楼摔下去，有什么办法能让鸡蛋壳不破。乍一看，这是一个难度极大的任务。其实不然，正是这个极具挑战性和趣味性的任务，一下子打开了学生个性化思考的闸门。于是，一个个新颖别致、充满创意的问题解决方案喷涌而出。可以这样说，这一任务背景的创设，真正介意的并非学生能否拿出一个个解决问题的设想，而在于激活学生的个性化思考。

在张先生的《六年级研究性作文活动教学设计》中，我们发现，无论是课题的确立、人员的分工还是方法的选择、成果的评价，他都十分注重引导学生的个性化思考。用他自己的话来说，本设计关注的是儿童投入研究实践活动的热情……是活动中释放的大胆思想和艰苦研究实验又快快乐乐的心境。至于在研究性学习活动中，有多少称得上新的发现、发明并不太重要。可以说，研究性作文教学活动是最能够激发学生个性化思考的形式之一。显然，以个性化发展为取向的作文教学，更看重的是这种形式可能带给学生的学习方式的转变，是他们在研究过程中获得的那份自由自在、无拘无束的表达自己思想和观点的经历和体验。

立足于学生的生活视野和感性经验的个性化思考，让学生真切而自然地感悟到了“我在”的境界。我的想法、我的念头、我的设想、我的创意，无不深深地浸润着“我在”这一个性化色彩。没有“我在”的发现，就永远不会有学生的个性化发展。而“我思”正是发现“我在”的首要前提。

2. 努力尊重学生的个性化体验。如果说传统的作文教学强调群体客观关照、“观察生活”的话，那么基于“个性化发展”的作文教学则突出个体主观反应、“体验生命”的重要性。在生命面前，“体验”的态度是深入的而不是表面的，是穿透生活而不是反射生活。只有交织着自己的思考、情感、态度和个性的作文，才是一种有真意义、有真价值的作文。只有这样的作文，才能成为学生精神生活的重要元素，才能成为学生塑造人格的良好模具。

研究张先生的另一经典作文课《吃西瓜》，其中有一个用录像重现学生吃瓜、抢瓜、品瓜的环节。从表面上，录像的确是在“重现生活”，学生的确是在“观察生活”。但请注意，那是在学生有了尽情尽兴的吃瓜、抢瓜、品瓜的真切体验之后，那是在学生依然沉浸于吃瓜、抢瓜、品瓜的美好体验之中。因此，这一环节与其说是在让学生跳出火热的体验代之以冷冰冰的观察生活，不如说是在通过营构一种新的体验以强化和彰显对吃瓜、抢瓜、品瓜这一过程的重新体验。因为是一种重新体验，是一个换了角度、换了心境之后的重新体验，所以，学生的感受就显得格外真切，学生的体验就显得尤其独特。

“学生甲”感受到的是：张老师一声令下，同学们一个个如恶狼扑食，拼命地啃起西瓜来。我却小心翼翼地咬了一口，顿时一股香甜可口的汁水流入我的口中，使我感到清新舒畅。听到老师奖励吃得快的人，我就开始大口大口地啃起西瓜来……

“学生乙”体验到的是：我也放开手脚，真想一下子把西瓜全部抢过来。你瞧，毛立新大叫着：“给我一块，我要吃。”李军元真是迅速，一下子就拿到了一块西瓜。可还没有来得及咬上一口，就被“横行霸道”的毛立新一把抢过去了。毛立新毫不客气地拿着两块西瓜，真太不讲理了。我虽然没有抢到西瓜，可是回味刚才吃的那块红瓤黑籽的西瓜，味道跟平时不一样，真是吃到嘴上，甜在心里呀！

“学生丙”则念念不忘的是：因为大家一拥而上，我差点被绊倒。但是我不泄气，继续抢。我想拿一块给殷小红。我见西瓜被毛立新抢了去，非常愤怒。我挤进人群，里面人太多，害得我透不过气来。我想，一定要拿到一块，就像愤怒的狮子一样，拨开人群，差点绊倒。终于拿到了一块。真棒！我咬了一口，满嘴生蜜。哈哈！这西瓜真好吃呀！但我一想，我又觉得有点不对，这不过是吃西瓜而已，何必这么大动干戈呢？

……

够了！学生的体验已经说明了一切。怎么体验就怎么写，体验到什么就写什么。在这里，我们看到的是学生在写“我的体验”，而不是老师的体验、别人的体验。他们的感情是那样的真挚、他们的感受是那样的真切、他们的感悟是那样的真诚。在这里，个性化发展的教学取向是那样的鲜明、那样的精彩。

3. 不断引导学生的个性化表达。语言是一个群体性的概念，它带有传统、约定俗成和先发的特性，即我们一出生，一开始写作，面对的就是现成的具有规范属性的语言。而言语，则是个体基于自身生命体验之后在表达过程中所取用的适合抒发内在激情和想像的语言，它的个性化色彩理应得到重视和关注。同样是针对摔鸡蛋这个实验，学生自拟的作文题目就五花八门：《鸡蛋历险记》、《一堂有趣的作文课》、《有趣的张老师》、《有趣的实验》、《“铁”鸡蛋》、《鸡蛋里飞出了“小鸟”》、《不可能的任务》、《到底难不难》、《大胆的实验》、《啊！成功了》、《鸡蛋的故事》、《鸡蛋要有安全感》、《我和我的鸡蛋》、《我——“天才”》、《鸡蛋的末日？》……

其次，对作文形式的重视也是个性化表达的要义。这里的形式不是传统意义上讲的记叙、说明、议论等写作样式的简单划分，而是作为作文本身有机的重要组成的“形式”。对形式因素的重视，其实质就是注重学生对于作文技巧的创造性。而这，同样是个性化发展的重要表现。在谈到将作文教学与学校各科教学联系起来、形成一个和谐的教学整体时，张先生列举了大量创造性的作文形式：配合复习考试，学写学习小经验；结合自然课的实验观察，写《钢笔为什么能写字》的小论文；配合思品课、班队活动，写六一活动广告，创作《多功能球鞋》说明书；在课外兴趣小组，结合烹调，学写节日菜单，记录《唐老鸭拼图》的制作步骤……这些举措，为学生的个性化表达提供了更多更新的形式。

在《小学作文教学改革的新思维》一文中，张先生特别指出要研究“大胆的想像创作训练”。他认为，想像作文的重要任务就是提倡学生大胆的无拘无束的想像，进行个性化的语言表达；教师一般不应对他们的创意多加批评，主要是指导他们的语言表达。而对于学生的语言表达，张先生在《记录昨天，写好今天，描绘明天》一文中也有明确主张：“小学生的语言学习、写作表达，在很大程度上得益于老师的信任、宽容和正确的引导，得益于天天和他们在一起的教师语言的反复刺激和情不自禁的模仿学习。”他还指出，想像类作文训练要努力激发学生的创新意识，培养创造思维，锻炼创造能力，形成创新人格。应该说，张先生倡导的想像作文旨趣与他的“个性化发展”教学取向是一脉相承的。

‖ 张化万“个性化发展”作文教学取向的时代意义

我们认为，以“个性化发展”为作文教学的基本取向，具有十分鲜明的时代意义和理论价值。

1. 张化万先生的作文教学取向，是《语文课程标准》的基本理念在小学作文教学中的生动体现。众所周知，“注重个性发展，培养创新精神”是《语文课程标准》关于“写作”课程的重要理念。在学段目标的制订上，《语文课程标准》始终贯彻着这样的思想：只有为学生提供广阔的写作空间，减少对写作的束缚，才能实现写作的个性化，使学生表达出自己的主观感受。如在第二学段强调“注意表现自己觉得新奇有趣的或印象最深、最受感动的内容”，在第三学段提出“珍视个人的独特感受”，第四学段提出“写作要感情真挚，力求表达自己对自然、社会、人生的独特感受和真切体验”等。对于“写作”的基本理念，《语文课程标准》是这样认为的：“写作是运用书面语言进行表达和交流的重要方式，是认识世界、认识自我、进行创造性表述的过程。”《语文课程标准》还强调作文要“运用联想和想像”，要“写想像中的事物”，要写“想像作文”等。一言以蔽之，“个性化发展”是《语文课程标准》倡导的作文教学取向的要义之一。张先生的作文教学取向及其指引下的作文教学策略，无疑为当前学习和贯彻《语文课程标准》提供了一个极佳的范本和案例。

2. 张化万先生的作文教学取向，丰富和拓展了中国当代小学作文教学改革和流派的研究。作文教学的研究和改革需要“百花齐放、百家争鸣”。解放以来，特别是改革开放以来，我国的小学作文教学出现了“欣欣向荣、蒸蒸日上”的大好局面。由于广大语文教师和语文理论工作者的共同努力，作文教学园地可谓“万紫千红、争奇斗艳”，各种风格、各种流派的作文教学此起彼伏、蓬勃发展。“情境作文”、“程序作文”、“素描作文”、“交际作文”、“读写结合”、“童话作文”、“科际作文”、“双轨作文”、“音像作文”、“自由作文”、“活动作文”等等，均各秉一端、独树一帜。张先生的“个性化作文”，无论在理论建构还是模式创新上，都极大地丰富和拓展了中国当代小学作文教学改革和流派的研究。特别是他创造性的提炼出的个性化作文的三大基本策略，为新课标理念下的作文教学实践和研究提供一个极具价值的范式。

3. 张化万先生的作文教学取向，是研究和发展张化万作文教学思想的关键枢纽。张化万先生的作文教学思想底蕴丰厚、品位卓越。如何整理和剖析张先生的作文教学思想，使其特征更鲜明、体系更完备、图式更坚固、辐射更深远？我们以为，这决不仅仅是张先生个人的事，这更应是浙江小语界乃至全国小语界的义不容辞的职责。研究、发掘张先生的作文教学思想，不能眉毛胡子一把抓。必须瞄准其思想的核心和枢纽。张先生的“个性化发展”作文教学取向，正是他全部40年教学生涯、教学经验、教学研究、教学智慧的最核心、最关键的结晶。抓住这一取向，如同抓住了一部小说的气脉、一篇散文的文眼，无疑能够起到“纲举目张”、“牵一发而动全身”的作用。张先生的作文教学思想有一个生成、发展、成熟的过程，“个性化发展”的教学取向无疑是其作文教学思想走向成熟、走向卓越的标志。对此，我们必须给予高度的学术关注和足够的学术聆听。

四十年的教学实践和学术研究，张化万先生不但奉献给中国小语界丰硕的、璀璨的、崭新的智慧结晶，更奉献了他勇于开拓、勤于思索、敏于感悟、善于超越的创新精神和品格。较之于他的学术成果，也许这样的精神、这样的品格、这样的境界才是永远不朽的，才是永远值得我们景仰和效仿的。

2003年10月6日

（原载《中国小学语文教学论坛》2004年第一期）

郑重声明